【エール大学式「ゲーム理論」の活用法】

THE ART OF STRATEGY

戦略的思考をどう実践するか

「プリンストン大学教授」アビナッシュ・ディキシット
「エール大学教授」バリー・ネイルバフ
「著」

嶋津祐一
池村千秋
「訳」

阪急コミュニケーションズ

戦略的思考をどう実践するか

——エール大学式「ゲーム理論」の活用法

The Art of Strategy: A Game Theorist's Guide
to Success in Business and Life
by Avinash K. Dixit and Barry J. Nalebuff

Japanese translation rights
arranged with W. W. Norton & Company
through Japan UNI Agency,Inc.,Tokyo

Illustration credit

装丁・本文デザイン　轡田昭彦／坪井朋子

著者まえがき

もともとは、前著『戦略的思考とは何か』*Thinking Strategically*の改訂版を出す程度のつもりだった。改訂版と言えば、ピエール・メナールがセルバンテスの小説『ドン・キホーテ』を書き直そうとした話が有名だ。メナールがいろいろと手を加えた挙句出来あがったのは、原作と一字一句同じものになってしまった。それほど、ドン・キホーテは完全な作品だったという逸話だ。

ところが、私たちの前著は、ドン・キホーテと異なり手直しが必要であった。そこで、新しいコンセプトやケーススタディーを次々と盛り込むうち、結局ほとんど書き下ろしになってしまった。それならばとタイトルも変えて、別の新しい本として世に送り出すことにした。ただし、私たちの目的は変わっていない。ゲーム理論のコンセプトを用いて戦略的思考の手ほどきをすることにより、読者に新しいものの見方を提供したいと考えて、この本を書いた。

今回、私たちは新しい意識を持って取り組んだ。『戦略的思考とは何か』を書いたとき、私たちはもっと若かったし、自己中心的な競争全盛の時代でもあった。しかしその後、戦略的状況で協調がきわめて重要な役割を果たしていること、また、優れた戦略は競争と協調を適切にミックスしたものであることがよく知られるようになった（＊1）。

『戦略的思考とは何か』のまえがきにこう記した。「戦略的思考とは、相手がこちらを出し抜こうとしていることを承知したうえで、さらにその上をいく技である」。そこに、以下の言葉を付け加えたい。

「戦略的思考とは、相手が利他精神でなく利己主義で動いているときでも、協力し合う方法を見いだす技である」「戦略的思考とは、あなたが自分の言葉どおりの行動を取ることを相手と自分自身に確信させる技である」「戦略的思考とは、情報を解釈し、情報を引き出す技である」「戦略的思考とは、相手の行動を予測し、それを変えさせるために、相手の立場に立ってものを考える技である」

本書には、こうしたいわば大人の賢い視点を加えたつもりだ。実社会に即した例を用いているからと言って、「戦略で勝つための七つのステップ」を伝授するようなお手軽な本だとは思わないでほしい。現実世界で直面する状況は実にさまざまであり、成功を収めるためには、一般的な原則を学んだうえで、目の前の状況に合わせてそれを修正していく姿勢が不可欠だ。

ビジネスマンや企業には、競争下で生き抜くための戦略が必要である。政治家には、選挙の戦略や政策実現のための戦略がいる。フットボールのコーチは、グラウンドでプレーする選手のために戦略を練る。子供をうまく教育しようと考えている両親も、アマチュアの戦略家である（子供のほうがプロであることが多いようだが）。

このように多様な状況の中で優れた戦略的思考を行なうことには、研ぎ澄まされた技のような難しさがある。しかし、戦略的思考の基礎はいくつかの簡単な法則からなっていて、戦略の科学とでも呼ぶべきものが次第に発達してきた。そうした法則を身につければ、どのようなバックグラウンドや職種の人も戦略的思考に上達できるという確信に基づいて、この本は書かれている。

とはいえ、人間はえてして非合理的に振る舞うものだ。そこに論理と科学を当てはめることなど可能なのかと、疑問に思うかもしれない。しかしよく観察すると、非合理的な行動にもそれなりの科学性がある。人間の心理をも射程に入れる「行動ゲーム理論」と呼ばれる新しい研究のおかげで、ゲーム理論は人間をあるべき型にはめ込んで考えるのではなく、人間をあるがままに分析できるようになった。この本では、そういう新しい視点も取り入れている。

ゲーム理論は生まれて七〇年程度の比較的新しい学問だが、すでに実際の役に立つ成果を数々生み出している。しかし科学の例にもれず、難解な専門用語や数式の鎧をまとっているせいで、専門家以外には理解しづらくなっていることも事実だ。前著『戦略的思考とは何か』を書いた最大の理由は、こんなにおもしろくて役に立つものを研究者が独り占めしてしまうのはもったいないと思ったことだった。ゲーム理論の考え方は、ビジネスや政治、スポーツ、日常のさまざまな場面で役に立つ。そこで前著では、専門家以外にもわかる言葉を使い、抽象的な理論の代わりにケーススタディーを用いて事例を説明するようにした。

その後の二〇年近くの間に、ゲーム理論はすっかり市民権を得た感がある。ゲーム理論は、私たちが教えているプリンストン大学やエール大学をはじめ、多くの大学で人気科目になった。MBA課程の戦略関連の授業でゲーム理論を取り上げるのは当たり前になったし、アメリカ版グーグルで「ゲーム理論」を検索すると六〇〇万件以上ヒットする。新聞記事や政策論議にも、ゲーム理論の考え方が登場するようになった。

ここまで来る過程では、一九九四年と二〇〇五年の二度にわたってゲーム理論の研究成果に対してノーベル経済学賞を授与した選考委員会の力が大きいし(*2)、ゲーム理論学者ジョン・ナッシュの伝記『ビューティフル・マインド』を執筆したシルビア・ナサー、そしてナサーの本を映画化した関係者(この映画はアカデミー賞を四部門で受賞した)の功績も見逃せない。ゲーム理論を一般に紹介する本を執筆した著者たちが果たした役割も大きかった。その点では、私たちも多少は貢献したと言えるかもしれない。『戦略的思考とは何か』は英語版だけで二五万部を売り上げ、さまざまな言語に翻訳された。なかでも、日本語版とヘブライ語版はベストセラーになった。

戦略の科学が発展する過程でとりわけ大きな貢献をしたのは、『紛争の戦略』や『武器と影響力』などの著作で有名なトーマス・シェリングである。冷戦時代の超大国の核戦略を論じる過程でさまざまなゲーム理論の考え方を最初に唱えたのが、シェリングだった。ゲーム理論をビジネス戦略に当てはめたマイケル・ポーターの『競争の戦略』も絶大な影響力があった。

こうした著作と異なり、この本では議論を一つの分野に絞ることをせず、幅広い分野の事例を紹介してゲーム理論の基本原則を説明していく。どのような職種や経歴をもつ読者も、なにかしら身近な事例が見つかるはずだ。一方、あまりなじみのない分野の事例は、ニュースや歴史上の出来事を理解するための新しい視点を身につける一助になるだろう。文学や映画、スポーツの事例もふんだんに取り上げる。生真面目な研究者のなかには、戦略を軽んじていると不満を感じる人もいるかもしれないが、読者の理解を深めるうえで有効な道具だと私たちは考えた。

大学のテキストとして使用されるだけでなく、もっと幅広い層に読んでもらえる本を書くよう勧めてくれたのは、ハル・バリアンだ。バリアンは早い段階で草稿に目を通し、数々の有益な助言を送ってくれた。W・W・ノートン社の編集者ドレーク・マクフィーリーは、前著『戦略的思考とは何か』の編集に辣腕を振るい、学者の堅苦しい文章を生き生きした本につくり変えるために骨を折ってくれた。前著の読者が寄せてくれた励ましや助言、批判は、すべてこの新しい本の執筆に生きている。ここで全員の名前を挙げることはできないが、とくに以下の人たちに感謝の言葉を捧げたい。

私たちのほかの著書の共著者であるイアン・エアーズ、アダム・ブランデンバーガー、ロバート・ピンディック、デービッド・ライリー、スーザン・スキースには、多くのことを教えられた。デービッド・オーステン＝スミス、アラン・ブラインダー、ピーター・グラント、セス・マスターズ、ベンジャミン・ポラック、カール・シャピロ、テリー・ボーン、ロバート・ウィリグにも感謝している。本書の編集を担当したW・W・ノートンのジャック・レプチェックは、常に私たちを理解し励まし、鋭い指摘をしてくれた。原稿を整理してくれたジャネット・バーンとキャサリーン・ピコッタは、いやな顔をせずにミスを洗い出してくれた。この本がミスのないものになっているとすれば、それはこの二人のおかげである。

フィナンシャル・タイムズ紙の書評家アンドルー・セントジョージへの感謝も忘れるわけにいかない。一九九一年の最も優れた本に『戦略的思考とは何か』を選んだ際に、セントジョージはこう書いた。「論理的なものの考え方を鍛えるためのトレーニングジムに飛び込んだような経験ができる」。この新しい本で設けた「戦略トレーニングジム」というコーナーは、このセントジョージの言葉を拝借したものである。

最後に、効果的な脅しをかけて、執筆の強力なインセンティブを与えてくれたカリフォルニア大学バークレー校のジョン・モーガンにも感謝したい。「きみたちが改訂版を書かなければ、私が書くぞ」と言ったのだ。私たちがこの本を書きはじめて、もはや自身が執筆する手間が省けると、数々の助言や提案を通じて後押ししてくれた。

アビナッシュ・ディキシット
バリー・ネイルバフ

＊1　著者の一人（ネイルバフ）は、アダム・ブランデンバーガーとの共著で『ゲーム理論で勝つ経営——競争と協調のコーペティション戦略』（邦訳・日経ビジネス人文庫）を出版している。

＊2　一九九四年の受賞者は、ジョン・ハーサニ、ジョン・ナッシュ、ラインハルト・ゼルテン、二〇〇五年の受賞者は、ロバート・オーマンとトーマス・シェリングである。これ以外にも、ゲ

ーム理論と密接な関係があるメカニズム・デザインと情報の経済学の業績にもノーベル経済学賞が授与されている。一九九六年にはウィリアム・ヴィックレーとジェームズ・マーリーズ、二〇〇一年にはジョージ・アカロフ、マイケル・スペンス、ジョセフ・スティグリッツ、二〇〇七年にはレオニード・ハービッツ、エリック・マスキン、ロジャー・マイヤーソンが受賞している。

目次

著者まえがき……3
序　章……15

第1部　ゲーム理論の基本原則

第1章　戦略ショートストーリー……20
数当てゲーム／負けるが勝ち／ホットハンド／アメリカズ・カップ／ルターとド・ゴールの頑固戦略／戦略的痩せ方とは何か／バフェット流「囚人のジレンマ」／ミックス戦略／不公正な賭け／ゲーム理論とタクシー／ショートストーリー教訓集／［ケーススタディー］試験問題のゲーム理論的解法

第2章　先を読んで今を推量せよ——交互行動ゲーム……49
君の番だよ、チャーリー・ブラウン／二種類の戦略的相互作用／戦略のルール1／意思決定樹形図とゲーム樹形図／フットボールのケースとビジネスのケース／複雑な樹形図／『サバイバー』で生き残る戦略／逆戻り推量で完全に解けるゲームの条件とは？／逆戻り推量を実際の例に当てはめると／「非合理的」な行動を取る理由／利他主義と公平性の進化／複雑すぎる樹形図／一人二役で考える／［ケーススタディー］トム・オズボーンと一九八四年オレンジボウル

第3章　ジレンマをどう解決するか――囚人のジレンマ……78
社会のあちこちに潜む構図／囚人のジレンマ小史／「利得表」で考える／絶対優位の戦略の落とし穴／問題解決の糸口／しっぺい返しの戦略／実験の「意外」な結果／協力を実現する方法／カント流哲学で問題解決？／ビジネス版囚人のジレンマ／共有地の悲劇／吸血コウモリの助け合いの精神／［ケーススタディー］早起き鳥は、金の卵を産むガチョウを殺す

第4章　互いの均衡点を探せ――ナッシュ均衡……113
協力して大きな獲物をモノにする／堂々巡りの解決法／最善の行動はどれだ？／複数の均衡がある場合／夫婦の闘いと肝試し／哲学者ルソーの鹿狩り／連続的消去法／戦略の選択肢が無限にあるゲーム／ナッシュ均衡は役に立つのか？／［ケーススタディー］二分の一のゲーム／第1部「ゲーム理論の基本原則」の要約

第2部　具体的な戦略論

第5章　無作為に行動せよ――ミックス戦略……146
機知の戦い／サッカーのPK対決／最小最大の定理／じゃんけんの戦略／実験の被験者の行動／無作為に行動する方法／一回きりの勝負／非ゼロサムゲームでの戦略／発見の構図／均衡の見つけ方／相手の技術の変化に対応する／［ケーススタディー］階段じゃんけん

第6章　ゲームの性格を変える——戦略活用行動……173
ゲームの性格を変える／実践と理論の歴史／確約／脅しと約束／抑止型と強要型／簡単・戦略活用行動ガイド／警告と確言／相手の戦略活用行動／脅しと約束の使いわけ／明確性と確実性／脅しの大きさ／瀬戸際戦略／［ケーススタディー］親子の駆け引き

第7章　相手に本気と思わせる——実行の確約……198
我々は神を信じる？／信頼性への八つの道／相手の信頼性を弱める／［ケーススタディー］大学教科書市場の攻防

第8章　相手の行動を観察せよ——情報の解釈・操作……225
結婚願望／他人の言葉が信用できないわけ／ソロモン王の裁き／情報操作のゲーム／中古車市場／理論の歴史／選別と信号／お役所仕事の効用／信号を発しないことの落とし穴／ホンモノは信号を発しない？／妨害信号／嘘という名のボディーガード／価格差別という選別戦略／［ケーススタディー］魔女の契り

第9章　失敗をいかに防ぐか——協力と協調……258
誰がために鐘型カーブは鳴る／ベイ・ブリッジ／キーボード文字の配列／スピード違反／住みわけの理由／孤独なトップの座／政治家とアップルサイダー／［ケーススタディー］歯科医配置の処方

第3部　さまざまな活用例

第10章　入札で成功する技――オークション……284
イングリッシュ・オークションとジャパニーズ・オークション／ヴィックレー・オークション／ルールは違っても結果は同じ／買い手が支払う手数料／ネットオークション／狙い撃ち／落札したときのことを考えて入札せよ／企業買収のプロポーズ／封印入札方式のオークション／ダッチ・オークション／アメリカ国債／先取りゲーム／消耗戦ゲーム／［ケーススタディー］周波数オークション

第11章　武器としての瀬戸際戦略――交渉……315
交渉でのハンディキャップ制度／パイの大きさを把握する／相対的ダメージ／瀬戸際戦略とスト／複数事項の同時交渉／バーチャル・ストライキ／［ケーススタディー］もらうよりやるほうがよい

第12章　どういう投票行動が得策か――選挙……331
単純投票／コンドルセの方法／法廷での順番／中間層への投票／アメリカ合衆国憲法の知恵／偉人たちの肖像／汝の敵を愛せよ／［ケーススタディー］同数の投票

第13章　仕事の動機づけ戦略――誘因（インセンティブ）……352
努力に対する報酬制度／インセンティブ契約のつくり方／成果比例型でないインセンテ

ィブ制度／アメとムチ／インセンティブ制度のさまざまな側面／ソフトウェアエンジニアの報酬／［ケーススタディー］出版社と著者の攻防戦

第14章　ケーススタディー……373

となりの芝生は青い／野外ライブのベストポジション／赤と黒／ポイズンピル／乗っ取り屋の価格オファー／もっと安全な決闘／三者決闘／落札のリスク／祖国のために捧げる命／必勝法があるのは誰だ／本当の価格を隠すベール／ソロモン王の裁き・再び／ベイ・ブリッジⅡ／一ドルの値段／リア王の悩み／アメリカ政府対アルコア／拳銃よさらば／ラスベガスのスロットマシン

戦略トレーニングジム解答篇……403

訳者あとがき……412

索引……415

序章

人間は、社会でどのように行動すべきだろうか。
この本で倫理やエチケットについて論じるつもりはない。哲学者や牧師、子供の親と競い合うつもりもない。この本のテーマは、モラルやマナーほど高尚ではなくても誰にもかかわりのある戦略的思考だ。私たちはみな、好むと好まざるとにかかわらず戦略家である。それなら、なるべく優れた戦略家になったほうがよい。この本の目的は、効果的な戦略を見つけ出し実行する能力を伸ばすことにある。

仕事や家庭生活では、常に決断を迫られる。次にどんな職につくか、会社をいかに経営するか、誰と結婚するか、子供をどう教育するか、何かのリーダーに立候補するかというのは、人生の重大な決断の一例である。このような状況に共通する要素は、自分一人だけで決定するわけではなく、自分の決定が周囲の人の決定といろいろな意味でかかわっていることだ。この相互作用が一人ひとりの考えや行動にきわめて大きな影響を及ぼす。

きこりの意思決定と陸軍大将の意思決定との違いを考えてみてほしい。きこりが木の切り方を決めるとき、木の反撃を予測する必要はない。しかし陸軍大将が敵軍を攻撃しようとするときは、敵の反撃を予測し、それを打ち破るところまで考えなければならない。陸軍大将のように、ビジネス上のライバルや結婚相手の候補、あるいは親から見て子供は、それぞれの目的に沿って行動する。彼らの目的は、こちら側の目的と衝突することが多いが、一致できる場合もある。戦略を選ぶときは、対立の可能性を念頭においたうえで、協力関係を利用することを考えなければならない。このような相互の関係を踏まえて行なわれる決定が戦略的決定であり、それに基づいた行動計画が戦略である。

戦略的決定を研究する行動科学の分野は、ゲーム理論と呼ばれる。ここで言うゲームには、チェスから育児まで、テニスから企業買収まで、企業の宣伝から軍縮・軍備管理までという具合に実にさまざまなものが含まれる。「ヨーロッパ大陸の人びとは人生をゲームと思っているが、イギリス人はクリケットがゲームだと思っている」というのは、ユーモアエッセイストのジョージ・マイケッシュの言葉だが、両方ともゲームであることに違いはない。

このようなゲームをするには、いろいろな技術が必要だ。バスケットボールのシュート力や法律の判例の知識、あるいはポーカーの無表情を保つ能力といった基礎的技術に加え、戦略的思考も必要な技術の一部である。戦略的思考を行なうことによって、基礎的技術をどのように使えばよいかを工夫する必要があるのだ。弁護士は、法律を知ったうえで被告人を守るための戦略を決めなければならない。フットボールのコーチは、自軍のパスやランプレーの能力、及びそれぞれに対する敵のディフェンスの能力を知ったうえで、パスかランかを決める。超大国が核戦争の開始を検討する場合のように、自制すべき時を知ることが戦略的思考であるというケースもある。


ゲーム理論の科学はまだ発展段階で、戦略的思考は技の面影をとどめている。この本の目的は、読者がその技を上手に活用する手ほどきをすることにある。ただし、技を上手に活用するためには科学的な概念や方法論の初歩をしっかり理解しておくことが欠かせないので、科学と技の二つのアプローチを併用することにした。第1章では、戦略的思考の技の例をいくつか紹介し、実社会のさまざまな場面で戦略上の問題点がどのように起こってくるかを示す。有効な戦略と、効果のやや劣る戦略と、明らかに下手な戦略とを紹介する。これらの事例を通じて浮かび上がってくる一般的考察がゲーム理論の科学を検討する土台になる。

第2〜4章では、その土台のうえに、事例を通じてゲーム理論の科学の基本原則を説明していく。第5〜9章では、特定の状況に対処するためのもっと具体的な理論や戦略を紹介する。相手に自分の行動を読まれないようにする方法や、ゲームの性格を自分に有利なように変更する方法、情報を操作する方法などを取り上げる。最後に第10〜13章では、交渉、オークション、投票、誘因（インセンティブ）の設計という戦略上の状況に光を当てて、それまで述べてきた原則や戦略が実地でどのように活用されるのかを見てみる。

この本では、逆戻り推量（第2章）やナッシュ均衡（第4章）など、ゲーム理論の科学の基本原則を紹介していくが、理論を学ぶだけでは十分でない。実際の世界には、まったく同じ場面は二つとない。それぞれの場面の特質を考慮に入れて、基本原則を組み合わせて用いる必要がある。そうした技は、体系的・論理的に学べる科学と違って、実践と経験を通じて磨いていく以外にない。章末と巻末のケーススタディーをはじめ事例をふんだんに盛り込んでおいたので、理論や戦略の実地の活用例を観察して、いわば戦略IQを高めるのに役立ててほしい。

事例には、文学やスポーツや映画などの身近な軽いものもあれば、アメリカとソ連の核兵器での対決という恐ろしいものもある。前者は、ゲーム理論の考え方を小気味よく伝えるであろう。後者については、核の話題はあまりに恐ろしいので、合理性に基づく分析にはふさわしくないとの考えもあるだろう。しかし、米ソの冷戦が終結して久しい今日こそ、軍拡競争やキューバ・ミサイル危機のゲーム理論的な側面について、戦略的論理により冷静に検討できるのではないだろうか。

各章の終わりにはビジネススクールで用いるような「ケーススタディー」を設けた。その章で学んだ法則を使って、正しい戦略を見つけられるかどうか、試してほしい。中には正解がない設問もあるが、それは現実の人生の姿でもある。完璧な解決法がなく、問題に対処する不完全な方法があるにすぎない場合もある。解答を読む前に、それぞれの事例を真剣に考えてみることが理論を理解する近道なので、ぜひ挑戦していただきたい。さらに練習用として、最終章に二〇近くのケーススタディーと解答を載せた。これらはほぼ易から難の順に並んでいるので、あわせて楽しんでほしい。

この本を読み終えるころには、読者は経営者あるいはスポーツ選手、政治家、親として、以前より優れた戦略家になっているにちがいない。最後に忠告を一つ。効果的な戦略を実行して目標を達成し、ライバルに勝ってしまうと、敗れた相手からはよく思われないかもしれない。もし読者がフェアプレーを望むなら、ライバルにもこの本を薦めてはいかがであろうか。

第1部　ゲーム理論の基本原則

第1章　戦略ショートストーリー

人生のいろいろな面から戦略に関する短いストーリーをいくつか紹介し、最善の行動について初歩的な考察をするところから始めよう。これらの事例と似たような状況に直面して、うまく解決したり、あるいは試行錯誤をした読者も多いと思う。私たちが示す解決法に驚く人もいるかもしれないが、驚かせることがこの章の目的ではない。この章の目的は、このような状況が世間一般に広く見られるもので、論理性のある問題点を含んでおり、体系的思考が役に立つことを知ってもらうことにある。第2章以下では、効果的戦略の処方箋を見つけ出すための体系的思考法を紹介する。ショートストーリーは、いわばコース料理の前菜。みなさんの食欲をそそることができれば幸いだ。

1．数当てゲーム

のっけから恐縮だが、あなたとゲームをしたい。私たちが1～100までの数字を一つ選ぶのであなたはそれを当ててほしい。1回目で当てたら一〇〇ドル差し上げよう。おっと、これは仮に、としよう。こちらも散財するわけに行かないので。もちろんヒントをいくつか提供する。お互い真剣勝負で行こう。

一回目で正解する確率は一〇〇分の一ときわめて低い。なので、答えるチャンスは五回としよう。ヒントとして、不正解のたびに正解があなたの答えより「上」か「下」かを教えることにする。早く正解に到達するほうが賞金は大きく、二度目で正解すれば八〇ドル、三度目なら六〇ドル、四度目は四〇ドル、五度目は二〇ドル。五回目までに正解できなければ、そこでゲームオーバー、あなたは一ドルも受け取れない。

準備はいいだろうか。本の著者とどうやってゲームをするのかと思われるかもしれないが、問題はない。(この本のウェブサイトwww.artofstrategy.infoにアクセスすればオンライン上でのゲームを体験できる)。私たちはあなたがどういう行動を取るか予測してこの先の文章を書いているので、本だけでも十分ゲームができる。

さて、あなたの最初の解答は50ではないだろうか。そう答える人が最も多い。残念ながら正解はもっと「下」だ。次の解答は、25では？　ほとんどの人がそう答えるが、正解はもっと「上」だ。次は37と答えるだろうが、正解はもっと「上」。その次は42？　正解はもっと「上」だ。

ここで、一呼吸おいてみよう。次はいよいよラストチャンス。正解は43以上49以下だ。残された選択肢は、43、44、45、46、47、48、49の七つ。さあ、どれか？

これまであなたは、二つの数字の中間点を選ぶことを繰り返す方法で正解にたどり着こうとしてきた。このやり方は無作為に選ばれた数字を言い当てるゲームであればベストの戦略だ(＊1)。一度の解答により最大限の情報を引き出し、最も早く選択肢を狭められる。マイクロソフト社のスティーブ・バルマーCEO(最高経営責任者)が、入社試験の面接でこのゲームを使っているとのことだ。受験者が最も論理的で効率的なアプローチ(50、25、37、42…)ができるかをみているという。

しかし、私たちの考える正解は少し違う。バルマーのゲームの場合は数字が無作為に選ばれているので、このように選択肢を半分ずつ減らしていって正解にたどり着くアプローチが確かに正しい。一度の解答で最大限の情報を得て絞り込みを行ない、正解するまでの解答数を減らすことで最大の成果を手にできる。一方、私たちのゲームは正解の数字を無作為に選んでいるわけではない。はじめに、私たちは真剣勝負と申し上げた。この本を買ってくれたあなたのことは大切だが、自分のことだって大切だ。だから、あなたが当てにくい数字をわざと選んだのだ。こう考えた場合、私たちが50を選ぶことはありえないとわかるだろう。50を選ぶようなことをすれば、私たちはすっかり散財してしまうだろう。

相手の立場に身を置いて考えるというのは、ゲーム理論の重要なルールだ。私たちはあなたの立場になって考えて、おそらく50、25、37、42と順々に答えるだろうと推測した。そのお陰で負けるリスクを大幅に減らせたのだ。

とうとうあなたに大きなヒントを与えてしまった。勝負がつく前に重要なことを教えてしまったのだ。あなたはゲームのカラクリを知ったうえで、二〇ドルをかけた最後のチャンスに臨める。さて、どの数字を選ぶだろうか。

49？

おめでとう！　いや、あなたに言っているのではない。私たち自身を祝福しているのだ。実は私たちが選んだ数字は48。あなたは私たちの次なるワナに引っかかってしまったようだ。「数字の中間点を順々にとって選択肢を狭めていくアプローチでは見つけにくい数字を選んだ」というこれまでの法則にもトリックがあった。この法則に気づけばあなたがきっと49を選ぶだろうと考えて、私たちは48を選んだのだ。真剣勝負だったので悪しからず。

このゲームで私たちに勝とうと思えば、私たちの一つ上をいかなくてはならない。「向こうは49を選ばせたいらしい」ということは、正解は48にちがいない」と頭の中で考えなくてはいけないのだ。もちろん、こっちもあなたにそれだけの知恵があると思えば、47を選ぶなり、あえて49を選ぶなりするけれど。

数当てゲームで伝えたかったのは、私たちが強欲な大学教授ということでもなければ、狡猾なペテン師ということでもない。理解してもらいたいのは、ゲームとはどういうものかということだ。ほかのプレーヤーの目的と戦略を考慮に入れて行動しなければならないのが、ゲームなのだ。無作為に選ばれた数字を当てるのであれば、相手のことを考える必要はない。バルマーのようにエンジニア的発想に立って、数字の中間を取ってだんだん選択肢を狭めていけばよい。しかしゲームをプレーするときは、相手の行動を予測し、それが自分の戦略にどのような影響を及ぼすかを考えなくてはならないのだ。

＊1　この戦略を専門的には「エントロピーの最小化」と呼ぶ。

2. 負けるが勝ち

白状しよう。私たちも実は、アメリカの視聴者参加型テレビ番組『サバイバー』に夢中になったくちだ。もっとも、私たちが参加したとしても、孤島で生き延びるのは無理だっただろう。大学教授など、いけすかないインテリ野郎だと決めつけられて、さっさと追放されてしまうのがオチだ。よって、私たちはテレビの前で、このゲームの展開を予測することに夢中になった。あの太っていて裸で歩き回るのが好きだったリチャード・ハッチがほかの参加者を出し抜いて最後まで生き残り、初代優勝者の座と一〇〇万ドルの賞金を獲得したのは、私たちにとって意外ではなかった。この男は、戦略的に振る舞いつつ、しかもまわりにそう見せない才能をもっていたからだ。

リチャードの巧妙な策略が最も冴えわたったのは、番組の最終回。勝者はすでに三人に絞り込まれていた。リチャード以外の二人は、七二歳の元海軍特殊部隊員ルディー・ボッシュと、二三歳の川下りガイドのケリー・ウィグルズワース。最後の試練は、炎天下の野外で一本の棒に触れ続けるというもの。この勝者が最終ステージに進出する。そしてもう一つ重要なのは、この人物が自分と一緒に最終ステージに臨む相手を選べることだ。

一見すると、この最後の試練は、肉体的忍耐力の争いに見えるかもしれない。でも、じっくり考えてほしい。最終ステージでは、最後に生き残った二人とこれまでに脱落した参加者の投票により優勝者を決める。ここまで勝ち抜いた三人とも、三人のなかでいちばん人気があるのがルディーだということはわかっている。もしルディーが最終投票に進出すれば、ルディーが勝つ可能性が高い。リチャードにとって最良のシナリオは、ケリーと一緒に最終投票に臨むことだ。

その状況を生み出す方法は二通りある。一つは、棒につかまり続ける競技でケリーが勝ち、リチャードを相手として選ぶというもの。もう一つは、リチャードが勝ってケリーを選ぶというもの。リチャードとしては、ケリーが勝てば自分を選ぶはずだという確信があった。ケリーもルディーの人望はよくわかっているので、優勝するためにはリチャードとの争いに持ち込むに限ると考えているはずだからだ。

ということは、リチャードとケリーのどちらかが勝てば、お互いを最終投票の相手に選ぶことになりそうだ。それならば、リチャードは、少なくともルディーが脱落するまではこの競技でがんばり続けるだろう。しかし、問題が一つある。リチャードとルディーは、これまで長い間同盟を組んでいたのだ。もしリチャードが勝って、ルディーを選ばなければ、ルディーとその支援者たちの反感を買い、最終投票での勝利を逃すことになるだろう。『サバイバー』のゲームの一つのミソは、追放された参加者たちの投票で最後の優勝者を決めること。ライバルを追放するときは、細心の計算が必要になるのだ。

リチャードの立場からすると、この後のシナリオは次の三つということになる。

（1）ルディーが勝つ。ルディーはリチャードを選ぶ。優勝するのは、おそらくルディー。

（2）ケリーが勝つ。聡明なケリーは、ここでルディーを蹴落として、最終投票をリチャードとの争いに持ち込むのが最善だとわかっているはず。

（3）リチャードが勝つ。もしルディーを選べば、最終投票で勝つのはルディー。ケリーを選べば、ルディーとその仲間たちの反感を買って、ケリーに優勝をさらわれるおそれがある。

この三つのシナリオを比較検討し、リチャードはあえて負けるのが最善の選択だという結論に達した。ルディーには消えてほしいが、その汚れ仕事はケリーに押しつけたい。それに、この最後の競技ではケリーの勝ちに賭けるのが賢い選択だ。ケリーはこれまで四回の競技のうち三回で勝っており、しかもアウトドア系のガイドをしていて三人のなかでいちばん体力がある。

おまけに、途中で脱落すれば、灼熱の太陽の下で立ち続けずにすむ。それに司会のジェフ・プロブストは、脱落すればジューシーなオレンジをくれると言っていた。リチャードは棒から手を離し、オレンジを受け取った。

競技が始まって四時間と一一分後、足場を調整しようとしたとき、ルディーがうっかり棒から手を離してしまう。優勝者になったケリーが選んだのは、リチャード。そして優勝者を決める最終投票では、ルディーもリチャードに投票し、リチャードが一票差で『サバイバー』の初代優勝者に輝いた。

こうやって後講釈をする分には、ごく簡単なことに見えるかもしれない。しかしリチャードのプレーぶりがとりわけお見事だったのは、ほかの参加者の動きをことごとく事前に予測したことだ（＊1）。次の第2章では、ゲームの展開を予測するためのいくつかのツールを紹介し、いま一度『サバイバー』の世界にご案内しよう。

＊1　ただし、賞金一〇〇万ドルの税金を支払わなければ

どういう結果になるかは、しっかり予測できなかったようだ。二〇〇六年五月一六日、リチャード・ハッチは脱税などで五一カ月の実刑判決を言い渡された。

[trip to the gym 0]
戦略トレーニングジム 0

この本の随所に、このような「戦略トレーニングジム」と題したコーナーを設けて、本文で取り上げたテーマに関する応用問題を用意しておいた（解答は巻末の「戦略トレーニングジム解答編」に載せてある）。次章以降では、ゲームで取るべき正しい行動を見いだすための体系的なアプローチを紹介していく。ねらいは、あなたが戦略的状況に臨むときの手助けをすること。いつもすべての選択肢を洗い出して一つひとつ検討する時間はないので、効率的なアプローチを身につけておくことはきわめて重要だ。

3. ホットハンド

ホットハンドという言葉をご存知だろうか。バスケットボールの姚明やクリケットのサチン・テンダルカーのシュートは必ず決まるように思えるときがある。スポーツ中継のアナウンサーは、連続的に成功する一時期を称してその選手はホットハンドの状態にあるという。しかし心理学者のトーマス・ギロビッチ、ロバート・バローン、及びエイモス・ツバースキーによれば、これは誤った認識だという。

コインを何度もトスすれば表が続けて出ることもあるだろう。ギロビッチらは、スポーツ解説者がいっていることは、長いシーズンの中でたまたまコインのトスで表が続いたことと同じではないかと思って、厳密なテストを行なった。バスケットボールの選手のシュートを全部調べて、シュートが決まった後に、次のシュートも続けて決まる確率を調査したのである。同様に、シュートをミスしたときに次のシュートが決まる確率も調べた。ミスしたときの次の次のシュートよりも、シュートが決まったときの次のシュートのほうが成功する確率が高いのであれば、ホットハンドという現象は本当にあるといえるだろう。

彼らはＮＢＡ（全米プロバスケットボール協会）のフィラデルフィア・セブンティシクサーズの選手たちを対象に調査を行なった。その結果は、一見するとホットハンドという現象の存在を否定するものだった。シュート成功の次のシュートは決まりにくく、シュート失敗の次は決まりやすいことがわかった。これは、アンドリュー・トニーというシュート連続成功で有名な選手の場合でも同様だった。このことから、逆に「ストロボハンド（ついたり消えたりを交互に繰り返す）」とでもいうべき現象があるといえるのだろうか。

ゲーム理論では、次のような説明がなされる。調査結果はシュート連続成功を否定しているのであって、ホットハンドを否定しているわけではない。シュート連続成功は、シューター個人の状態を示すホットハンドと違って、オフェンスとディフェンスの戦略の相互作用に影響を受ける。仮にアンドリュー・トニーが本当にホットハンドの状態であれば、相手チームは彼に対するディフェンスを強力にするはずで、そうなればシュート成功率は当然下がる。

ディフェンスがトニーに集中すれば、チームメイトの誰かがフリーになり、シュートが成功しやすくなる。つまり、トニーがホットハンドのとき、彼自身の個人成績は悪くなるかもしれないが、セブンティシクサーズのチーム成績はよくなるのである。ホットハンドがあるかどうかを調べるためには、チーム全体の成績を見なければならない。

同様の現象は、他の多くのチームスポーツにも見られる。フットボールで強力なランニングバックがいればパスプレーが決まりやすくなり、うまいパスレシーバーがいればランプレーが成功しやすいのも、相手がスタープレーヤーをディフェンスするあまり、手薄な箇所ができるためである。一九八六年のサッカー・ワールドカップの決勝戦でアルゼンチンのスター、ディエゴ・マラドーナは得点をあげなかったが、西ドイツのディフェンスの間隙をぬったパスによりアルゼンチンは2得点をあげている。スターの価値は、自身のあげた得点だけでは評価できない。チームメイトのプレーにも多大な貢献をしているのである。アイスホッケーでは、アシストとゴールは個人成績ランキングにおいて同等の評価をされる。

ホットハンドは、その選手自身のプレーを助けることもある。ＮＢＡのクリーブランド・キャバリアーズのスター、レブロン・ジェームズは右手でのシュートが得意だ（とはいえ左手シュートも普通の選手よりははるかにうまい）。当然、ディフェンスは右手シュートを主に警戒する。しかし、右手へのディフェンスだけに集中すれば、フリーになった左手で決められてしまうのでそれもできない。

ジェームズがシーズンオフに左手シュートの練習に励んだらどうなるだろうか。ディフェンスは左手シュートをブロックしようとする機会が増えるため、ジェームズの右手はフリーになりやすくなる。左手シュートが上達すれば、右手シュートも決まりやすくなるというわけだ。

もう一段進んだ考察として、第5章では、左手のほうがうまい人ほど左手を使う頻度が少ないという事実を示す。この一見理屈に合わない事柄をテニスをするときに体験している人も多いだろう。バックハンドのほうがフォアハンドより極端に下手な場合、相手はバックハンドを狙って打ってくるのでバックハンドを使う頻度が増すのである。それがよい練習となってバックハンドが徐々にうまくなり、フォアと同レベルになれば、相手の攻撃はバックに集中せず、フォアとバックに平均的に打ってくるようになるだろう。得意のフォアハンドを使うチャンスが増えたのは、バックハンドが上達したからだと言えるだろう。

4. アメリカズ・カップ

一九八三年のアメリカズ・カップ決勝戦は、七試合四勝先取制で四試合を終えた時点で、デニス・コナーズのアメリカのリバティー号が三勝一敗でリードしていた。第五レースの朝、シャンパンのケースがリバティー号の波止場に運ばれ、その素晴らしいヨットの上で、クルーの妻たちは赤・白・青の星条旗カラーの上下を着て、選手たちがアメリカの一三二年間連続優勝を達成してカメラのフラッシュを浴びるのに備えていた。しかし、予想外の結果が待っていた。

スタート時点でオーストラリアⅡ号がフライングし、スタートラインに戻ったため、リバティー号が三七秒のリードを奪った。オーストラリアの船長ジョン・バートランドは、風向きが変わるほうに勝敗を賭けてコースの左側に進路をとって追いかけた。デニス・コナーズのリバティー号はコースの右側を航行した。バートランドのギャンブルは成功した。風向きが五度変化したため、オーストラリアⅡ

号が優位に立ち、一分四七秒差をつけて勝利を収めた。コナーズは、オーストラリアII号と同じ戦略をとらなかったとして批判された。オーストラリアII号はその後の二試合にも勝利し、結局優勝した。

ヨットレースでは、「トップのまね」戦略と逆の戦略がとられることがある。リードしているヨットは、追ってくる船の戦略をまねることが多く、追ってくる船が針路を変えれば同じように変える。追ってくる船の戦略が明らかにおかしなものでも、やはり模倣する。なぜか。ヨットレースでは、勝ちさえすればクロスゲームでも構わないわけで、リードを保つ最も確実な方法は猿まねをすることだからである（＊1）。

株式市場のアナリストや景気予測家は、有名になると猿まね戦略に頼る傾向がある。最も著名な予測家は、自分への高い評価を保つため、他の予測家と同じ予測を示そうとするのである。反対に、新参者はリスクのある戦略をとろうとする。すなわち大好況や大不況を予言してみせる。その種の予測はたいていはずれるが、たまには予測が当たり、有名予測家にのし上がることもある。

工業技術の競争にも、このような例は見られる。パソコン市場において、デルは技術革新の能力よりも標準的技術を大衆マーケットに広める能力で定評があり、新しいアイデアはアップルやサン等の新規参入企業から生まれることが多い。新規参入企業にとって、技術革新は最良の、おそらくは唯一の市場獲得のチャンスだからだ。これは、ハイテク製品に限ったことではない。おむつ業界のデルであるプロクター・アンド・ギャンブル（P&G）は、キンバリークラークの開発した新式のおむつを同社のあとから作り、市場の中心的な位置を獲得した。

後手に回るやり方には、二種類の方法がある。ヨットレースの例のようにライバルの戦略を即座に模倣する方法と、コンピュータの例のようにライバルの戦略が成功するか失敗するかがわかるまで待つ方法である。スポーツと違って、ビジネスでは勝者がすべてを得るわけではないので、「待ち」の戦略に利点がある。市場のトップ企業は、よほどの確信がない限り、先発者の様子を見る「待ち」の戦略に出ることが多い。

＊1　競争相手が二人以上いる場合には、この戦略は使えない。たとえば三隻のヨットがあるとき、一隻が右側を、もう一隻が左側を航行したとすると、トップにいるヨットはどちらをまねるか決めなければなら

ない。

5. ルターとド・ゴールの頑固戦略

「ローマ法王と評議会の権威に対して行なった攻撃を撤回せよ」とカトリック教会に迫られたとき、マルチン・ルターはこう言った。「私は何も撤回することはない。良心に逆らって行動することは正義でもないし安全でもない」。ルターは妥協することもいっさい拒否した。「私は不退転の決意である」。宗教の問題である以上、妥協の余地はなかった。ルターの不屈の態度は、やがてプロテスタントの宗教改革を生み出し、中世のカトリック教会を大きく様変わりさせることになる。

同様にシャルル・ド・ゴールは国際政治において、非妥協の作戦で力を手にした。彼の伝記を書いたドン・クックによれば、「ド・ゴールは、清廉潔白さ、知性、人柄、そして使命観を力の源泉としていた」ということだが、ド・ゴールの強さは何にもまして妥協しないことの力だった。第二次世界大戦中、ド・ゴールは、フランスの指導者を自認して、アメリカのルーズベルト大統領やイギリスのチャーチル首相を相手に強い姿勢で交渉を行なった。一九六〇年代には、ド・ゴールの「ノン」により、ヨーロッパ経済共同体（ＥＥＣ）の進路が何回も揺さぶられた。

どうして、ド・ゴールは妥協しないことによって交渉力を得られたのか。ド・ゴールが妥協しない姿勢を示せば、相手国には二つの選択肢しかなかった――すなわち、ド・ゴールの主張を受け入れるか、拒否するかである。たとえば一九六三年と一九六八年に、フランスは一国でイギリスのＥＥＣ加盟を阻止した。このとき他国の選択は、ド・ゴールの主張を受け入れるか、ＥＥＣを崩壊させるかしかなかった。ド・ゴールは自分の主張が通ると計算できる局面を慎重に選んで、非妥協作戦を実行していた。それにより、フランスはしばしば大きな利益を得た。ド・ゴールが非妥協の姿勢を取った結果、相手国は代案を提案する機会すら与えられなかった。

妥協しないことは、理屈のうえでは簡単だが、実際に行なうのは難しい。理由は二つある。一つは、交渉では通常、今日テーブルにあるパイだけでなく、明日以降のパイも考えなければならないということだ。非常に貪欲だと相手に思われると、相手は将来こちらとの交渉を嫌がるかもしれないし、次回は今回の損を取り戻すべく強硬な態度で交渉に臨むかもしれない。個人レベルでは、不公平に勝利を手にするとビジネス上の関係や人間関係に傷がつく場合もある。実際、別の伝記執筆者のデービッド・ショーンブランはド・ゴールの狂信的愛国主義をこう批判した。「人間関係では、人を愛さぬ人は人から愛されず、友達を作ろうとしない人には友達ができない。その意味で、ド・ゴールの友好関係拒否の態度はフランスに損失を与えた」。ときには、さしあたり妥協することが、長い目で見れば優れた戦略なのかもしれない。

二つ目の問題は、適度の非妥協をどうやって実行するかだ。ルターやド・ゴールの非妥協は個性そのものだったが、個性は時々に応じて柔軟に身につけたり取り外したりできるものではない。柔軟性を示さなければ、相手が折れて妥協することもあるだろうが、小さな損失をも許さないあまり、大損失を招く可能性もある。

フェルディナン・ド・レセップスは、優れたビジョンと決断力を持つ有能なエンジニアだった。ほとんど不可能に見えたスエズ運河建設を成功させたことでもよく知られている。レセップスは不可能を認めず、それだからこそ偉業を成し遂げられたともいえる。しかし後に、同じ姿勢でパナマ運河建設に挑んだときは、大失敗に終わった（＊1）。ナイルの砂を克服することはできても、熱帯のマラリアには勝てなかったのである。レセップスの問題点は、不可能だとはっきりしても、負けを認めようとしない頑固な性格にあった。

どのようにすれば、人は状況に応じた頑固さを身につけられるのか。この点について、理想的な解決策はないのかもしれない。しかし、頑固を貫きとおし、実行の確約を実現する方法はいろいろある。この点については、第7章で論じる。

＊1　スエズ運河の水位は海水面と同じである。土地が低く砂漠でもあったため、掘削は比較的容易であった。一方、パナマ運河は海抜の高い土地や湖、ジャングルを経由していた。当初、レセップスは海水面まで掘り下げようとしたが失敗した。かなり後になって、アメリカ陸軍工兵部隊が、閘門による運航というまったく異なる方法を使ってようやく成功した。

6. 戦略的痩せ方とは何か

シンディ・ナクソン＝シェチターは、痩せたいと思っていた。そのために、何をすればいいかもわかっていた。食べる量を減らし、もっと体を動かすべきなのだ。バランスよく栄養を取る目安である「フードピラミッド」のこともよく知っていたし、ソフトドリンクの中にたっぷりカロリーが潜んでいることもわかっていた。けれど、どうしても痩せられなかった。二人目の子供を出産したときに二〇キロ近く太ったきり、その贅肉が取れないのだ。

そこで、ABCテレビのオファーに応じて、番組の企画でダイエットにチャレンジすることを決意した。二〇〇五年一二月九日、マンハッタンのウェストサイドの写真スタジオにやって来たシンディは、ビキニの水着に着替えさせられた。ビキニなんて着るのは、九歳のとき以来。しかも、いまの体型を考えると、ビキニ再挑戦の好タイミングとは言いがたかった。

撮影現場は、スポーツ・イラストレイテッド誌の水着特集の撮影の舞台裏のような感じだった。いたるところに、照明器具とカメラがあった。それなのにシンディの身を隠すものは、ちっぽけなライムグリーンのビキニだけなのだ。番組のプロデューサーたちが気を使って、カメラに映らない場所に暖房用のヒーターを用意してくれていた。パシャ！　笑って！　パシャ！　笑って！　いったいシンディは何を考えていたのか。パシャ！

もしすべて計画どおりに運べば、このとき撮影した水着写真は誰の目にも触れずに終わる。シンディがABCの番組『プライムタイム』との間で結んだ契約とは、シンディが向こう二カ月で七キロ痩せれば、ABCは写真を廃棄するというもの。テレビ局側は、減量の手助けをいっさいしない。コーチやトレーナーもつけないし、特別のダイエットメニューも用意しない。どうすれば痩せられるか、シンディはもうよく知っている。足りなかったのは、プラスアルファーのモチベーション、そして明日ではなく今日すぐにダイエットを開始する必然性だった。

シンディは、いよいよその特別のモチベーションを手にした。期限までに所定の体重を落とせなければ、ゴールデンタイムのテレビでビキニ姿の写真と映像が放映されてしまう。放映に承諾する書類にも、もう署名をしてしまった。

二カ月で七キロというのは無謀な数字ではないが、楽勝とは言えない。一二月は、パーティやらクリスマスのディナーやらがいろいろある。一月まで待ってダイエットを開始するような危ない橋は渡れない。いますぐ始めるしかない。

肥満が何をもたらすかくらい、いやというほど知っていた。糖尿病や心臓病のリスクが高まり、命を落とす確率も増す。とはいえ、それだけなら大した恐怖にはならなかった。しかし、昔のボーイフレンドが全国放送のテレビで自分のビキニ姿を見るかもと考えただけで、病気や死のリスク以上に激しい恐怖をかき立てた。あのカレはきっと見るにちがいない。こっちが内緒にしておいても、親友が教えてしまうに決まっている。

ローリー・エドワーズは、自分の体型に満足していなかった。ウェイト・ウオッチャーズに、サウスビーチ・ダイエット、スリム・ファストなど、それこそありとあらゆる減量プログラムや食品を試したが、効果はほとんどなかった。ローリーは健康的なライフスタイルを取り戻すためのきっかけを必要としていたのだ。テレビの企画のことを女友達に話すと、これまででもいちばんばかげたダイエット法だと、口々に言われた。「なんでこんな企画に参加しちゃったのかしら?」という途方に暮れたローリーの表情や、他人に見せたくないそのほかのいろいろなものをテレビ局のカメラはとらえた。

レイという男性も減量したいと考えていた。結婚したばかりでまだ二〇代なのに、見かけはむしろ四〇歳に近かった。競泳用の水着でレッドカーペットを歩くレイの姿は、見苦しくないと言えば嘘になった。パシャ! 笑って! パシャ!

ただし、番組の企画で賭けをするのはレイではない。夫に痩せてほしいと願っていた妻が協力することになった。妻は夫と一緒にダイエットに取り組むと約束。そして、思い切った行動に出た。自分もビキニの水着に着替えたのだ。夫ほど太っているわけではないけれど、人前でビキニ姿をさらすほど自慢のプロポーションというわけではない。

レイの妻が結んだ契約は、シンディの場合とは違った。妻自身は体重測定をしなくていい。体重を落とす必要すらない。しかし夫が所定の体重を減らせなければ、自分のビキニ写真がテレビで公開される。

レイにとって、この挑戦の成否にかける意味はひときわ大きくなった。贅肉とおさらばすることに失敗すれば、大事なワイフとおさらばする羽目になりかねない。

カメラの前に肉体をさらしたのは、四人の女性と一組の夫婦。念のために言っておくと、この人たちは露出狂ではない。その類いの嗜好の持ち主は、ABCテレビの入念な審査により排除された。実際、この面々の誰一人として、自分の水着写真がテレビで放映されることを望んでいなかった。そんな事態に陥ってなるものかと思っていた。

この面々は、未来の自分を相手にゲームをしていたと言ってもいい。現在の自分は、未来の自分に対して、食事制限とエクササイズに励んでほしいと思っている。一方、未来の自分は、その時になればアイスクリームを食べてテレビの前でごろごろしようとするだろう。ほとんどの場合、この種のゲームで勝つのは未来の自分だ。未来の自分の行動は未来の自分が決めるからだ。そこでこの企画では、未来の自分の行動の背中を、現在の自分があと押しするような誘因（インセンティブ）を考えたのだ。

ギリシャ神話の英雄オデュッセウスは航海の途中、船乗りを惑わせて破滅に導くというセイレーンの歌声を聞きたいと思った。しかし、もし未来の自分にその歌声を聞くことを許せば、船を座礁させてしまうとわかっていた。そこで、船員たちには耳栓をさせ、各自の体を船のマストに縛りつけさせた。

シンディ、ローリー、レイが実践した戦略は、このさらに一歩先を行くものだった。自分の体を縛ったうえで、そこから抜け出すためにはダイエットをする以外に方法がないという状況をつくり出したのだ。一見すると、選択肢が多いほうが好ましいように思うかもしれない。しかし戦略的思考にのっとって考えれば、選択肢を減らしたほうがいい結果を生む場合もある。

古代アテネの軍人キセノフォンが通行不能の峡谷を背に陣を敷いて戦った逸話は有名だ。こうすることにより、兵士たちから退却という選択肢を奪ったのである。これで気合いの入った部隊は、戦いに勝ったという。

アステカ帝国を征服したスペインの探検家コルテスも、同様の戦略を取った。中米の海岸に上陸すると早々に、乗ってきた船を沈めてしまったのだ。この決断は、部隊の兵士たちも支持した。コルテス率いる六〇〇人の兵士たちは、数のうえでは劣勢だったが、アステカを打ち負かすか、さもなければこの地で死ぬまでだと覚悟を決めた。アステカの兵士たちは内陸に退却することも可能だったが、コルテスの兵士たちには脱走するという選択肢も、退却するという選択肢もなかった。戦いに敗れた場合に失うものを大きくすることにより、コルテスは勝利の確率を高め、実際にアステカ征服に成功したのだ（＊1）。

コルテスとキセノフォンを成功に導いたやり方は、シンディ、ローリー、レイにも効果があった。二カ月後のバレンタインデーまでに、シンディは八キロの減量に成功。レイは一〇キロ体重が減り、ウエストもベルトの穴二つ分細くなった。番組参加者は、最初こそ脅威を突きつけられてダイエットに取り組みはじめたが、いったん始めてしまえば、あとは自発的に続けられた。ローリーは最初の一カ月で、所定の七キロを減量。その後もダイエットを続けて、さらに六キロ痩せた。二カ月で落とした一三キロは、ローリーの体重の一四％以上に相当する。洋服のサイズは2号小さくなった。この企画がばかげていると言う友達はいなくなった。

もうお気づきかもしれないが、このABCテレビの企画には、本書の著者の一人が関わっていた。この本の題名も『戦略的痩せ方とは何か』にすれば、もっとたくさん売れたかもしれない。その点ではもったいないことをしたものだが、とにもかくにもこの類いの戦略については第6章でまた詳しく紹介する。

＊1　もう一つコルテスの有利に働いたのは、アステカの人々がコルテスをアステカ神話の白い肌の神ケツァルコアトルの再来と勘違いしたことだった。

7．バフェット流「囚人のジレンマ」

大物投資家のウォーレン・バフェットは以前、アメリカの選挙資金制度改革を訴える論説を新聞に寄稿したことがある。提案の内容は、個人献金の上限を一〇〇〇ドルから五〇〇〇ドルに引き上げるかわりに、そのほかの献金を全面的に禁止せよというもの。企業献金も禁止、労働組合の献金も禁止、選挙運動以外の政党活動に用いるという名目で選挙資金規制の抜け道になってきた「ソフトマネー」と呼ばれるタイプの献金も禁止すべきだという。たいへんけっこうな提言だが、この改革案が議会を通過する可能性はゼロだ。

なぜか。改革が実現した場合、最も打撃を受けるのが議員本人たちだからだ。現職議員は資金集めに長けているからこそ、いま議席を保てているのだ（＊1）。バフェットの言うような改革が行なわれれば、選挙での自分たちの強みが失われてしまう。ではどうすれば、自分の利益に反する行動を取らせることができるのか。そのためには、「囚人のジレンマ」と呼ばれる状態におけばいい（＊2）。その点はバフェットも心得ていて、こう書いている。

どこかの変わり者の大富豪が――断じて私のことではありません！――次のような提案を持ちかければいい。もし選挙資金改革法案が反対票多数で否決された場合は、賛成票を少しでも多く投じたほうの政党に、一〇億ドルの合法的な献金をしましょう、と。このようにゲーム理論を上手に利用すれば、法案は首尾よく議会を通過し、大富豪はビタ一文失わずにすむ（ついでに、変わり者というレッテルを返上できる）。

民主党の立場に立って考えてみよう。共和党が法案に賛成する場合、民主党が反対に回って法案成立を阻止すれば、共和党にみすみす一〇億ドルの選挙資金をプレゼントする羽目になる。次の選挙のことを考えると、それはどうしても避けたい。一方、法案に賛成すれば、共和党が反対した場合には一〇億ドルを手にできる可能性がある。

つまり、一〇億ドルを受け取れる可能性を残したければ、共和党がどう行動しようと関係なく、民主党は法案に賛成する以外にない。同じことは共和党にも言える。民主党の態度と無関係に、共和党は法案に賛成しないと、一〇億ドルはもらえない。こうして、民主党と共和党がともに法案を支持し、大富豪はいっさい身銭を切らずに目的を達成できる。しかもバフェットいわく、「議会採決での投票行動はカネになど左右されないという主張がいかに荒唐無稽かも浮き彫りにできる」。

ここで民主党と共和党がおかれた状況が、囚人のジレンマである。「ジレンマ」と呼ばれるのは、双方の当事者が共通の利益（この場合は、選挙資金規制強化を阻止すること）に反する行動を取ることになるからだ（＊3）。囚人のジレンマの古典的なパターンは次のようなものだ。警察が二人の容疑者を別々に取り調べている。先に自白すれば刑を軽くしてやるが、もし相手が先に自白すれば刑が重くなると、容疑者たちは告げられる。すると二人とも、自白したほうが得だと思い、自白する。本当は双方が沈黙を貫いたほうがお互いにとって得なのに、である。

トルーマン・カポーティの『冷血』という作品に、囚人のジレンマのわかりやすい例が登場する。ディック・ヒコックとペリー・スミスは、一家惨殺事件の容疑者として逮捕された。目撃者はいなかったが、ある服役囚が当局に情報を提供したのだ。尋問の間、警察は二人を競わせる形で自白を引き出そうとした。カポーティは、ペリーの心理をこう描写している。

……これもまた、オレをカッとさせようという策略にすぎない。「生き証人」うんぬんのたわごとも同じだ。証人なんて、いるはずがない。いや、それとも――。ディックと言葉を交わせさえすれば！　だが、ディックとは離れ離れにされている。ディックは、別の階の独房に閉じ込められているのだ……で、ディックはどうしているのか？　たぶん連中は、ディックにも同じ手を使っているのだろう。ディックは頭がいいし、演技力もある。けれど、「根性」となると、おぼつかない。すぐにおろおろしてしまう……「あの家を立ち去る前に、家の中にいた人間を全員殺害したんだな」。カンザス中の前科者がこのセリフを聞かされているのだろう。連中は何百人もの男を尋問し、何十人もの男に疑いをかけたにちがいない。オレとディックは、その他大勢のうちの二人にすぎないはずだ……一方、同じころディックは別の階の独房で眠れずにいて、やはりペリーと話したいと思っていた。アイツが連中に何をしゃべったか知りたい、と思っていたのだ。

やがて、まずディックが自白し、その後ペリーも自白した(＊4)。このゲームの当然の帰結だ。

いわば囚人のジレンマの多人数版と言えるのが、同一行動に関わる問題だ。猫に鈴をつけるという童話をご存じだろう。ねずみたちは、猫の首に鈴をつければ、自分たちの生命がはるかに安全になるだろうという点で全員の意見が一致していたが、誰が命をかけて猫に鈴をつけにいくかという点で意見がまとまらなかった。

この問題は、人間にも共通する。比較的小さな軍隊や暴君でも長期間多くの人を統治できるのはなぜだろうか。拳銃を持った一人のハイジャッカーの前に、飛行機の多数の乗客がまったく無力なのはどうしてだろうか。どちらの場合も、大勢が一斉に行動を起こせば成功する確率は高いが、同一行動のための意思疎通や協調を行なうことは難しい。一方、権力側は、大衆の潜在的な力を知っているので、たいてい、同一行動を難しくするための方策をとっている。

人々がばらばらで行動しなければならず、何かきっかけが必要なとき、「誰が最初に行動するか」という疑問が湧き上がる。最初の人は非常に大きなコスト（おそらくは生命）を払うことになるだろう。その人の利益は死後の名声だろうか。使命観や名誉のために行動を起こす人も中にはいるが、大部分の人はコストのほうが利益より大きいと考える。

ソ連の第二〇回共産党大会でフルシチョフがスターリンの粛清を批判したとき、聴衆の中から「フルシチョフ、おまえはそのとき何をしていたんだ」というヤジが飛んだ。するとフルシチョフはその声のほうに向かって言った。「どうぞ立ち上がって名前を名乗ってください」しかし、立ち上がるものはいなかった。フルシチョフは言った。「私もあなたと同じだったんですよ」

一人ひとりの人間が自分の利益に沿って行動する結果、集団全体にとって悲惨な結果を招くことがある。囚人のジレンマは、おそらくゲーム理論で最も有名なゲームだが、最も頭の痛いゲームでもある。このジレンマにどう対処すべきかは第3章で詳しく論じるが、ここではっきり指摘しておきたいのは、ゲームの結果がプレーヤーにとって好ましいものになるとは限らないということだ。私たち二人も含めて多くの経済学者が自由市場の利点を強調するのは、価格形成のメカニズムが個人の行動を適切な方向に導くという考え方が前提にあるからだ。しかし戦略的駆け引きにおいてはえてして、肉屋やパン屋を導く「神の見えざる手」など存在しない。つまり、ゲームを上手にプレーするだけでは、いい結果が得られるとは限らないのだ。適切なゲームをプレーするように心がけることが重要である。

＊1　一九九二～二〇〇〇年の間に現職下院議員の八四％以上が再選を目指し、その結果落選したのは、ダン・ロステンコウスキーただ一人（のべ六〇五人のうち六〇四人が再選）。ロステンコウスキーは、恐喝、司法妨害、資金の不正流用など一七の罪状で起訴されていた。

＊2　「囚人のジレンマ」は一般に、英語で「prisoner's dilemma」と表記されるが、私たちは「prisoners' dilemma」と記す。複数の囚人が関わってはじめて、ジレンマが発生するからだ。

＊3　ゲームの直接の当事者がすべて敗者になっても、部外者が恩恵に浴する場合もある。たとえば、選挙資金制度改革が成立すれば現職議員は両党ともに不利益をこうむるかもしれないが、一般国民にとっては

好ましい結果になる。

＊4　自白すれば有利な取り扱いをしてもらえると二人は思っていたが、その期待は裏切られた。二人とも死刑判決を言い渡されたのである。

8. ミックス戦略

日本の電機機器メーカーの経営者、端山孝は迷っていた。会社が保有する総額一八〇〇万ドルの美術品コレクションをオークションで売却しようと考えていたが、サザビーズとクリスティーズのどちらに競売を任せるか決めかねていた。両社が提示した条件はいずれも魅力的だった。そこで端山氏は、じゃんけんで決めようと提案した。

サザビーズが選んだのはパー。クリスティーズはチョキ。勝ったクリスティーズは、三〇〇万ドル近くの手数料収入を手にした。ここでも、ゲーム理論は効果を発揮したのだろうか。

この類いのゲームに勝つために重要なのは、自分の行動を相手に予測されないことだ。もしクリスティーズがチョキを出すと事前にわかっていれば、サザビーズは当然、グーを出す。負けたくなければ、相手に自分の行動を読まれてはいけない。

じゃんけん対策として、クリスティーズはその道の権威に助言を求めた。子供たちの意見を聞いたのだ。「最初はチョキがいいに決まってるじゃない」と、一一歳のアリスは言った。双子の姉妹のフローラがつけ足した。「じゃんけんではみんな、相手がグーを出すと思いがちなのよ。だとすれば向こうはパーを出すけど、それならチョキで勝てるわ。じゃんけんの初心者が相手なら、だんぜんチョキよ」

一方、サザビーズの対応は違った。じゃんけんを単なる運試しのゲームとみなし、戦略の関わる余地はないと判断したのだ。何を出しても同じだと考えて、パーを出した。

確かに、クリスティーズが無作為にグー、チョキ、パーを選ぶのであれば、サザビーズは何を出しても勝率は同じ。どれを選んでも、勝ちの確率が三分の一、負けの確率が三分の一、あいこの確率が三分の一だ。

しかし、クリスティーズは無作為に選ばなかった。この場合、サザビーズとしては、相手がどんなアドバイスを受けるかを予測して行動したほうが、勝つ確率が高い。最初はチョキが常識だというのなら、サザビーズはグーを出すべきだった。

一回勝負であれば、自分の行動を無作為に選ぶのは難しくない。しかしゲームを繰り返す場合は、行動をミックスする必要が出てくる。行動をミックスするとは、いくつかの戦略を一定の予測可能なパターンで順繰りに用いることではない。そんなことをしては、敵にパターンを見破られて足をすくわれてしまう。行動をミックスするときに大事なのは、相手に予測不可能に振る舞うことなのだ。

ところが実際には、ほとんどの人が予測可能なパターンにはまってしまう。コンピュータ相手にこの種のゲームができるウェブサイトがあるので、試してみるといい。本人は戦略をミックスしているつもりでも、実は複数の戦略を一定の順番で回すだけの人がきわめて多い。

もう一つの落とし穴は、相手が直前に取った行動に影響されること。もしサザビーズとクリスティーズが両方ともチョキを出せば、あいこで「再試合」になる。クリスティーズの指南役のフローラ嬢によれば、サザビーズは、こう考えるはずだという――「クリスティーズは次回、前回に我々が出したチョキに勝とうとして、パーを出すにちがいない」。だとすれば、サザビーズはパーを出すので、クリスティーズはもう一度チョキを出すべきだということになる。ただし、このアプローチがいつもうまくいくとは限らない。このさらに一歩先を読んで、サザビーズがグーを出す可能性もあるからだ。

アメリカの内国歳入庁（ＩＲＳ）が誰を税務調査するかを決める方法が一般に知られているとしよう。この場合、人々は税務申告する前に、自分が調査を受けるかどうか確認するために決定方法を当てはめてみるだろう。その結果、自分が調査を受けると予測できたとして、もし申告のやり方を変えれば、調査を受けずにすむのであれば、おそらく申告の仕方を変えるだろう。もし調査を受けることが避けられないとすれば、正直に申告する道を選ぶだろう。

要するに、ＩＲＳの調査が完全に予測可能の場合は、調査しても意味がない人たちを調査する結果になってしまう。調査を受ける人たちは運命を予測して正直に申告するし、調査を受けない人たちは自分の良心以外に申告をチェックするものがないのである。ＩＲＳの調査の決定方法がはっきりわからなければ、誰もが調査を受けるリスクを負うので、正直に申告しようという誘因が働く。

ミックス戦略の重要性は直感的に理解しやすいが、実際に使うには工夫が必要だ。テニスプレーヤーにとっては、ショットを相手のフォアハンドとバックハンドにミックスして打てばよいとわかるだけでは十分ではない。フォアハンドにするのを全体の三〇%にするか、六四%にするか、そしてそれはフォアとバックのそれぞれの得意さの違いとどう関わっているのか、といったことまで理解しなければならない。第5章では、このような問題に対する答えを検討する。

最後に一点指摘しておく。サザビーズとクリスティーズのじゃんけんのゲームで最大の敗者は、負けたサザビーズではない。端山氏こそ、いちばんの敗者だ。端山氏は、この両社をオークション形式で競わせることもできたはずだ。少しでも手数料を引き下げたほうの会社が契約を獲得するものとすればいい。手数料の相場は売り上げの一二%。この契約の手数料収入は、サザビーズもクリスティーズも喉から手が出るほど欲しかった(*1)。さあ、オークションの始まりだ。一一%？　ほかにはありませんか？　一〇%？　ほかには？

*1　手数料の相場は、最初の八〇万ドル分の売り上げが二〇%、それ以降は一二%。端山氏の四点の絵画は合計一七八〇万ドルで売れたので、手数料の総額は二八四万ドルにのぼった計算になる。

9．不公正な賭け

『野郎どもと女たち』で、ギャンブラーのスカイ・マスターソンは、父親からの価値あるアドバイスについて述べている。

「息子よ。今度の旅行中に一人の男がおまえに会いにきて、こちらが勝てっこない賭けを申し込んでくるだろう。しかしこの男と勝負してはいかん。勝負をすれば確実にひどい目にあうことになる」

話をかいつまんでいうと、ネーサン・デトロイトという男がスカイ・マスターソンに対し、ミンディーというお菓子屋でストルーデルとチーズケーキのどちらが多く売れるかという賭けを申し入れた。ネーサンは正解(ストルーデルのほうが多く売れる)を知っており、スカイがチーズケーキを選んだときのみ賭けをやろうと思っていた(*1)。もちろんこの例は、ちょっと極端に見えるかもしれない。もちろん、こんなカモになる賭けをやろうとは誰も思わないだろう。しかし、シカゴ取引所の先物取引の市場を見てほしい。先物取引では、片方が得すれば必ずもう片方は損をする。これはゼロサムゲームであり、スポーツ競技と同じように片方が勝てばもう片方は必ず負ける。したがってもし誰かが先物を売りたがっているとしたら、それは買わないほうがよい。逆に、誰かが先物を買いたがっているときは、売らないほうがいい（*2）。

大豆農家が将来のある時期に大豆を一定価格で売る契約を結ぶとすれば、この契約は、将来の価格変動リスクを回避するための保険になる。豆乳メーカーが同様に大豆を購入する契約を結んだとすれば、やはり一種の保険として機能する。これは、ギャンブルではない。

しかし、先物取引所の取引高の大きさを見れば察しがつくように、市場で取引に参加している大半は、農家やメーカーではなく、トレーダーだ。トレーダーにとって取引はゼロサムゲーム。売買の合意が成立するとき、双方とも自分のほうが利益を手にすると思っているが、どちらかは見込み違いをしている。ゼロサムゲームとはそういうものだ。両当事者ともに勝つことはありえないのだ。

ここに、一つのパラドックスがある。なぜ、両方がそんなに自信をもてるのか。二人のうちの片方は必ず判断を誤っている。どうして、間違っているのが自分ではなく、相手のほうだと思うのか。

ポーカーの場合、このパラドックスが問題になるのは、誰かが賭け金を上乗せするときだ。手元に強いカードがそろっているときだけ賭け金を上乗せするプレーヤーがいれば、ほかのプレーヤーはすぐにその行動パターンに気づく。このプレーヤーが賭け金を上乗せしても、ほとんどのプレーヤーはそれに応じずに勝負から降りるようになるので、この人は決して大儲けできない。賭け金の上乗せに応じるプレーヤーがいるとすれば、それはもっと強いカードをもっている場合なので、最初に賭け金を上乗せしたプレーヤーは大金をなくす羽目になる。強いカードをもっているときにほかのプレーヤーを賭けに引き込むためには、単なるはったりではないかとまわりに思わせる必要がある。

ではどうすれば、ほかのプレーヤーにそう思わせることができるのか。一つの方法は、頻繁に賭け金の上乗せをすること。しかし、ここでジレンマが生まれる。はったりをかけたとき、相手がそれを真に受けて勝負を降りてくれれば、弱いカードで勝てる。ところが、それでは、大金を手にするためにほかのプレーヤーを欺く誘い水にならない。

ほかのプレーヤーに賭け金を上乗せさせるためには、はったりを見抜かれるというプロセスも必要なのだ。

ポーカーの達人を相手に賭けをすべきでないのは当然として、ギャンブルを行なってよいのはどういうときなのか。喜劇俳優のグルーチョ・マルクスの遺した言葉に、自分を受け入れようとするクラブに加わりたいとはまったく思わない、というものがある。これにならって言えば、他人から持ちかけられた賭けには乗るべきでない。オークションで勝ったときも、眉につばをつけたほうがいい。あなたがいちばん高い値をつけたということは、裏を返せば、ほかの人はその商品にあなたほどの価値を認めていないということだ。オークションで落札者が実質的な価値に見合わない金額を支払う羽目になることは、「勝者の呪い」と呼ばれている。

ある人の行動はすべて、その人が何を知っているかを探る手がかりになる。私たちはもともともっている知識とあわせて、このヒントを活用するべきだ。オークションでどう振る舞えば「勝者の呪い」に陥らずにすむかは、第10章で論じる。

情報量に関して対等な条件でゲームをする方法は、いくつかある。たとえば情報量に偏りがある状況では、情報の少ないほうのプレーヤーに、どっちに賭けるかを選ばせればいい。先の『野郎どもと女たち』の例で言えば、ネーサン・デトロイトがスカイに好きなほうを選ばせて、自分は残ったほうに賭けると約束すれば、ネーサンの内部情報は意味をなさなくなる。

株式市場や外国為替市場等の金融市場では、まさにこの例と同様に賭けのどちら側でも好きなほうを選択できるようになっている。ロンドン株式市場のようによく整備された取引所では、こちらがある株式の株価を知りたいと申し込むと、マーケット・メーカー（値付け業者）は、こちらが売りか買いかを言う前に、売買両方の値段を言わなければならない。このような予防装置がないと、マーケット・メーカーが自分の持つ情報で不当な利益を上げられるので、一般の投資家はカモにされることを恐れて取引を手控え、結果として市場の規模が縮小しかねない。流動性の高い市場でマーケット・メーカーが提示する売り値と買い値の差額が非常に小さいのは、売買注文という行為自体にあまり情報が含まれていないことを示している。

情報の役割は、第8章で論じることにする。

＊1　スカイは父の教えを十分に理解していなかったこと

をつけ加えておこう。一分後にスカイは、ネーサンが自分自身の蝶ネクタイの色を知らないことに賭けようとした。スカイが勝つことはありえない。というのは、ネーサンは色を知っていれば賭けに応じて勝つし、知らなければ賭けをしないから負けないのである。

＊2　株式投資における投資家と企業の関係は、先物取引と性格が違う。投資家が提供した資本を活用して企業の成長が加速すれば、投資家と企業の両方が利益を得る。

10.　ゲーム理論とタクシー

ある夜、エルサレムでの会議の後、著者の一人ともう一人のアメリカ人エコノミストがタクシーを拾って運転手にホテルへ、と行き先を告げた。二人がアメリカ人だとわかると、運転手はメーターを倒さず、「自分はアメリカ人が好きだから安くしておく」と申し出た。私たちは当然、不審に思った。こっちが値切ってもいないのに、赤の他人がどうして値引きを申し出るのか。それに、正規料金より高く請求されていないと、どうすればわかるのか。

一方、私たちは、正規料金以上の額を運転手に払うとは一言も言わなかった。私たちは、ゲーム理論に基づいて考えたのだ。もし価格交渉を始めて決裂すれば、別のタクシーを探さなければならない。その点、ホテルに着いてしまえば、私たちの交渉上の立場ははるかに強くなると考えた。

ホテルに着くと、運転手は二五〇〇イスラエルシュケル（二・七五ドル）を要求した。この料金が公正であるかはまったくわからない。しかし、イスラエルでは価格交渉するのがあたりまえなので、私たちは取りあえず二二〇〇シュケルを逆提示した。運転手は憤慨し、その価格であそこからここまでくるのは不可能だと言い張った。そして交渉を続けようとせず、ドアにロックを掛けると、信号や歩行者を無視してむちゃくちゃなスピードで来た道を引き返した。私たちは、ベイルートに拉致されたのか。そうではない。運転手は元の場所に戻り、私たちを無理やり車から叩き出すと、叫んだ。「二二〇〇シュケルなんて言うんならここで降りろ」

その後、私たちは別のタクシーをつかまえたが、今度の運転手はメーターを倒し、二二〇〇シュケル分だけ走るとちょうどホテルに着いた。

もちろん私たちにとって、時間の無駄は三〇〇シュケル以上の損だった。このエピソードには教訓がある。この本を読んでいない人と交渉をするのは危険だ、ということである。プライドや不合理性が人間の行動に影響を及ぼすことは避けられない。場合によっては、わずかの損ですむのなら、あえてだまされたほうが得策なのかもしれない。

もう一つの教訓は、タクシーを降りてから交渉を始めれば、私たちはずっと強い立場で交渉できただろうということだ(タクシーをつかまえるときは逆だ。乗る前に行き先を告げると、乗車拒否をされかねない。まず乗って、それから行き先を言うのがよい)。

このエピソードを前著で紹介した後、一通の手紙が届いた。

親愛なる両教授殿
私の名前には聞き覚えがないと思いますが、お話しする出来事は覚えておいでだと思います。私は昔、エルサレムの大学に通っていたころ、夜間にタクシー運転手の副業をしていました。いまはコンサルタントをしているのですが、たまたま先生方のご著書のヘブライ語版を拝読しました。実は先生方だけでなく私も、あのときの出来事を顧客によく話しているのです。あれは確かに、深夜のエルサレムの出来事でした。しかしそれ以外の点では、私の覚えていることは少し違います。

当時私は新婚だったのですが、大学の授業と夜のタクシーの仕事で忙しく、妻と過ごす時間がほとんど取れずにいました。そこで、妻を助手席に乗せて走っていました。ひとことも口を開きませんでしたが、妻を抜きにあの夜の出来事は語れません。

車のメーターが故障していたのですが、そう説明しても信じてもらえていないのはわかりました。でも疲れていたので、言い争いをする気にはなれませんでした。ホテルに着くと、私は二五〇〇シュケルの料金をお願いしました。正当な金額です。キリがいいように三〇〇〇シュケル払ってくれるかもしれない、とすら内心期待していました。金持ちのアメリカ人にとって、米ドルにして五〇セント程度のチップなど、どうってことないはずです。

それなのに、先生方は私をだまそうとした。耳を疑いました。新妻の目の前で、私は恥をかかされたのです。いくら貧乏とはいえ、あんな理不尽な話を受け入れるわけにはいきませんでした。

　私たちみたいな人間はどんなわずかな金でもありがたく受け取るべきだと、アメリカ人は思っている。人生というゲームがどういうものか、アメリカ人に思い知らせてやらなければならないと、私は思っています。妻とは結婚して二〇年になりますが、いまでもあの夜の間抜けなアメリカ人のことを思い出して笑わせてもらっています。なにしろ、たった三〇セントそこそこの金をケチったせいで、三〇分かけて同じ場所をタクシーで往復する羽目になったわけですからね。

敬具

　嘘をついて申し訳ない。実は、こんな手紙は届いていない。なぜこの手紙を創作したかというと、ねらいはゲーム理論のきわめて重要な原則を強調することにある。その原則とは、相手の視点を把握すべしということだ。相手がどういう情報をもっていて、どういう動機で行動していて、あなたのことをどう思っているかを知っておく必要がある。皮肉屋の劇作家ジョージ・バーナード・ショーは聖書の言葉をひねって、こう言った。「己の欲するところを人に施してはいけない。人の好みは、あなたと同じとは限らない」。戦略的思考をするうえでは、すべてのプレーヤーの考え方を知り、プレーヤーの思惑が生み出す相互作用を頭に入れておかなくてはならない。このとき、ひとことも口をきかない人も軽んじてはいけない。

11．ショートストーリー教訓集

　一〇の事例を通して、戦略的意思決定のさまざまな原則を見てきた。そこからどういう教訓が引き出せるのか、手短にまとめてみよう。

　数当てのゲームで「48」と答える発想は、相手の意図を察知する必要があるときに役に立つ。『サバイバー』のエピソードでは、先をすべて読んで行動したリチャードが優勝したことを覚えておいてほしい。ホットハンドの話は、戦略でも物理学と同じく「作用には必ず反作用が伴う」ことを教えてくれた。自分が行動を変えればほかのプレーヤーも行動を変える可能性があることは、常に頭に入れておかなくてはならない。ド・ゴールの交渉術の教訓は、「つまった歯車は油をさしてもらえる」ということかもしれない（＊1）。ただし、頑固戦略を実行するのは簡単でないときもある。とくに相手も頑固なときにその上をいくのは難しい。その「頑固な敵」が未来の自分自身という場合もある。ダイエットに取り組む場合はとりわけそうだ。決意を固めるためには、ダイエットにせよ戦争にせよ、退路を断って臨むのがいい。

『冷血』のエピソードと「猫に鈴をつける」話は、協調や自己犠牲を必要とする行動がいかに難しいかを浮き彫りにした。ヨットレースや産業界の技術開発競争においては、後発組のほうが革新的な戦略を採用し、先発組は後発組の戦略を模倣する傾向があることを紹介した。

オークション会社のじゃんけん対決の話で指摘したのは、自分の行動を相手に予測されないことの重要性だ。そう振る舞うことで、人生のスリルが少し高まる効果もあるかもしれない。エルサレムのタクシーの話を通じてわかったのは、他のプレーヤーは感情のないマシンではなく、生身の人間だということ。自尊心や反感などの感情が相手の行動に影響を及ぼす場合もある。相手の頭の中を推測するときは、相手がどういう人間かよく考えること。相手が自分と同じ発想をすると決めつけてはいけない。

もっとたくさんの事例（とその教訓）を紹介することもできるが、戦略的ゲームについて体系的に学ぶうえで最良の方法とは言えないだろう。第2章以降では、確約、協力、ミックスなどのテーマごとに論じていくことにする。それぞれのテーマに沿った事例を紹介することで、法則をくっきりと浮き立たせたい。各章の最後には、ケーススタディーを用意しておいた。

＊1　「きしる歯車は油をさしてもらえる」という表現はよくあるが、つまった歯車はさしてもらえる油の量も多いだろう。もっとも、時には取り替えられることもあるが。

12. ［ケーススタディー］試験問題のゲーム理論的解法

私たち著者二人は、人生のほぼあらゆるものをゲームと考えている。一見するとそうは見えないものも例外でない。次に紹介するのは、アメリカのビジネススクール入学希望者が受験する適性テストGMATの過去の試験問題の一部である。

残念ながら、著作権の関係で試験問題の「問い」は転載できないが、実はそんなことはどうでもいい。次の五つの選択肢のうち、正解はどれだろう。

a　4π平方インチ
b　8π平方インチ
c　16平方インチ
d　16π平方インチ
e　32π平方インチ

無茶を言うなって？　問いを教えないでどうやって答えろというのか、と思うかもしれない。確かにちょっと難しいが、ゲーム理論を活用すれば正解を導き出せるはずだ。

■ケース・ディスカッション

選択肢のなかで仲間はずれはcだ。この一つだけ露骨に違う以上、cはおそらく正解でない。選択肢がすべて「平方インチ」ということは、正解は何かの二乗の数字を含んでいると推測できる。つまり、4πか16πだ――。

滑り出しとしては悪くない。試験問題の要領のいい解き方と言っていい。しかし、これではまだゲーム理論を実践したことにならない。試験問題作成者がどういうゲームをプレーしているのか考えてみよう。

出題者としては、正しい理解をしている受験者が正解し、そうでない受験者には不正解になってほしい。だとすれば、正解以外の選択肢は、正解を知らない受験者がひっかかりやすいものをわざと選んであるはずだ。

まず、16平方インチが正解だと仮定して考えてみよう。この選択肢が正解で、しかも一部の受験者が32π平方インチという選択肢にひっかかりやすい問いとは、どういうものだろう。そのような問いはあまりなさそうだ。面白半分に、答えにπをつけ加える人はそう多くない。「オレの新しい車は、1ガロンのガソリンで10πマイルも走るんだぜ」などとは誰も言わないだろう。つまり、16平方インチは正解でないとみなせる。

では、4π平方インチと16π平方インチはどうか。仮に16π平方インチが正解だと考えてみよう。この場合、問いは「半径4インチの円の面積は？」だったのかもしれない。円の面積を求める公式は「πr2（二乗）」（r＝半径）。しかしこの公式をきちんと覚えていない受験者は、円周の長さの公式「2πr」と混同しないとも限らない（もちろん、円周の長さの単位はインチであって、平方インチではない。だが、公式を覚えていない受験者はこの違いに気づかないだろう)。半径＝4を前提にすれば、2πr＝8πになるので、この受験者はbと答えてしまう。

二つの公式をごちゃ混ぜにして、「2πr2（二乗）」という計算式により32π、つまりeが正解だと勘違いする受験者もいるかもしれない。πを忘れて、16（c）が正解だと思う人もいそうだ。あるいは、rを二乗にするのを忘れて、aの4πが正解だと考える人もいるかもしれない。要するに16πが正解だとすれば、ほかのどの誤った選択肢を選ぶ受験者がいたとしても納得のいく理由がある。ほかの選択肢はすべて、出題者にとって好ましい「ワナ」なのである。

では、4π平方インチが正解だとすると？　この場合、問いは「半径2インチの円の面積は？」だ。受験者が間違って円周の長さの公式を当てはめると、どうなるだろう。なんと2πr＝4πとなり、計算式はでたらめなのに正解にたどり着いてしまう。間違った理由で正解されてしまうことほど、出題者にとってまずい状況はない。つまり、4πが正解になるような問いはできの悪い試験問題なのだ。

結論は出た。ゲーム理論を活用して推理した結果、答えは16π平方インチだといえよう。実際、この試験問題の正解は、dの16π平方インチだった。試験の出題者の意図を考えれば、ときには問いを見なくても正解を割り出せてしまうのである。

GMATなどの試験で、問題を見ないで答えを選ぶことをお勧めするつもりはない。ここで紹介した理屈を理解できる人であれば、円の面積の公式くらいきっと知っているはずだ。しかし、いつも正解がわかるとは限らない。答えの選択肢のなかに理解できないものがあったり、学校で教わらなかった問題に出くわしたりすることもあるだろう。そういうときは試験を出題者とのゲームと考えて頭を働かせれば、正解にたどり着ける場合もある。

第2章 交互行動ゲーム

——先を読んで今を推量せよ——

1. 君の番だよ、チャーリー・ブラウン

『ピーナッツ』のマンガには、いじわるルーシーがよく登場する。次ページ（図2—1）のマンガでは、ルーシーが地面にフットボールを押さえ、チャーリー・ブラウンに走ってきて蹴るように誘う。チャーリーが蹴る瞬間、ルーシーはボールをのけ、チャーリーが空を蹴って仰向けに倒れるのを見て、大喜びしている。

誰もが思うように、チャーリーはルーシーの誘いを断わるべきだった。こういういたずらを以前にされたことがなかったとしても、ルーシーの性格から判断して、どういう行動を取るかは予測できたはずである。

チャーリーがルーシーの誘いを受け入れるかどうかを決める時点からみると、ルーシーの行動はそれより後のことである。しかし後だからといって、不確実なわけではない。起こりうることは、ボールを蹴るかひっくり返るかのどちらかで、ルーシーが後者を好むことをチャーリーは理解すべきであった。チャーリーは、ルーシーがボールをのけることを予測できたはずである。チャーリーは、ルーシーの誘いを受け入れれば仰向けに転倒すると考えて、ルーシーの誘いを断わるべきだった。

PEANUTS
featuring "Good ol' CharlieBrown"
by SCHULZ
ねえ、
チャーリー・
ブラウン
私がボールを押さえているから、走ってきて蹴ってみて。
やだよ。君はボールをどけるんだろ。僕はもんどりうって地面に激突するのさ。
でも、もう後戻りはできないのよ。予定表がすでに印刷されているんだから。
予定表?
"1時にルーシー・バンベルトはボールを押さえ、チャーリー・ブラウンは走ってきてそれを蹴る"
ルーシーの言うとおりだ。もし予定表がすでに印刷されているなら、後戻りするのは遅過ぎるな。
10-13
Tm Reg U S Pat Off — All rights reserved
©1974 by United Feature Syndicate Inc
よーし、
宇宙の果てまで
蹴ってやるぞ。
あ~っ!
WHAM!
バーン
チャーリー・ブラウン、どの予定表にも、最後の一刻での変更はつきものなのよ。
SCHULZ

図2−1

2. 二種類の戦略的相互作用

戦略的ゲームのエッセンスはプレーヤー間の意思決定の相互作用で、それには二つの種類がある。一つ目は交互行動ゲームで、チャーリー・ブラウンの話はこれに当たる。プレーヤーが交互に判断し、行動するものである。各プレーヤーは自分の番になったら、いま自分がどういう行動を取れば相手がどんな手で応じてくるか、さらにそれに対し自分はどう対応するかというように先を読まなければならない。

二つ目は同時進行ゲームで、第1章に出てきた囚人のジレンマがこれに当たる。プレーヤーは相手の次の行動を知らないまま、それぞれに意思決定する。しかし各プレーヤーは他にプレーヤーがいること、そして、ほかのプレーヤーがこちらの存在を知っていることもわかっている。だから各プレーヤーは他人の立場に身を置いて考え、結果を推量しなければならない。

戦略的ゲームをするときは、相互作用が交互行動的か同時進行的かを見極めなければならない。フットボールのようにその両面を持ったゲームもある。そしてその環境に自分の戦略を当てはめなければならない。この章では、交互行動ゲームを行なううえで助けとなる発想や法則を取り扱う。同時進行ゲームは第3章のテーマである。最初はあえてチャーリー・ブラウンの話のように単純で若干幼稚な例で説明しよう。話それ自体はあまり重要ではないし、正しい戦略は簡単に直観で理解できるが、それだからこそ、その基礎となる考え方がより鮮明に理解できるものと思われる。ケーススタディーや後の章では、徐々に現実的で複雑な事例が扱われる。

3. 戦略のルール1

交互行動ゲームの一般的法則は、プレーヤーは相手の将来の対応を見極め、それに続く自分の最善の行動を推量しなければならないことである。この発想は非常に重要で、戦略的行動の基本的鉄則である。

ルール1　先を読んで、合理的に今を推量せよ。

自分の最初の意思決定が究極的にどういう結果を招くのかを予想し、それに基づいて自分の最善の選択を推定する。

チャーリー・ブラウンの例では、彼以外なら誰でも簡単にルール1を応用できる。彼には二つの選択しかなく、そのうち一つが選ばれれば、ルーシーが二つの可能な行動の中から選択をすることになる。大部分の戦略的状況では、もっと長い意思決定の連続があり、その各段階で複数の選択肢がある。そのような複雑な状況の中で、先を読んで今を推量するという原則をうまく適用するには、視覚的な助けを借りるとよい。選択の「樹形図」はその一例である。樹形図の使い方を説明していこう。

4. 意思決定樹形図とゲーム樹形図

連続した意思決定における先読み推量の必要性は、他者とのゲーム戦略だけでなく、一人の意思決定でも起こりうる。詩人ロバート・フロストはこう詩《うた》っている。

森の中で道が二つに分岐した
私は人のあまり通らない道を選んだ
それですべてが違うんだ

これを図で表わすとこうなる（図2―2）。

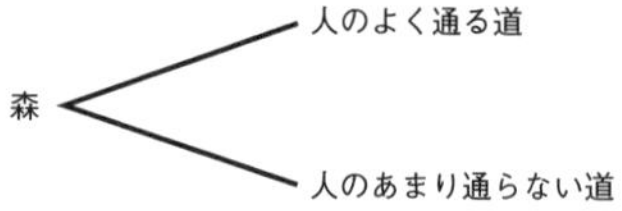

図2-2

これが選択のすべてとは限らない。それぞれの道はさらに分岐しているかもしれない。そうなれば、道路地図はどんどん複雑になっていく。次に紹介するのは著者自身の経験である。

プリンストンからニューヨークへ行くにはいくつかの方法がある。最初の意思決定は、バスか電車か車かの交通手段の選択である。車で行く場合には、ベラザノナロー橋、ホーランド・トンネル、リンカーン・トンネル、ジョージ・ワシントン橋のうちどれを使うかを選ばなければならない。鉄道で行く場合には、ニューアークでパス・トレインに乗り換えるか、ペンシルベニア駅まで乗っていくかを決める必要がある。鉄道とバスの利用者は、ニューヨークに着いたら、最終目的地まで歩くか地下鉄、バス、タクシーのいずれを使うかの選択をしなければならない。最善の選択を行なうためには、値段、速さ、予想される混雑、ニューヨークでの最終目的地、さらには、ニュージャージー高速道路の排気ガスの状態等さまざまな要素を考えなくてはならない。

　この図（図2―3）は、次々に分岐する枝からなる木のように見えるので、意思決定樹形図と呼ばれる。このような樹形図の正しい使い方は、左から順番に最初の分岐点で最も良いもの、たとえば車を選び、次にベラザノ橋を選んで……というアプローチではない。将来の意思決定を予想して、それをもとに今の選択を行なうのが正しい。たとえば、ダウンタウンへ行くとすればパス・トレインを使えばニューアークから直接行けるので、パス・トレインのほうが車よりいいという具合に考える。

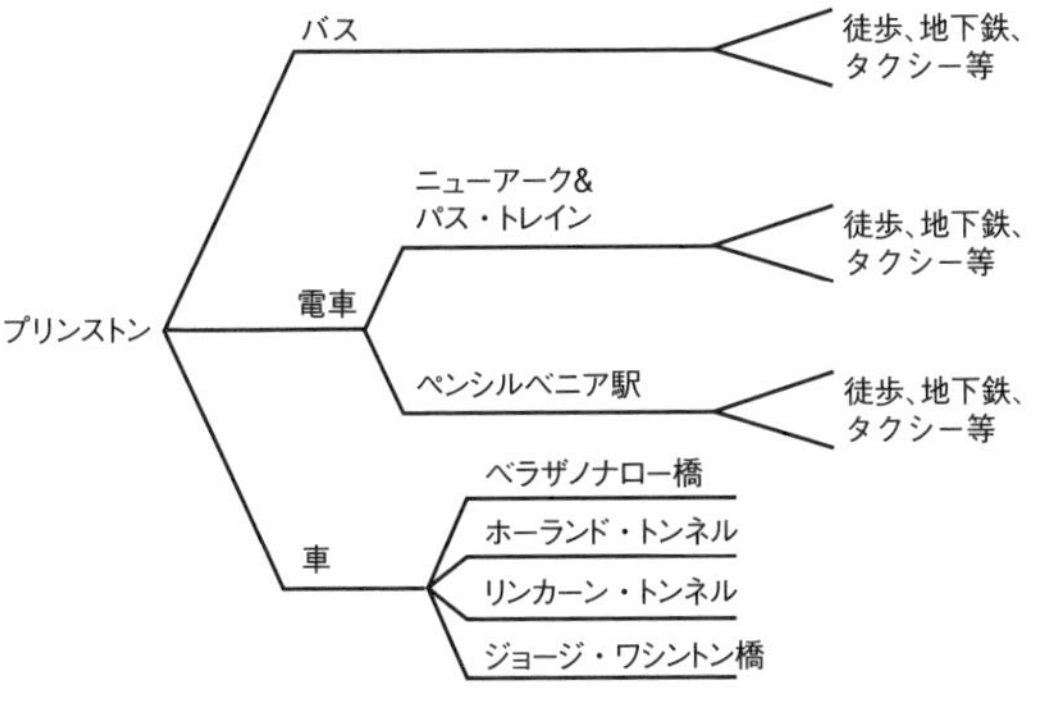

図2-3

　戦略的ゲームの選択を表わすためにこのような樹形図を利用できるが、その場合は、もう一つの要素が関係してくる。ゲームは二人以上のプレーヤーによって行なわれるので、樹形図の各段階の分岐点で意思決定を行なうプレーヤーが交替する。選択を行なう人は、先を読む際に、自分の将来の選択だけでなく相手の選択も考慮しなければならない。相手がどう対応するかについて相手の立場に身を置いて予測することが求められるのだ。このように、戦略的ゲームの複数のプレーヤーの連続した意思決定を表わす樹形図を「ゲーム樹形図」、一人だけで行なう意思決定を表わす樹形図を「意思決定樹形図」と呼ぶことにしよう。

5．フットボールのケースとビジネスのケース

チャーリー・ブラウンの話は非常に単純だが、練習のため樹形図で表わしてみよう。ルーシーが誘いをかけたところからゲームは始まり、チャーリーはこれを受け入れるかどうかの選択を迫られる。もしチャーリーが断われば、そこでゲームは終わる。もし受け入れれば、今度はルーシーがボールを蹴らせるかのけるかの選択をすることになる。これを図に表わすと図2—4のようになる。

前にも述べたとおり、チャーリーはルーシーが上の枝を選ぶと予測することができる。だから彼女の選択のうち、下の枝は木から除いて考える。そうするとチャーリーが自分の選択肢のうち上の枝を選択すれば、悲惨な転倒という結果になる。それゆえ彼は下の枝を選んだほうがよいと考えられる。

子供っぽすぎて物足りない？　では、次はこのゲームのビジネス版。大人になったチャーリーが市場経済に移行したばかりの旧社会主義国（「フリードニア国」と呼ぶことにする）で休暇を過ごしている。フレドと名乗る地元のビジネスマンと話すうちに、元手さえあれば大儲けできるチャンスがあるとこの男が言いはじめた。「私に一〇万ドル投資してくれれば、一年で五〇万ドルに増やしてみせます。それを二人で山わけしましょうよ。一〇万ドルの投資が二倍以上に増えますよ」。魅力的な儲け話だ。フリードニアの

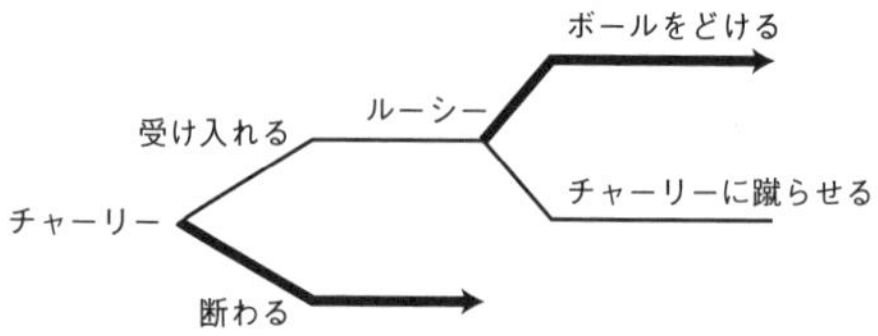

図2−4

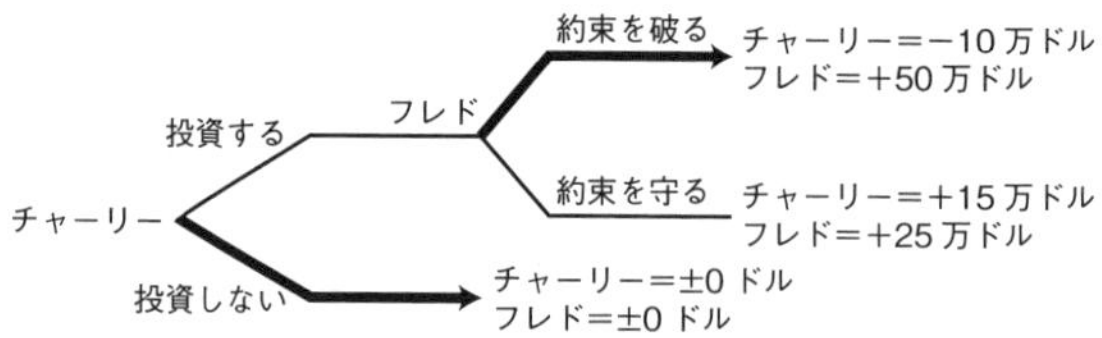

図2−5

法律に基づいて正式な契約書もつくると、フレドは言う。しかし、その法律はどの程度頼りになるのか。もしフレドが金を持ち逃げしたら、アメリカにいるチャーリーがフリードニアの裁判所に訴えて自分の権利を守ることなど可能なのか。裁判所は同胞びいきの判断をくだすかもしれないし、判決がくだるまでに時間がかかるかもしれない。裁判官がフレドに買収されないとも限らない。このチャーリーとフレドのゲームを樹形図にまとめたのが、図2―5である（確認しておくと、フレドが約束を守ってチャーリーに二五万ドルを支払う場合、チャーリーの儲けは、最初に出資した一〇万ドルを差し引いた一五万ドルだ）。

フレドが約束を守ると信じるに足る明白で強力な根拠がない以上、チャーリーは彼が金を持ち逃げすると想定すべきである。子供のころ、ルーシーがボールをどけてしまうと予測すべきだったのと同じだ。実際、この二つのゲームの樹形図は、重要な部分ではほとんど変わらない。しかし、この種のゲームで正しい推量を行なわないチャーリーやその同類が世界にはあまりに多い。

フレドがほかに手広く事業を営んでいてアメリカから資金調達の必要があったり、アメリカに商品を輸出していたりすれば、フレドを信用できるかもしれない。チャーリーがアメリカで相手の評判を落としたり、品物を差し押さえたりできる可能性があるからだ。このように、このゲームがもっと大きなゲームの一部で、双方の長期間の関係を通じてフレドが信頼に足ると確認できる場合もあるだろう。しかし、ここで紹介したような一回限りの関係では、逆戻り推量の論理はいたって明快だ。

ここで指摘しておきたいことが三つある。第一は、異なるゲームでも樹形図や後で紹介する表の形で表わすと、まったく同じだったり、きわめてよく似ていたりする場合があるということ。この種の図や表を使って考えれば、異なるゲームの間の類似性が浮き彫りになり、あるゲームに関する知識を別のゲームに応用できる。さまざまな異なる状況の根底にある類似点に注目し、一つの単純化したアプローチで検討できるようにすることは、「理論」のもつ重要な機能だ。理論と言うと条件反射的に毛嫌いする人も多いが、それはもったいない。理論に限界がないとは言わない。実際、状況や経緯によっては、理論を通じて導き出した処方箋に大幅な修正が必要になることも珍しくない。しかし、だからと言って理論をすべて捨てるのは、思考の有益な出発点を捨ててしまうに等しい。戦略的思考を実践するうえでは、ゲーム理論をお化けのように根拠なく恐れるのではなく、友達だと思って仲良くつきあって頂きたい。

第二は、フレドとしては、チャーリーが戦略的思考をすればビタ一文出資しないだろうと予測すべきだということ。しかしそれでは、二五万ドル儲けるチャンスを逃してしまう。そこで、フレドはなんとしてでも自分の約束に説得力をもたせたい。とはいえ、一介の実業家にすぎないので、フリードニアの貧弱な司法制度を強化してチャーリーの不安を取り除くという方法は取れない。では、ほかにどんな手段があるのか。信頼性全般について、とくに信頼を獲得する手段については、第6章と第7章で取り上げる。

第三は、おそらく最も重要な点。プレーヤーがどういう選択をすれば、結果にどういう違いが生まれるかを比較検討すべしということだ。一方のプレーヤーの利益が増えても、必ずしも相手の利益が減るとは限らない。チャーリーが出資してフレドが約束を守れば、チャーリーが出資しない場合より双方にとって好ましい。スポーツやコンテストとは違うので、ゲームでは勝敗がつかなくてもかまわない。ゼロサムゲームである必要はないのだ。双方が勝者のウィン・ウィンの結果になる場合もあれば、双方が敗者のいわばルーズ・ルーズになる場合もある。ビジネスや政治、その他の社会的関わりの場で行なわれるゲームではたいてい、双方の利害が一致するシナリオ（フレドが自分の言葉に信憑性をもたせられれば、チャーリーとフレドの両方が得をする）と、利害が衝突するシナリオ（チャーリーが出資した後でフレドが金を持ち逃げすれば、チャーリーが損をしてフレドが得をする）が並存している。だからこそ、ゲームの分析がおもしろく、しかも難しいのだ。

6. 複雑な樹形図

もう少し複雑なゲーム樹形図の例をアメリカ政治の世界に見てみよう。思いきり単純化すると、「議会が利益誘導型の予算を通そうとし、大統領が議会の可決した肥大化した予算を削ろうとする」というのがアメリカ政治の基本的な構図だ。言うまでもなく、大統領にとっても望ましい財政支出と望ましくない支出があり、望ましくないと考える支出項目だけ削りたい。しかしそのためには、予算案の特定の項目だけを削除する権限（個別拒否権）が必要だ。ロナルド・レーガン大統領は一九八七年の一般教書演説で、この点を雄弁に訴えた。「四三の州知事がもっているのと同じ権限、すなわち個別拒否権を大統領にも与えてください。そうすれば、税金を無駄遣いする公共事業や補助金をそぎ落とせます。この類いの予算項目は、ほかの項目と抱き合わせでなければ決して通過しないものなのです」

　一見すると、個別拒否権が認められれば大統領の力が強まり、大統領にとって悪いことはいっさいないように見える。しかし実は、この権限がないほうが好ましい可能性もある。この話のミソは、大統領が個別拒否権を手にすれば、それに応じて議会側の戦略も変わってくることだ。シンプルなゲームを例に、この点を明らかにしよう。

　話を簡単にするために、二つの項目の財政支出だけが議論されているとしよう。都市再生計画（＝都市）と弾道ミサイル迎撃システム（＝ミサイル）である。議会が通したいのは「都市」の予算。大統領が通したいのは「ミサイル」の予算。しかし両者ともに、予算が通らないよりは、二つを抱き合わせにした予算が成立するほうが好ましいと考えている。表2—6は、考えられる四つのシナリオについて、議会と大統領にとって好ましい度合いを点数で示したものである（点数は最高が4点、最低が1点）。

結果	議会	大統領
都市とミサイルの両方	3	3
都市のみ	4	1
ミサイルのみ	1	4
どちらもなし	2	2

表2-6

　大統領が個別拒否権をもたない場合、この状況のゲーム樹形図は図2—7のようになる。都市とミサイルがセットになった予算、もしくはミサイル単独の予算が上がってくれば、大統領は署名するが、都市単独の予算には拒否権を行使する。その点は重々承知なので、議会は抱き合わせの予算案を採択する。この図では、議会の選択によって実際には排除されるシナリオについても、その後の分岐点で大統領がどの道を選択するかを想定し、その選択肢を太字と矢印で示してある。わざわざこんなことをするのは、議会の選択に対して大統領がどういう選択をするかという先読み

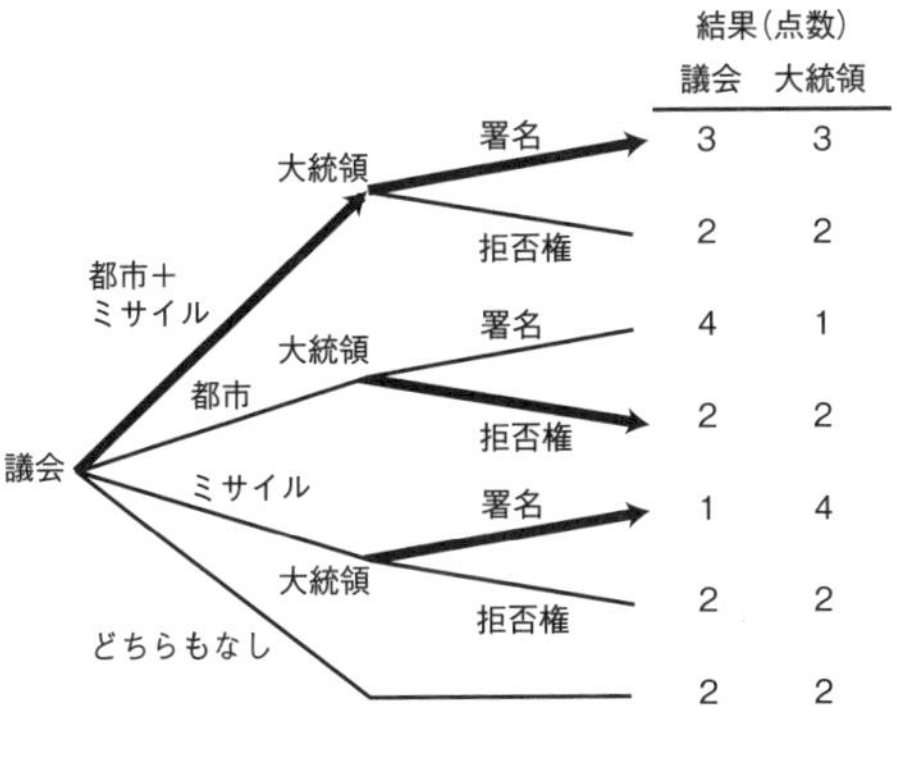

図2-7

の結果が議会の実際の選択を決めるからである。

　この分析から言えるのは、両者が戦略的に振る舞えば、議会と大統領の双方にとって次善の結果（3点）で落ち着くはず、ということだ。

　次に、大統領が個別拒否権をもつ場合を考えてみよう。ゲームは以下のように変わる（図2―8）。

　議会が両項目を抱き合わせにした予算案を可決すれば、

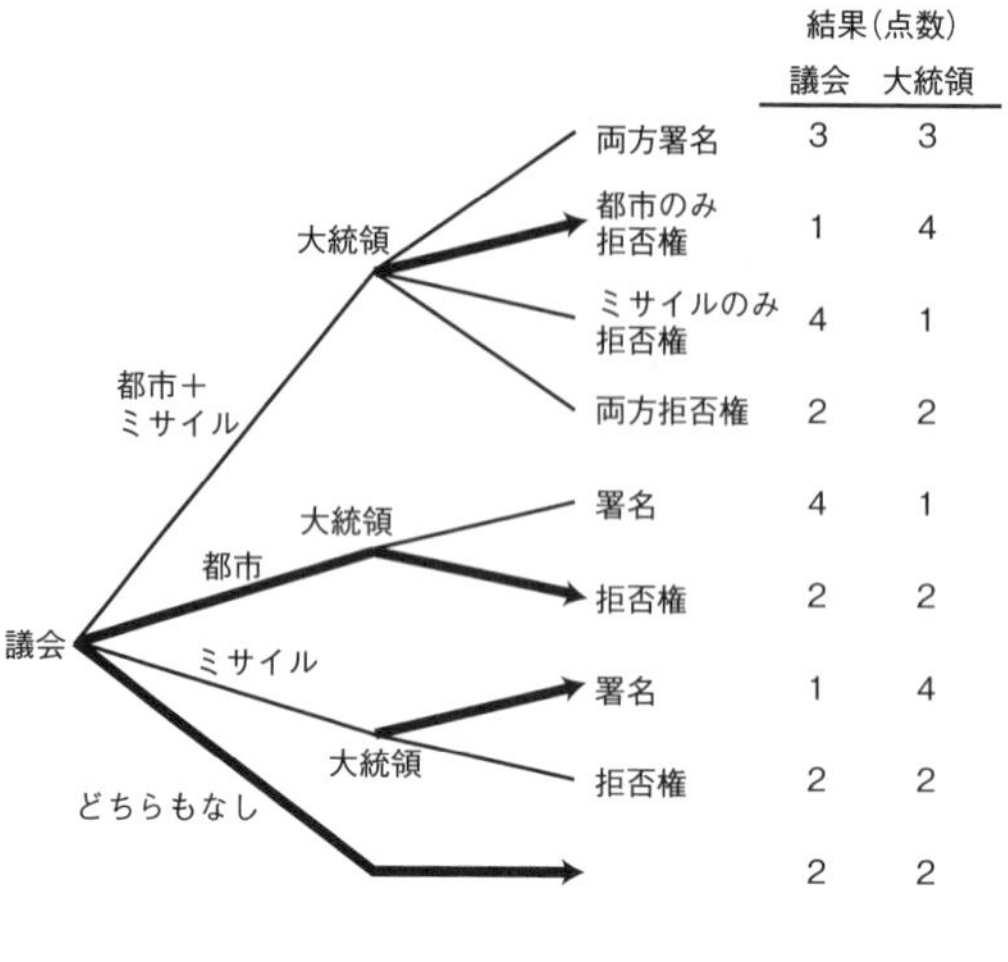

図2-8

大統領は「都市」の予算を拒否し、「ミサイル」の予算だけを残す。そう考えると、議会にとって最善の選択は、拒否権行使されるのを承知のうえで「都市」の予算だけ可決するか、いずれの予算も可決しないかだ。大統領を拒否権の行使に追い込めば議会の政治的得点になるかもしれないが、拒否権を行使して堅実財政をアピールすることが大統領の政治的得点になる可能性もある。ここでは、その二つの効果が互いに相殺しあうものと想定し、議会はどちらの行動を選ぶかに関心をもたないと見なしておこう。いずれにせよ、両者にとって三番目に好ましい結果（2点）しか手にできなくなってしまった。選択の自由が増えたはずの大統領ですら、個別拒否権がない場合より結果が悪くなったのである。

　このゲームは、理論上のある重要な原則を浮き彫りにした。一人だけで行なう意思決定では、行動の自由が広がってもデメリットはまったくない。しかしゲームの場合は、それがマイナスになるケースもあるということだ。あるプレーヤーが行動の自由を手にしたという事実がほかのプレーヤーの行動に影響を及ぼす可能性があるからである。逆に、自分の手足を縛ることが好ましい結果を生む場合もある。自分の行動を縛ることの利点については、第6章と第

7章で論じる。

取るに足らないゲーム（チャーリー・ブラウン）に始まり、いささかややこしいゲーム（個別拒否権）にいたるまで、ゲーム樹形図を使った逆戻り推量の手法を実際に当てはめてきた。どんなにゲームが複雑になっても、この基本原則は通用する。しかし、それぞれのプレーヤーに一度にいくつもの選択肢があり、そのうえ選択する機会がたびたびあると、樹形図があっという間に複雑になり、実際には使いづらくなる。たとえばチェスでは、樹形図は根元からいきなり二〇に枝わかれする。先攻の選択肢は、八つのポーンのいずれかを一マスないし二マス前に進めるか、二つのナイトをそれぞれ二つのマスのいずれかに動かすかの合計二〇通りあるからだ。この二〇パターン一つひとつに対して、後攻の選択肢がまた二〇通りある。ここまでで、すでに四〇〇通りに枝がわかれている。試合がさらに進めば、樹形図の一点からわかれる枝の数がもっと多い場合もある。

樹形図によりチェスのすべての手を検討し、正しい最初の一手を割り出すことは、現在の最先端のコンピュータでも不可能だ。この作業をこなせるコンピュータなど、向こう数十年誕生しないだろう。現実問題としては、試合の局面ごとに分析を行なう方法を見出さなければならない。この問題にチェスの達人たちがどう取り組んでいるかは、この章で後ほど紹介する。

ビジネスや政治、私たちの日常生活では、複雑性の度合いがこの両極端の中間に位置するゲームが数多く存在する。アプローチは二種類ある。一つの方法は、コンピュータで樹形図を作成し、正解を導き出すというもの。もう一つは、実際に樹形図を描かずに、樹形図分析の論理だけ利用するというものだ。この二番目の方法について、すべてのプレーヤーがほかのプレーヤーを出し抜いて生き残ることを目指すテレビ番組を例に説明しよう。

7．『サバイバー』で生き残る戦略

第1章でも紹介したアメリカのテレビ番組『サバイバー』では、さまざまな興味深い戦略のゲームが行なわれている。第五シーズン「タイ篇」の第六回で二つのチーム（「スクジャイ」と「チュイガン」）の間で戦われたゲームは、先読み・逆戻り推量の理論と実践を見るうえで絶好の例だ。地面に二一本の旗を立てておいて、両チームが順番に旗を引き抜いていく。一回に取り除ける旗の数は、一～三本。ゼロ本（自分たちの順番をパスする）は許されていないし、一度に四本以上抜くことも認められていない。勝つのは、最後の一本の旗を引き抜いたチームだ。最後に残った一本を抜くのでもいいし、二本もしくは三本残っている旗をまとめて抜いてもいい。敗れたチームは、投票でメンバーの一人を追放しなくてはならないので、この先の戦いで不利になる。実際、最後に優勝して一〇〇万ドルの賞金を手にしたのは、このゲームで勝ったチームのメンバーだった。つまり、このゲームで正しい戦略を見い出せるかどうかは、後々きわめて大きな意味をもってくるのである。

先攻のスクジャイは旗を二本引き抜いた。残った旗は一九本。この先の文章を読む前に、あなたも自分で考えてみてほしい。あなたがスクジャイの一員だったら、ここで何本の旗を取るだろうか。あなたなりの答えをどこかに書き記して、説明の続きを読んでほしい。

このゲームの過程で、注目すべき出来事が二つあった。まず一つ目。両チームには、ゲーム開始前に作戦会議の時間が数分与えられた。このとき、チュイガンのメンバーであるアフリカ系アメリカ人のソフトウェア開発者、テッド・ロジャーズが発言した。「大事なのは、最後に旗を四本残した状態で、向こうに順番を回すことだ」。ご名答。旗が四本残った状態で順番が回ってくれば、スクジャイは旗を一本、もしくは二本、あるいは三本抜かなくてはならない。そうなれば、チュイガンはそれぞれ残った三本、二本、一本の旗を全部取ればいい。実際、チュイガンは、旗が六本残った状態で順番が回ってきたときに正しく行動し、二本取り除いて四本にした。

もう一つ注目すべき場面があった。その一回前の順番で、スクジャイが九本の旗から三本取り除いて六本にした直後のこと。テッドが指摘したのと同じことに、スクジャイの一員のシーアンが気づいた。「チュイガンが次に旗を二本取ったら、私たちはおしまいよ」と、自分の分析能力に自信満々で、怒りっぽくて歯に衣着せぬ物言いが特徴のシーアンは言った。おっしゃるとおり。九本の旗から三本取り除いたスクジャイの行動は間違いだった。では、どうすべきだったのか。

九本の旗から三本を引き抜く前の段階で、どうすれば旗が四本残った状態で相手に順番を引き継げるのかを考えるべきだった。正解は、その前の順番で旗を八本残して相手に引き渡すこと。そうすれば、相手が一本取ればこっちは三本、二本取れば二本、三本取れば一本引き抜くことにより、ねらいどおり残り四本にできる。要するに、スクジャイは九本の旗から一本だけ取り除くべきだったのだ。シーアンよりテッドの分析能力が一枚上だった、ということなのかもしれない――いや、本当にそう言えるだろうか。

問題は、九本の旗が残った状態でスクジャイの順番になったのは、その前にチュイガンが一一本から二本取り除いた結果だということだ。テッドは、もう一歩先を考えるべきだった。チュイガンにとっては、このとき旗を三本抜いて、残り八本の状態で相手に順番を回すのが正解だったのである。そうしておけば、スクジャイの息の根を完全に止められたのだ。

同じ理屈をさらにさかのぼって適用することもできる。確実に旗が残り八本の状態で相手の順番をむかえさせるためには、その前に一二本にして相手に順番を回す必要がある。同じように、その前は一六本、そのさらに前は二〇本にするのが正解。だとすれば、先攻のスクジャイは、最初に二一本から二本引き抜くのではなく、一本だけ取り除くべきだったことになる。そうすれば、チュイガンを二〇本、一六本、一二本、八本、四本と順々に追い込んで、確実に勝てたのだ（＊1）。

では、チュイガンの最初の選択はどうか。旗は一九本。ここで三本取り、残り一六本の状態でスクジャイに順番を回せば、（その後の戦略を間違えなければ）確実に勝てたはずだ。このようにゲームの途中でも相手の失敗に抜け目なくつけ込めば、勝利を手にできる。しかし、チュイガンのプレーも完璧ではなかった（＊2）。

表2―9は、局面ごとに、そのとき順番が回ってきたチームが取るべきだった行動と実際に取った行動を表にまとめたものだ（「なし」と記したのは、どういう選択をしても相手が完璧にプレーすれば勝ち目がないという意味）。見

チーム	残っている旗の数	取り除いた旗の数	本来取り除くべきだった旗の数
スクジャイ	21	2	1
チュイガン	19	2	3
スクジャイ	17	2	1
チュイガン	15	1	3
スクジャイ	14	1	2
チュイガン	13	1	1
スクジャイ	12	1	なし
チュイガン	11	2	3
スクジャイ	9	3	1
チュイガン	6	2	2
スクジャイ	4	3	なし
チュイガン	1	1	1

表2–9

てのとおり、両チームのほぼすべての行動が間違っている。唯一の正しい行動は、旗が一三本のときにチュイガンが取った行動だが、これにしてもおそらくはまぐれだ。次に旗が一一本で順番が回ってきたとき、本当は三本取るべきなのに二本しか取らなかったからだ。

この両チームに無能のレッテルを貼る前に、シンプルなゲームですら正しいプレーの仕方を身につけるまでに時間と経験が必要だと知っておくべきだ。私たちは大学の教室でこのゲームをプレーさせているが、アメリカ指折りの名門大学の新入生でさえ三回か四回プレーしてようやく、理屈が完全にわかり、最初の一手から最後まですべて正しい行動ができるようになる（ところで、説明を読む前にあなたが考えた正解はなんだっただろうか。どうして、その数が正しいと思ったのだろうか）。ちなみに、自分でプレーするより、他人のプレーを観察するほうが早く学習できるらしい。おそらく、当事者より観察者のほうがゲームの全体像を把握し、冷静に推量を働かせられるのだろう。

この推量の論理を頭に定着させるために、「戦略トレーニングジム」を用意した。ねらいは、問題を解くことを通じて、戦略的思考のスキルを磨くこと。答えは、巻末の「戦略トレーニングジム解答篇」を見てほしい。

エクササイズで頭がほぐれたところで、次はこの種のゲームに共通する一般的な戦略をいくつか見ていこう。

［ trip to the gym no.1 ］

戦略トレーニングジム 1

『サバイバー』の旗選びのゲームを少しアレンジして、今度は最後の一本の旗を相手に取らせたほうが勝ちとしよう。さて、あなたが選ぶ順番だ。旗は二一本残っている。いくつ旗を取るのが正解だろうか。

＊1　どのゲームでも先攻が勝つと決まっているわけではない。旗のゲームを二〇本でスタートさせれば、戦略を誤らなければ後攻が必ず勝つ。縦・横三マスのチック・タック・トー（マルとバツを交互にマスに打って、縦、横、あるいは斜めにマルまたはバツを三つ並べたほうが勝ちというゲーム）など、ある種のゲームでは、正しい戦略を用いれば、双方とも引きわけに持ち込むチャンスがある。

＊2　この二人のキーパーソンのその後は興味深い。シーアンは次の回で再び致命的な計算違いをしでかして、追放されてしまう（一六人中一〇番目）。一方、テッドは物静かだが、戦略のスキルはシーアンより上だったらしく、最後の五人まで生き残った。

8．逆戻り推量で完全に解けるゲームの条件とは？

『サバイバー』の旗のゲームには、正しい戦略を完全に割り出せるゲームの条件が備わっている。その条件とは、何らかの偶発的な要素や、相手の動機・能力、相手の行動など、いかなる不確実性にも左右されないことである。詳しく説明しよう。

第一の条件は、選択を行なうときに、プレーヤーが必ず状況を正確に把握できていること。旗のゲームで言えば、残っている旗の数がはっきりわかっている必要がある。現実には、純粋な偶然の要素が入り込むゲームも少なくない。カードゲームではしばしば、プレーヤーが行動を選択するとき、ほかのプレーヤーがどういうカードを持っているか確かなことがわからない。ライバルたちのそれまでの行動を手がかりに、ある程度の推測ができれば御の字だ。以降の章では、偶然の要素が介在するゲームも取り上げていく。

第二の条件は、プレーヤーがお互いの動機――言うまでもなく、旗のゲームの場合はゲームに勝つことだ――をわかっていること。この点で言えば、チャーリー・ブラウンはルーシーの動機――チャーリーに尻もちをつかせること――に気づいていなくてはならなかった。シンプルなゲームやスポーツでは、ほかのプレーヤーの目的が完璧にわかっている場合が多いが、ビジネスや政治、実社会ではそうとは限らない。ゲームのプレーヤーの動機には、利己主義と利他主義、正義と公平を重んじる気持ち、短期的な計算と長期的な計算が複雑に入り混じっている。

ほかのプレーヤーが将来のある時点でどういう選択をするか予測するには、そのプレーヤーの目的を知らなければならない。目的が複数ある場合は、その優先順位をどう考えているかも知っておく必要がある。それを正確に知るのはほぼ不可能なので、推測する以外にないが、ほかの人が自分と同じように考えるだろうと思い込んだり、「合理的」に振る舞うはずだと決めつけたりしてはいけない。その人が置かれている状況を先入観抜きで考える必要がある。

しかし、ほかの人の立場に身を置いて考えることは簡単でない。自分自身の目的で頭がいっぱいになっていると、とりわけそれが難しい。この種の不確実性については、折に触れて言及するし、本章でも後で論じる。ここでは、ほかのプレーヤーの動機がはっきりわからないときは、客観的な第三者に助言を求めるとうまくいく場合があると指摘するにとどめておく。

第三の条件は、戦略的不確実性がないこと。戦略的不確実性とは、プレーヤーがほかのプレーヤーの選択を把握できない状況を言う。偶然の要素に左右される自然の不確実性（カードゲームでどのカードが回ってくるかわからない、平坦でない地面にボールを落としてどこに跳ね返るかわからないなど）と区別するために、このように呼ばれている。

旗のゲームでは戦略的不確実性がなく、お互いに相手がどういう行動を取ったか正確に知ることができる。しかし、ほかのプレーヤーと同時に、あるいは相手が行動した後にきわめて短い時間で行動しなければならないゲームでは、相手の選択を見極めて、それに反応して行動することはできない。サッカーのＰＫ合戦でゴールキーパーは、キッカーがゴールのどこを狙って蹴るかわからない状況で右か左かに飛ばなくてはならない。うまいキッカーは最後の一瞬までねらいを隠すので、キーパーがそれを見てから反応する時間はとうていない。同じことは、テニスなどのサーブやショットにも言える。入札方式のオークションの参加者も、ほかの入札者の選択の内容を知らずに決断をしなくてはならない。

このように多くのゲームでは、あらかじめ決まっている順番で交互に行動するわけではなく、プレーヤーが同時に行動する。この種のゲームで要求される思考は、旗のゲームのような純粋な交互行動ゲームにおける逆戻り推量に比べて、いろいろな面で難しい。ほかのプレーヤーが戦略的に選択を行なっていることを念頭において戦略を練るなど、複雑な作業が必要になる。こうした同時進行ゲームの推量法と解決法については次章以降で取り上げるが、この章では旗のゲームやチェスのような交互行動ゲームにテーマを絞って論じていく。

9. 逆戻り推量を実際の例に当てはめると

樹形図を用いた逆戻り推量は、交互行動ゲームを分析・

解決する正しい方法だ。必ずしも意識して行なう必要はないが、この推量法を無意識的にでも実践していない人は目的を達成できない恐れがある。そういう人は私たちの本をしっかり読むなり、専門家に相談するなりすることを強くお勧めする。しかしこれまで述べてきた例は、あくまでも理論が先にありきの紙上の議論でしかない。現実のゲームに逆戻り推量の理論を適用した場合、正しい結果になるのか。行動経済学と行動ゲーム理論という新しい学問分野の研究者たちが行なった実験の結果はまちまちだ。

最も否定的な結果を突きつけるのは、「受けるか拒むか」型のゲームの実験結果かもしれない。これは、考えられるなかで最もシンプルな交渉のゲームである。プレーヤーは提案者「A」と被提案者「B」の二人。Aが行なう提案は一回。Bの選択肢は、その提案を受け入れるか拒むかの二つに一つだ。AがBに対してたとえば一〇〇ドルの金のわけ方を提案することで、ゲームが始まる。この提案に対して、Bはそれを受けるかどうかを考える。もしBが同意すれば、提案が実行に移されて、AとBの双方がAの提案どおりの金額を受け取り、ゲームは終わる。もしBが提案を拒めば、二人とも一銭も受け取れずにゲームは終わる。

あなたがAだったら、どのようにお金をわけようと提案するだろうか。

二人のプレーヤーが旧来の経済学理論で言うところの「合理的」な行動を取るとしたら、どういう結果になるか考えてみよう。要するに、双方が自己の利益だけを考え、

［trip to the gym］戦略トレーニングジム 番外編

「受けるか拒むか」型のゲームの変形版を考えてみよう。一〇〇ドルの金のわけ方をＡがＢに提案し、Ｂが同意すればこの提案どおりにお金をわけて、ゲームは終了。ただしＢが拒否した場合は、Ａが別の再提案を行なうか、そのまま交渉決裂でゲームを終えるかを選択するものとする。二回目以降の提案は当然、だんだんＢに有利なものになっていく。Ｂがイエスと言うか、Ａが提案をやめるかしたときに、ゲームは終わる。このゲームはどのような形で終わるだろうか。

Ａが「合理的」に振る舞うとすれば、ＡはＢが同意するまで提案を繰り返し、最後はＡが一％、Ｂが九九％という提案まで行き着く。つまり、Ｂがほぼすべてを手にすることになる。では、あなたがＢの立場だったら、どうすべきか。九九％をもらえる提案が出てくるまでねばるべきなのか。それはお勧めできない。人間は合理的に振る舞うとは限らないからだ。

利益を追求するうえで最良の戦略を完璧に導き出せると想定するのだ。Aはこう考えるはずだ。「Bは私の提案を受け入れるか、金をまったく手にできないかのどちらかしかない（ゲームは一回きりなので、Bは手強い交渉相手だという評判を確立する必要もないし、将来のゲームで自分が提案者になったときに報復する機会もない）。だから、こっちがどんな提案をしても、Bはそれを受け入れるにちがいない。私の取り分が最大になるように、Bのわけ前を最小限まで減らせる。ゲームのルール上許されるのであれば、Bのわけ前を一セントにしたっていいはずだ」。こうしてAは最低額を提案し、Bはそれを受け入れるはずだ（＊1）。

　では、今度はBの立場に立ってみてほしい。あなたは、一セントの提案を受け入れるだろうか。

　このゲームに関しては、数知れない実験が重ねられてきた。実験ではたいてい、二〇～三〇人ほどの被験者を集めて、無作為に二人ずつに組わけし、提案者と被提案者の役を割り振る。これでゲームを一回行なう。次に、無作為にペアを組み替えて同じゲームを行なう。どの回についても、誰と組むかは事前にわからないようにしてあるのが普通だ。この方法を用いれば、同じ被験者グループを対象に、一度の実験で数回の観察を行なえる。しかも、プレーヤー同士の人間関係が形成されて、それが行動に影響を及ぼす心配もない。こうした設定のもとで、さまざまに条件を変えて実験を繰り返し、結果の違いを観察する。

　あなたが「もし自分が提案者ならどう振る舞うか」と考えた結果は、おそらく先の理論的予測（双方がともに「合理的」に行動すると仮定した場合）と異なるのではないだろうか。実験で被験者が示す態度も、理論的予測とは異なる。というより、極端に異なる場合も少なくない。提案者が被提案者に提示する金額はまちまちだが、一セントとか一ドルとか、総額の一〇％未満の金額を提案する人はほとんどいない。中央値は、総額の四〇～五〇％の範囲に収まる。多くの実験では、五〇％ずつわけようともちかけた提案者がいちばん多かった。一方、被提案者は、わけ前が二〇％に満たないと、およそ半分の確率で提案を拒絶する。

＊1　この議論も、樹形図を書かずに樹形図の論理を活用した一例である。

10.「非合理的」な行動を取る理由

なぜ、提案者は相手に少なからざる金額を与えようとするのか。考えられる可能性は三つある。一つは、提案者が逆戻り推量を行なえないという可能性。次は、提案者が私利私欲だけでなく、利他主義や公平性を考えて振る舞っている可能性。最後は、被提案者のわけ前が少ないと、提案が拒絶されるのではないかと恐れている可能性だ。

　第一の可能性は考えづらい。旗のゲームのように複雑なゲームであればまだしも、「受けるか拒むか」型のゲームは初心者にとっても十分わかりやすい。そうなると、理由は第二もしくは第三、あるいはその両方のはずだ。

　初期の実験の結果を見る限りでは、第三の可能性が高そうに思える。ハーバード大学のアル・ロスらの実験によれば、提案者は相手に拒絶されるリスクを避けつつ、自分の取り分を少しでも増やすために最適なバランスを取っていることがわかったという。この研究によれば、提案者は経済学的な「合理性」をきわめて高いレベルで実践していると言えそうだ。

　しかしその後、第二の可能性と第三の可能性を区別することを目的に設計した実験が行なわれるようになると、事情が変わってきた。利他主義的行動と戦略的行動の違いを浮き立たせるねらいで行なわれる実験は、「受けるか拒むか」型ゲームの変形版とも言うべき「独裁者ゲーム」だ。提案者がお金のわけ方を一方的に通告し、相手はそれに従うしかないものとするのである。独裁者ゲームで提案者が相手に与える金額は、「受けるか拒むか」型ゲームに比べて平均してかなり少ないが、ゼロよりはかなり多い。この結果から判断するに、「受けるか拒むか」型ゲームにおける提案者の行動には、戦略的計算という側面だけでなく、寛大な態度という側面もあるとみなせる。

　では、そうした寛大な態度は利他主義の精神によるものなのか、公平性を重んじた結果なのか。その点を見極めるための実験も行なわれている。実験の基本的なパターンでは、まずペアをつくり、コイントスなどの無作為の方法で提案者と被提案者の役割を決めてゲームをさせる。この方法で役割分担を決めると、プレーヤーは平等性ないし公平性を意識しやすくなる可能性がある。そこで、そうした心理を排除するために、一般教養を試す試験などで予選を行ない、勝ったほうが提案者になるものとして、ゲームをさせた実験もある。すると、提案者の側にある種の特権意識が生まれて、相手に提案する金額がコイントスの場合より平均一〇%少なくなるが、それでも金額はゼロよりはかなり高い。つまり、提案者の思考にはある程度の利他主義精神が働いていると言えるだろう。なお、この種の実験では相手の素性は知らされないので、この利他精神は特定の人に対する配慮ではなく、万人に対する態度だと判断できる。

提案者が寛大な行動を取る理由として、考えられる可能性がもう一つある。それは、恥の意識である。イリノイ大学のジェーソン・デーナ、エール大学経営大学院のデーリアン・ケーン、カーネギー・メロン大学のロビン・ドーズは、独裁者ゲームの変形版として次の実験を行なった。まず、「独裁者」に一〇ドルの金を二人でどうわけるか決めてもらう。続いて、相手にその決定を伝える前に、独裁者にもちかける。あなたが九ドルを受け取り、相手には一ドルも与えず、しかも相手にはこの実験の参加者だったことを教えないでおくという選択肢もあるのだが、どうか、と。すると、ほとんどの人が提案に乗った。自分の強欲さを相手に知られずにすむのなら、一ドルを放棄してもいいと考えるのである（本当に利他的な人間であれば、自分が九ドル受け取って相手に一ドルも与えないより、自分が九ドル取って相手に一ドル与えるほうを好むはずだ）。分配する金額がもっと少なくても話は同じ。独裁者はその金額を受け取って、相手にはなにも教えないほうを選ぶ。物乞いにわずかの金を恵むのを嫌がって、わざわざ遠回りするようなもの、と言っていいかもしれない。

さて、「受けるか拒むか」型ゲームの実験に話を戻して、被提案者の行動を検討してみよう。提案を拒めば一ドルも受け取れないと知っているのに、どうして提案をはねつける人がいるのか。将来に同様のゲームをするときに備えて、手強い交渉相手だという評判を確立することがねらいだということはありえない。実験では、同じ相手とゲームを繰り返すわけではないし、将来の相手に対して過去の行動歴が開示されるわけでもないからだ。もし将来の評判を暗黙に意識しているとしても、その場その場で意識的に計算しているわけではないだろう。だとすれば、被提案者が提案を拒むのは、本能的もしくは感情的な反応ということになる。

この推測は、神経経済学という新しい学問により裏づけられている。神経経済学の実験では、ｆＭＲＩ（機能的核磁気共鳴画像法）とＰＥＴ（ポジトロン断層法）を用いて、被験者がさまざまな経済的な意思決定を行なう際の脳の活動を調べる。実験で「受けるか拒むか」型のゲームをさせると、提案が不平等であるほど、被提案者の脳の前島という部位の活動が活性化することがわかっている。前島は、怒りや憤懣などの感情に関係する脳の領域。被提案者が不平等な提案を拒否する理由は、ここにあるのかもしれない。逆に不平等な提案を受け入れるときに活性化するのは、脳の左の前頭前野。感情のコントロールに関係している部位だ。怒りにまかせて行動すれば、受け取る金が減るので、意識的に感情をコントロールしようとしていることがうかがえる。

実験で被提案者が提案を拒絶するのは、実験で提供される金額がたいていごくわずかだからであり、ずっと大きな金額が動く実際の世界では、提案を拒む可能性はきわめて少ないはず、と主張する人も多い（とくに経済学者はそう考えがちだ）。この点を検証するために、実験で提供される金額が被験者の月収の数カ月分に匹敵するような所得水準の低い国で同様の実験を行なった例もある。この場合、被提案者の拒絶率はある程度低くなるが、提案者の提案内容が際立って利己的になるということはない。交渉決裂になった場合に失うものが豊かな国に比べてはるかに大きいのは、被提案者だけでなく、提案者にとっても同じこと。拒絶されることを恐れる提案者は、豊かな国の人々以上に慎重に提案の中身を決めているのだ。

人間の行動は本能やホルモン、感情など脳レベルで説明がつく部分もある半面、文化によって行動のパターンが左右される面もある。さまざまな土地で行なわれた実験を見ると、ほかと際立って違う結果の出た社会が一つあった。ペルーのアマゾン地方に暮らすマチゲンガ族である。この社会では、提案者の示す相手に与える金額がほかの社会より飛び抜けて少なかったが（平均で総額の二六%）、被提案者が拒絶した例はたった一件にとどまった。人類学者によれば、マチゲンガ族は小規模な家族単位で暮らしていて社会的な結びつきが乏しく、「共有」を尊ぶ社会規範が弱いためにこのような現象が見られるのだという。逆に、提案額が総額の五〇%を超した社会が二つあった。この二つの社会には、幸運に恵まれたときには他人に気前よくおすそわけをし、その恩恵にあずかった人は将来もっと気前よくお返しをするという慣習があった。実験でやり取りするのは見ず知らずの人にすぎないが、そこでもそうした社会規範や慣習が適用されたようだ。

11．利他主義と公平性の進化

一連の実験から何がわかるのか。実験の結果はおうおうにして、両プレーヤーが自己の経済的利益だけを考えて行動するという前提で逆戻り推量を行なった場合の予測結果と大きく異なる。間違っているのは、「プレーヤーが正しく逆戻り推量を行なう」という想定なのか、それとも「プレーヤーが利己的に振る舞う」という想定なのか。あるいは、その両方なのか。予測結果と実験結果の食い違いは何を意味するのか。

まず、プレーヤーが正しい逆戻り推量を行なえないという可能性について考えてみよう。確かに『サバイバー』の出演者は旗のゲームで逆戻り推量をきちんとできなかったが、出演者にとってこのゲームはあくまでも初体験だった。それでもチーム内の話し合いで、正しい考え方の一端を垣間見せる出演者もいたことは注目すべきだ。それに、私たちが教室で行なった実験によれば、大学生は三回か四回、ゲームをプレーするなり見学するなりすれば戦略を完全にマスターする。実験に参加するのは初心者の場合が多いが、実際の政治やビジネス、プロスポーツなどの世界では、プレーヤーはそのゲームに習熟しており、意識的計算の結果にせよ、経験に基づく本能的反応にせよ、おおむね初心者より優れた戦略を実践するはずだ。複雑なゲームに臨む場合は、コンピュータやコンサルタントに戦略を割り出させることもできる。こうした点を考えると、この類いのゲームの結果を予測する際は、やはり逆戻り推量を出発点にすべきだろう（ただし、初心者は間違いを犯す場合があること、複雑性の高いゲームではコンピュータや専門家の助けが必要になることは頭に入れておいたほうがよさそうだ）。

むしろ実験の結果から読み取るべきなのは、人々が行動を選択するときに考慮するのが経済的損得だけではないということだ。そう考えると、私たちは従来の経済学理論の枠外に足を踏み出し、プレーヤーが公平性や利他主義精神を意識することを念頭におく必要がある。ある研究者の言葉を借りれば、「行動ゲーム理論は、合理性を無視するのではなく、合理性という言葉の意味を押し広げている」のだ。

実際、最先端のゲーム理論ではすでに、平等性や利他主義などを重んじる心理も、プレーヤーの行動の目的の一つとして考慮するようになっている。ここには、ゲームの

「第二ラウンド」以降で、過去のプレーで平等や利他主義の原則に従った人にご褒美を与え、その原則を破った人に罰を与えようという心理も含まれる。

しかし、ここで思考を止めてはいけない。もう一歩進めて、利他主義と公平性の精神（そして、これらの原則を破る人への怒りや嫌悪感）がどうしてこれほど人間の行動を大きく左右するのか考える必要がある。この先は推測の世界に入るしかないが、説得力ある仮説が進化心理学の世界で唱えられている。いわく、公平性と利他主義を尊重する規範が形成されている集団は、私利私欲だけで行動する人間の集団に比べて内部対立が少なく、全員に恩恵をもたらすものを調達したり、共有の資源を保全したりといったグループ全体としての行動を取りやすい。そして言うまでもなく、内部対立のせいで浪費される労力や資源も少なくてすむ。その結果、そういう集団は経済的にも潤う。公平性と利他主義の規範をもたない集団との差は歴然としているという。言い換えれば、ある程度の公平性と利他主義は、進化のプロセスで生存競争に打ち勝つうえで役に立っているのかもしれない。

テリー・バーナムという研究者は、どうして不公平な提案を拒む人がいるのかを生物学の観点から明らかにしようとした。行なった実験は、「受けるか拒むか」型ゲームの変形版だ。二人でわける金額は四〇ドル。実験の参加者はすべて、ハーバード大学の男性の大学院生だ。純粋な「受けるか拒むか」型ゲームと違って、提案者役には二つの選択肢しか与えられない。選択肢1は、相手に二五ドルを渡して、自分は一五ドル取るというもの。選択肢2は、相手に五ドル渡して、自分が三五ドル取るというもの。相手が提案を拒絶すれば、二人とも一ドルも手にできない。実験によると、五ドルのわけ前を提案された人のうち、受け入れた人が二〇人だったのに対し、拒否した人は六人だった。

さて、ここからがこの研究のキモだ。提案を受け入れた人たちに比べて、拒否した六人はテストステロン（男性ホルモン）の値が平均で五〇％高かったのである。テストステロンは社会的地位や攻撃性と関連があるホルモン。

ホルモンだけでなく、家庭や学校での子供の教育と社会への適応のプロセスも、社会が規範を次の世代に伝える手立てとして機能している。親や先生は感受性の強い年頃の子供たちに、他人に気遣いをすること、物を独り占めしないこと、親切に振る舞うことの大切さを説く。そうした教えの一部は間違いなく子供たちの脳裏に焼きつき、生涯を通じて行動に影響を及ぼす。

最後に、公平性と利他主義にも限界があることは頭に入れておくべきだ。長い目で見て社会を進歩させ成功に導くのは革新と変革だが、その土台をなすのは個人主義の精神、そして社会規範と固定観念を無視する姿勢である。そうした資質は、利己主義と表裏一体の場合も少なくない。利己主義と利他主義を適度にあわせもつことが重要なのだ。

12. 複雑すぎる樹形図

逆戻り推量に慣れてくると、日々の生活や仕事の場で戦略が問われる場面に遭遇したとき、実際に樹形図を書くまでもなく、「樹形図の論理」を当てはめて正しい戦略を割り出せるケースが増えてくる。もう少し複雑なゲームであれば、逆戻り推量用のソフトウェアが普及しはじめているのでそれを利用すればいい。ところがチェスのような複雑極まるゲームになると、逆戻り推量によって最初の一手からすべての行動を決定することは不可能だ。

理屈のうえでは、チェスは逆戻り推量で正解を導けるゲームの条件を満たしている。プレーヤーは交互にプレーし、相手のプレー内容はすべて知ることができ、いったん取った行動は変更・撤回できない。盤上の局面や相手の目的について不確実性はない。同一の局面が一定回数繰り返されれば引きわけというルールがあるので、無限にゲームが続くこともない。このような条件が整っていれば、終着点から出発して逆戻りしていけば、正しい「最初の一手」にたどり着けるはずだ。

しかし、現実問題としては難しい。チェスの試合で両プレーヤーが選択を行なう回数は、推定で一〇の一二〇乗回ほど。1の後にゼロが一二〇個つく数字、と言ったほうがわかりやすいだろうか。これをすべて分析するためには、普通のパソコンの一〇〇〇倍の処理能力があるスーパーコンピュータをもってしても一〇の一三〇乗の年数がかかる。いくら技術が進歩しても、そこまでの高性能なコンピュータが開発されることは当分期待しづらい。では、チェスのプレーヤーやチェスコンピュータのプログラマーはどのように戦略を考えているのか。

チェスの達人ともなると、盤上の駒が数駒だけになれば、ゲームの終了時点まで先読みして、そこから逆戻り推量を行ない、どちらかのプレーヤーが確実に勝てる方法があるのか、劣勢のプレーヤーが引きわけに持ち込む手があるのかを見極められる。しかしまだある程度の駒が残っている段階だと、この作業は格段に難しい。試合途中に五手先まで読むのはさほど時間がかからないが、そこから試合終了までに取るべき戦略を逐一すべて解明することは無理だ。

現実的な方法は、先読み分析と価値判断を併用してプレーするというアプローチ。要するに、ゲーム理論という「科学」と経験者ならではの「技」——試合終了にいたるまでの正しい戦略を意識的にすべて解明しなくても、盤上の駒の数と位置関係を見て、目の前の局面について価値判断を下す能力——を組み合わせて用いるのだ。チェスプレーヤーはこの能力を「知識（ナレッジ）」と呼ぶことが多いが、実際の内容を考えれば「経験」「本能」「技」などと呼んだほうが適切かもしれない。トップレベルのチェスプレーヤーはたいてい、この「知識」が深く、しかも研ぎ澄まされている。

数多くのゲームを観察してこのような「知識」を抽出し、定石の形にまとめる取り組みがなされている。とくにこの作業が進んでいるのは、序盤の一〇～一五手くらい。序盤の戦い方のパターンをいろいろ紹介し、それぞれの長所と短所を説明した本がたくさん出版されている。

ここに、コンピュータはどう関係してくるのか。ある時期まで、コンピュータにチェスをプレーさせるプログラムをつくる作業は、人工知能研究という新しい学問の中核をなすプロジェクトと考えられていた。当時は、人間のように「考える」コンピュータを開発することを目指していたのだ。しかしその取り組みは実を結ばず、やがてコンピュータの元々の得意分野である「計算」の能力を活用してチェスをプレーさせることに関心が移っていった。コンピュータを使えば、人間より先の先まで、人間より速く分析できる（＊1）。一九九〇年代後半には、「フリッツ」や「ディープブルー」など、計算能力だけを活用してチェスをプレーする専門のコンピュータが人間のトッププレーヤーと互角に勝負できるようになった。最近では、トッププレーヤーの協力により、試合途中の局面に関する知識をプログラムしたコンピュータも登場している。

チェスプレーヤーには、それぞれの実力を数値化したレーティングという数字が与えられている。いまやチェスコンピュータのなかには、世界最強のプレーヤー、ガルリ・カスパロフに肩を並べるレーティング2800を獲得しているものもある。二〇〇三年一一月には、フリッツの最新版「X3D」がカスパロフと四戦勝負で対戦し、一勝一敗二引きわけという結果を残した。二〇〇五年七月には、チェスコンピュータの「ヒドラ」が世界ランク一三位のマイケル・アダムズと対戦。六試合戦って五勝一引きわけと、アダムズを圧倒した。コンピュータが世界ランクトップに立ち、世界チャンピオンの座をコンピュータ同士が争う時代は、遠い先のことではないのかもしれない。

チェスの戦略から何を学べばいいのか。教訓その一。複雑性の高いゲームをするときは、先読み・逆戻り推量とあわせて、先読み可能な段階より先の状況を判断するために経験則を活用すべしということ。ゲーム理論という「科学」と実際のプレー経験を通じて身につけた「技」の両方を組み合わせてはじめて、好ましい結果が得られる。片方だけではうまくいかない。

＊1　ただしチェスの達人は、「知識」を活用し、好ましくないと思われる選択肢を瞬時に切り捨てることができる。四手も五手も先まで無駄な検討をせずにすむので、時間と労力が節約でき、うまくいきそうな選択肢に力を集中できるのだ。

13. 一人二役で考える

チェスの戦略から学べるもう一つの教訓は、先読みと逆戻り推量を実践する際に注意すべき重要な点だ。それは、自分と相手の双方の視点をもつべしということである。しかし、複雑な樹形図のなかで自分の取るべき最良の行動を見い出すだけでも至難の業なのに、相手の行動を予測するのはそれに輪をかけて難しい。

プレーヤーが両者ともに、自分の取るべき行動とそれに対する相手の反応を完璧に予測できれば、二人はゲームを始める前に、そのゲームがどういう展開をたどってどう決着するか意見が一致するはずだ。ところが、樹形図の数本の枝を分析するのがやっとでは、相手があなたの見落としている点に気づくかもしれないし、逆にあなたの気づいた点を相手が見逃すかもしれない。いずれの場合も、相手はあなたの予想していない行動を取る可能性がある。

要するに、先読みと逆戻り推量を完璧に行なうためには、相手が実際にどういう行動を取るかを予測できなければならない。しかし、相手の行動を予測しようとするとき、自分の視点を完全に捨て去ることはきわめて難しい。自分が次の一手でどう振る舞うつもりかを当然知っているので、相手がそれを知らないものとして考えることがなかなかできないのだ。チェスやポーカーを一人で（いわば、自分自身を相手に）プレーする人がいないのはそのためだ。なにしろ、自分自身にはったりをかますこともできないし、自分に不意打ち攻撃を仕掛けることもできない。

この問題を完全に解消する方法はない。ほかのプレーヤーの行動を予測するときは、相手が知っていることを自分も知っておかなくてはならないのは当然として、相手が知らないことは知っていてはいけない。この落とし穴にはまらないために、企業がビジネス上のシナリオを事前にシミュレーションする際は、社外の人物を雇ってほかのプレーヤーの役をプレーさせる場合もある。こういうシミュレーションで最も有益な情報が得られるのはえてして、相手役が予想外の行動を取ったときだ。その行動をもたらした原因を突き止められれば、相手の好ましくない行動を阻止し、好ましい行動をうながせるかもしれない。

最後にチャーリー・ブラウンの話と同様、フットボールを蹴るか否かというケーススタディーを考えよう。蹴るか否かという選択は、実際にフットボールのコーチ、トム・オズボーンが優勝決定戦の最後の数分間に直面した問題である。彼でさえ判断ミスを犯したものと思われる。逆戻り推量でミスを分析してみよう。

14. ［ケーススタディー］トム・オズボーンと一九八四年オレンジボウル

一九八四年、大学フットボールの優勝決定戦オレンジボウルは、全勝のネブラスカ大と一敗のマイアミ大との対決となった。ここまでネブラスカ大はマイアミ大を上回る成績を残しているので、この試合で引きわければ、今シーズンの大学ナンバーワンとなる。

しかしネブラスカ大は第四クオーターで三一対一七とリードされていた。そこから反撃は開始される。まずタッチダウンを決め三一対二三となった。さて、そこで、ネブラスカ大のコーチ、トム・オズボーンは重要な戦略上の決断を迫られる。

大学フットボールでは、タッチダウンを決めたチームは、ゴールラインから二・五ヤード地点で二つの作戦のうち一つを選んでもう一回プレーすることができる。ランかパスでボールをエンドゾーンに持ち込んだ場合は二点追加、キックによるゴールはより堅実な作戦で一点の追加である。

オズボーンはより確実なほうを選択し、ネブラスカ大はキックで一点を追加した。得点は三一対二四である。ネブラスカ大は追撃を続け、試合終了直前に最後のタッチダウンを上げ得点を三一対三〇とした。ここでキックが決まればこのゲームは引きわけとなり、ネブラスカ大の優勝が確定する。しかしオズボーンとしては、これでは不満が残る。彼は全勝で優勝を決めるために、このゲームを勝ちにいこうと思った。

ネブラスカ大は二点を狙うことを決め、果敢に攻めたが、武運つたなく得点を上げられなかった。結局この二校は同成績でシーズンを終えたが、直接対決でマイアミ大がネブラスカ大に勝っているためマイアミ大の優勝となった。

オズボーンの戦略のどこに誤りがあったのだろうか。

■ケース・ディスカッション

多くのファンはオズボーンが引きわけを狙わず、勝ちにいったことを批判したが、ここではその是非は論じない。しかし、オズボーンがあえて勝ちにいこうとした気持ちを理解したうえでも、やはり、彼のやり方にミスがあったと考えられる。オズボーンは最初のタッチダウンで二点を狙って、もし成功していれば次のタッチダウンでは一点を、失敗していれば二点を狙う作戦をとるべきであった。

このことをもう少し詳しく見ていこう。彼は一四点負けている時点で、二つのタッチダウンと追加得点三点が必要であることを知りつつ、まず一点を狙い、次に二点を狙った。両方とも成功するなら、どちらを先にしようと影響はない。一点狙いが失敗し、二点狙いが成功するなら、やはり順番は関係なくゲームは同点で終わり、ネブラスカ大が優勝する。順番が問題になるのは、ネブラスカ大の二点狙いが失敗する場合である。その場合に、オズボーンの作戦では、その試合も優勝も逸することになる。もし二点狙いを先にやれば、たとえ失敗しても、その試合の負けが確定するわけではない。得点は三一対二三となるが、次のタッチダウンが決まって三一対二九としたとき、再び二点を狙い、成功すれば試合を引きわけに持ち込み、優勝を手中にできるのである（＊1）。

反論が聞こえてきそうだ。もしオズボーンが最初に二点を狙い失敗したら、ネブラスカ大は同点を目指してプレーを続けることになる。これでは闘志が削がれ、おそらく二回目のタッチダウンを上げることはできないという意見もあろう。さらに、終了ぎりぎりに勝敗を決める二点を狙うことで、チームに勢いが生まれることが期待できるという声もあるかもしれない。しかしこの反論はいくつかの点で間違っている。もし、ネブラスカ大が二回目のタッチダウンまで勝負を持ち越し、最後の二点狙いに失敗すれば、負けとなる。一方、最初に二点狙いをすれば、失敗してもまだ同点にするチャンスがある。二回目の二点狙いも成功するとは限らないが、チャンスはまったくないよりあったほうがよい。また、勢いが生まれるという主張にも欠陥がある。ネブラスカ大のオフェンスは一プレーで優勝が決まるので勢いづくかもしれないが、マイアミ大のディフェンスも勢いづく点では同じである。一プレーは両チームにとって同様に重要なのである。勢いの効果が多少あるとすれば、オズボーンが最初のタッチダウンの後二点を追加したときにこそ、さらに効果が現われ、次のタッチダウンが決まるチャンスが高まるといえよう。またそのときには、フィールドゴール（三点）を二回決めて追いつく手も出てくるのである。

このケースからの教訓は、いずれリスクを負わなければならないのであれば、なるべく早く負うほうがよいことが多い、ということだ。このことはテニスをやる人ならすぐわかるだろう。ファーストサーブはリスクをとって思い切り行ない、セカンドサーブはより慎重に行なうことが多い。これは最初の試みで失敗してもそこで終わりではないからで、まだ他の手段により失敗を挽回したり、あるいは失敗を成功に変えるチャンスがあるからである。早い段階でリスクをとるべしという教訓は、キャリアの道筋の選択や投資、恋愛など、人生のほとんどの局面に当てはまる。

この章で学んだ先読みと逆戻り推量をもっと練習したい人は、第14章のケーススタディー「野外ライブのベストポジション」「赤と黒」「ポイズンピル」「乗っ取り屋の価格オファー」「三者決闘」「必勝法があるのは誰だ」を参照してほしい。

＊1　それだけでなく、勝ちを狙いそれに失敗した結果引きわけになるのだから、同点を狙うことでオズボーンを批判する人はいないであろう。

第3章　囚人のジレンマ

――ジレンマをどう解決するか――

1.社会のあちこちに潜む構図

ここで質問。以下の四つの状況の共通点を答えなさい。

（1）すぐそばで営業する二軒のガソリンスタンドやスーパーマーケットが熾烈な値下げ競争を行なう。

（2）アメリカの選挙で民主党と共和党がしばしば、それぞれの中核的支持層を無視し、中間層の浮動票を獲得するために中道寄りの政策を打ち出す。

（3）「ニューイングランドの漁業はかつて、魚介類の多様性でも漁獲高でもほかの漁場の追随を許さなかった。しかしこの一世紀の間、乱獲で魚が次々と絶滅していった。オヒョウ、キンメダイ、タラ、カレイ……は水産資源としては絶滅したも同然である」

（4）　ジョーゼフ・ヘラーの小説『キャッチ22』の終盤。第二次世界大戦は終結に近づいており、主人公の兵士ヨッサリアンは、最後の戦死者になるのはごめんだと考えていた。「そうは言ってもな。全員がそういうふうに考えたらどうなる?」と、上官のダンビー少佐は言った。するとヨッサリアンは答えた。「だとすれば、戦死してもいいと考えるのはなおさら間抜けじゃないですか」

この四つの状況はすべて囚人のジレンマの例だ（＊1）。第1章で紹介したトルーマン・カポーティの『冷血』のディックとペリーの場合と同じように、一人ひとりが自分の利益を追求して行動すると、最終的には全員にとって好ましくない結果が生まれる。おさらいしておくと、古典的な囚人のジレンマの例では、相手が警察に自白するとすれば、自分はその前に自白したほうが得策だ。先に自白しなかったほうの容疑者には厳しい刑罰が課される。一方、相手が自白しないとしても、自分は自白したほうが得だ。そのほうが刑罰を軽くしてもらえる。二人の容疑者双方に対し、自白しようというきわめて強い誘惑が働くのだ。その点では、『冷血』のように二人が実際に罪を犯している場合も、映画『LAコンフィデンシャル』のように濡れ衣の場合も関係ない。

ガソリンスタンドやスーパーの価格競争も本質はまったく同じだ。ネクソン社のガソリンスタンドが価格を安く設定すれば、ライバルのルナコ社も価格を安くしないと、顧客をネクソンに奪われてしまう。ネクソンが高い価格を設定するとしても、ルナコはやはり価格を安くしたほうが相手の顧客を奪えるという利点がある。しかし、双方がガソリンの価格を安くすると、両方とも儲けが減ってしまう（消費者にとっては朗報だが）。

選挙戦で民主党が中道派の有権者の取り込みを狙った政策を打ち出す場合、共和党は、中核的支持層である保守派だけを意識すれば中道層の票を失いかねない。一方、民主党が中核的支持層のマイノリティーや労働組合だけを意識した政策を打ち出す場合、中間層の理解が得られないだろう。両党は「中間層の奪い合い」になるが、これは両党にとって中核的な支持層に向けた主張をするより本来は望ましくない状況である。漁業の例の場合は、ほかの漁師みんなが資源保護のために漁獲量を抑えているのであれば、ある漁師が一人だけたくさん魚を獲ったところで水産資源に大きな影響はない。逆に、ほかのみんながたくさん魚を獲っていれば、一人だけ資源保護にいそしむのはばかげている。どっちみち、乱獲で資源が枯渇するのは目に見えているからだ。『キャッチ22』のヨッサリアンのような論理は、敗色濃厚の戦争を続けるのが難しい原因だ。

＊1　このクイズに正解しても賞品は差し上げないのであしからず。この章のテーマが「囚人のジレンマ」なのだから正解されたことでしょう。ここでわざわざこんな質問をしたのは、ゲーム理論の基本的な枠組

みを利用すれば、社会のさまざまな一見無関係の現象を説明できることを示すためだ。ただし、もう一つ指摘しておくと、近隣のライバル店が常に値下げ競争をしているわけではないし、政党が常に中道寄りの政策を取るわけではない。というより、プレーヤーがこういうジレンマに陥らない（あるいはジレンマを抜け出す）方法を紹介することがこの章の重要なねらいだ。

2．囚人のジレンマ小史

政治、経済、社会のさまざまな場面に当てはまる囚人のジレンマ。その考え方はどのようにして見いだされ、どうしてこのような名前がついたのか。その歴史は、ゲーム理論の歴史のかなり初期にさかのぼる。一九九四年にゲーム理論学者のジョン・ナッシュがノーベル経済学賞を受賞したことを記念するシンポジウムで、この分野の先駆者の一人であるハロルド・キューンがそのエピソードを披露している。

プリンストン大学の数学者アルバート・タッカーは一九五〇年春、研究休暇を取ってスタンフォード大学に滞在していた。スタンフォードでは部屋が足りなかったので、心理学部の棟に研究室を与えられていた。ある日のこと、心理学部の研究者が訪ねてきて、何を研究しているのかと聞く。「ゲーム理論の研究をしています」と答えると、研究の成果をセミナーで紹介してもらえないかと頼まれた。そのセミナーでゲーム理論とナッシュ均衡について説明する事例として、タッカーが考案したのが囚人のジレンマだった。この事例は多くの研究者を触発し、何十もの論文と、この題材に特化したいくつもの書籍を生み出した。

やや異なる説明もある。それによると、囚人のジレンマの数学的な基本構造を見いだしたのは、タッカーではなく、ランド研究所の二人の数学者、メリル・フラッドとメルビン・ドレッシャーだという。タッカーが天才的だったのは、その数学的構造をわかりやすく説明する事例を考案したことだった。これはきわめて重要な貢献だ。ある考え方が短期間に広く普及するか、注目を浴びないまま埋もれてしまうかは、説明の仕方の巧拙に大きく左右される面もあるからだ。

3.「利得表」で考える

以下では、囚人のジレンマとその解決法をビジネスの事例を用いて見ていく。レインボーズエンドとB・B・リーンは、ライバル関係にある洋服のカタログ通販会社。毎年秋に、冬シーズンのカタログを印刷して発送する。いったんカタログに価格を記載した後は、シーズン終了まで値上げも値下げもできないものとする。カタログ制作に長い時間を要するので、両社は同時進行で価格設定をしなければならず、相手の出方を見たうえで自社の方針を決めることはできない。両社はまったく同じ消費者にカタログを送付し、消費者は賢く安い買い物をしようとする。この点は、両社とも承知している。

両社のカタログに載る商品は、たいていほとんど変わりがない。たとえばシャンブレー織の高級シャツの原価は、両社とも二〇ドル(＊1)。この商品に八〇ドルの価格をつけた場合の売り上げは一二〇〇着と、両社は推定している。つまり利益は一着あたり六〇ドル、一二〇〇着売れるので合計で七万二〇〇〇ドルとなる。この八〇ドルという価格は両社の共通の利益に最も適合した価格設定だ。言い換えれば、両社が共謀して共通の価格を決めるとすると、八〇ドルに決めたときに両社の利益の合計額が最大になる。

もし一社が価格を一ドル引き下げ、もう一社が価格をそのままにしたとすると、価格を下げたほうの業者は新たに一〇〇人の顧客を獲得すると両社とも考えている。この一〇〇人のうち八〇人はライバル社からの乗り換え、二〇人はまったく新しい顧客(つまり、値段が安くなってはじめてシャツを購入しようと考えた人や、それまで地元の洋服店で買っていた人)だ。こうなるとこの二つの通販会社は、相手より安い価格を設定して顧客を増やしたいという誘惑に駆られる。この誘惑がどのように働くかを詳しく見ていこう。

両社とも価格の選択肢が八〇ドルと七〇ドルの二つであると仮定しよう(＊2)。もし一社が価格を七〇ドルに下げ、もう一社が八〇ドルのままだとすると、値下げした業者は顧客が一〇〇〇人増え、値下げしなかった業者は顧客が八〇〇人減る。売り上げ枚数は、二二〇〇着と四〇〇着。利益は、値下げした業者が一着あたり五〇ドルで合計一一万ドル。値下げしない業者が一着あたり六〇ドルで、合計二万四〇〇〇ドルになる。

では、両社が同時に七〇ドルに値下げした場合はどうなるのか。両社そろって一ドル値下げすれば、既存の顧客は利用する会社を乗り換えず、両社とも新規の顧客を二〇人獲得する。一〇ドルの値下げで増える顧客は、二〇〇人ずつ。売り上げは一四〇〇着、利益は一着あたり五〇ドルで合計七万ドルだ。

両社の選択がもたらす結果を視覚的に表現したい。ただし、第2章で用いたようなゲーム樹形図は使えない。これは交互行動ゲームではなく、同時進行ゲームだからだ。つまり双方とも、相手の行動を見てから行動したり、相手の行動を予測したうえで行動したりすることができない。自分の戦略と相手の戦略を同時に検討しなければならないのだ。この類いのゲームの戦略について考える出発点は、双方が同時に行なう選択のあらゆる組み合わせとその生み出す結果をすべてリストアップすること。この場合で言えば、両社が八〇ドルと七〇ドルという二つの選択肢をもっているので、組み合わせは四通りある。

この状況を最も手軽に表現する方法は、縦マスと横マスで構成する表にまとめることだ。この種の表を以下では「利得表」ないし「ゲーム表」と呼ぶことにする。レインボーズエンド（RE）の選択は横マス、B・B・リーン（BB）の選択は縦マスにあらわした（表3—1）。表の四つのマスには、それぞれ二つの数字が記してある。右上はBBの利益、左下はREの利益だ（単位はドル）（＊3）。ゲーム理論の世界では、この数字を「利得」と呼んでいる（＊4）。

		B・B・リーン（BB）	
		80	70
レインボーズエンド（RE）	80	72,000 / 72,000	110,000 / 24,000
	70	24,000 / 110,000	70,000 / 70,000

表3−1

このゲームを「解く」前に、一つ注意を喚起しておきたい。それぞれのマスの二つの数字を比べると、一方の利益が多くなるほど、他方の利益が少なくなるとは限らないことがわかる。また、両社ともに八〇ドルの場合は両社ともに七〇ドルの場合より、両社にとって好ましい結果を生む。このゲームでは、勝敗をつけることが目的ではない。いわゆるゼロサムゲームではないのだ。第2章で紹介したフリードニア国の投資話の例がそうだったように、現実生活で遭遇するゲームのほとんどはゼロサムゲームでない。囚人のジレンマなど、多くのゲームでは、どうやって共倒れを防ぐか、あるいは共存共栄を実現するかが問題なのだ。

＊1　この二〇ドルには、中国の製造元からシャツを購入する代金だけでなく、アメリカへの輸送費用、関税、倉庫の保管費用、受注処理費用など、すべてのコストを含む（経済学の世界では、これを「限界費用」と呼ぶ）。

＊2　ここで価格の選択肢を二つに限定したのは、単純化したわかりやすい事例でゲームの分析方法を説明することが目的だ。次の第4章では、もっと価格設定の幅を広げて検討する。

＊3　このように表の一つのマス目に両プレーヤーの利得をわかりやすく記す方法を考案したのは、トーマス・シェリングだ。「私がゲーム理論になんらかの貢献をしたとすれば、それは表にじぐざぐに利得を記す方法を考案したことだ」とシェリングは述べているが、これはずいぶん謙遜した言葉だ。実際には、均衡点、信頼性、確約、脅し、約束、警告など、ゲーム理論の数々の重要な概念を確立した。この本の中では、たびたびシェリングの理論に言及することになる。

＊4　一般的には利得の数字が大きいほうがプレーヤーにとって好ましいが、いつもそうとは限らない。たとえば取り調べを受けている容疑者にとっての利得は刑務所で過ごす年数なので、利得の数字が小さいほうが好ましい。順位の一位を争うゲームの場合も同じことが当てはまる。

4．絶対優位の戦略の落とし穴

ＲＥの経営陣の頭の中をのぞいてみよう。「もしＢＢが八〇ドルで来た場合、こっちが七〇ドルに下げれば、儲けは七万二〇〇〇ドルから一一万ドルに増える。ＢＢが七〇ドルに下げた場合、七〇ドルに下げれば儲けは七万ドル。八〇ドルのままにしておくと、儲けは二万四〇〇〇ドルに減ってしまう。どう転んでも、八〇ドルより七〇ドルのほうが儲かる。ＢＢの出方を予測する必要などない。七〇ドルに決めてしまえばいいだけのことだ」

同時進行ゲームにおいて、ほかのプレーヤーの選択に関係なく自分にとって常に最善の選択肢がある場合は、その選択肢を選べばよい。意思決定はいたって簡単だ。まず、そのような戦略（「絶対優位の戦略」とゲーム理論では呼ぶ）を探すことをお勧めする。ここで、同時進行ゲームの鉄則を一つ（＊1）。

ルール2　絶対優位の戦略があるときはそれを用いよ。

ただし、囚人のジレンマはそう単純でない。この類いのゲームが特殊なのは、一人のプレーヤーだけでなく、両方のプレーヤーが（あるいは三者以上のゲームにおけるすべてのプレーヤーが）絶対優位の戦略をもっていることだ。BBの経営陣もREの経営陣とまったく同じことを考えれば、七〇ドルが絶対優位の戦略だと気づくはずだ。

その結果、生まれるのは、表の右下のマスに示した状況だ。両社ともに七〇ドルに価格を設定し、利益は七万ドルということになる。ここに、囚人のジレンマのジレンマたるゆえんがある。両方のプレーヤーが絶対優位の戦略を用いると、絶対優位でない戦略を取る場合より悪い結果に陥ってしまう。REとBBの場合、双方にとって好ましいのは表の左上の状況。つまり、両社が八〇ドルの値段をつけて、七万二〇〇〇ドルの利益を手にすることだ（＊2）。

一社が八〇ドルにしても、もう一社が七〇ドルにしてしまっては意味がない。八〇ドルの会社の利益が極端に減ってしまう。必要なのは、両方が高い値段をつけることだが、両社とも相手を打ち負かしてやろうという誘惑に駆られるのでこれは簡単でない。このような状況では、それぞれの会社が自己の利益を追求すると、全員にとって最善の結果は生まれない。アダム・スミス以来の近代経済学の伝統的な理論とは対極的な結果になる（＊3）。

頭の中に、さまざまな疑問がわいてきたかもしれない。一人のプレーヤーだけが絶対優位の戦略をもっている場合はどうなるのか。どのプレーヤーも絶対優位の戦略をもっていない場合はどうなるのか。同時に行動する際に相手が取る戦略次第で、自分にとっての最善の戦略が変わる場合はどうなるのか。こうした疑問については、次の第4章で同時進行ゲーム全般の解決方法（「ナッシュ均衡」）を論じる際に答えていく。この章では、テーマを囚人のジレンマに絞って話を進める。

囚人のジレンマの当事者は、ほかのプレーヤーと協力することもできるし、ほかのプレーヤーを裏切ることもできる。「裏切り」は両者にとって絶対優位の戦略だが、両者がこの戦略を選択すると、両者が「協力」を選択する場合より、お互いにとって悪い結果になる。

＊1　第2章では、交互行動ゲームの鉄則を紹介した。「ルール1　先を読んで、合理的に今を推量せよ」である。同時進行ゲームの場合はここまでシンプルにはいかないが、それでも思考の進め方を三つのルールに集約できる。ここでは、その一つ目のルール2を紹介した。ルール3とルール4は、次の第4章で取り上げる。

＊2　実は、このゲームで両社の利益の合計額が最も高くなるのは八〇ドルだ（つまり、両社が共謀してカルテルを組むことができれば、この価格で固定するはずだ）。この点を立証するためには数学的議論に踏み込まなくてはならないので、ここでは結論だけ述べるにとどめる。詳しい数学的議論を知りたい読者は、この本の英語版ウェブサイトを参照してほしい（www.artofstrategy.info）。

＊3　企業間の値下げ競争の恩恵を受けるのは、言うまでもなくゲームの直接の参加者でない消費者だ。その意味で、企業が価格競争のジレンマを解決しないようにすることが社会全体の利益になる場合も多い。この目的で設けられているのが、アメリカの司法省反トラスト局など、世界の国々の独占禁止当局だ。

5. 問題解決の糸口

囚人のジレンマに直面したプレーヤーは、ぜひとも話し合って協力し、最悪の結果を避けるべきだ。たとえばニューイングランドの漁民たちは、水産資源を枯渇させないために漁獲量を制限するようみんなで約束したほうがいい。問題は、プレーヤーがズルをしたいと思うこと。この例で言えば割り当て量以上の魚を獲りたいという誘惑に駆られることだ。この点について、ゲーム理論の研究成果を見ていこう。

協力を成功させるとは、言い換えれば裏切りを防ぐことだ。プレーヤーに裏切りという絶対優位の戦略でなく協力を選ばせるためには、報酬を与えるなり、処罰の仕組みを用意するなりする必要がある。

協力した場合に報酬を与えるというやり方には、いくつか問題点がある。プレーヤー間で報酬が支払われる場合もあれば、当事者が協力すれば恩恵を受ける第三者が報酬を支払う場合もあるが、いずれにせよ報酬を事前に与えるわけにはいかない。プレーヤーが報酬だけ受け取って、裏切る可能性がある。しかし報酬が事前に支払われなければ、プレーヤーが協力したのに、約束どおりの報酬が支払われない危険が残る。

それでも、報酬が効果を発揮する場合はある。極端な例を考えれば、プレーヤーが同時に協力の約束をし、支払う予定の報酬を第三者に預けるという方法もある。もう少し現実的なシナリオとしては、プレーヤー同士が複数の局面で関わりをもっていて、ある局面で協力的行動を取れば、別の局面で見返りがあるというケースもあるだろう。たとえば、メスのチンパンジーの群では、ほかのメスの毛づくろいをしてやれば、食料をわけてもらえたり、子育てを手伝ってもらえたりする。強い利害関係をもつ第三者が協力をうながす場合もありうる。実際、アメリカやEU（欧州連合）は世界のさまざまな地域の紛争を終わらせるために、紛争当事者が平和的解決を選んだ場合の報酬として経済支援を約束することがある。一九七八年のキャンプデービッド合意でアメリカがイスラエルとエジプトを歩み寄らせたのはこの一例だ。

囚人のジレンマの解決策として、報酬より一般的なのは処罰だ。処罰はただちに執行される場合もある。映画『LAコンフィデンシャル』の一場面で、警官がある容疑者に、仲間を裏切れば刑を軽くしてやると持ちかける。だが容疑者は、裏切りには報復があることを知っている。刑務所を出所した瞬間、裏切られた連中の仲間が塀の外で待ち構えているにちがいないのだ！

もっとも実際には、継続的な関係を通じて処罰が与えられる場合のほうが普通だろう。裏切り者はそのときは得をしたとしても、相手との関係が損なわれて、長い目で見れば損失をこうむる可能性がある。その損失がある程度以上大きければ、裏切り行為を防ぐ抑止力になりうる（＊1）。

このわかりやすい例が野球界にある。大リーグのアメリカンリーグでは、デッドボールの頻度がナショナルリーグに比べて一一〜一七％高い。サウス大学（テネシー州）のダグ・ドリネンとジョン・チャールズ・ブラッドベリーによれば、この違いはほぼ指名打者制の有無によるものと見なせるという。指名打者制のあるア・リーグでは、投手が打席に入らないので、打者にぶつけても、打席で相手投手から直接的な報復を受ける心配がない。ナ・リーグの場合も、投手がデッドボールを受けるケースは少ないが、それでも前のイニングでデッドボールを与えた後は、ぶつけられる確率が四倍にはね上がる。報復の脅威は一目瞭然だ。大物投手のカート・シリングがこんなことを言っている。「(剛速球投手の) ランディ・ジョンソンと投げ合っているときに、相手の打者を本気でねらいにいく投手なんていると思うか」

囚人のジレンマに関するおそらく最も有名な実験が浮き彫りにしたのも、裏切り行為に対する報復として何らかの「反復行動(しっぺい返し)」が意識される場合が多いということだった。この実験について詳しく紹介しよう。

＊1　二〇〇五年のノーベル経済学賞は、繰り返し型のゲームにおける暗黙の協力に関する一般理論の確立に果たした役割を理由に、ロバート・オーマンに授与されている。

6. しっぺい返しの戦略

一九八〇年代はじめ、ミシガン大学の政治学者ロバート・アクセルロッドが世界のゲーム理論研究者に呼びかけて、囚人のジレンマの戦略をコンピュータプログラムの形で提出させ、コンピュータ上で対戦させた。一対一の対戦を一五〇回行ない、その総得点に応じて順位を発表した。

優勝したトロント大学の数学者アナトール・ラポールが用いた戦略は、反復行動だった。アクセルロッドはこの結果に驚き、参加者を増やして再度トーナメントを行なったが、再び反復行動戦略のアナトール・ラポールが優勝した。

反復行動は「目には目を」の変型で、やられたらやり返すという行動の一種だが、ここでは最初の段階では協力を行ない、その後はその一つ前の段階での相手の行動を繰り返すことを意味している(＊1)。

アクセルロッドによれば、反復行動は有効な戦略に必要な四つの原則を備えている。それらの原則とは、明快、モラル適合性、制裁実行性、寛容であり、反復行動は見てのとおり明快、自分のほうから裏切りを仕掛けることはないのでモラルに適合、裏切りを処罰せずに見逃すことはないので制裁実行力があり、悪意を持ち続け協力関係に戻れないということがないので寛容、ということになる。

反復行動戦略の特長の一つは、一対一の勝負では一度も相手に勝てなくても、全体的には良い成績を残すというところにある。反復行動戦略では、どんなにうまくいっても引きわけに持ち込めるだけなので、もし、アクセルロッドが勝者に勝ち点を与えるという方法で採点をしたら、反復行動戦略の勝率は〇・五未満となり、優勝することもなかっただろう。

しかし実際には、アクセルロッドは得失点を基準に採点を行なった。反復行動戦略の大きな強みは、最悪でも相手の一回の裏切りによって損をして負けるだけですむことだ。この戦略を用いれば、相手の裏切りによって一回損をさせられても、その後はずっとタイが続く。

できるだけ裏切りを避け、協力を保てるように行動できたことが、反復行動戦略が優勝した理由である。他の戦略はあまりに相手を信頼しすぎて裏切られたり、逆にあまりに利を追い過ぎてお互いに泥沼に嵌まり込んだりしたのである。

もっとも、アクセルロッドのトーナメントでは優勝できたものの、反復行動は欠点のある戦略だといわなくてはならない。ほんのわずかの誤認により反復行動の成功は崩れる。この欠点は、誤認の起こらないコンピュータ・トーナメントの世界では明らかにならなかったが、誤認の避けられない現実の世界では大きな問題となる。

反復行動の問題点は、相手からの反応がたとえ誤りであっても、光りが鏡の間を反射するように繰り返されていくところにある。片方の側がもう片方の側を裏切ったとして罰すると、これが連鎖反応の引き金になる。相手の側も、直ちにその罰に対して仕返しをしてくるだろう。

たとえば、フラッドとドレッシャーという二人の男がお互いに対して反復行動戦略で臨むとする（ちなみにこの二人の名前は、囚人のジレンマの考え方を確立したランド研究所の研究者メリル・フラッドとメルビン・ドレッシャーから拝借した）。二人とも裏切り行為をせず、しばらくは万事うまく運ぶ。ところがあるとき、フラッドが勘違いで裏切り行為を選択してしまう（あるいは、フラッドが裏切りを選択したと、ドレッシャーが誤解してしまう）。そうなると、次にドレッシャーはしっぺい返しをするために裏切りを選択。しかしフラッドは、前回ドレッシャーが協力的行動を取ったので協力を選択する。次の回には、役割が逆転。こうして、一方が協力し他方が裏切るというパターンが交互に立場を入れ替えながら続く。再び間違いや誤解が起きて信頼関係が取り戻されるか、両方が裏切りに走るかするまで、これが続くのだ。

このような報復が報復を呼ぶ悪循環は、中東のイスラエルとアラブの対立、北アイルランドのカトリックとプロテスタントの対立、インドのヒンドゥー教徒とイスラム教徒の対立など、実世界でも見られる。アメリカ人にとっては、一九世紀末にウェストバージニア州とケンタッキー州の州境を舞台に起きたハットフィールド家とマッコイ家の抗争がおなじみだろう。

長期にわたるハットフィールド家とマッコイ家の不和、あるいは、マーク・トウェインの小説『ハックルベリー・フィンの冒険』に出てくるグレンジャーフォード家とシェファードソン家の対立は、反復行動による損失を示す例である。宿恨によって争っている両者は、自分のほうが譲ったままでは終わりたくない。五分五分に持っていこうと、次々に争いを繰り返すうちにますますお互いにダメージを与える。最後は、両方とも瀕死の態で終わる可能性が高い。

このような争いは、いったん始まってしまうと、しばしば争いを続けること自体が目的化し、原点に返って問題を解決することが非常に難しくなる。ハックルベリー・フィンは、グレンジャーフォード家とシェファードソン家の対立の根を確かめようとした。

「何が争いのもとだったの、お金？　土地？」
「えーと、それはだなぁ、うーん、わからん」
「じゃあ、先に撃ったのはどっち？　グレンジャーフォードのほう？　それともシェファードソンのほう？」
「知るわきゃないだろう。もうずっと昔の話だ」
「誰か知ってる人は？」
「そうだな、父親なら知っているかも、あ、待てよ、年寄りの誰かは知っているだろうに。うーん、でも今となっては、どちらが先に手を出したかはわからんかもなあ」

反復行動には、これでもう十分という限度がない。あまりにあっさり罰を与え、あまりに非寛容になりがちだ。しかし、間違いや勘違いが起きる可能性を考えれば、もっと寛大な態度で臨んだほうがいいのかもしれない。事実、ミシガン大学のアクセルロッドが間違いや誤解が起きる可能性を織り込んだうえでさまざまな戦略を対戦させたところ、反復行動より寛大な戦略のほうがよい成績を残した（＊2）。

この点では、サルの行動にもお手本にすべき面があるのかもしれない。二頭のサル（ワタボウシタマリン）を用いた実験で、一方がレバーを押すと、もう一方がエサをもらえるようにした。レバーを押すにはかなりの努力が要求される。いちばん楽なのは、自分はなにもせず、相棒にだけレバーを押させてエサを手にすることだ。だが二頭のサルは、レバーを押してもらえなくなるという報復を受けることを恐れて、協力的行動を取ることを学習した。サルの協力関係は、相手が三回以上続けて裏切らない限り壊れなかった。

＊1　旧約聖書の出エジプト記（21：22）では、「もし男がお互いに争って妊娠中の女を殴り、その女が流産するならば、他の傷がなくても、殴った男は、その女の夫の要求するとおりに罰せられなければならない。もし重い傷がある場合は、生命には生命を、目には目を、歯には歯を、手には手を、火傷には火傷を、外傷には外傷を、打ち傷には打ち傷でもって償わなくてはならない」としている。一方、新約聖書はもう少し協力的な態度を示唆している。マタイ伝（5：38）では、「目には目を、歯には歯を、というのを聞いたことがあろう。しかし、邪悪な人に抗うのは無駄である。もし、右の頰を打たれたら、汝の左の頰を差し出せ」「彼らがしたとおりにこちらもやる」というルールの代わりに、ルカ伝（6：31）がいうように、「彼らにこうしてほしいとこちらが望むことを、彼らにもしてやれ」という大原則を採用しよう。もし、皆がこの大原則に従えば、囚人のジレンマはなくなるだろう。それに、協力すれば個々のゲームにおける利得は減るかもしれないが、天国では大きい利得があると期待できるので、利己的な人にとっても協力は良い戦略といえる。

＊2　二〇〇四年、アクセルロッドのコンテストの二〇周年を記念して、イギリスのノッティンガム大学のグレアム・ケンドールが同様のコンテストを開催した。優勝したのは、サザンプトン大学のグループだった。このグループは全部で六〇のプログラムをエントリーした。そのうち、五九はいわば働き蜂で、一つだけが女王蜂。六〇のプログラムすべて、独特のパターンで最初の一手を始めるように設定しておいて、

お互いと対戦するときには「仲間」だとわかるようにした。働き蜂プログラムは女王蜂プログラムの成績をよくするためにわざと負け、ほかのグループのプログラムとは協力を拒否し、敵の成績を引き下げることを目指した。このように自分のために犠牲になってくれる働き蜂を大勢確保することは利得を増やすための一つの方法だが、囚人のジレンマの解決法としてはあまり役に立たない。

7. 実験の「意外」な結果

囚人のジレンマの実験は、プレーヤーの数やゲームを繰り返す回数などの条件を変えて、教室や実験室で数え切れないほど行なわれてきた。そうした実験を通じてわかった重要な点をいくつか紹介しよう。

まず第一に、協力はきわめて頻繁に行なわれるということ。プレーヤー同士がそのとき一回限りの関係でも、その点は変わらない。平均すると、プレーヤーの半分近くが協力的行動を選択する。これがくっきりあらわれているのが、アメリカのテレビ番組『フレンド・オア・フォー（味方か敵か）』だ。この番組では、出演者が二人でペアを組んで雑学クイズに答え、正解するたびに賞金がアップしていく（二〇〇ドルしか賞金を獲得できないペアもいれば、一万六四〇〇ドル獲得したペアもいる）。問題は、その賞金を二人の間でどうわけるかだ。ここで、二人は一発勝負の囚人のジレンマのゲームをすることになる。

それぞれが相手にわからないように、紙に「フレンド（味方）」もしくは「フォー（敵）」のどちらかの言葉を書く。二人とも「フレンド」と書けば、賞金は平等に山わけ。一人が「フレンド」、もう一人が「フォー」とわかれた場合は、「フォー」と書いた人が全額独り占め。二人とも「フォー」の場合は、どちらもビタ一文もらえない。相手がどちらを書くにせよ、「フォー」と書けば、相手と同等かそれ以上の賞金を手にできる。しかし実際には、出演者の半分近くが「フレンド」を選んだ。この点は、賞金の額の大小に関係なかった。以上は、フェリックス・オーバーホルツァージー、ジョエル・ウォルドフォーゲル、マシュー・ホワイトの論文、ジョン・リストの論文で示された研究結果である。

テレビを見るのが研究者の仕事と聞くと驚くかもしれな

いが、この番組で出演者に支払われた賞金は、放送終了まで二シーズン合計一〇五回の放送で総額七〇万ドルを超す。囚人のジレンマの実験で、これほどふんだんな資金をつぎ込んだものはほかにない。

このテレビ番組から学べることは多い。第一シーズンでは、パートナーと協力する（「フレンド」と書く）確率は男性より女性のほうが高く、男性が四七・五％、女性が五三・七％だった。では、第二シーズンはどうだったか。第一シーズンの出演者はほかのペアの結果を知らずに自分の行動を決めなくてはならなかったが、第二シーズンの出演者はすでに放送ずみの四〇回を見て学習していた。ペアが女性同士の場合、「フレンド」を選ぶ割合は五五％に上昇。しかし男性と組む場合、女性が「フレンド」と書く割合は三四・二％まで下落した。また、男性が「フレンド」を選ぶ割合も四二・三％に減った。全体としてみれば、出演者が協力的行動を取る割合は、第一シーズンに比べて一〇ポイント減った。

囚人のジレンマの実験で、被験者のペアを組み替えて実験を重ねると、協力的行動を選択する割合は概してだんだん減っていく。ただし、ゼロにはならない。あくまでも協力的行動を選び続ける人が一定数残る。

一方、同じペアに単純な囚人のジレンマのゲームを繰り返しプレーさせた場合は、相互に協力的な行動を取るようになるケースが多い。一連のゲームの最後のほうでどちらかが裏切るまでこれが続く。この現象は、囚人のジレンマ史上初の実験ですでに観察されている。ランド研究所のフラッドとドレッシャーはこのジレンマを考えつくとさっそく、同僚二人に協力してもらって一〇〇回勝負でゲームをさせた。一〇〇回のうち六〇回は、二人とも協力を選択。とくに八三回目から九八回目まではずっと協力が続き、九九回目についに一方が裏切りを選択した。

本来、ゲーム理論の論理に厳密に従えば、このような結果は生じないはずだ。対戦回数が一〇〇回ときっちり決まっているのであれば、実質的には交互行動ゲームと変わらず、逆戻り推量の論理を適用できる。そこで最後の一〇〇回目で両者の取る行動を予測すると、それ以降はもはや処罰の機会がないので、双方にとって裏切りが絶対優位の戦略ということになる。だとすれば、九九回目が事実上最後の対戦だ。ところが、ここでも裏切り行為を処罰することはできない。あと一回対戦が残っているが、その際の双方の行動はすでに決まっている（相手の行動に関係なく、裏切りを選択する）。となると、絶対優位の戦略のルールにより、九九回目でも両者は裏切りを選ぶべきだ。こうして逆戻り推量の論理を順次当てはめていくと、結局は一回目の対戦までさかのぼる。しかし実際には、研究室の実験でも実世界でも、プレーヤーはこの論理を無視し、相互協力の恩恵に浴しているように見える。絶対優位の戦略を取らないという一見すると非合理的に見える行動が、結果的には好ましい選択だったことになる――ほかのプレーヤーがみな同様に「非合理的」な行動を取るかぎりにおいては。

この現象について、ゲーム理論家たちはある説明をしている。世界には、いわば「互恵主義者」とでも呼ぶべき人たちがいる。要するに、相手が協力してくれるのならこちらも協力するという人である。あなたは、そういうお人よしではないとしよう。あなたが本性のまま振る舞うとすれば、ゲームを繰り返す回数が決まっている場合、最初の一回目から裏切るはずだ。ただしそうすると、本性が相手に知られてしまうので、(少なくともしばらくは）本性を隠すために善良そうに行動する。なぜそんな必要があるかというと、最初に善良に振る舞えば善良な人物だと見なしてもらえるからだ。この種のゲームでは、さしあたっては協力し合うことが得策なので、あなたのことを協力的人物だと思えば、相手プレーヤーは（たとえ本当の互恵主義者でなくても）協力的行動で応じる。そうすれば、あなたにとってても利点がある。もちろん、あなたは最後のほうで裏切ってやろうと思っているし、その点では相手も同じ。だが初めのうちは、二人とも協力し合うことで恩恵にあずかれる。双方が相手を出し抜いてやろうと機会をうかがっていても、お互いに本性を隠し合うことにメリットがあるのだ。

一対一でゲームをさせるのではなく、大勢のグループで囚人のジレンマのゲームをさせた実験もある。テキサスA&M大学のレイモンド・バタリオ教授は、大学の教室で次のようなゲームをやってみた。

クラスの二七人の学生は、それぞれ架空の会社のオーナーとなり、生産量を1に抑えて高い価格を維持するか、あるいは生産量を2として他社を犠牲にして利益をとるかを選択する。選択の結果は紙に記入して提出するので、ほかの学生の選択結果を互いに知ることなく、全員が同時に意思決定を行なうことになる。学生には、表3―2の表にしたがって生産量1を選んだ学生の数に応じて、金が支払われる。この表をグラフにしたのが図3―3である。

このゲームには計略が仕掛けてあり、生産量2を選んだ学生は生産量1を選んだ学生より常に五〇セント多くもらえ、一方、生産量2を選ぶ学生の数が増えれば増えるほど、

“1”を書いた学生の数	“1”を書いた学生への支払額（1人あたり）	“2”を書いた学生への支払額（1人あたり）
0	–	0.50ドル
1	0.04ドル	0.54ドル
2	0.08ドル	0.58ドル
3	0.12ドル	0.62ドル
…	…	…
25	1.00ドル	1.50ドル
26	1.04ドル	1.54ドル
27	1.08ドル	–

表3–2

学生全体で得られる金額の合計が減少するようになっている。

二七人の学生全員が生産量1を選ぶ状態をまず考えてみよう。この場合は、全員が一・〇八ドルを手に入れる。一人の学生が生産量を2に切り替えると、生産量1を選んだ二六人の学生はそれぞれ一・〇四ドルを手にし（最初の状態より四セント少ない）、生産量を2に切り替えたその一人は一・五四ドルを手にする（最初の状態より四六セント多い）。同様にどの状態を前提に考えても、生産量2に切り替えるとその学生は四六セント得をする。生産量2を選ぶことは絶対優位の戦略なのである。しかしこの戦略をとると、他の二六人の学生の取り分は四セントずつ引き下げられる。したがって、クラス全体では五八セントの損となる。全学生がそれぞれ自分の利益を最大にする戦略を実行すると、結局、各人は五〇セントずつ受け取ることになり、一方、学生が共謀して自分の利益を最小にする戦略を実行できれば、全員が一・〇八ドルずつ受け取れる。学生たちは、どのように行動したであろうか。

本番前の練習として、最初はクラスでの話し合いなしで、続いて共謀のための話し合いを許して何回か試してみると、生産量1を選ぶ学生の数は三人から一四人までの間だった。そうした練習を踏まえて、いよいよこのゲームの本番を行なったところ、生産量1を選んだ学生の数は四人だった。クラス全体の受け取り額は一五・八二ドルで、共謀が完全に成功した場合より一三・三四ドル少なかった。この結果に、共謀を取りまとめたリ

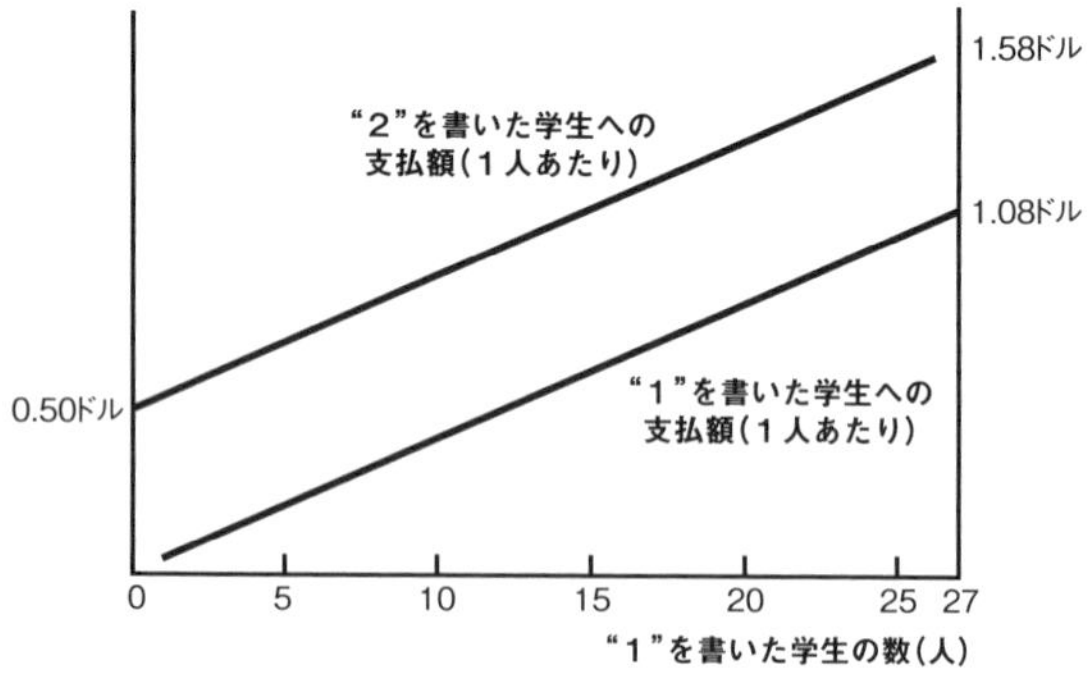

図3–3

ーダーは「もう金輪際、他人なんか信用しないぞ」と不満をぶちまけた。ちなみに、このリーダーは、自分はどうしたのかと聞かれると、「当然、生産量2を選んだ」と答えたということだ。小説『キャッチ22』の主人公ヨッサリアンは、このリーダーの心理がよくわかるだろう。

囚人のジレンマの多人数版の実験で最近よく行なわれるのは、「カンパのゲーム」だ。最初に、一人ひとりのプレーヤーに一定額の金を与える。プレーヤーはそのうちの任意の金額を参加者全員の「共同基金」にカンパし、残りを自分のものにしていい。次に、実験主催者が共同基金の金を二倍に増やし、参加者に均等に分配する。カンパをした人もしなかった人も、受け取れる金額は同じだ。

A、B、C、Dの四人に、一〇ドルずつ支給して実験を行なうとしよう。Aが一ドルをカンパすれば、ほかの参加者の行動に関係なく、共同基金の金額は一ドルの二倍で二ドル増える。この二ドルを四人で等分するので、B、C、Dの持ち金は五〇セント増えるが、Aの金は最初に一ドルをカンパしているので差し引きで五〇セント減る。Aはカンパする金額を増やせば増やすほど損をする。ほかの参加者がカンパをしようとしまいと、カンパするとしてその金額が多かろうと少なかろうと、状況は同じだ。要するに、Aにとって絶対優位の戦略はビタ一文カンパしないことなのである。同じことは、B、C、Dにも当てはまる。誰にとっても、ほかの参加者にカンパさせて、自分はただ乗りを決め込むのが一番ということになる。

こうして全員が絶対優位の戦略を選択すると、共同基金の金庫は空っぽで、四人の持ち金は最初の一〇ドルのまま。全員がただ乗りしようとすると、バスはガレージの中から一歩も動けないのだ。もし全員が一〇ドルすべてをカンパすれば、共同基金の金は四〇ドルの二倍で八〇ドルになり、一人当たりの取り分は二〇ドルになる。しかし、こういう状況では誰もがズルをしたほうが得をする。ここに、この四人のジレンマがある。

カンパのゲームは、机の上や研究室の中だけの空論ではない。実世界でも、メンバーが自発的に犠牲を払えば何らかの共通の利益が得られる半面、犠牲を払わなかったメンバーも恩恵に浴してしまうという状況は起こりうる。村の水害対策工事や天然資源の保存などはその典型例だ。堤防やダムをつくる工事に協力しなかった住民のところだけが水浸しになるようにすることは不可能だし、乱獲した人だけを漁場から閉め出すことは事実上難しい。こうして、多人数版の囚人のジレンマが生まれる。誰もが自分自身は犠牲を払わずに、ほかの人たちの犠牲が生み出す恩恵にだけあずかろうとする。もし全員がこういう発想をすれば、払われる犠牲はごくわずか（極端な場合はゼロ）にとどまり、全員が損をする。このような状況はいたるところで見られるし、その影響は重大なので、社会科学の理論や政府の政策は常にこのジレンマの解決法を念頭に入れなくてはならない。

8. 協力を実現する方法

ここまで紹介してきた事例や実験結果から、協力を成功させるための前提条件がいくつか見えてきた。一つずつ見ていこう。

■裏切りの発見　裏切りを処罰するためには、まず裏切りを発見しなければならない。裏切りを迅速・正確に突き止められれば、迅速・正確な処罰ができるので、裏切りのメリットが減り、コストが増す。その結果、協力を実現できる可能性が高まる。たとえば航空会社は他社の航空運賃にいつも目を光らせていて、もしアメリカン航空がニューヨーク＝シカゴ便の運賃を引き下げれば、ユナイテッド航空は五分もたたないで察知できる。

しかし中には、顧客にだけしかわからないようにこっそり値引きをする業者もあるだろうし、納入時期や品質、保証などとからめることにより値引きを同業者に見えにくくする業者もあるだろう。極端な場合、他社の価格を知ることができず、自社の売り上げと利益の変動から推測するしかないときもある。しかし売り上げや利益は、ライバル社の価格変更だけでなく、需要の増減などさまざまな要素に左右される可能性がある。こうなると、裏切りの発見と処罰が迅速・正確にできなくなり、裏切りを行なおうという誘惑が強まる。

しかも三社以上が競合している場合は、裏切り行為があったと察知しただけではどの業者の仕業かがわからない。しかしそれを特定できないと、効果的な処罰が行なえず、結果的に価格戦争に道を開き、すべての業者が打撃を受けることになるだろう。

■処罰の性格　次に、どういう処罰を行なうかという問題がある。ほかのプレーヤーとの関係が一度きりのものであっても、裏切り行為の事後の処罰が効果を発揮する場合もある。映画『LAコンフィデンシャル』で、リロイが検察側に協力して刑を軽くしてもらった場合、刑務所を出所したときに、裏切られたシュガーとタイロンの仲間が制裁を加えるだろうというのは、この種の処罰の一例だ。テキサスA&M大学の実験でも、みんなで「1」を書き込もうという申し合わせを誰が裏切ったかわかれば、学生たちは裏切り者を仲間はずれにするなどの社会的制裁を加えることが可能だ。たかだか五〇セント程度の金のために、そんな制裁を受ける危険を冒す学生はほとんどいないだろう。

罰則がゲームの構造そのものに組み込まれている場合もある。その典型は、ゲームが繰り返される結果、裏切ればそのときは得をしても先々に損をするというパターンだ。この仕組みが抑止効果を発揮するかどうかは、裏切り行為によって得るものと失うもの、別の言い方をすれば現在の利益と将来の利益の大小によって決まる。このテーマについては後で触れる。

■明確性　協力を成功させるためには、裏切り行為の定義とそれに対する処罰の内容をすべてのプレーヤーが明確に理解していなければならない。この点がわかりにくいと、協定を守っているつもりでうっかり裏切り行為をしたり、合理的な計算ができずに直感で行動してしまったりするプレーヤーが出てきかねない。衣料品通販会社のレインボーズエンド（RE）とB・B・リーン（BB）が価格設定のゲームを繰り返し行なう状況を考えてみよう。REの過去一七カ月間の利益額の中間値が、同一期間における業界の使用総資本から導き出される実質利益額の平均値を一〇％以上割り込んだとき、BBが裏切り行為を働いたとみなすと、REが決めているとしよう。しかも、このことをBBは直接知らず、REの行動を観察することを通じてREの判断基準を推測するしかないとする。この場合、REの採用している基準は複雑すぎ、BBにとって把握しづらい。つまりこの定義は明確性を欠くので、BBの裏切りを阻止する手立てとして好ましくない。

■処罰の確実性　裏切れば処罰を受け、協力すれば報われると、すべてのプレーヤーが確信できることも不可欠だ。この点は、WTO（世界貿易機関）の貿易自由化協定など、一部の国際協定で問題になる。ある国が別の国を協定違反で提訴すると、WTOが調査を開始するが、結論が出るまでに数カ月、ことによると数年かかることもある。しかも最終的な判断は事実関係より、国際政治の力関係や外交上の駆け引きに左右される面のほうが大きい。このようなシステムは抑止効果を発揮しない可能性が高い。

■処罰の厳しさ　裏切りに対する処罰は、厳しければ厳しいほどいいように思えるかもしれない。厳しい罰に恐れをなして誰も裏切り行為を働かなければ、実際に処罰が実行されることはないので、処罰がどんなに厳しくても問題ないはずだ。だとすればＷＴＯは、関税率に関する協定を破って高い輸入関税を設定した国に核爆弾を落とすという制裁条項を設けてもいいのではないか。背筋が寒くなった？　当然だ。現実の世界では、何かの間違いが起きる可能性が否定できない。その点を考えると、処罰の厳しさは、ほとんどの場合に抑止効果を発揮できればよしとしたほうがいい。会社が存亡の危機にさらされている場合の値引き販売など極端な場合は、ある程度の裏切り行為を容認してもいいかもしれない。

■繰り返し　レインボーズエンド（ＲＥ）とＢ・Ｂ・リーン（ＢＢ）の価格設定ゲームをもう一度考えてみよう。この二つの会社は毎年、共通の利益が最も大きくなる八〇ドルの価格設定でやってきた。ところがある年、ＲＥの経営陣が七〇ドルへの値下げを検討した。八〇ドルに据え置いた場合の利益が七万二〇〇〇ドルで、七〇ドルにした場合の利益が一一万ドル。利益が三万八〇〇〇ドル増える計算だ。しかし値下げをすれば、ＢＢとの信頼関係が崩れることは覚悟しなくてはならない。来年以降ＢＢも七〇ドルに値下げすれば、利益は両社とも七万ドルに減る。つまり、来年以降の利益は年間二〇〇〇ドル減ってしまう。一年限りの三万八〇〇〇ドルの増益と引き換えに、その後毎年二〇〇〇ドルずつの減益を受け入れるのは割に合うのか。

現在の利益と未来の利益の兼ね合いを考えるうえでカギを握る要素の一つは、金利だ。金利が一〇％だと仮定すると、ＲＥは三万八〇〇〇ドルの儲けを銀行に貯金しておけば、毎年三八〇〇ドルの利息を受け取れる。この金額は年間二〇〇〇ドルの減益を補ってあまりあるので、ＲＥにとって裏切りは割に合う。しかし金利が五％だと、年間の利息は一九〇〇ドル。ＲＥは値下げしないほうがいい。現在の増益と将来の減益がちょうど等しい価値をもつのは、金利が五・二六％の場合だ。

要するに、金利が高ければ将来の利益の価値が相対的に下がり、金利が低ければ将来の利益の価値が高まる。極論すれば、金利が一〇〇％だとすると、一年後の一ドルは現在の五〇セントの値打ちしかない。いま五〇セントを銀行に預ければ、一年後には元利合わせて一ドルになるからだ。一方、金利が〇％だとすると、一年後の一ドルは現在もまるまる一ドルの価値がある（＊1）。

ＲＥとＢＢの例では、金利が五％をやや上回る水準だと、両社にとって一〇ドルの値引きを行なうことの損得は同等。価格維持の申し合わせが存続するか崩壊するかはなんとも言えない。将来の損失を恐れる必要がなく、裏切りを思いとどまらせる要因がない場合にどこまで価格が下がるかという点については、次の第4章で論じる。

金利以外にもう一つ考慮に入れるべき要因は、関係の継続性だ。もしこの八〇ドルのシャツが一過性の流行品で、来年以降はさっぱり売れない可能性があるとすれば、将来の利益の減少は問題でないので、いま裏切りを行なっても失うものはない。

もっとも、ＲＥとＢＢが扱っている商品はこのシャツだけではないだろう。シャツの価格で裏切りを行なった場合、将来ほかの商品に関して報復を受ける可能性はないのか。そうした報復の可能性は、裏切りを思いとどまらせるに十分なものなのか。話は単純でない。裏切り者が複数の商品で報復を受ける可能性があるということは、裏を返せば、裏切り者がそのすべての商品で同時に裏切りを行なう可能性もあることを意味する。ここで仮にすべての商品の「利得表」がまったく同じだとすると、商品の種類が増えるのに比例して裏切りの利益と損失の両方が増えるだけで、損得のバランスは変わらない。言い換えれば、複数の商品が関係している場合に処罰のメカニズムが効果を発揮するかどうかは、さまざまな商品の微妙な違いによって決まるのだ。

考慮すべき三つ目の要素は、将来の市場規模の見通しだ。市場は拡大傾向、縮小傾向、拡大と縮小を繰り返す、の三通りが考えられる。市場が拡大するという予測が立つのであれば、将来の協力関係が崩れた場合に失うものが大きいので、プレーヤーはいま裏切ることに躊躇する傾向が強まる。逆に市場がじり貧の場合は、将来失うものが少ないので、いま手に入るものを手に入れようという発想になりやすい。市場が好調期と不調期を繰り返す場合は、一時的に需要が大きい時期に裏切りが起きやすい。好況期のいまなら裏切りにより得られる利益が大きいし、そのツケを払わされるころには需要が落ちていて、痛手がいまより小さくなると予想できるからだ。価格競争が勃発するのは需要が大きい時期、ということになる。ただし、いつもこの原則が当てはまるわけではない。需要が落ちているのが経済全般の不景気のせいで、消費者が価格に敏感になっているときは、裏切って値引きをすることにより得るものが好況期より大きい。

プレーヤーの構成も重要な要素だ。プレーヤーの顔ぶれがあまり変わらず、今後も入れ替わりが少ないと予測できる場合は、協力が維持される傾向が強い。しかし、これまで協力関係に参加した経験がなく、協力することに利害関係がない新参者は、常連に比べて裏切りを思いとどまる可能性が低い。将来新しいプレーヤーが参入してきて暗黙の協力関係を崩す可能性があると予測すれば、既存のメンバーも現時点での利益を確保しようとして、裏切り行為に走りがちになる。

＊1　経済ニュースでは、「金利と債券価格は逆方向に動く」とよく言う。金利が下がれば、債券価格は上昇する。債券とは将来の支払いの約束なので、債券価格とは将来の換金額の現時点での価値にほかならないからだ。

9．カント流哲学で問題解決？

囚人のジレンマの状況で協力的行動を取る人がいるのは、そのプレーヤーが自分の行動を通じて相手の行動に影響を及ぼせると思っているからだと、説明されることがある。もちろん、そんなことはありえないのだが、あたかもそんなことが可能であるかのように振る舞う人がいることも事実だ。

このような行動を取るプレーヤーは、相手も自分と同様の思考プロセスをたどり、自分と同じ結論に到達するはずだと考える。相手が自分と同じ結論に達するのであれば、自分が協力すれば相手も協力し、自分が裏切れば相手も裏切る……。この理屈は、「普遍的なルールになってほしいと思う行動だけを取るべし」という哲学者イマヌエル・カントの「定言命題」に似ている。

言うまでもなく、これはとんでもない誤解だ。囚人のジレンマでは、あるプレーヤーの行動は相手の行動にまったく影響しない。それでも人々はどういうわけか、自分の行動が（たとえ相手に見えなくても）相手の選択に影響を及ぼせると思っている。

この種の発想がいかに人々の心理に根を張っているかを明らかにしたのが、エルダー・シャフィールとエーモス・トバースキーがプリンストン大学の学生を使って行なった実験だ。実験では、学生たちに囚人のジレンマのゲームをさせた。ただし一部のケースでは、通常と異なり、相手の取った行動を片方に教えた。すると、相手が裏切ったと聞かされた学生のうち、協力的行動を取った学生はたったの三％。一方、相手が協力したと聞かされた学生のうち、協力的行動を取った学生の割合は一六％に達した。どっちみち大多数の学生が利己的に振る舞うことに変わりはないが、相手が協力的行動を取れば（たとえコストを伴っても）協力的行動で応じてもいいと思っている学生が少なからずいたのだ。

では、相手の行動についてまったく知らされないと、どういう結果になるのか。協力的行動を取る学生の割合は三〜一六％の間に収まるのか。違う。その割合はなんと三七％にはね上がるのだ。ある面で、こういう行動は理屈に合わない。相手が裏切ったと知らされれば協力せず、相手が協力したと知らされても協力しないプレーヤーが、どうして相手の行動がわからないときに協力するのか。

シャフィールとトバースキーはこれを「擬似魔術」的思考と呼ぶ。要するに、自分が何らかの行動を取れば、相手の行動に影響を及ぼせるという発想だ。相手がどういう行動を取ったか聞かされれば、もはや相手の行動を変えられないことは理解できる。しかし、相手がまだ行動を決めていない場合や、相手の取った行動を自分が知らされていない場合は、自分の行動が相手の行動に影響を及ぼせると考える。相手も自分と同じ論法で考えて同じ結論に到達すると考えるのだ。二人が同じ行動を取ると決まっているのであれば、自分と相手がともに裏切るよりはともに協力を選択するほうが好ましいので、そのプレーヤーは協力を選択する。

はっきり言っておこう。このような発想はまったく理屈に合わない。あなたがどう考えてどう振る舞おうと、相手の思考と行動にはまったく影響を及ぼせない。相手はあなたの頭の中を読むことも、実際の行動を観察することもなく、自分の行動を決める。ただし、ある社会のメンバー全員がこのような「擬似魔術」的思考を実践すれば、囚人のジレンマの多くを回避でき、多くの利得を手にできることは事実だ。この究極の目的を実現するために、社会があえて人々にこのような非合理的な考え方をもたせているのかもしれない……というのはさすがに考えすぎだろうか。

10. ビジネス版囚人のジレンマ

実験の結果と理論を学んだところで、次は研究室を飛び出して、実社会の囚人のジレンマの例を検討し、解決策を考えてみよう。

最初に取り上げるのは、ある業界のライバル業者の関係。共通の利益を最大限高めるためには、カルテルを形成して高い価格を維持することが望ましい。その半面、自分だけの利益を考えれば、協定を裏切って価格を引き下げ、相手から顧客を奪うほうが得をする。このような状況で協力関係を維持するために両社はどういう行動を取れるのか。需要が高まったり、破壊的な新規参入者がいなかったりすれば協力しやすくなるが、このような要因は当事者の力だけではいかんともしがたい。しかし裏切りを発見し、効果的な処罰のメカニズムを考案することにより、協力の可能性を高めることはできる。

ライバル社が頻繁に会合を開いてどのような行為が裏切りに該当するのかを話し合えば、協力を実現しやすい。もし裏切り行為があったと見なせる出来事があれば、次の会合で協議することにより、それが無関係の外的な要因によるものなのか、メンバーの悪意のないミスの結果なのか、それとも意図的な裏切り行為なのかがはっきりするので、不必要な処罰が実行される事態を防げる。それに、このような会合は、メンバーが処罰のための適切な行動を取るのをうながす機能も果たせる。

問題は、このグループのメンバーがジレンマの解決に成功すれば、社会全体にとって悪い結果を招くことだ。消費者は高い価格を支払わなくてはならなくなる。アダム・スミスの言葉にあるように、「同業者同士が集まることは、お祭り騒ぎや気晴らしのためでもきわめてまれである。もし集まって話せば、社会に対する共謀、すなわち価格を引き上げようという計略が生まれる」。国民一般の利益を守るために、政府はこのゲームに首を突っ込み、反トラスト法(独占禁止法)を制定し、協力行為を非合法化する(*1)。アメリカでは、シャーマン反トラスト法により「取引を制限する」共謀が禁止されている。価格維持の申し合わせと市場シェア分割の申し合わせは、取引制限行為の典型だ。

米連邦最高裁の判例では、明示的な合意だけでなく、価格維持の効果をもつ明示的・暗黙的な合意は、その主たる目的に関係なくすべてシャーマン反トラスト法違反に該当するとしている。違反企業は罰金を科されたり、幹部が刑事責任を問われたりする場合もある。

このような仕組みがあっても、企業の違法行為はなくならない。一九九〇年代半ばには、アメリカの農産物加工処理最大手アーチャー・ダニエルズ・ミッドランド（ＡＤＭ）社が日本の味の素などとカルテルを結んでいたことが発覚した。鶏と豚の発育をうながす飼料添加物リジンなどの製品について、市場のシェアと価格に関して談合を行なっていたのである。そのねらいをひとことで言えば、顧客の犠牲のもとで高い価格を維持することにあった。「ライバル企業は友、顧客企業は敵」だと、ある参加者は共謀のための会合で言ってのけた。ＡＤＭの交渉参加者の一人がＦＢＩ（米連邦捜査局）に情報提供し、会合の模様を隠し撮りさせたことで、この違法行為は明るみに出た。

反トラスト法史上有名なのは、発電用の大型タービンをめぐる談合だ。一九五〇年代、アメリカの発電用大型タービンの市場は三つの企業で占められていた。トップはＧＥ（ゼネラル・エレクトリック）で、シェアは約六〇％。その後に、約三〇％のウェスティングハウス、約一〇％のアライド・チャルマーズと続いていた。この三社は巧妙な調整システムを築いて、このシェアと高い価格を維持していた。その仕組みは次のとおりだ。電力会社がタービンの競争入札を行なうと発表した日付が一～一七日の場合は、ウェスティングハウスとアライド・チャルマーズが極端に高い金額で入札してわざと負け、それより低い金額で（といっても、たっぷり利益を手にできる金額で）入札したＧＥが落札する。同じようにして、一八～二五日はウェスティングハウス、二六～二八日はアライド・チャルマーズが落札するものと取り決めていた。

電力会社は月齢で特定の日に入札の実施を発表するわけではないので、長い目で見れば三社は平均して約束どおりのシェアを獲得できる。談合を裏切ればほかの二社にはただちにわかるが、司法省に落札者と日付の関係を見抜かれない限り露見する恐れもない。最終的に、当局は申し合わせの存在を察知し、三社の幹部数人が刑務所送りになり、うまみのある共謀関係は崩壊した。しかしこの市場では、その後もさまざまな形の談合が繰り返された。

一九九六～九七年には、電波の周波数オークションで発電用タービンと似た共謀が行なわれた。ある地域の免許を取得したい企業は、入札額の下三桁をその地域の市外局番にすることにより、獲得の意思をほかの企業に伝える。すると、他社は譲り、その企業に落札させる。同じ顔ぶれが同じような競売に参加し続け、司法省にからくりを見破られなければ、この種の共謀関係をずっと維持できるかもしれない。

実際には、申し合わせを暗黙の合意にとどめる場合のほうが多い。そうすれば、刑事摘発される危険を減らせるというメリットがある(ただし当局には、暗黙の共謀を摘発する手立てもある)。暗黙の合意には、取り決めの内容が不明確で、裏切り行為の発見が難しいという弱点があるが、企業側はこの両方の面である程度の対策を講じられる。

たとえば、地域や製品の種類などで市場の縄張りを暗黙に認め合うという手もある。他社に縄張りを侵されれば営業部員がすぐわかるので、裏切り行為を発見しやすい。

小売業であれば、最低価格保証や最恵顧客条項などのメカニズムを用いることにより、抜け駆け的な値下げを発見し、迅速かつ自動的に報復を行ないやすくできる。家庭用品や電器製品の小売店は、ライバル店のどこよりも安いと大々的に宣伝することが多い。購入後一カ月以内に同一商品をもっと安く売っている店があれば、その差額を返金する、あるいは差額を二倍にして返金すると約束する店もある。一見すると、このように低価格を約束する販売戦略は競争を促進するように見える。しかしゲーム理論的に見ると、実は正反対の効果をもつ。レインボーズエンドとB・B・リーンがこのような販売戦略を採用していて、しかも価格を八〇ドルとするという暗黙の合意があるとしよう。この状況では、こっそり七〇ドルに値下げすればすぐに相手にばれる。なにしろ、消費者がもう一社にご注進に及ぶ仕組みが出来上がっているのだ。しかも、相手企業は顧客に差額を返金するのはいやなので、ただちに自社も価格を引き下げて報復を行なう。このような結果を招くことが目に見えているので、うまい具合に裏切り行為が抑止される。

最低価格保証を間接的な形で巧妙に行なったのが、ボーイング757と767向けの航空機エンジンの市場でプラット・アンド・ホイットニー社が取った戦略だ。同社はすべての航空会社に対し、ライバルのロールス・ロイスのエンジンより八%高い燃費効率を約束。もしその基準を満たせなければ、燃費の差額相当の金額を返金すると保証した。

最恵顧客条項とは、最恵顧客待遇を約束した顧客に対して、すべての顧客のなかで最も安価な価格を適用すると保証するもの。表面だけ見ると、安い価格を保証する仕組みに見えるかもしれない。しかし一皮めくれば、この条項には競争を妨げる作用がある。この条項があるかぎり、すべての顧客に値引きしなくてはならず、値下げのコストが大きくなりすぎる。最恵顧客条項は、裏切りによる利益を小さくし、カルテルを維持する機能をもつ。

アメリカの連邦取引委員会（ＦＴＣ）は、ガソリンのアンチノック剤に関してデュポンやエチルなどの化学メーカーが設けていたこの種の条項について審査した結果、競争を阻害する作用があると判断。顧客との契約にこのような条項を盛り込むことを禁じる裁定を下した（＊2）。

＊1　もっとも、国民一般の利益を十分に考えている政府ばかりあるわけではない。一部の国の政府は、生産者の既得権益に抱きこまれていて、カルテルを黙認したり、ときにはカルテルの結成を後押ししたりする場合もある。ここでは、特定の国名をあげるのは避けておく。私たちの本を市場から締め出されるのはごめんなので。

＊2　もっとも、この決定は全員一致でなされたわけではなかった。ジェームズ・ミラー委員長が反対意見を述べている。その条項は「買い手が価格を調べるに当たって要する金銭や時間のコストを減少させ、買い手にとって最も有利な価格を見つけやすいようにする働きがある」というのがミラーの主張だった。「エチル・コーポレーション等の事案」ＦＴＣ（連邦取引委員会）訴訟事件表９１２８、ＦＴＣ決定ｐｐ４２５―６８６。

11．共有地の悲劇

この章の冒頭に、囚人のジレンマの例として魚の乱獲の問題を取り上げた。一人ひとりはたくさん魚を獲ったほうが得をするが、その行動のツケは社会全体もしくは未来の世代が払わなければならない。このような状況をカリフォルニア大学の生物学者ギャレット・ハーディンは「共有地（コモンズ）の悲劇」と呼んだ。ある地区の住民が牧草地を共有している場合、住民は好き放題そこに牛を放って草を食べさせるので、牧草地の草が食い尽くされてしまうと、ハーディンは指摘した。今日の世界では、地球温暖化問題が共有地の悲劇の深刻な例だ。自分の温室効果ガス排出量を減らしても得をする人はいないが、誰もが私利私欲を追求して温室効果ガスを大量に排出し続ければ全員に重大な影響が及ぶ。

この問題の本質は、多人数版の囚人のジレンマである。小説『キャッチ22』で主人公ヨッサリアンが直面した状況もこれと同じ性格をもつ。当然、社会はこのジレンマを放置した場合のコストを認識していて、なんとか手を打とうと試みる。そのような対策が成功するための条件とは、どのようなものなのか。目指すのは、資源の乱開発と急激な枯渇を避け、全体の利益に沿って共有の資源を保全しながら利用する手立てを見いだすことだ。

インディアナ大学の政治学者エレノア・オストロムらは、さまざまなケーススタディーを重ねて、対策が成功するパターンと失敗するパターンを検討し、協力が成功するための前提条件をいくつか割り出した。

第一の条件は、誰がゲームの参加者なのかを決める明確なルールがあること。誰がその共有地を利用する権利があるのかはっきりさせておく必要があるのだ。地理的基準が用いられる場合が多いが、民族やスキルが基準になる場合もあるし、利用資格が競売にかけられたり、入会費の支払いを利用の条件にする場合もある（＊1）。

第二の条件は、許容される行為と禁止される行為を定める明確なルールがあること。共有資源利用の時間的制限（禁漁期の設定や特定の年の農作物の作付制限など）や、地理的制限（禁漁水域の設定など）、道具類の制限（利用できる魚網の大きさの制限など）、量的制限（森から持ち帰る薪の割り当て量など）などがはっきり決まっていなくてはならない。

第三の条件は、違反行為に対する処罰のシステムが明確で、すべての当事者がそれを理解していること。これは、必ずしも明文のルールでなくてもいい。メンバーの入れ替わりの少ないコミュニティーであれば、暗黙の規範が共有されているだけで十分な場合もある。罰則には、懲戒に始まり、村八分、罰金、極端な場合は投獄など、さまざまな種類がありうる。それぞれのタイプの罰則のなかでも、さらに制裁の厳しさを段階わけするケースもある。重要なのは、違反行為の悪質性に比例して段階的に処罰を強化していくことだ。裏切りがはじめてであれば、ほとんどの場合、態度を改めるよう言い渡すだけでいいだろう。一回目、二回目の違反には罰金も比較的少額で、違反が続いたり、違反行為が悪質化したりすると段階的に増額されていくケースが多い。

第四の条件は、裏切り行為を発見する実効的なシステムが存在すること。理想的なのは、プレーヤーの日常的な行動を通じておのずと裏切りが明らかになるようなシステムだ。たとえば、ある海域に水揚げのいい漁場と水揚げの悪い漁場がある場合に、漁師たちが話し合って、水揚げのいい漁場を順番に交替で利用することを決めたとする。このケースでは、自分の順番でないのに水揚げのいい漁場で魚を獲っている違反者がいれば、正規の権利をもつ漁師がすぐに気づき、仲間に報告して制裁措置が取られるだろう。あるいは、森の薪を集めるなど共有地を利用する際に、団体行動を義務づけるという方法もある。こうすれば相互に監視しあえるので、監視員を雇わずにすむ。

違反の発見が可能かどうかを考慮したうえで違反行為の定義を決めるべき場合もある。漁師の漁獲量を正確に監視することは難しい場合が多く、悪意のない漁師でも自分の漁獲量をきちんとコントロールしにくい。そのため、漁獲量を基準に用いるケースは多くない。割り当て量方式がうまくいくのは、貯水池の水利用や森林の木材採取など、量が正確に監視しやすいときだ。

第五の条件は、以上の四つの面で望ましい仕組みをつくる際に、メンバーの知識を活用すること。ルールが出来た後は裏切りの誘惑に駆られるかもしれないが、まずは優れたシステムを築きたいという共通の利害を全員が持っているはずだ。資源そのものについて、資源を利用するための技術や裏切りの発見可能性、制裁の実行可能性についていちばん詳しいのは、共有地を共有するメンバー自身だ。部外者がルールを決めて押しつけても効果的なシステムがつくれず、協力の維持がうまくいかない。

現場の知識や規範を活用すれば共同行動にまつわるさまざまな問題を解決できると、オストロムはおおむね楽観しているが、同時に完璧な仕組みはありえないとしっかりクギを刺してもいる。「ジレンマが完全に解消することはない。それは、どんなに素晴らしいシステムを編み出しても同じである……監視や制裁をどれほど徹底しても、裏切りへの誘惑をゼロにすることはできない。共有地の悲劇を乗り越えようとか、それに打ち勝とうなどと考えるのではなく、実効性のある管理システムを導入するほうが効果的である」

＊1　イギリスで、所有権の考え方が確立されていった例を見てみよう。一六世紀と一八世紀の二度にわたる囲い込みを通じて、共有地が私有地に変わった。土

地が私有地になると、所有者以外はその土地を自由に利用できなくなる。牧草地であれば、所有者は土地からの収入を増やすために牧畜家から利用料を徴収するようになり、それにともない利用に歯止めがかかる。この結果、全体としての経済的効率性は高まる半面、富の分配状況が変わり、土地の所有者と牧畜家の貧富の差が拡大するという弊害がある。それに、このアプローチが常にうまくいくとは限らない。世界政府が存在しない以上、海洋や大気を囲い込むのは難しい。海の魚や汚染物質、大気中の二酸化炭素や二酸化硫黄は、人間の思惑に関係なくあちこちに移動する。したがって、水産資源の保護問題、酸性雨問題や地球温暖化問題はもっと直接的な規制が必要になるが、そのための国際的合意を築き上げるのはとうてい簡単でない。

12. 吸血コウモリの助け合いの精神

お察しのとおり、囚人のジレンマは人間以外の動物の世界にも存在する。巣をつくったり、食料を集めたり、捕食者から逃れたりするとき、動物は自分自身や血族の利益を優先して利己的に振る舞う場合もあるし、もっと大きなグループの利益のために行動する場合もある。では、集団全体にとって好ましい行動が取られやすいのはどういう環境なのか。進化生物学の分野では、この点についていくつか興味深い事例と考え方が見いだされている。その一つを紹介しよう。

イギリスの生物学者J・B・S・ホールデンはかつて、ほかの人間の命を救うために自分の命を投げ出すつもりはあるかと尋ねられたとき、こう答えた。「兄弟であれば二人以上、いとこであれば八人以上を助けられるのなら、答えはイエスだ」。兄弟とは遺伝子の二分の一を、いとことは八分の一を共有しているので、ホールデンの言う基準に従って行動すれば、次世代に残す自分の遺伝子のコピーの数を増やせる。ホールデン流の態度は生物学的に見ればきわめて理にかなっているし、進化の過程でも強みをもつだろう。アリやミツバチの社会で驚異的に高度な協力行動が行なわれていることは、このような純粋に遺伝的な理屈で説明できる。

動物の世界では、遺伝的な結びつきのない関係で利他主義的行動が取られることはほとんどない。しかしある程度長期的な関係があれば、遺伝的結びつきがあまりない集団でも互恵的利他主義が存在する場合がなくはない。オオカミなどの動物が集団で狩りを行なうのはその一例だが、ここではいささかぞっとする（しかし非常に興味深い）別の例を紹介しよう。中米のコスタリカに生息する吸血コウモリは十数頭のコロニー単位で生活するが、狩りは一頭ずつで行なう。その日によって、首尾がよかったコウモリもいれば、そうでないコウモリもいる。注目すべきなのは、うまくいったコウモリが巣に戻ってくると、吸ってきた血を吐き出して仲間にわけ与える場合があることだ。この種のコウモリは三日間血を吸わないと、命を落とす危険がある。その事態を避けるためのいわば相互の「保険」として、吸血コウモリのコロニーでは血をわけ合うという行動パターンを確立している。

吸血コウモリがこうした行動を取る理由を明らかにするために、メリーランド大学の生物学者ジェラルド・ウィルキンソンはある実験を行なった。別々の地域のコウモリを捕獲して一緒に生活させ、そのうえで一部のコウモリに血を与えず、ほかのコウモリが血をわけ与えるかどうかを観察したのである。すると、血のわけ与えが行なわれるのは、瀕死のコウモリに対してだけであることがわかった。吸血コウモリは、本当に切実な状態と単なる狩りの不調とをきちんと見わけているらしい。もっと興味深いのは、血のわけ与えは元々一緒にいたコウモリ同士の間でのみ行なわれ、過去に自分を助けてくれたコウモリに対してお返しをする確率がことのほか高かったことだ。ひとことで言えば、吸血コウモリはほかのコウモリの一頭一頭の過去の行動を覚えていて、実効性のある互恵的利他主義のシステムを実践しているのだ。

13.［ケーススタディー］早起き鳥は、金の卵を産むガチョウを殺す

南米のガラパゴス諸島は、ダーウィンフィンチと呼ばれる鳥類の生息地だ。ガラパゴスの火山島の環境は厳しく、種が生き残るためには進化上の適応が強く必要とされる。フィンチのくちばしの長さが一ミリ違うだけで、運命が大きく違ってくる場合もある（＊1）。

ガラパゴス諸島の島々はすべて食料の種類が異なり、それぞれの島に生息するフィンチのくちばしはその島の食料

事情を反映している。サボテンが主要な食料の大ダフネ島には、サボテンの花粉と蜜を集めるのに理想的な形にくちばしが進化したフィンチが生息している。その名もサボテンフィンチである。

フィンチはほかのフィンチを相手に意識的にゲームをしているわけではないが、くちばしの進化の形はすべて、フィンチの取った戦略の結果と見ることができる。エサを集めるのに有利な戦略を取れば、そのフィンチは生き残り、つがいを見つけ、子孫を増やせる。

遺伝のプロセスはときに癖球を投げ込む場合がある。「早起き鳥はエサを手に入れる」という英語の古いことわざがあるように、大ダフネ島でサボテンの蜜をものにするのは早起きフィンチだ。あるとき、サボテンの花が開く朝九時ごろまで待つのではなく、サボテンの花をこじ開けて抜け駆けするフィンチがあらわれた。

一見すると、抜け駆けをしたフィンチがのんびり屋のフィンチより有利な立場に立てるように思える。しかし、問題が一つある。花びらをこじ開けるときに、めしべの先端の柱頭と呼ばれる部分を切断してしまう場合が多いのだ。科学ジャーナリストのジョナサン・ワイナーは、次のように書いている。

（柱頭とは）花の中心からまっすぐ上に突き出している空洞の管の先端部のこと。この柱頭が切断されると、その花は受粉能力を失う。おしべの花粉がめしべに到達できなくなり、サボテンの花は実をつけずにしぼんでしまう。

サボテンの花をこじ開けるという戦略のもたらす結末は簡単に想像がつく。すべてのフィンチがこぞってこの戦略を採用すれば、サボテンが実をつけなくなり、フィンチの主要な食料源がなくなってしまう。その結果、フィンチは生きられなくなる。進化の過程を通じてサボテンフィンチは多人数版囚人のジレンマの状態におかれて、やがて絶滅する運命にあるのか。

■ケース・ディスカッション

話はそう単純でない。確かに、フィンチは一定のテリトリー内で生きるのが普通なので、自分の生息地周辺のサボテンを絶滅させてしまったフィンチ（とその子孫）には、ときとして過酷な運命が待っている。現時点でほかのフィンチより多くのエサを手にできても、来年の食料源を絶ってしまっては元も子もない。つまり、抜け駆けフィンチは、環境への適応能力が乏しいように見える。

ごもっとも。だが、花びらをこじ開ける戦略を採用するフィンチがある程度以上増えると、事情が違ってくる。抜け駆けフィンチが増えて、本来のテリトリーの外に出かけてエサを探すようになると、花びらが開くまで待っていたフィンチの生息地でもサボテンが減りはじめる。その後に確実に訪れる食料不足の時代を生き延びられる可能性が最も高いのは、最初に抜け駆けをして、みんなよりたくさん栄養をとったフィンチだ。

サボテンフィンチの抜け駆け戦略は、コミュニティー全体を破壊しかねない悪性の因子だ。この現象が小規模にとどまれば、この種の行動パターンはいずれ自然消滅するかもしれない。しかしある程度以上拡大すると、それがいわば沈みかけた船における最善の戦略になる。その行動が有利な戦略として機能するようになると、その行動パターンを根絶するには、もはやコミュニティーを全滅させて、もう一度ゼロから始める以外にない。大ダフネ島のサボテンフィンチが絶滅すれば、めしべの柱頭を折られる可能性がなくなり、サボテンが再び実をつけるようになる。その後、やがて島にフィンチのつがいがたまたま飛来して、すべてのプロセスがまた振り出しから始まるだろう。

この構図は、一八世紀フランスの哲学者ジャン＝ジャック・ルソーの考案した「鹿狩りのゲーム」の一種と言っていい（＊2）。鹿狩りのゲームは囚人のジレンマの応用版だ。全員が協力して鹿狩りをすれば、うまく鹿を仕留めて、みんながたっぷり肉を食べられる。問題は、鹿狩りの途中でウサギを見つけた狩人がいた場合だ。自分勝手にウサギを追いかける狩人が増えすぎると、鹿狩りの人手が足りなくなり、鹿を捕獲できない。だとすれば、失敗するとわかっている鹿狩りに精を出すのはばかげている。その場合は、誰にとってもウサギを追いかけるほうが得策だ。ほとんどのメンバーが鹿狩りに参加すると確信できる場合に限ってウサギよりも価値のある鹿を狙うというのが、最善の戦略ということになる。

このゲームのカギを握るのは、ほかのプレーヤーへの信頼だ。ゲームの展開の仕方は二通り。第一のパターンは、全員が協力し、万事うまくいくというもの。第二のパターンは、全員が私利私欲に走り、過酷な状況が訪れるというもの。鹿狩りのゲームが古典的な囚人のジレンマと異なるのは、「ほかのプレーヤーがどう振る舞おうと関係なく、どのプレーヤーも自分だけ裏切れば得する」という状況ではないことだ。ほかのプレーヤーも自分と同じように行動すると信頼できれば、裏切ってもなんの得にもならない。となると問題は、あなたがほかのプレーヤーを信頼できるかどうか。もっと詳しく言えば、あなたがほかの人たちを信頼して行動するという前提でほかのプレーヤーが行動するだろうと、あなたが信頼できるかどうかが問題なのだ。

第14章のケーススタディーのコーナーに、囚人のジレンマの練習問題をさらに二つ用意してある（「一ドルの値段」「リア王の悩み」）。

＊1　この事例は、ジョナサン・ワイナーの著書『フィンチの嘴――ガラパゴスで起きている種の変貌』（邦訳・ハヤカワ文庫）をもとにしている。

＊2　ルソーの鹿狩りのゲームの別の解釈について、次の第4章で触れる。

第4章 ナッシュ均衡

互いの均衡点を探せ――

1. 協力して大きな獲物をモノにする

フレッドとバーニーは原始時代のウサギ狩人。ある夜、酒を酌み交わしながら情報交換していて二人は気づいた――二人で力を合わせれば、ウサギより大きな獲物を仕留められるのではないか。一人で狩りをしていては鹿やバイソンを追い回しても成功の見込みはないが、一緒に狩りをすれば話は別だ。鹿やバイソンをモノにできれば、一日に手に入る肉の量は一人でウサギを狩る場合の六倍に増える。一人当たりの肉の取り分が三倍に増える。

明日は一緒にデカい獲物を狙おうと約束し、二人はそれぞれの洞窟に帰った。ところが二人とも酔っ払いすぎて、鹿を狙うことに決めたのだったか、バイソンを狙うことに決めたのだったかを忘れてしまった。問題は、鹿のいる場所とバイソンのいる場所が正反対の方向にあること。携帯電話などない時代だし、二人は離れた場所に住んでいたので、お互いの洞窟を訪ねて確認することもできない。翌朝、二人はそれぞれ一人で決断をくださなくてはならない。

そう、フレッドとバーニーは同時進行ゲームをプレーする羽目になったのだ。一人でウサギを狩る場合に手に入る肉の量を1、協力して鹿なりバイソンなりを仕留めた場合の一人当たりの肉の量を6の半分で3とすると、利得表は以下のとおりになる（表4―1）。

このゲームは、第3章で取り上げた四人のジレンマのゲームとさまざまな面で異なる。決定的な違いは、フレッド

フレッドの選択 ＼ バーニーの選択	鹿	バイソン	ウサギ
鹿	3 3	0 0	1 0
バイソン	0 0	3 3	1 0
ウサギ	0 1	0 1	1 1

表4−1

にとって何が最善の選択かがバーニーの行動に左右されることだ（この点はバーニーにとっても同様）。相手プレーヤーの行動に関係なく常に最善の戦略というものは存在しない。要するに囚人のジレンマと違って、絶対優位の戦略がないのである。したがって、プレーヤーは相手の行動を検討したうえで、何が最善の選択かを決めなくてはならない。

　フレッドは次のように考えるだろう。「もしバーニーが鹿の猟場に行くとすると、オレもそこに行けばどっさり獲物を手にできるけれど、オレがバイソンの猟場に行けば手ぶらで帰る羽目になる。バーニーがバイソンの猟場に行くとすればこの逆だ。バーニーと行き違いになる危険を冒さず、いつもどおり一人でウサギを狩って、少しでも確実に肉をもって帰ったほうがいいのだろうか。3か0かの賭けに出るのではなく、確実に1を手に入れるべきなのか。オレの取るべき行動は、バーニーの出方次第。では、バーニーの立場になって考えてみると……アイツもオレの出方を知ろうとして、オレの立場になって考えているはずだ！　これは参った。いったいどうすれば、この堂々巡りに終止符を打てるんだ？」

2．堂々巡りの解決法

　戦略のゲームでほかのプレーヤーの思考をお互いが読み合う堂々巡りの状況を解決するために考案されたのが、映画『ビューティフル・マインド』で有名な数学者ジョン・ナッシュの打ち立てた美しい均衡の考え方だ（＊1）。たとえばフレッドとバーニーが共に鹿を選択すると、フレッドもバーニーも自分一人では選択肢を変えることはない。この均衡点では両者の行動はそれぞれ他のプレーヤーの行動を前提にすると、変更するインセンティブがないのである。このようにナッシュ均衡とは、各プレーヤーの戦略の組み合わせがいったん決まると、どのプレーヤーにも自分に対応したその戦略から離れるインセンティブがない均衡である。以下では、まず実例を通じてこの「ナッシュ均衡」の考え方を説明し、続いてこの考え方によりさまざまなゲームの結果を予測できることを明らかにしたい。結論をひとことで言えば、常にうまくいくとはかぎらないものの、ナッシュ均衡はほぼあらゆるゲームの分析の出発点になりうる。

　ここで、第3章に引き続いてライバル関係の衣料品通販会社レインボーズエンド（RE）とB・B・リーン（BB）に登場願おう。復習しておくと、二つの会社がそろって八〇ドルに価格を設定した場合、両社ともシャツの売り上げは一二〇〇着。一方が一ドル値下げし、もう一方が価格を変更しなければ、値下げしたほうの業者は売り上げを一〇〇着伸ばす。ライバル社から奪う売り上げが八〇着。そのほかの業者から奪う顧客と、元の値段では買うつもりのなかった顧客の購入分が合わせて二〇着である。両社がそろって一ドル値下げした場合は、元々の両社の顧客はライバル社に乗り換えないが、両社ともに二〇着ずつ売り上げを増やす。

　第3章では、二つの会社が選べるシャツの価格の選択肢は、元の価格である八〇ドルを維持するか、七〇ドルに値下げするかの二つに一つだった。今回は、もっと低い価格帯で四二ドルから三八ドルまで一ドル刻みで価格を決めるものとする（＊2）。たとえば、REとBBがともに四二ドルに価格を設定した場合、元の一二〇〇着に加えて、売り上げ数が七六〇着（一ドルにつき二〇着が三八ドル分）増える。合計で一九六〇着ということになる。シャツを一着つくるためのコストは二〇ドルなので、この場合の一着当たりの利益は四二ドルから二〇ドルを差し引いた二二ドル。両社の利益は二二ドルが一九六〇着で、合計四万三一二〇ドルだ。ほかの価格の組み合わせについても同様の計算を行なった結果をまとめたのが、次の利得表である（表4－2）。

　ぞっとするほど骨の折れる作業に見えるかもしれないが、

B・B・リーン（BB）の価格

レインボーズエンド（RE）の価格	42	41	40	39	38
42	43,120 43,120	***43,260*** 41,360	43,200 39,600	42,940 37,840	42,480 36,080
41	41,360 ***43,260***	41,580 41,580	***41,600*** 39,900	41,420 38,220	41,040 36,540
40	39,600 43,200	39,900 ***41,600***	***40,000*** ***40,000***	39,900 ***38,400***	39,600 36,800
39	37,840 42,940	38,220 41,420	***38,400*** 39,900	38,380 38,380	38,160 ***36,860***
38	36,080 42,480	36,540 41,040	36,800 39,600	***36,860*** 38,160	36,720 36,720

表4－2

［trip to the gym no.2］
戦略トレーニングジム2

　あなたも実際にエクセルを使って、この表をつくってみよう。

エクセルなどの表計算ソフトを使えば、この種の表は意外に簡単に作成できる。

＊1　俳優のラッセル・クロウがジョン・ナッシュ役を演じた映画『ビューティフル・マインド』(もしくはシルビア・ナサーの同名の原作)を見ていない読者のために、簡単に触れておこう。ジョン・ナッシュは一九五〇年ごろにゲームにおける均衡の基本概念を確立し、その後も数学の世界で大きな業績を残した。数十年にわたり統合失調症に苦しむがついに回復し、一九九四年のノーベル経済学賞を受賞した。ゲーム理論がノーベル賞を受賞したのは、これが初めてである。

＊2　ここでは、戦略の選択肢を限定することによりゲームを単純化して説明するために、一定の幅の中で一ドル刻みで価格を決めるものとして話を進めた。この章の後半で、そのような制限を取り払った場合どうなるかについて簡単に触れる。

3. 最善の行動はどれだ？

REの価格決定責任者の頭の中をのぞいてみよう。BBが四二ドルを選ぶとすると、五つの価格の選択肢ごとのREの利益は、表のいちばん左の縦の行のおのおののマス目の左下に示されているとおりだ。五つの数字のなかで最も高い金額は、四一ドルを選択した場合の四万三二六〇ドル。したがって、BBが四二ドルを選ぶ場合のREの最善の行動は四一ドルだ。同じように見ていくと、REにとって最善の行動は、BBが四一ドル、四〇ドル、三九ドルを選ぶ場合はいずれも四〇ドル、BBが三八ドルを選ぶとすれば三九ドルだとわかる。同じように、REの価格設定ごとのBBにとっての最善の行動は、表の横の列のおのおののマス目の右上の数字を比較すればわかる。この表では、それぞれのケースごとのREとBBの最善の行動を太字で示しておいた。

REとBBの利得表から、何が最善の行動かを検討してみよう。すぐに目につくのは、ある一つのマス目で数字が二つとも太字になっていることだ。そのマス目とは、両社ともに四〇ドルの価格をつける場合である（両社とも四万ドルの利益を手にする）。要するにＲＥとしては、相手が四〇ドルをつけると考えれば自分も四〇ドルをつけるのが最善の選択。ＢＢにとっても同じことが当てはまる。両社とも四〇ドルに価格を設定すれば、相手の行動が自社の判断どおりだったと両社とも確認できる。だとすれば、いずれの会社も次の機会に自社の価格を変更する理由がない。その結果、この両社の選択の組み合わせがこのゲームにおける安定した状態になる。

このように、それぞれが相手の行動を予測したうえで自分にとって最善の選択をし、双方が相手の予測どおりに行動すれば、お互いに思考を読み合う堂々巡りに終止符を打てる。この状態がプレーヤーの思考の到達地点、言い換えればゲームの均衡点と言っていいだろう。これがナッシュ均衡である。以下では、ナッシュ均衡のマス目は網掛けで示すことにする。

第３章で取り上げた価格競争のゲームは、価格の選択肢が八〇ドルと七〇ドルの二つしかない囚人のジレンマのゲームだった。価格の選択肢が増えてもゲームの特徴は変わらない。もし二つの会社が信頼性と実効性のある共謀の合意を結べれば、両社ともナッシュ均衡の四〇ドルより大幅に高い価格を設定し、もっと多額の利益を手にできる。第３章で見たように、両社が八〇ドルのままシャツを売れば、両社の利益はそれぞれ七万二〇〇〇ドル。ナッシュ均衡の四万ドルよりだいぶ高い金額だ。裏を返せば、ある産業に独占企業が存在したり、生産者がカルテルを結んでいたりすると、いかに消費者が害をこうむるかがよくわかる。

以上の事例では、一着のシャツをつくるためにかかるコスト、自社とライバル社の価格設定の組み合わせごとの売り上げ数が両社とも同じだと仮定した。現実には、こういうことはほとんどない。ナッシュ均衡を実現するための価

［ trip to the gym no.3 ］
戦略トレーニングジム 3

レインボーズエンドがシャツ一着のコストを二〇ドルから一一・六〇ドルに引き下げることに成功し、一方のＢ・Ｂ・リーンは二〇ドルのままだとする。利得表をつくり直してみよう。ナッシュ均衡は、両社がそれぞれいくらに価格を設定する場合だろうか。
（ヒント：両社［とくにRE］が価格を三三ドルまで下げうることを考慮してみよう）

格設定は両社で異なる場合がある。この点について理解を深めたい読者のために、練習問題として「戦略トレーニングジム」を用意した。手っ取り早く先に進みたい読者は、すぐに巻末の解説を読んでしまってもかまわない。

この種の価格設定のゲームには、ほかにもさまざまな複雑な側面がある。そうした点は後で論じることにして、ここではナッシュ均衡について一般論として言えることをいくつか指摘しておこう。

どのゲームにも必ずナッシュ均衡は存在するのか。ミックス戦略を採用できる程度まで行動や戦略を単純化して検討できる場合、基本的に答えはイエスだ。ミックス戦略については次の第5章で詳しく検討する。行動のミックスが可能でもナッシュ均衡がまったく存在しないゲームもあるが、そういうケースはきわめて複雑で難解なので本書では踏み込まないでおく。

ナッシュ均衡は同時進行ゲームの好ましい解決策なのか。この点については後ほど論じるが、私たちの答えはひとことで言えば、慎重なイエスだ。

どのゲームもナッシュ均衡は一つなのか。以下で例を示すように、複数のナッシュ均衡があるゲームもある。そうしたゲームの解決策についても本章で論じていく。

4. 複数の均衡がある場合

フレッドとバーニーの狩りのゲームの例で、ナッシュ均衡を探してみよう。このゲームで最善の行動を見つけ出すのは難しくない。フレッドとしては、バーニーが取ると思われるのと同じ行動を選択すればいい。バーニーにとってもそれは同じこと。次の表のとおりだ（表4―3）。

この表を見ればすぐわかるように、このゲームには三つのナッシュ均衡がある（＊1）。この三つのうちのどの結果になるのか。それとも、フレッドとバーニーはどの均衡にも到達できないのか。ナッシュ均衡の考え方自体は、こうした問いに対する答えを示してくれない。ここには、別の要素が関係してくる。

もしフレッドとバーニーが前の晩に出会ったのが「鹿の谷」と呼ばれる場所だったら、二人の頭の中で鹿という選択肢が大きなウェイトを占めているかもしれない。二人が出会ったのが「バイソン平原」の一帯だったら、バイソンという選択肢の存在感が大きいかもしれない。しかし一家

バーニーの選択

フレッドの選択	鹿	バイソン	ウサギ
鹿	3 / 3	0 / 0	1 / 0
バイソン	0 / 0	3 / 3	1 / 0
ウサギ	0 / 1	0 / 1	1 / 1

表4－3

の家訓が「安全第一」だったとすれば、相手の行動に関係なく、最低限の量の肉を手にできる行動、すなわちウサギという選択肢が有力になるかもしれない。

　もっとも、フレッドの頭の中でバイソンが有力だったとしても、それだけでバイソンを選ぶわけにはいかない。フレッドとしては、バーニーの頭の中でもはたしてバイソンが有力な選択肢なのかどうかを考えないといけない。その際には、バーニーがフレッドの頭の中をどう読んでいるかも考慮に入れる必要がある。お互いの行動を読み合うという堂々巡りがまた生まれてしまう。

　この堂々巡りを避け、お互いに連絡を取り合うことなしに意思決定を行なう両者が複数の均衡のなかから一つの均衡をうまく選び出すためには、双方が相手の意図を正確に読み取れていると確信できなくてはならない。そのように双方の予測が一致するシナリオがある場合、それを「均衡点」と呼ぶ。この均衡点の考え方は、ゲーム理論の先駆者の一人であるトーマス・シェリングが発展させたものだ。

　あるゲームに均衡点が存在するかどうかは、さまざまな環境的要因に大きく左右される。とくに大きな影響をもつのは、プレーヤーの共通の体験だ。そのなかには、歴史的・文化的・言語的な共通認識もあれば、単なる偶然の共通経験も含まれる。

　シェリングが著書で取り上げた古典的な例を紹介しよう。あなたは、ある特定の日に、ニューヨーク市内で誰かと会わなければならない。ただし、その日の何時にニューヨークのどこに行けばいいかは教えられていない。相手が誰かも知らされていないので、事前に連絡を取ることもできない（ただし、実際に会ったときに待ち合わせ相手を見わける方法は教えられている）。また相手も同様の指示を受けていることはわかっている。

　さて、あなたは何時にどこに行くだろうか。相手と巡り会える可能性はほとんどないように思えるかもしれない。ニューヨークは広いし、一日は長い。しかし実際には、うまく巡り会える確率は思いのほか高い。時間を選ぶのは簡単だ。均衡点として真っ先に思い浮かぶのは、正午だろう。場所は時間より難しい。それでも、お互いの予測が一致しそうな目印になる場所がいくつかある。場所を一つに絞り込むことはできないまでも、選択肢を大幅に減らし、無事に二人が落ち合える確率を高めることは可能だ。

シェリングは、ボストン周辺の住人を対象にこの実験を行なった。その当時、この地域からニューヨークに向かう場合は、鉄道でグランドセントラル駅に到着するルートが一般的だった。グランドセントラル駅の大時計の下というのが多くの被験者が見いだした均衡点だった。いまであれば、トム・ハンクスとメグ・ライアンの映画『めぐり逢えたら』の影響でエンパイアステートビルを思い浮かべる人も多いだろうし、「世界の交差点」タイムズ・スクエアこそ待ち合わせ場所にふさわしいと思う人も多いだろう。

著者の一人（ネイルバフ）は、アメリカのテレビ番組でこの実験の応用版をやってみた。場所はニューヨーク。参加者は二人組で行動し、ほかの五組と落ち合うことを目指す。ペア同士に面識はないが、ほかのペアも自分たちと会おうとしていることは知らされている。ペアを組む二人の間で交わされた会話の内容は、おおむねシェリングの推論どおりだった。どのペアも、どの場所が待ち合わせ場所としてふさわしいと思うかを話し合い、ほかのペアは自分たちがどう考えると思っているだろうかと考えをめぐらせた。結局、六組のうち三組はエンパイアステートビルを選び、三組はタイムズ・スクエアを選んだ。時間は、どのペアも正午を選択した。これで問題がすべて解決したわけではない。エンパイアステートビルには展望デッキが二つあるし、タイムズ・スクエアはとても広い。それでも、看板を掲げるなどちょっとした工夫をして、すべてのペアがほかのペアと会うことができた（＊2）。

ほかのペアとうまく落ち合うためのカギを握るのは、その場所が自分たちにとって待ち合わせに最もふさわしいということではない。重要なのは、各ペアにとってその場所が最もふさわしいとすべてのペアが思っていること。エンパイアステートビルがこの条件を満たしているのであれば、たとえ自分たちにとって不便な場所だったとしてもそこに行かなければならない。ほかのペアが姿をあらわすと思われる場所はそこしかないからだ。もし二組のペアしかゲームに参加していなくて、片方のチームがエンパイアステートビルをふさわしい均衡点だと思い、もう片方のチームが同じくらいの確信をもってタイムズ・スクエアを均衡点だと考えれば、この二組のペアは落ち合えない。

スタンフォード大学経営大学院のデービッド・クレップス教授は、大学の教室である実験を行なった。実験の内容は、学生二人にアメリカの都市を「山わけ」させるというもの。あらかじめ一人にはボストン、もう一人にはサンフランシスコを割り振ったうえで、九つの都市のリスト（アトランタ、シカゴ、ダラス、デンバー、ヒューストン、ロサンゼルス、ニューヨーク、フィラデルフィア、シアトル）を示し、それぞれに都市を好きな数だけ選ばせる。二人が選んだ都市に重複も漏れもなければ、二人とも賞品をもらえる。漏れや重複があれば、何ももらえない。二人は連絡を取り合うことなしに行動を決めなくてはならないが、事前に相手が割り振られた都市（ボストンとサンフランシスコ）はお互いに知らされる。

このゲームには、ナッシュ均衡がいくつあるだろうか。ボストンを割り振られた学生がアトランタとシカゴを選び、サンフランシスコを割り振られた学生が残りの都市すべて（ダラス、デンバー、ヒューストン、ロサンゼルス、ニューヨーク、フィラデルフィア、シアトル）を選べば、それはナッシュ均衡だ。片方の選択がこのまま変わらなければ、もう片方が都市を一つでも変更すれば、漏れか重複が生まれてしまい、賞品をもらえなくなってしまうからだ。片方がダラス、ロサンゼルス、シアトルを選び、もう片方が残り六都市を選ぶ場合にも同じことが言える。要するに、九つの都市を二つに分割する組み合わせの数だけナッシュ均衡がある。その数は、二の九乗で五一二種類に上る。こんなにたくさんの選択肢があるなかで、二人は均衡点を見いだせるのか。

実は、プレーヤーがアメリカ人か長年アメリカに住んでいる人であれば、八〇％を超す確率で地理的基準に基づいて都市を選ぶ。ボストンを割り振られた学生はミシシッピ川より東の都市をすべて選び、サンフランシスコを割り振られた学生はミシシッピ川より西の都市をすべて選ぶ（＊3）。ここでは、国籍や文化が均衡点を見つけ出す助けになっている。プレーヤーの一方または両方がアメリカの住民でない場合は、この地理的線引きが成立する確率がずっと低くなる。その場合、アルファベット順を基準に都市を選ぶ人もいる。しかしこの方法だと、どこで線引きをすればいいかが明確でない。都市の数が偶数であれば半分ずつわけるのが均衡点になるかもしれないが、都市の数が九つではそうもいかない（＊4）。

別の実験を見てみよう。二人のプレーヤーに正の整数を一つ選ばせる。選んだ数字が一致すれば、二人とも賞品をもらえる。選んだ数字が異なれば、何ももらえない。この実験では、1を選ぶ人が圧倒的に多い。1はすべての数字のいちばん最初だし、いちばん小さい。お互いの期待が一致する選択肢としてふさわしい。1は数学的理由により均衡点となるのだ。

次は、シェリングが取り上げている別の例だ。二人以上の人間がデパートや鉄道の駅など、混雑した場所に出かけて、そこで離れ離れになってしまったとする。どこに行けば、仲間と再会できるだろう。もしそのデパートなり駅なりに「落し物預かり所」があれば、そこが有力な均衡点になるだろう。ドイツやスイスの鉄道の駅には、均衡点をつくり出すために、わかりやすい「待ち合わせ場所」が設けてある。

こうした均衡点の考え方は、待ち合わせ以外のさまざまな戦略的やり取りでも大きな意味をもつ。とくにそれが重要なのは株式市場だろう。二〇世紀の最も有名な経済学者と言っても過言でないジョン・メイナード・ケインズは、その当時一般的だった新聞紙上の美人投票に株式市場をなぞらえた。この美人投票とは単純化して言うと、読者が新聞紙面に掲載された大勢の顔写真を見ていちばん美しい顔を選んで投票し、選んだ顔が投票で一位になれば賞品をもらえるというもの。

賞品を手にするために必要なのは、自分自身が美しいと思う顔を選ぶことではない。重要なのは、「大半の人が美しいと考える顔はこれだ」と大半の人が考えるのはどの顔かを見極めることだ。ある一人が飛び抜けて美しければ、それが均衡点になるかもしれない。しかし、そう簡単にいくことはめったになかった。一〇〇人の候補者の顔がほとんど同じで、髪の毛の色だけしか違わないとしよう。一〇〇人のなかで一人だけ、赤毛の人物がいたとする。あなたはその赤毛の人物を選ぶだろうか。

煎じ詰めれば、美の絶対評価を行なうことではなく、均衡点を見いだすことがこの美人投票の眼目だ。では、そのためにはどうすればいいのか。読者は実際話し合うことなしに、合意を見いださなくてはならない。「いちばん美しい顔を選ぶ」のは、赤毛の人物を選ぶとか、(ローレン・ハットンのような)すきっ歯の人物や、(シンディ・クロフォードのような)ほくろのある人物を選ぶよりはるかに難しい。そういうとき、何かほかの人と違う特徴があれば、それが均衡点になりやすい。そう考えると、世界を代表するファッションモデルの多くが完璧なルックスの持ち主ではなく、ほぼ完璧だけれど、どこかに個性的な欠点をもっていることは不思議でない。

ケインズは株式市場を美人投票になぞらえた。株式市場では、どの投資家も値上がりする株を買いたいと考える。

では、値上がりする株とはどういう株かというと、それは誰もが値上がりすると考えていると誰もが考えている株、ということになる。ある特定の時期に特定の業種や銘柄が注目株だとみなされる（つまり、均衡点になる）理由は、話題性のある新規公開株だったり、有力アナリストの推奨があったりとさまざまだ。株式の世界でダウ平均一万ドルやナスダック指数二五〇〇ポイントなど、きりのいい数字に注目が集まる理由も、均衡点の考え方で説明がつく。このような指数は、ごく一部の銘柄の株価を指数化したものでしかなく、その数字そのものにはなんの意味もない。ダウ平均一万ドルといった数字が均衡点になるのは、きりがいい数字のほうが人々のコンセンサスが集まりやすいからにすぎない。

こうした例からわかるように、均衡点は単なる気まぐれやブームで決まる場合が少なくない。いちばん美しい候補者が美人投票で優勝し、いちばん優秀な企業の株価が最も値上がりする保証はまったくない。候補者の美貌や企業の収益見通しなどの要因も均衡点を決める大きな影響をもつが、気まぐれを排除する決定的な要因にはなりえない。

数学畑出身のゲーム理論家はえてして、歴史的・文化的・言語的要素や（数字のきりのよさなどの）まったく必然性のない要素によって結果が左右されることを好まない。プレーヤーの数、それぞれのプレーヤーの戦略の選択肢、それぞれの戦略を選択した場合の損得など、そのゲームの数学的な要素によってのみ結果が決まることが望ましいと、数学者たちは考える。私たちの考えは違う。社会の中で人間同士がプレーするゲームである以上、ゲームの社会的・心理的側面が影響をもつことはいたって理にかなっている。

交渉のゲームについて考えてみよう。一方の取り分が増えれば他方の取り分が減るという意味で、プレーヤー同士の利害は対立しているように見える場合でも実際の交渉ではしばしば、もし両者が合意に達しなければ両方ともなにも手にできず、深刻な損失をこうむる。労使間の賃金交渉が決裂すれば、ストライキやロックアウトに発展する。交渉決裂を避けたいという点においては、両者の利害が一致している。その目的を達するためには、均衡点を見いだす必要がある。双方がそれ以上譲れない一線はどこかという点について、お互いの認識が一致しなければならない。「フィフティ・フィフティ」「中間を取る」という合意がなされる場合が多いのはそのためだ。単純明快だし、フェアに見えるので、この種の案が浮上すると、それが均衡点になりやすい。

では、企業経営者の報酬に関する会社と経営者の間の均衡点はどうやって決まるのか。報酬に関して経営者がこだわるのは、メンツにすぎない場合が少なくない。五〇〇〇万ドルを受け取ろうと、一〇〇〇万ドルを受け取ろうと、実際のところその人にとって大きな違いはない（ましてや私たちのようなしがない大学教授にしてみれば、どちらも現実感のない「大金」でしかない）。だとすると、経営者にとって譲れない一線はどこなのか。それは、財界の平均より高い報酬を受け取りたいということだろう。問題は、平均より上のカテゴリーに属せるのが全体の半分だけだということ。そこで、この問題をうまく回避するために、経営者に前年の平均より高い報酬を支払うという仕組みがよく用いられる。こうすれば、どの経営者も「平均より高い報酬を受け取っている」ことになる。しかしその結果として、企業経営者の報酬が常軌を逸した水準までふくれ上がってしまっていることは知ってのとおりだ。

何をもって物事をフェアと考えるかという問題も、実は均衡点の選択の問題だ。国連開発計画（ＵＮＤＰ）の掲げる「ミレニアム開発目標」やエコノミストのジェフリー・サックスの著書『貧困の終焉』では、世界の国々がＧＤＰ（国内総生産）の一％の資金を拠出すれば、二〇二五年までに世界の貧困を根絶できると訴えている。ミソは、拠出額の均衡点を金額ではなく、パーセンテージで表わしていることだ。豊かな国がそうでない国より大きな義務を負うことになる。このやり方はフェアな仕組みという印象があるので、均衡点になりやすい。もっとも、約束された資金が実際に拠出されるかどうかはまた別の問題だが。

＊1　もしミックス戦略が許されれば、ナッシュ均衡の数はもっと増える。しかし現実には考えにくい状況だし、ほとんど専門の研究者のみの関心事と言っていい。この点については、第5章で少しだけ触れる。

＊2　あるペアは、正午の一時間前にエンパイアステートビルに乗り込んで、ビルの前で待ち構えた。興味深いのは、男性同士のペアが目印も掲げずに、あちこちの場所を駆け回ったこと。これでは当然予想されるように、別のペアとすれ違ったのにお互い気づかないケースもあった。これに比べて女性同士のペアは一つの場所を選んでそこに腰をすえ、目印を掲げて見つけてもらうのを待った。

＊3　そう遠くない将来、この方法は通用しなくなるかもしれない。ニュースによると、アメリカの小学生の

地理の知識はいちじるしく低下しているという。

＊4　都市の山わけのゲームなんてくだらないと思うかもしれないが、そんなことはない。二つの企業がアメリカ市場を二つに分割して、それぞれの縄張りを競争なしで独占したいと考えているとしよう。しかし、明確な共謀行為はアメリカの反トラスト法にはっきり違反するので、暗黙の合意を形成する必要がある。この場合、クレップスの実験どおりであれば、アメリカ企業同士は共謀に成功する可能性があるが、少なくとも一方が外国企業だと難しいということになる。

5．夫婦の闘いと肝試し

原始時代のフレッドとバーニーの狩りのゲームでは、二人のプレーヤーの利害は完全に一致している。二人とも望むのは、大きな獲物を狙うという均衡点を見いだすこと。問題は、どうやってその均衡点にたどり着けばいいのかということだけだ。一方、これから取り上げる二つのゲームは、複数のナッシュ均衡があるという点では狩りのゲームと同じだが、プレーヤー同士の利害に対立する要素がある。いずれも一九五〇年代にさかのぼるゲームで、用いられた事例の内容もその時代ならではのものだ。以下ではこの二つのゲームを狩りのゲームの変形版にアレンジして説明していくが、元々の事例にも簡単に触れることにする。ゲーム理論の古典的なゲームの名前の由来を知っておいて損はないし、昔の古くさい常識や社会規範を振り返るのも興味深い。

一つ目のゲームは、「夫婦の闘い」などと一般に呼ばれているものだ。ある夫婦が映画を見に行こうということになったが、映画の趣味がまるで違う。いま映画館で上映しているのは、それぞれの趣味に合った対照的な二つの映画だけ。夫が見たいのは、アクションと戦闘シーン満載の『300〈スリーハンドレッド〉』。妻が見たいのは、観客の涙を絞り取る『プライドと偏見』（『ビューティフル・マインド』でもかまわないが）。ただし二人とも、一人で好みの映画を見に行くよりは、夫婦一緒に何らかの映画を見に行くほうがいい思っている。さて、この二人はどう振る舞うだろう。

これを狩りのゲームにアレンジしてみよう。ウサギという選択肢をなくして、鹿とバイソンの二者択一だと考えればいい。ただし、フレッドはバイソンの肉より鹿肉のほうが好きで、鹿肉を4点、バイソン肉を3点と評価しているとしよう。バーニーはこの逆の好みをもっている。だが二人とも、獲物をまったく手にできない（＝0点）よりは何らかの肉を手にしたいと思っている。この状況を利得表にまとめると、次のようになる（表4―4）。

フレッドの選択 ＼ バーニーの選択	鹿	バイソン
鹿	**3** / **4**	0 / 0
バイソン	0 / 0	**4** / **3**

表4‐4

いままでと同様、最善の選択は太字で示した。見てすぐわかるのは、このゲームに二つのナッシュ均衡があることだ。二人で鹿を狩る場合と二人でバイソンを狩る場合である。二人とも、均衡でない結果（一人で狩りをする）よりは、いずれかの均衡（どっちの獲物でもいいので二人で一緒に狩りをする）のほうがいいと思っているが、いずれの均衡が好ましいかという点では対立がある。フレッドは鹿の均衡が望ましく、バーニーはバイソンの均衡が望ましいと思っている。

この二つの選択肢のうち自分にとって望ましい結果を実現するには、どうすればいいのか。もしフレッドが「自分は断固として鹿を選ぶ。譲るつもりはない」という意思をバーニーに伝え、その決意を信じさせることができれば、バーニーとしてはフレッドの意思に従うのが最善の選択ということになる。しかしフレッドがこの戦略を採用するうえでは、二つの障害がある。

第一は、お互いが行動を選択する前に意思を伝えるのが難しいこと。実際にはバーニーも同じ戦略を採用しようとする可能性もあるので、フレッドにとって理想的なのは、自分の意思を相手に伝える一方で、相手の主張を聞かないですむ意思伝達方法ということになる。だが、それはそれで問題がある。バーニーがメッセージを受け取ってしっかり理解したと、どうやって確認すればいいのか。

もっと大きいのは第二の問題だ。「断固とした意思」がはったりでないと相手に思わせるのが難しいのだ。フレッドのメッセージがはったりかもしれないと思えば、バーニーはバイソンを選ぶ可能性もある。そう考えると、フレッドには二つの好ましくない選択肢しか残されない。屈服してバイソンを選び、面目を失い、恥をかくか、それともあくまでも鹿を選んで、二人で一緒に狩りをするチャンスを逃し、家族にひもじい思いをさせるか。フレッドが自分の意思表示に信憑性をもたせ、望ましい結果を手にするためにどうすればいいかは第7章で論じるが、そこではバーニーがフレッドの「確約」を覆す方法もあわせて紹介する。

実際にゲームがプレーされる前に双方向のコミュニケーションが行なわれるときは、実質的に交渉のゲームという性格を帯びる。双方が望ましいと考える結果は別々だが、交渉が全面的に決裂するよりは何らかの合意に達したほうが好ましいとお互いに思っている。ゲームが繰り返し行なわれる場合は、たとえば一日おきに二つの猟場で交互に狩りをするなどの妥協ができるかもしれない。ゲームが一回きりの場合でも、コインを投げてその裏表で猟場を決めるという妥協は可能だろう。交渉はゲーム理論の重要なテーマなので、一章を割いてあらためて論じることにする。

もう一つ紹介したい古典的なゲームは「チキンゲーム」だ。道路で二人のティーンエージャーがお互いに向かって猛スピードで車を走らせる。先にハンドルを切ってよけたほうがチキン（臆病者）のレッテルを貼られて、敗者になる。しかし二人とも車をまっすぐ走らせ続ければ、二台の車が正面衝突し、両方にとって最悪の結果になる。

狩りのゲームをアレンジして、チキンゲームの状況をつくりあげるためには、鹿とバイソンの選択肢をなくし、ウサギの猟場を二箇所設定すればいい。南の猟場は、広いがウサギの数が少ない。二人ともそこで狩りをすれば、お互い「1」の量の獲物を手にできる。北の猟場は、ウサギの数は多いが狭い。一人だけここで狩りをすれば「2」の量の獲物を手にできるが、二人がそこで狩りをすればお互いにじゃまをし合い、二人とも獲物の量は「0」になってしまう。一人が北に、もう一人が南に行けば、北を選んだ人は「2」の量の獲物を手にし、南を選んだ人は「1」の量の獲物を手にする。しかしこの場合、南の狩人とその家族は、北の狩人をうらやましく感じ、喜びが半減するので、猟の成果は「1／2」とみなすことにする。この状況を利得表にまとめると、次のようになる（表4—5）。

やはり、最善の選択は太字で示した。見てのとおり、ナッシュ均衡は二つある。一方が北を目指し、もう一方が南を目指すという選択だ。この場合、南の猟場を選んだ狩人がチキンということになるが、これは言

フレッドの選択 ＼ バーニーの選択	北	南
北	0, 0	**2**, ***1/2***
南	***1/2***, **2**	1, 1

表4−5

い換えれば、相手が北を選ぶという前提のもと、不利な状況のなかで最善の選択をしたことになる。

まったく均衡を見いだせないよりは何らかの均衡に達するほうが望ましいという点では二人の意見が一致する半面、どの均衡が望ましいかという点では意見が食い違う——この状況は夫婦の闘いのゲームもチキンゲームも同じだが、状況はチキンゲームのほうが深刻だ。双方が二つのナッシュ均衡のうちで自分にとって好ましいほうを選ぶと、お互いにとって最悪の結果を招いてしまうからだ。

チキンゲームで自分にとって好ましい均衡を実現する方法は、男女の闘いの場合と同じ。つまり、「オレは北の猟場でウサギを狩る」とはっきり公言すればいいのだが、問題はその言葉に信憑性をもたせること、そのメッセージを確実に相手に伝えることだ。確約とその信憑性については、第6章と第7章で詳しく論じる。

妥協がまとまる可能性があることも男女の闘いと同じだ。ゲームが繰り返される場合は二人が北の猟場と南の猟場で交互に狩りをすることにしてもいいし、ゲームが一回きりであればコイントスで猟場の住みわけを決めてもいい。

ここで確認しておいてほしいのは、チキンゲームでは、それぞれのプレーヤーの置かれた状況(戦略の選択肢とそれぞれの戦略を取ったときの損得)がまったく同じでも、それぞれのプレーヤーが同一の行動ではなく異なる行動を取る場合にナッシュ均衡が成立するということ。ゲーム理論で取り上げるほかのゲームでも、このようなケースはありうる。

6. 哲学者ルソーの鹿狩り

この章と第3章では、古典的なゲームをいくつか紹介してきた。囚人のジレンマはあまりに有名だが、二人の狩人のゲームもゲーム理論の世界ではよく知られている。このゲームの原形は、第3章でも少しだけ触れた一八世紀フランスの哲学者ジャン＝ジャック・ルソーの「鹿狩り」の例である(ルソーは私たちと違って、テレビアニメ『原始家族フリントストーン』の登場人物からキャラクターの名前を拝借したりはしなかったが)。ただし、ルソーの事例は私たちの狩りのゲームと違って、バイソンの出番がなく、鹿とウサギの二者択一だ。

鹿狩りのゲームが囚人のジレンマ(相手の選択に関係な

く自分にとって最善の行動が決まっている）と異なるのは、バーニーと同じ行動を取ることがフレッドにとって最善の行動だということだ（同じことはバーニーにも当てはまる）。言い換えれば、狩りのゲームの場合、直接のコミュニケーションなり、信頼性のある均衡点の存在なりを通じて、バーニーも鹿を狩ろうとするという確約を得られれば、フレッドは自分も鹿狩りに出かける（バーニーも同じ）。この点に着目して、このゲームは「確言のゲーム」と呼ばれることも多い。

ルソーは厳密なゲーム理論用語を用いたわけではないので、その文章はさまざまな解釈の余地がある。「鹿を捕えるためには、一人ひとりが持ち場をきちんと守らなければならないと全員がわかっていた。しかし誰かの目の前をウサギが走り過ぎれば、その人物はなんのためらいもなくウサギを追いかけ、その獲物を捕えてしまえば、そのせいで仲間が獲物を取り逃がしたことなど、ほとんど気にもとめないにちがいない」と、ルソーは『人間不平等起源論』で書いている。相手がウサギを追いかければ、もう一人が鹿を追いかけても意味がない。そう考えると、ルソーの文章は、ウサギを狩ることが双方のプレーヤーにとっての絶対優位の戦略だと示唆しているようにも読める。だとすれば、このゲームは囚人のジレンマのゲームの一種ということになる。だが一般に、ルソーの鹿狩りのゲームは確言のゲームと解釈される場合のほうが多い。

チキンゲームの変形版が登場するのは、映画『理由なき反抗』。二人のティーンエージャーが断崖絶壁に向かって、並んで車を走らせる。先に車を飛び降りたほうがチキン（臆病者）だ。このゲームの比喩は、冷戦時代の核の瀬戸際作戦を説明するために、哲学者のバートランド・ラッセルなどが用いている。またこのゲームは、トーマス・シェリングが戦略活用行動に関するゲーム理論的分析の先駆的著作で詳しく取り上げたものでもある。この点については、第6章で検討する。

一方、私たちの知るかぎりこのような華やかな経歴がないのが夫婦の闘いのゲームだ。しかし、R・ダンカン・ルースとハワード・ライファの著書『ゲームと意思決定』では、このゲームをゲーム理論草創期の古典的事例として紹介している。

7. 連続的消去法

　あるゲームのナッシュ均衡を見つけるためには、具体的にどうすればいいのか。最悪の場合は、表をつくってマス目を一つひとつ検討していけばいい。両プレーヤーの行動がともに最善の行動であるマス目が見つかれば、その戦略がナッシュ均衡を形成していることになる。表が大きいと、この作業はかなり骨が折れる。しかし幸い、コンピュータという文明の利器の力を借りれば、負担を大幅に減らせる。ナッシュ均衡を探すための専用のソフトウェアも登場している。

　ただし、もっと手軽な近道がある場合もある。うまくいく場合が多いアプローチを一つ紹介しよう。

　もう一度、レインボーズエンド（ＲＥ）とＢ・Ｂ・リーン（ＢＢ）の価格競争のゲームを見てみよう。このゲームの利得表をあらためて掲げておく（表４―６）。

　ＲＥは、ＢＢが価格をいくらにするかわからない。しかし、ＢＢがどの価格を選ばないかは推測できる。ＢＢが四二ドルと三八ドルを選ぶことはけっしてないはずだ。理由は二つある（この事例には両方の理由が当てはまるが、状況によっては片方だけの理由しか当てはまらないかもしれない）。

　第一に、この二つの戦略（四二ドルと三八ドル）は別の特定の戦略に比べて常に結果が劣る。ＲＥが価格をいくらにしようと、ＢＢにとっては四二ドルより四一ドルのほうが好ましく、三八ドルより三九ドルが好ましい。ＢＢが四一ドルを選んだ場合の利益と四二ドルを選んだ場合の利益を見比べてみよう。ＲＥの価格に応じて五通りの組み合わせがあるが、いずれのケースも四二ドルの場合の利益は四一ドルの場合の利益より少ない。

B・B・リーン（BB）の価格

レインボーズエンド（RE）の価格	42	41	40	39	38
42	43,120 / 43,120	***43,260*** / 41,360	43,200 / 39,600	42,940 / 37,840	42,480 / 36,080
41	41,360 / ***43,260***	41,580 / 41,580	***41,600*** / 39,900	41,420 / 38,220	41,040 / 36,540
40	39,600 / 43,200	39,900 / ***41,600***	***40,000*** / ***40,000***	39,900 / ***38,400***	39,600 / 36,800
39	37,840 / 42,940	38,220 / 41,420	***38,400*** / 39,900	38,380 / 38,380	38,160 / ***36,860***
38	36,080 / 42,480	36,540 / 41,040	36,800 / 39,600	***36,860*** / 38,160	36,720 / 36,720

表4–6

43,120＜43,260
41,360＜41,580
39,600＜39,900
37,840＜38,220
36,080＜36,540

つまりREとしては、BBがREの出方をどう予測していようと、BBが四二ドルを選ぶことはないと確信できる。同様の理由でREは、BBが三八ドルを選ばないと断定していい。

あるプレーヤーにとって戦略Aが常に戦略Bより悪い結果を招くとき、ゲーム理論では、戦略Aが戦略Bに対して絶対劣位の関係にあると言う。この状況でそのプレーヤーが戦略Aを選ぶことはありえない（ただし戦略が二者択一でないかぎり、戦略Bを必ず選ぶとは断定できない）。もう一人のプレーヤーはこの点に確信をもって行動できるので、相手が戦略Aを選択した場合にどういう戦略を取るべきかを検討する必要がない。このように、相手が絶対劣位の戦略を取る可能性を除外して考えれば、利得表を小さくでき、検討の手間を減らせる（＊1）。

相手の取る戦略の選択肢を絞り込む方法は、これだけではない。相手のどの戦略に対しても最善の対応になりえない戦略の選択肢があれば、それを除外して考えればいい。この例で言えば、BBにとって四二ドルという戦略は、REがどの戦略を採用した場合も最善の選択でない。そこでREは、「BBが我々の行動をどう予測しているにせよ、四二ドルを選ぶことはけっしてない」と確信できる。

こうした絞り込みの作業をREについても行なうと、REの選択肢から四二ドルと三八ドルが除外できるので、このゲームの利得表は次のような3×3の表になる（表4―7）。

レインボーズエンド（RE）の価格 ＼ B・B・リーン（BB）の価格	41	40	39
41	41,580 41,580	***41,600*** 39,900	41,420 38,220
40	39,900 ***41,600***	***40,000*** ***40,000***	39,900 ***38,400***
39	38,220 41,420	***38,400*** 39,900	38,380 38,380

表4−7

絞り込み後のゲームでは、REもBBも絶対優位の戦略をもっている。見てのとおり、それは両社とも四〇ドルに価格を設定する場合だ。第3章で紹介したルール2「絶対優位の戦略があるときはそれを用いよ」に従えば、価格は四〇ドルが正解ということになる。

絞り込み前のゲームでは、四〇ドルという選択肢は絶対優位の戦略ではなかった。たとえば、REがBBの価格を四二ドルと予測すれば、REの利益は、四〇ドルに価格を設定する場合（四万三二〇〇ドル）より、四一ドルに設定する場合（四万三二六〇ドル）のほうが多い。このように、第一段階でいくつかの戦略を除外することにより、第二段階でさらに絞り込みを行なう道が開ける場合があるのだ。この事例では二段階の絞り込み作業で正解を割り出せたが、もっとたくさんの段階を経なくてはならない場合もあるし、最終的に一つの正解にたどり着けない場合もある。

絶対劣位の戦略と最善の選択でない戦略を連続的に消去していったうえで、残った戦略のなかから絶対優位の戦略を選び出した結果、選択肢が一つに絞り込めれば、その選択肢がナッシュ均衡である。この方法がうまくいけば、簡単にナッシュ均衡を見つけられる。ナッシュ均衡の見つけ方をまとめると、次の二つのルールになる。

ルール3　絶対劣位の戦略と最善の選択でない戦略を考慮の範囲からはずしたうえでさらに考慮を進めよ。

ルール4　絶対優位の戦略を探し、絶対劣位の戦略を消去してもまだ解決にいたらない場合は、利得表のすべてのマス目を検討し、どちらのプレーヤーにとっても最善の行動となる戦略が同居しているマス目を探せ。その戦略のペアがそのゲームのナッシュ均衡である。

＊1　戦略Aが戦略Bに対して絶対劣位の関係にある場合、戦略の選択肢がAとBの二つだけであれば、Bは絶対優位の戦略だ。しかし戦略の選択肢が三つ以上あるときは、AがBに対して絶対劣位の関係にあっても、Bが絶対優位の戦略とは限らない。別のCという戦略との関係では、Bが優位かどうかわからないからだ。絶対劣位の戦略を除外していくアプローチはおおむね、絶対優位の戦略が存在しないゲームでも通用する。

8．戦略の選択肢が無限にあるゲーム

これまで取り上げてきた価格競争のゲームでは、両社にごく少数の価格の選択肢しか与えてこなかった。第3章では八〇ドルと七〇ドルの二者択一、この章では四二ドルか

ら三八ドルの間の一ドル刻みで価格を決めなければならないものとしてきた。単純化した事例で囚人のジレンマとナッシュ均衡を説明するためにそうしたのだが、現実の世界では価格の選択肢が無数にある場合もある。

この章で紹介してきた理論は、そのように戦略の選択肢が無限に増えてもきわめて簡単に対処できる。必要なのは、簡単な数学の知識だけだ。横軸（X軸）にREの価格を、縦軸（Y軸）にBBの価格を取って二次元のグラフを作成し、それぞれの会社の最善の行動をこの上に示していけばいい（図4―8）。

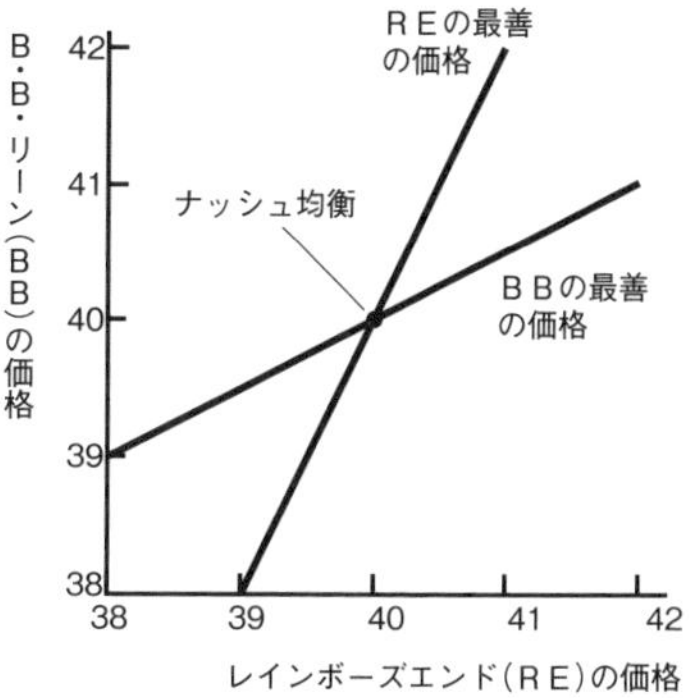

図4-8

シャツのコストが両社とも二〇ドルである場合について、この作業を行なってみよう。ここでは細かい数学の話には立ち入らず、結論だけ述べるにとどめる。BBの最善の行動を算出する数式は、次のとおりだ。

BBの最善の価格＝24＋0・4×BBが推定するREの価格

BBの最善の行動は、図で勾配の緩やかなほうの直線で示してある。REが価格を引き下げれば、BBもそれに応じて価格を安くしなくてはならないが、その幅はREより少ない。BBに必要な値下げ幅は、REの値下げ一ドルに対して〇・四ドルという割合。REに顧客を奪われる事態を避けることのプラス面と利幅が減ることのマイナス面とをはかりにかけて、BBが達した結論がこれである。

一方、REの最善の行動は図の勾配が急なほうの直線で示した。この二本の直線が交わる点がナッシュ均衡である。この図を見てわかるのは、両社とも価格を四〇ドルに設定したときに直線が交わっていること、そしてこのゲームにナッシュ均衡が一つしかないことだ。両社が四〇ドルの場合が唯一のナッシュ均衡であるという結果は、両社が一ドル刻みでしか価格を設定できないと仮定した場合にだけ当てはまる人為的な結果ではないことがこれでわかった。

ナッシュ均衡を割り出す際にはこのような詳細なグラフや表を用いるのが一般的だが、紙と鉛筆でやろうと思うと作業が複雑になりすぎるし、すぐに面倒になってしまう。その仕事はコンピュータにまかせればいい。ここで紹介した例を通じて基本的な考え方を理解しておけば、それで十分。私たち人間の脳ミソは、このナッシュ均衡の概念の有用性を判断するというもっと高度な作業にとっておこう。というわけで、次はナッシュ均衡が実際に役に立つのかどうかを検討する。

9. ナッシュ均衡は役に立つのか?

すべてのプレーヤーが選択の自由をもつゲームにおいて、ナッシュ均衡がゲームの「解決策」だという理論上の根拠はたくさんある。なにより、ほかの選択肢はすべて、ある欠点をもっている。ナッシュ均衡の特徴は、どのプレーヤーの行動も相手の行動に対する最善の行動であること。裏を返せば、ナッシュ均衡以外のシナリオでは、少なくとも一人のプレーヤーが最善でない行動を取らなければならない。そういうプレーヤーはそれ以外の行動を取りたいと感じても不思議でなく、望ましいとされるシナリオが崩れかねない。

確かにナッシュ均衡が複数ある場合は、そのうちのどれが均衡点かを見いだすために別途の方法論が必要となる。しかしそれはナッシュ均衡だけでは十分でないというだけのことであり、この概念そのものを否定するものではない。

要するに、ナッシュ均衡はきわめて美しい理論だ。しかし実践で役に立つのか。この問いに答えるためには、現実の世界で行なわれているこの種のゲームを観察するか、人為的に実験を行なうかして、理論に基づく予測と観察なり実験なりの結果と照合すればいい。理論上の予測と実際の結果が合致すれば、理論が裏づけられたとみなせる。合致しなければ、理論が否定されたことになる。いたってシンプルな話だ――と思うかもしれないが、そう一筋縄にはいかない。結果ははっきり割り切れるものでなく、理論の妥当性をおおむね裏づける面と、理論をある程度修正・変更する必要性を示す面とが混在している。

観察と実験という二つの方法には、それぞれ長所と短所がある。実験の長所は、ゲームのルールやプレーヤーの行動の目的を研究者が明確に決められること。価格競争のゲームであれば、両社が製品一点をつくるためにかかるコストや、各社の価格設定が自社と他社の売り上げに及ぼす関係などを研究者が設定できるし、ゲームで獲得した利益に応じて賞金を約束するなどしてプレーヤーに動機を与えることもできる。ほかのすべての条件を同一にして、ある条件だけ変更して実験を重ねれば、その要素が結果に及ぼす影響も調べられる。この点は、現実社会のゲームではできない大きな利点だ。

その半面、実験にも短所がある。あくまでも人工的に設定したものなので、現実の世界と同じとはいかない。実験に参加するプレーヤーはたいてい学生で、ビジネスの経験がない。というより、実験で行なうゲームに関しても経験がない人が多く、せいぜい一時間か二時間くらいでゲームのルールを理解しなければならない。しかし簡単なボードゲームやコンピュータゲームでさえ、この程度の時間でプレーの仕方を飲み込むのは難しい。そう考えれば、実験で行なうゲームのプレー内容が低レベルなものにならざるをえないことは想像がつくだろう。この問題については第2章でも言及した。もう一つの問題は、プレーヤーの誘因（インセンティブ）に関する問題だ。ゲームの成績に応じて金銭的報酬を約束することはできるが、実験で支給される賞金はたいていきわめて少額。大学生でもたいして喜ばないレベルだ。その点、現実のビジネスやプロスポーツのゲームは、経験豊富なプレーヤーが大きな金額や名誉をかけてプレーする。

つまり、実験と観察の片方だけを見て結論に飛びついてはいけない。両方の手法を併用して、それぞれから学ぶ必要がある。この点を頭に入れたうえで、実験と観察を通じてどういうことがわかっているかを見ていこう。

経済学のなかの産業組織論という分野には、実際の企業間競争のゲーム理論的な観察結果が大量に蓄積されている。とくに、自動車産業などは研究が進んでいる。しかし、この種の調査に取り組む研究者は、いくつかのハンディキャップをかかえている。まず、関係各社のコストと需要を独立した情報源から知ることができないので、結果の検証に用いるのと同一のデータから推測するしかない。それに、競合全社の価格設定が各社の販売数にどう影響するのか正確なところがわからない。この章で用いた事例では、価格が販売数にストレートに反映するものと想定して話を進めてきたが、現実世界ではそう単純にいかない。実際のビジネスの世界では、企業は価格だけで競争しているわけではない。宣伝や投資、研究開発などでも競い合っている。経済学理論でしばしば想定するのと違って、実際の企業経営者の行動の目的は、利益（や株主価値）の最大化だけではない。実世界の競争は何年にもわたるので、逆戻り推量とナッシュ均衡の適切な組み合わせ方も見いださなくてはならない。このほかにも、会社の収支、年ごとの変化、市場への新規参入と撤退などさまざまな要素がある。研究者はどういう要素が関係しているかを検討し、そうした要素が販売数と価格に及ぼす影響を計算に入れなくてはならない。現実の世界では数々の偶発的要素の影響も受けるので、不確実性も考慮する必要がある。

このようなさまざまな問題をどう判断するかは研究者によって異なる。そのため当然、導き出される結果も研究者によって異なる。そうした数々の研究結果を調べたスタンフォード大学のピーター・レイスとフランク・ウォラックは、次のように述べている。「悪いニュースは、現実の経済的状況を取り上げようとすると経験的モデルがきわめて複雑になってしまう場合があること。いいニュースは、これまでの研究により、検討すべき課題が明らかになりはじめていることである」。要するに、さらに研究を重ねる必要があるということだ。

実世界のゲームの観察が活発に行なわれているもう一つの分野は、電波の周波数オークションなどの競売だ。競売では、戦略をはっきり意識して行動する少数のプレーヤーがゲームを行なう。入札参加者にとっても競売主催者にとっても、カギを握るのはプレーヤー間の情報量の違いだ。そこでこのテーマは、第8章でゲームにおける情報全般について論じた後に、第10章で取り上げることにする。ここでは、競売のゲームの観察研究がすでに目覚しい成果をあげはじめていることだけ指摘しておく。

では、観察と並ぶもう一つの検証手段である実験の結果は、ゲーム理論の有効性をどの程度裏づけているのか。やはり、結果は一様でない。初期の実験として有名なのは、経済学者バーノン・スミスの仮想市場だ。この実験の結果は、ゲーム理論（そして経済学全般）の考え方をきわめて強く裏づけるものだった。少数の被験者を用いたスミスの仮想市場では、どのプレーヤーもほかのプレーヤーのコストと予算について直接知る手立てがないにもかかわらず、きわめて迅速に均衡点に達することができた。

しかしゲームの種類によっては、実験の結果が理論と矛盾するように見えるものもある。「受けるか拒むか」型のゲーム（一定の金額を二人でどう分割するかを一方のプレーヤーが相手に提案し、もう一方のプレーヤーはそれを受け入れるか拒むかの選択肢しかない）では、提案者の提案内容は概して驚くほど気前がいい。囚人のジレンマのゲームでは、理論上想定されるよりはるかに頻繁に人々が協力的行動を取る。こうした実験結果の一部については、第2章と第3章で触れた。そのときは、経済学的発想が当然のごとく想定してきたのと違って、ゲームのプレーヤーは自分の損得だけを考えて行動するわけではないのだとおおまかに結論づけた。このように現実には公共心や利他精神が影響を与えていることを考慮に入れれば、理論上の均衡の概念（交互行動ゲームの逆戻り推量と同時進行ゲームのナッシュ均衡）はおおむね実際の結果と一致しているといえる。

実験経済学の権威であるバージニア大学のチャールズ・ホルトとハーバード大学のアルビン・ロスは次のように書いている。「この二〇年の間に、ナッシュ均衡は経済学やその他の社会科学、行動科学を学ぶ者にとって欠かせないツールになった……概念の修正や一般化、洗練化もなされてきたが、戦略的なやり取りを分析する際は、いまでも基本的なナッシュ均衡の分析を出発点とすべきだ（その作業だけで結論にたどり着ける場合もあるだろう）」。ホルトとロスの言うとおりだ。ゲームを学ぶときやプレーするときは、まずナッシュ均衡から出発しよう。そのうえで、ナッシュ均衡の考え方で導き出されるシナリオと結果が異なる場合は、結果がどう違うのか、なぜ違うのかを考えればいい。この二段構えのアプローチを取れば、ナッシュ均衡を全否定したり、逆に無条件に信じ込んだりするより、ゲームについて理解が進み、実際にゲームをプレーするときにもうまくいく可能性が高い。

10．［ケーススタディー］二分の一のゲーム

再確認しておくと、ナッシュ均衡とは以下の二つの条件を満たすものである。

（1）すべてのプレーヤーがほかのプレーヤーの行動を予測したうえで、それに対して最善と考える行動を選択すること。

（2）すべてのプレーヤーの予測が正しいこと（言い換えれば、どのプレーヤーも、ほかのすべてのプレーヤーが予

想していると おりに行動すること)。

したがって、ナッシュ均衡では誰も自分の戦略を変更するインセンティブがない。

プレーヤーが二人のゲームで考えたほうがわかりやすいだろう。プレーヤーはXとYの二人としよう。このゲームでナッシュ均衡が成立する条件の一つは、二人とも相手の行動を予測し、それを前提に自分の利益を最大化しようと考えて行動すること。もう一つの条件は、二人の予測が正しいこと。つまり、Xの行動(=XがYの行動を予測して、それに対する最善の対応と考えて取る行動)はYがXの行動として予測するとおりのものであり、Yの行動(=YがXの行動を予測して、それに対する最善の対応と考えて取る行動)はXがYの行動として予測するとおりのものでなければならない。

二つの条件を順に検討していこう。一つ目は当然の条件だ。最善だと思わない行動を取るプレーヤーはいないだろう。

問題は、お互いの予測が当たっていることという二つ目の条件だ。シャーロック・ホームズと宿敵モリアーティー教授にとって、この点は難しくなかったようだ。『最後の事件』のなかで、ホームズは相棒のワトソンに対して、モリアーティーとの丁重だが緊迫感ある言葉の応酬を話して聞かせている。

「私が何を言おうとしているか、あなたはすべてお見通しのはずだ」と、彼は言った。

「だとすれば、それに私がどう答えるか、あなたはお見通しかもしれない」と、私は応えた。

「本当にそのとおりに行動するおつもりか?」

「もちろん」

しかし私たち凡人にとって、相手の行動を正確に予測することはかなりの難題だ。

次に用意したのは、ナッシュ均衡の二つの条件を理解するための簡単なゲームだ。XとYは以下のルールでゲームを行なうものとする。両プレーヤーは、それぞれ0~100の間の数字を一つ選ぶ(0と100も含む)。自分の数字が相手の数字を半分に割った数字に近いほうが勝ち。賞金一〇〇ドルをもらえる。

私たちがX役を務めるので、あなたはY役でプレーしよう。質問は? 引きわけの場合? そのときは、賞金を山わけにしよう。ほかに質問は？　質問なし？　オーケイ。では、ゲームを始めよう。私たちはもう数字を選んだ。さあ、あなたの番だ。どの数字を選んだだろうか。あとでズルをしないように、選んだ数字を紙に書いておこう。

■ケース・ディスカッション

私たちが選んだ数字は50だ——というのはウソ。正解を教える前に、私たちがどう考えたか順を追って説明しよう。

まず、ナッシュ均衡を探そうと私たちは考えた。その最初のステップは、あなたの選択が私たちの取るいずれかの選択に対して最善の行動であるはずと推測すること。私たちの選ぶ数字は０～１００の間なので、あなたが50より大きな数字を選ぶはずはないと、私たちは考えた。たとえば60という数字が最善の行動になるのは、私たちが１２０を選んだ場合だが、このゲームで私たちは１００より大きな数字は選べない。

まとめよう。あなたが私たちの選択に対して最善の行動を取るとすれば、（あなたが私たちの選択をどう予測しようと）あなたの選ぶ数字は０～50の間のはずだ。

ここまでは気づく人も多い。だが、ほとんどの人はここで推論を終わりにしてしまう。この本を読んでいない人を集めてこのゲームをさせると、いちばん多い選択は50だ。正直なところ、ひどい答えだ（もしあなたの選んだ答えが50だったとしたら、失礼をお許しいただきたい）。50が相手の選択に対する最善の行動になるのは、相手が１００を選ぶ場合だ。しかし相手が１００を選ぶとは考えにくい。１００を選んでは、このゲームに勝てないからだ。

話を戻そう。私たちとしては、あなたにとって最善の選択が０～50の間だと考えた。だとすれば、私たちの最善の選択は０～25の間だ。

実は、いま私たちは二番目のステップに移行した。ごく自然な流れだったので気づかなかった人もいるかもしれないが、私たちはもはや単に最善の行動を選択するというだけでなく、相手が最善の行動を取ることを前提に、それに対して最善の選択をしたのだ。

言い換えれば、私たちはあなたの行動について予測を立てはじめた。あなたがルール上許されるどの数字を選んでもおかしくないと考えるのではなく、あなたが最善の選択をしたにちがいないと考えた。あなたが理屈に合わない行動を取るはずがないと想定すれば、私たちは０～25の間の数字を選ぶべきだということになる。

同様の理由で、あなたも私たちが50より大きな数字を選ぶはずがないと気づくはずだ。もしそう考えれば、あなたは25より大きな数字を選ばないだろう。

しかし私たちはまだゲームを終わりにしない。あなたが選ぶ数字は0～25の間。だとすれば、それに対する私たちの最善の選択は0～12・5の間ということになる。そろそろ結論を教えよう。私たちが選んだ数字は12・5だ。相手の数字を半分に割った数字に近い数字を選んだほうがこのゲームの勝者。あなたの選んだ数字が12・5より大きければ、私たちの勝ちだ。

あなたは賞金一〇〇ドルを手にできただろうか。

ここまで読んで、このゲームの性格がよく理解できたはずだ。ゲームに負けてしまった人は再チャレンジしたいのではないだろうか。もっともな要望だ。もう一度、チャンスを与えよう。ルールは同じ。さて、今度はどの数字を選んだだろう？

私たちが確信できるのは、私たちが0～12・5の数字を選ぶとあなたが予測するだろうということ。だとすれば、あなたは0～6・25の数字を選ぶはずだ。そうであれば、私たちは0～3・125の数字を選ばなければならない。

これが初対戦であれば、私たちはここで推論をやめにしてもいいかもしれない。だが、あなたはたったいま、ほとんどの人は推論の作業を二段階までしか行なわないと聞かされたばかり。おまけに、あなたは今度こそ私たちを負かしてやろうと闘志を燃やしているはず。少なくともあと一段階は推論を進めるはずだ。というわけで、私たちが3・125を選ぶと予測したあなたは1・5625を選ぶはず。それを見越して、私たちは0・78125を選ぶ。

ここまで来れば、ゲームの行きつく先が読めたはずだ。あなたは、私たちの選ぶ数字が0～Xの間だと思えば、0～X／2の間の数字を選ぶべきだ。一方、私たちは、あなたの数字が0～X／2の間だと思えば、0～X／4の間の数字を選ぶべきなのだ。

あなたと私たちの両方が正解するたった一つのシナリオは、お互いが0を選ぶ場合だ。これがこのゲームのナッシュ均衡である。あなたが0を選ぶのであれば、私たちも0を選びたい。私たちが0を選ぶのであれば、あなたも0を選びたい。あなたと私たちの双方がお互いの行動を正確に予測できれば、双方とも0が最善の選択だと判断する。これがこの章で学んだことだった。

つまり本来であれば、私たちは最初の対戦ですでに0を選ぶべきだった（いきなりすべて教えてしまってはつまらないので、いままで言わないでおいたのだ）。0を選べば、あなたの選ぶ数字が0以外であれば必ず勝てる。あなたの選んだ数字をXとすると、X／2と0の差は、0／2（＝0）とXの差より常に小さいからだ（もしあなたが0を選んでも、私たちが0を選べば引きわけにもち込める）。

　こう考えるとこのゲームでは、あなたの行動を予測するまでもなく私たちは0という正解にたどり着ける。しかしそういうケースはめったにない。これは、プレーヤーを二人に限定したことによる特異な結果にすぎない。

　そこで、プレーヤーの人数を増やしてみよう。プレーヤー全員の数字を平均した数字の半分に最も近い数字を選んだ人が勝者とする。この新ルールでは、0を選んだ人が常に勝つとは限らない（*1）。しかしそれでも、全プレーヤーの最善の選択は0に収斂する。推論の第一段階では、すべてのプレーヤーが0～50の間の数字を選ぶ（全プレーヤーの数字の平均が100より大きくなることはありえないので、その半分の数字が50より大きくなることもありえないからだ）。推論の第二段階では、ほかの人たちがみな最善の行動を取るという前提で、すべてのプレーヤーが0～25の間の数字を選ぶ。第三段階では、すべてのプレーヤーが0～12・5の間の数字を選ぶ。

　人々はこの推論の手順を何回くらい繰り返すものなのか。ナッシュ均衡を見つけ出すためには、この作業を最後までやり通さなければならない。ナッシュ均衡の論理を突き詰めると、すべてのプレーヤーが0を選ぶことになる。「すべてのプレーヤーがほかのプレーヤーの行動を予測したうえで、それに対して最善と考える行動を選択すること」「すべてのプレーヤーの予測が正しいこと」という二つの条件を満たす唯一の戦略は、全員が0を選ぶことなのだ。

　実際には、このゲームをはじめてプレーする人が0を選択することはほとんどない。そう考えると、ナッシュ均衡は机上の空論にすぎないと言えそうだ。しかしその半面、そういう人たちもゲームを二、三回プレーすれば、ナッシュ均衡にきわめて近い結果にたどり着く。この点に注目すれば、ナッシュ均衡の考え方は正しいと言えそうだ。

　このように経験を積めば武器になるが、経験があるからといってうまくいくという保証はない。たとえばナッシュ均衡が複数存在する場合。あなたが電話で誰かと話していて、途中で電話が切れてしまったとする。相手がかけ直してくるのを待つべきだろうか。それとも、自分からかけ直すべきだろうか。相手がかけ直すと思えば、待つことが最善の行動だし、相手が待つだろうと思えば、自分から電話をかけ直すのが最善の行動ということになる。ここで直面する問題は、同程度に魅力的な二つのナッシュ均衡があることだ。

この問題は、同種の状況に経験があっても解決できるとは限らない。二人とも待つことを選択した場合は電話がかかってこないので、あなたは自分からかけ直そうとするかもしれない。しかし二人が同時に電話をかければ、回線が通話中になってしまい、電話がかからない（少なくともキャッチホンの機能がない時代はそうだった）。この種のジレンマの解決方法は、その社会規範によって決まる場合が多い。たとえば最初に電話をかけたほうがかけ直す（もともと電話をかけたほうは相手の電話番号を確実に知っているはずだ）という暗黙のルールがあれば、二人は均衡点に到達できる。

＊1　プレーヤーが三人のゲームで、一人が0、残り二人がそれぞれ1と5を選んだとする。この三つの数字の平均は2。その半分は1なので、勝者は0を選んだプレーヤーでなく、1を選んだプレーヤーだ。

第1部「ゲーム理論の基本原則」の要約

ここまでの四章では、ビジネス、スポーツ、政治等の例を用いてゲーム理論の基本的コンセプトを紹介した。以下の章でそれを発展させていくが、ここでは、後ですぐに参照できるように、これまで示したコンセプトについてまとめておこう。

ゲームとは、戦略的駆け引きの場であり、自分の選択（戦略）の結果は他人の選択と相互作用がある。ゲームにおける意思決定者はプレーヤーと呼ばれる。あるプレーヤーが利益を得れば、それと同量の損害を他のプレーヤーがこうむるゲームをゼロサムという。しかし、通常は、プレーヤー間で利害が相反する部分もあれば、利害が一致する部分もあり、両者の利益になる戦略と自分だけの利益になる戦略が組み合わせてとられる。それでもゲームにおける他のプレーヤーは、一般にライバルという言葉で表現される。

ゲームにおける意思決定は交互行動的であったり、同時進行的であったりする。交互行動ゲームでは、直線的な思考の鎖、すなわち、こちらがこう出れば相手はこうするだろう、その場合こちらはこう対応して……という考え方をした。こういうゲームでは、ゲーム樹形図を書いて考えるとよい。ここでの最善の選択の探し方は、「ルール1　先を読んで、合理的に今を推量せよ」を実践することである。

同時進行ゲームでは、推理の堂々巡りが生じた。「私がこう考えたと相手は予測してこう考えるから私はそれを予測してこう考えるので相手は……」という具合だ。堂々巡りをどこかで断ち切らなくてはならない。次の一手を決めるとき、ライバルの行動を予測できなくても判断しなければならない。このようなゲームを解決するには、選択のあらゆる組み合わせを含んだ一覧表を作ったうえで、以下の手順で考えるのがよい。

まず、どちらかに絶対優位の戦略（ライバルの選択にかかわらず、自分の選択肢の中で自分の他の選択肢よりも優れている選択）があるかどうかを見極める。そして「ルール2　絶対優位の戦略があるときはそれを用いよ」を実践する。自分には絶対優位の戦略がないがライバルにはある場合、ライバルがそれを用いると予測し、それに対する最善の対応を選択する。

次に、もしどちらにも絶対優位の戦略がなければ、どちらかに絶対劣位の戦略（ライバルがどの選択をしても自分の選択肢の中で自分の他の選択肢より常に劣っている選択）があるかどうかを判断する。もしあれば、「ルール3　絶対劣位の戦略を考慮からはずせ」を実践する。これを連続的に行なうと、ゲームの範囲が縮小するが、その過程でもし絶対優位の戦略が現われればそれを選択する。この作業を続けて選択肢を一つに絞り込めれば、プレーヤーの取るべき選択とゲームの結果はおのずと明らかになるだろう。たとえ一つに絞り込めなくても、ゲームの範囲を扱いやすいサイズに縮小できる。

最後に、もし絶対優位の戦略も絶対劣位の戦略もないときは、第二のステップでゲームを極力簡単にしたうえで、「ルール4　均衡点、すなわち、どちらのプレーヤーにとってもライバルの行動に対し最善の行動となるような戦略のペアを探せ」を実践する。そのような均衡点が一つであれば、両者がそれを選択する。このような均衡点が複数存在すれば、常識的なルールあるいは慣習によって一つに絞る必要がある。そのような均衡点が一つもなければ、ミックス戦略が必要となってくる。

実際には、ゲームには交互行動的部分と同時進行的部分の両面があるものもあり、その場合には、ここまで述べてきたテクニックを組み合わせて使わなければならない。

第2部　具体的な戦略論

第5章　ミックス戦略

無作為に行動せよ――

1. 機知の戦い

小説『プリンセス・ブライド』は、奇想天外な内容の傑作コメディ。数々の名場面のなかでもとくに愉快なのが、ヒーローのウェストリーと悪役のビツィーニの駆け引きの場面だ。ウェストリーがビツィーニに、次のようなゲームをもちかける。ワインを注いだグラスを二つ用意する。ビツィーニの見ていないところで、ウェストリーが片方に毒を入れる。まずビツィーニが好きなほうを選び、ウェストリーは残ったほうを手に取る。そして二人がそれぞれのグラスの中身を飲み干す――。ビツィーニはウェストリーより自分のほうがずっと頭がいいと自信満々だ（「お前はプラトンを知ってるか？　アリストテレスは？　ソクラテスは？　この無教養者めが」とののしった）。推論を働かせれば勝てるはずだと、ビツィーニは思った。

> おまえがどういう人間かを考えて筋道だてて考えれば、正解は見えてくる。おまえは自分の前の杯に毒を入れるタイプの人間か、それとも敵の前の杯に入れるタイプの人間か。頭のいい人間なら、自分の杯に毒を入れるはずだ。相手が救いようのない間抜けでないかぎり、自分の目の前に置かれた杯を手に取るようなまねはしないとわかっているはずだからだ。だが、そんなことくらい、おれはお見通しだ。だから、おまえの目の前の杯は取らない。もっとも、おれがこういう

ふうに考えるだけの知恵の持ち主だということは、おまえもよく知っているはずだ。おまえはそれを見越して行動したはずだから、おれの前の杯に毒を入れたのだろう。おれとしては、自分の目の前の杯を取るわけにはいかない。

推論は堂々巡りに陥ってしまった。結局、ビツィーニはウェストリーの隙を見て杯を入れ替え、二人がそれぞれの杯を飲み干すとき、勝ち誇ったように言ってのけた。「おまえは古典的な失敗をしでかしたんだ。アジアで土地争いをするなという格言は有名だが、生死がかかっているときに、おれたちシチリア人と争うなという格言を知らなかったようだな」。ビツィーニは勝利を確信して高笑いをしながら、毒が回って絶命した。

ビツィーニの推論のどこが問題だったのか。問題は、推論の一つひとつが自己矛盾を含んでいることだ。ビツィーニとしては、ウェストリーがAの杯に毒を入れたはずだと考えればBの杯を選ぶべきだ。しかしこの思考パターンをウェストリーに読まれている可能性がある。そう考えれば、ビツィーニはAを選ばないといけない。だが、相手がそれを見越して行動したとすると……。この堂々巡りには終着点がない（＊1）。

ビツィーニのジレンマはさまざまなゲームで問題になる。たとえば、サッカーのペナルティーキックを蹴るとしよう。あなたは、ゴールの右に蹴るだろうか。それとも、左に蹴るだろうか。あなたの利き足や前回のPKで蹴った方向などを考慮すると、ゴールの左を狙ったほうがよさそうだ。だが、キーパーが同じことを考えているとすれば、ゴールの左にボールが蹴り込まれることを見越して、そっちに飛んでボールをキャッチしようとするはず。そう考えればあなたは右に蹴ったほうがいいが、キーパーがもう一段裏読みをするとすれば、あなたはやはり左に蹴ったほうがいい。こうして、裏の裏を読みはじめるときりがなくなってしまう。

少なくともはっきり言えるのは、一定のシステムなりパターンなりに従って行動すると相手につけ込まれるということだ。あなたがPKでゴールの左に蹴るとわかっていれば、キーパーはそっちを守るのでPKの成功率が下がってしまう。あなたは常に無作為に行動することにより、相手に自分の行動を読まれないようにしなければならない。すでに述べたように、ゲーム理論ではそれをミックス戦略と呼ぶ。合理的な戦略的思考を目指すはずなのに、わざわざ無作為に自分の行動を選ぶなどというのは非合理的だと思うかもしれない。しかし、こうした行動は理にかなっている。そのメリットははっきり数字で表わせる。この章では、そのミックス戦略の方法を見ていこう。

＊1　この小説やその映画版を見た人は知ってのとおり、ビツィーニの推論にはもう一つ大きな欠陥があった。実は、ウェストリーは毒への耐性を身につけていて、両方の杯に毒を入れていた。つまり、ビツィーニはどちらの杯を選んでも命を落とす運命にあり、ウェストリーはどちらの杯の中身を飲む結果になってもへいき平気だった。しかしビツィーニはそのことを知らず、情報量で致命的なハンディキャップをかかえてゲームをプレーしていたのだ。このような失敗を犯さないために、誰かからゲームや取引を持ちかけられたときは「私の知らないことを相手が知っているのではないか」と常に考えるようにしなければならない。第1章の「戦略ショートストーリー」の9番で紹介したスカイ・マスターソンの父親の忠告を思い出してほしい。「息子よ。今度の旅行中に一人の男がおまえに会いにきて、こちらが勝てっこない賭けを申し込んでくるだろう。しかしこの男と勝負してはいかん。勝負をすれば確実にひどい目にあうことになる」と、父親は言った。これはきわめて有益なアドバイスである。こうしたゲームにおける情報の非対称性の問題については、別の章でじっくり検討する。

2. サッカーのPK対決

サッカーのペナルティーキックは、ミックス戦略が必要とされる状況の最もシンプルで最もよく知られている例だ。ゲーム理論の世界でもメディアの世界でも、理論的・経験的研究が積み重ねられている。

キッカーが蹴るボールはたいてい、〇・二秒でゴールに到達する。ゴールは広いので、ボールがゴールのどこに蹴り込まれるかを見極めてから行動しようとすると、キーパーはボールをセーブできない（たまたま自分のいるほうに向かってボールが転がってくれれば話は別だが）。そこでキーパーはあらかじめ、ゴールの右を守るか左を守るかを決めなくてはならない。これは、キッカーにとっても同じこと。助走を取る間に、ゴールのどこに蹴るかを決めなくてはならない。双方とも自分の行動をぎりぎりまで相手に知られないように細心の注意を払うので、このゲームは同時行動ゲームの様相を呈する。実際のサッカーの試合では、キーパーが右にも左にも飛ばないでゴールの真ん中でシュートを待ち受けることはめったにないし、キッカーがゴールの中央に蹴り込むことも珍しい。そこで、双方にとって選択肢は右と左の二者択一と仮定して話を進めよう。サッカーのキッカーは一般的に足のインサイドでボールを蹴るので、右足が利き足のキッカーはキーパーの右側のほうが狙いやすく、左足が利き足のキッカーはキーパーの左側のほうが狙いやすい。ここでは議論を単純化するために、キッカーの利き足は右足だということにする。なお以下の記述で「右」と言う場合は、キーパーにとっての右側を意味するものとする。キーパーが「右」を守ることを選択したという場合は、「キッカーが右に蹴るものと想定して行動することにした」という意味である。

同時進行ゲームで、プレーヤーは二人。行動の選択肢はそれぞれ二つずつ。このゲームの結果は、2×2の利得表で表わせる。サッカーのPKでは、キッカーが（相手の裏をかくことに成功したのに）ゴールの枠をはずす場合もあるし、キーパーが（せっかく読みが当たったのに）ボールをキャッチしそこねる場合もある。そこで、それぞれのマス目のキッカーの利得はシュートの成功率、キーパーの利得はシュート阻止率で示した。マス目の左下がキッカーの利得、右上はキーパーの利得だ。

この確率は一人ひとりのキッカーとキーパーによって異なるが、ここでは一九九五〜二〇〇〇年のイタリア、スペイン、イングランドのトップリーグの平均値を用いる（ブラウン大学のイグナシオ・パラシオス＝ウエルタの調べによる）。キッカーの利得は、二人が同じ方向を選んだときより、別の方向を選んだときのほうが大きい。キッカーとキーパーの選択が左右にわかれた場合、キッカーの成功率は狙いやすい側でも狙いにくい側でもほとんど変わりがない。失敗するのは、キッカーがゴールの枠をはずす場合だけだ。一方、両者が同じ方向を選んだ場合は、キッカーが狙いやすい側へ蹴るときのほうが成功率が高い。これはおおむね予想どおりの結果だろう（表5—1）。

このゲームのナッシュ均衡を探してみよう。キッカーとキーパーが両方とも左を選ぶシナリオは均衡でない。キーパーが左を選ぶ場合、キッカーは左でなく右を選べば、シュート成功率を五八％から九三％に引き上げられるからだ。

キッカー＼キーパー	左	右
左	42 58	5 95
右	7 93	30 70

表５−１

しかし、キーパーが左、キッカーが右というシナリオも均衡ではない。キッカーが右を選ぶのであれば、キーパーも右に変更することにより、阻止率を七％から三〇％に引き上げられるからだ。ところがその場合は、キッカーが左に変えればシュート成功率を高められる。しかしそれなら、キーパーは自分も左に変えれば阻止率を高められる。要するに、このゲームにはナッシュ均衡が存在しないのだ。

『プリンセス・ブライド』のビツィーニが陥ったのとまったく同じ堂々巡りだ。ゲーム理論の観点から言えば、戦略の選択肢のどの組み合わせもナッシュ均衡でないとすると、自分の行動を無作為に選ぶことがきわめて重要になってくる。このような状況で必要なのは、行動のミックスを新しい戦略として取り入れて、その戦略のもとであらためて均衡点を探すことだ。以下では、元々の戦略（ＰＫの例で言えば、行動をミックスさせずに常に右なり左なりを選択する戦略）を「純粋戦略」と呼ぶことにする。

細かい分析に入る前に、利得表をすっきりさせておこう。このゲームは、二人のプレーヤーの利害が完全に対立している。キーパーの利得（シュート阻止率）は常に、一〇〇からキッカーの利得（シュート成功率）を差し引いた数字になっている。したがって、それぞれのマス目を比較すると、キーパーの利得が大きいほどキッカーの利得が小さく、キッカーの利得が大きいほどキーパーの利得が小さい。

多くの人はこのようなスポーツの経験を通じて、ゲームには必ず勝者と敗者がいるものだと思い込んでいるが、ゲーム理論で取り上げるゲーム全般を見ると、プレーヤーの利害が完全に対立するゲームはむしろ珍しい。経済学上のゲームでは全員が勝者になる可能性があるし、囚人のジレンマのゲームでは全員が敗者になる可能性がある。交渉のゲームとチキンゲームでは、最悪の結果を避けるという点においてプレーヤーの利害が共通する。このようにほとんどのゲームはプレーヤーの利害が対立する側面と一致する側面をあわせもっている。それに対してプレーヤーの利害が完全に対立するゲームでは、一方の得はとりもなおさず他方の損。両者の利得の合計が常に一定という言い方をしてもいい。このようなゲームは、「ゼロサムゲーム」と呼ばれる。

ゼロサムゲームの利得表は、片方のプレーヤーの利得だけを記載する形に簡略化できる。両者の利得の合計が常に一定なので、もう一方のプレーヤーの利得は（利得の合計－相手の利得）に決まっているからだ。利得表に片方の利得だけを記す場合は、横（＝行）のプレーヤーの利得を記すのが一般的だ。PK対決の利得表で言えば、キッカーの利得だけを記すことになる。そうすれば当然、横のプレーヤー（ここではキッカー）は数字が大きいほうが好ましく、縦（＝列）のプレーヤー（ここではキーパー）は数字が小さいほうが好ましい。この方法で表を簡略化すると、次のようになる（表5―2）。

キッカー ＼ キーパー	左	右
左	58	95
右	93	70

表5－2

あなたがキッカーだとして、二つの純粋戦略のうちどちらが好ましいだろうか。もしあなたが左を選べば、キーパーは左を選ぶことにより、あなたのPK成功率を五八％に下げられる。あなたが右を選べば、キーパーは右を選ぶことにより、あなたの成功率を七〇％に引き下げられる（＊1）。つまり、あなたの成功率はよくて七〇％だ。

もっと成功率をよくする方法はないのか。左と右を五〇％対五〇％の割合で無作為に混ぜて蹴ればどうか。たとえば、PKを蹴る前にキーパーの目を盗んで手のひらでコイントスをして、コインの表が出たら左に、裏が出たら右に蹴ることにしてはどうか。もしキーパーが左に飛べば、あなたのミックス戦略の成功率は、0.5×58％＋0.5×93％＝75.5％。キーパーが右に飛べば、成功率は0.5×95％＋0.5×70％＝82.5％。あなたがミックス戦略を採用していることにキーパーが気づけば、キーパーとしては八二・五％より七五・五％のほうが好ましいので、左に飛ぶだろう。それでもあなたのPK成功率は、純粋戦略を採用した場合の最良の結果（成功率七〇％）より高い。

五〇対五〇のミックスは最善の比率なのか。答えはノーだ。たとえば、左が四〇％、右が六〇％の割合でミックスしてみよう。ポケットに小さな本を忍ばせておいて、蹴る前にその本をぱっと開いて、ページ数の一のケタが1～4の場合は左に蹴り、5～0の場合は右に蹴るようにしてもいいだろう。あなたのミックス戦略の成功率は、キーパーが左に飛ぶ場合は七九％（＝0.4×58％＋0.6×93％）。キーパーが右に飛ぶ場合は八〇％（＝0.4×95％＋0.6×70％）。あなたが行動をミックスさせていることに気づけば、キーパーは左に飛んであなたの成功率を七九％に下げるだろうが、それでも五〇対五〇のミックスで得られる最良の結果（七五・五％）より好ましい。

お気づきだろうか。キッカーにとって好ましいミックス比率に近づけるほど、キーパーが左を選んだ場合のＰＫ成功率とキーパーが右を選んだ場合のＰＫ成功率の差が小さくなっていく。純粋戦略の場合は九三％対七〇％、五〇対五〇のミックスの場合は八二・五％対七五・五％、四〇対六〇のミックスの場合は八〇％対七九％。意外な結果ではない。ミックス戦略のねらいは、相手につけ込まれる余地をなくすこと。相手がどういう行動を選択しても成功率が変わらないようにすることが究極の目的だからだ。

結論から言うと、キッカーにとって最善のミックス比率は左が三八・三％、右が六一・七％だ（詳しい計算方法は後で説明する）。この場合のキッカーの成功率は、キーパーが左に飛べば0.383×58％＋0.617×93％＝79.6％。キーパーが右に飛べば0.383×95％＋0.617×70％＝79.6％。キーパーが左に飛んでも右に飛んでも成功率は七九・六％だ。キッカーが最善のミックス比率を選ぶと、キーパーが左を選んでも右を選んでも成功率がまったく同じになる。

では、ゴールキーパーの戦略はどうか。キーパーが純粋戦略の左を選んだ場合、キッカーが右を選べば九三％の成功率を許してしまう。キーパーが純粋戦略の右を選んだ場合は、キッカーが左を選べば九五％の成功率を許してしまう。キーパーも行動をミックスさせれば、キッカーの成功率をもっと引き下げられる。キッカーの場合と同様に、キーパーにとって最善なのは、相手が左を選んでも右を選んでもＰＫ成功率が同じになる戦略だ。結論を言ってしまうと、それを実現するためには、左が四一・七％、右が五八・三％の比率でミックスすればいい。そうすると、キッカーの成功率はいずれの場合も七九・六％になる。

キッカーが最善のミックス比率を用いた場合の成功率と、キーパーが最善のミックス比率を用いた場合のキッカーの成功率は、両方とも同じ七九・六％だ。偶然の一致などではない。これは両プレーヤーの利害が完全に対立するゲーム（ゼロサムゲーム）におけるミックス戦略の均衡に共通する特徴で、「最小最大の定理」と呼ばれている。この定理はプリンストン大学の数学者ジョン・フォン＝ノイマンが最初に唱え、その後やはりプリンストン大学の経済学者オスカー・モルゲンシュテルンとの共著『ゲームの理論と経済行動』で発展させたものだ（この著作はゲーム理論の出発点とも言うべき重要な業績である）。

最小最大の定理によれば、ゼロサムゲームにおいて一方のプレーヤーは相手の最大利得の最小化を目指し、もう一方のプレーヤーは自分の最小利得の最大化を目指すべきだとされる。双方がこの定理に従って行動すると、「最大利得の最小」と「最小利得の最大」が等しくなる。定理の証明は複雑を極めるのでここでは割愛するが、結論だけは覚えておいたほうが便利だ。ゼロサムゲームで二人のプレーヤーがそれぞれ最善のミックス比率で行動する際の両プレーヤーの利得を知りたいときは、片方のプレーヤーの最善のミックス比率だけを割り出せばすむのである。

＊1　キッカーが「いつも右にばかり蹴る選手」とか「左にしか蹴らない選手」だとバレていると、このようにキーパーにつけ込まれやすい。キーパーに行動を読まれないために、キッカーは行動を無作為化することが不可欠だ。

3. 最小最大の定理

実際のサッカーの試合でのキッカーとキーパーの行動は、理論的に割り出した最善のミックス比率にどの程度沿っているのか。次の表は、現実の試合のデータ（ブラウン大学のパラシオス＝ウエルタの調査）と私たちの計算結果を並べて示したものだ（表5―3）。キッカーとキーパーがそれぞれ左を選ぶ比率（実際の比率と理論上最善のミックス比率）と、それに対して相手がそれぞれ左と右を選んだ場合のＰＫ成功率を記してある。

キッカーもキーパーも、実際のミックス比率は理論上最善の

左を選ぶ確率			ＰＫ成功率	
			相手が左を選ぶ場合	相手が右を選ぶ場合
キッカー	最善	38.3%	79.6%	79.6%
	実際	40.0%	79.0%	80.0%
キーパー	最善	41.7%	79.6%	79.6%
	実際	42.3%	79.3%	79.7%

表5−3

比率にきわめて近い。実際のミックス比率がもたらすＰＫ成功率も、理論上想定される成功率とほぼ同じだ。

トップレベルのプロテニスプレーヤーの対戦でもやはり、実際の選手の行動と理論上最善の戦略がほぼ一致している。当然の結果だ。トップレベルのプロともなると、対戦する顔ぶれはいつもだいたい同じ。選手たちはほかの選手のプレーを研究するが、明確な行動パターンは見いだせず、そこにつけ込むことはできない。しかも試合の勝敗に多額の金や名誉がかかっているので、相手につけ込まれることは避けたい。そうなると、選手たちとしては最善のミックス比率に従ってプレーすることになる。

ただし、ゲーム理論が実際の世界で常に完全な成功を収めるわけではない。さまざまなゲームでミックス戦略がどの程度成功するのか、その効果の違いがなぜ生まれるのかは後ほど検討するが、まずこれまで述べてきた内容をゲームの鉄則の形にまとめておこう。

ルール5　相手と利害が完全に対立するゲーム（ゼロサムゲーム）**において、自分の行動を相手に事前に知られると不利になる場合は、選択可能な純粋戦略から無作為に戦略を選んで行動すべきだ。この際、相手が特定の純粋戦略を取ることによって有利にならないように自分の行動をミックスしなくてはならない。言い換えれば、相手がどのような戦略を選択しても自分の平均の利得が同じになるようにする必要がある。**

一方のプレーヤーがこのルールに従って行動すれば、もう一方のプレーヤーはどの純粋戦略を選んでも結果が変わらないので、やはりこのルールに従って行動をミックスさせるのが最善ということになる。こうして両者がこのルールどおりに振る舞えば、いずれのプレーヤーもルールを逸脱する理由はない。ルールを崩して行動したところで、それより好ましい結果は得られないからだ。ピンときた人もいるかもしれない。そう、これはまさにナッシュ均衡の定義にほかならない。両方のプレーヤーがこのルールに沿って行動するとき、ミックス戦略のナッシュ均衡が生まれるという言い方をしてもいい。最小最大の定理はナッシュ均衡の理論の特殊ケースなのだ。両者の違いは、最小最大の定理がプレーヤー二人のゼロサムゲームにしか適用できないのに対し、ナッシュ均衡はプレーヤーの数に関係なく、しかもゼロサムゲームでなくても適用できることだ。

ただしゼロサムゲームの均衡は、常にミックス戦略によってもたらされるとは限らない。たとえば、キッカーが左に蹴る場合のシュート成功率が極端に低いとしたらどうか。狙いにくい側に蹴ると、キーパーが左を警戒していなくてもゴールの枠をかなりの確率ではずしてしまうこともありえなくはない。次の利得表のようなケースだ（表5―4）。

		キーパー	
		左	右
キッカー	左	38	65
	右	93	70

表5―4

この場合、キッカーにとっては右を選ぶのが絶対優位の戦略だ。キーパーに行動を読まれたとしても、左に蹴るより常に好ましい結果が得られる。戦略をミックスさせる必要などない。といっても、ミックス戦略の理論が破綻しているわけではないのでご心配なく。このようなケースは、最善のミックス比率を探していった結果、片方の選択肢のミックス比率が一〇〇％になった場合と位置づけられる。

4．じゃんけんの戦略

二〇〇五年一〇月二三日、トロントのアンドルー・バーゲルは世界じゃんけん選手権で優勝し、世界じゃんけん協会から金メダルを授与された。銀メダルはカリフォルニア州のスタン・ロングが、銅メダルはニューヨークのスチュアート・ウォルドマンが獲得した。

ルールの基本は、私たちが子供のころにやったじゃんけんと同じ。大会では二人のプレーヤーが一対一で何度か勝負をし、過半数で勝ったほうのプレーヤーが勝者となる。世界じゃんけん協会のルールでは、三種類の手の形を厳密に決めてあり（曖昧な手の形を出し、後で言い訳して勝敗をひっくり返そうとする行為を防ぐためだ）、詳細な手順に沿ってプレーすることを要求している。

要するにこの一対一のじゃんけん対決は、二人のプレーヤーの間で戦われる、三つの純粋戦略をもつ同時行動ゲームという性格をもつ。勝ちを1点、負けをマイナス1点、引きわけを0点とすると、このゲームの利得表は次のよう

アンドルーの選択＼スタンの選択	グー	パー	チョキ
グー	0, 0	−1, 1	1, −1
パー	1, −1	0, 0	−1, 1
チョキ	−1, 1	1, −1	0, 0

表5−5

になる（プレーヤーの名前は、二〇〇五年世界選手権の優勝者と準優勝者に敬意を表して、アンドルーとスタンとする。表5−5）。

このゲームにゲーム理論を当てはめると、どういう行動が望ましいのか。じゃんけんはゼロサムゲームで、しかも自分の行動を事前に相手に知られると不利になる。もしアンドルーが常に一つの戦略を取るとすれば、スタンは常にそれに勝てる戦略を実践し、自分の利得を1、アンドルーの利得をマイナス1にし続けられる。しかしアンドルーが三つの戦略を均等な割合で（三分の一ずつ）ミックスすれば、スタンがどの純粋戦略を選択したとしても、平均の利得は（1×1/3）+（0×1/3）+（−1×1/3）=0となる。ゲームの構造が対称形をなしているので、これがアンドルーにとって最善の戦略であることは直感的にも理解できるし、数学的にもその判断は正しい。同じことはスタンにも言える。したがって、三つの戦略すべてを均等の割合でミックスすることが双方にとって最善の行動であり、それがミックス戦略におけるナッシュ均衡なのだ。

しかし、じゃんけん選手権の出場者の大半はこのような行動を取らない。世界じゃんけん協会のウェブサイトでは均等ミックスの戦略を「カオス（混沌）戦略」と呼び、お勧めしないとしている。「この戦略に対しては、無作為にプレーすることなどどのみち不可能だという批判がある。どうしても何らかの本能なり傾向なりに従って行動することが避けられず、無意識のうちに予測可能なパターンで振る舞ってしまう。対戦結果のデータはこれ以外の戦略の優位性を示しており、近年はカオス派のプレーヤーは減ってきている」

「無意識のうちに予測可能なパターンで振る舞ってしまう」危険性はきわめて重大な問題なので後ほど詳しく検討するが、その前に、じゃんけん選手権の参加者が好むほかの戦略とはどういうものなのかを見ておこう。

世界じゃんけん協会のウェブサイトは、いくつかの戦略を紹介している。たとえば、パー（＝紙）を三回連続で出す「役人戦略」（役人といえば書類という連想のネーミングらしい）、グー（＝石）を三回連続で出す「崖崩れ戦略」、三種類の戦略のうち一種類をいっさい用いない「排除戦略」などがある。この種の戦略に共通するねらいは、いつパターンが変わるのかと相手に考えさせ、そこにつけ込むことにある。

身振りで相手を欺くテクニックもあるし、相手の偽装を見抜くテクニックもある。じゃんけん選手権のプレーヤーはお互いの身振りや手振りを観察して、グー、チョキ、パーのどれを出そうとしているかを見抜こうとする。その逆手を取って、いかにもある手を出しそうな身振りをしておいて、実際には別の手を出す場合もある。サッカーのPKでも、キッカーとキーパーはお互いの体の動きを観察して、ゴールのどこに蹴ろうとしているのか、ゴールのどこを守ろうとしているのかを推測しようとする。こうしたスキルは大きな意味をもつ。二〇〇六年サッカー・ワールドカップのイングランド対ポルトガル戦（準々決勝）は、PK戦決着にもつれ込んだ。このときポルトガルのゴールキーパーは相手の動きをことごとく読みきり、イングランドのシュートを三回セーブし、チームを勝利に導いた。

5．実験の被験者の行動

サッカー場の芝生やテニスコートではミックス戦略の理論どおりの結果が観察されているが、研究室の実験の結果は必ずしもそうでない。実験経済学の草わけとも言うべき研究書がすでにこう書いている。「実験の被験者が（無作為に行動を選ぶために）コインを投げる姿にはまずお目にかかれない」。実世界と実験結果の食い違いはなぜ生まれるのか。

第4章で実世界の観察と実験の違いに触れた際に指摘したのと同じことがここでも当てはまる。実世界では、大きな名誉や威信、金をかけて、経験豊富なプレーヤーがやりなれたゲームをプレーするのに対し、実験は設定が人工的で、プレーヤーの経験が比較的乏しく、たいした名誉や金もかかっていない。

それだけではない。実験を行なう際には、最初に研究者が被験者にルールを入念に説明する。そのとき、無作為に行動を選ぶという選択肢には触れないし、コインやサイコロも支給しない。「もしお望みであれば、コインを投げたり、サイコロを振ったりして行動を決めてもいいんですよ」などとは言わない。このような状況では、ルールどおりに行動するよう指示された被験者がコインを投げようとしないのも無理はない。被験者が実験の主催者を権威者とみなし、その指示に従わなくてはならないと感じる傾向があることは、スタンレー・ミルグラムの一九六〇年代の有名な実験が明らかにしたとおりである。被験者がルールに杓子定規に従い、行動を無作為化しようなどと思いもしないのは、当然の結果と言っていい。

それでも、サッカーのPKのようにミックス戦略の利点が一目瞭然な実験を設計しても、被験者が常に適切な無作為化を行なうとは限らない。つまり、実験結果はミックス戦略の理論に合致する場合としない場合がある。そうした実験については、後でまた触れることにする。

6. 無作為に行動する方法

無作為に行動するとは、複数の純粋戦略を交互に繰り出すことではない。野球のピッチャーが速球とフォークボールを均等の比率でミックスするべきだということになったとしても、まず速球、次にフォーク、その次に速球……という具合に規則正しい順番に投げてはいけない。そんなことをすれば、バッターにすぐ見抜かれて、狙い球を絞られてしまう。速球とフォークを六〇％対四〇％の比率で混ぜるべきだとなっても、速球を六球たて続けに投げて、その後でフォークを四球続けるべきではない。

では、ピッチャーはどうすればいいのか。もし速球とフォークボールを同じ割合で混ぜるのであれば、たとえば1〜10の数字を無作為に選び、その数字が5以下であれば速球、6以上ならフォークを投げればいい。と言いたいところだが、これでは問題は解決しない。1〜10の数字を無作為に選ぶにはどうすればいいのか。

もっと単純な例で考えてみよう。コイントスを何回か繰り返した場合に表裏がどういう順番にあらわれるかを予想して、紙に書き出してみてほしい。言うまでもなく、コイントスの結果に規則性はない。完全に無作為の結果だ。もしあなたが本当に無作為に予想すれば、誰かがあなたの書き出した内容を言い当てようとしても、その人物の正答率は五〇％を超えないはずだ。ところが現実には、無作為に順番を書き出すことは思いのほか難しい。

コインを投げて表が出た次にまた表が出る確率は、表の次に裏が出る確率と同じだ。しかし心理学の実験によれば、人々はこの事実をしばしば忘れてしまう。そのためコイントスの結果を予測すると、「表裏」「裏表」の順番を選ぶケースが多すぎ、「表表」「裏裏」と続くケースが少なすぎる。イカサマのないコインを使えば、三〇回続けて表が出た後でも、その次に表が出る確率は裏が出る確率と同じだ。表が「打ち止め」になることなどない。宝くじで先週の当選番号が今週も当たりになる確率は、ほかの番号と変わりない。

世界じゃんけん選手権の出場者が用いる戦略の土台にあるのは、人々がこの類いの過ちをしばしば犯すことを前提に、それにつけ込もうという思惑、そしてそのさらに裏をかこうという思惑である場合が多い。パーを三回続けて出すプレーヤーは「四回連続はさすがにないだろう」と相手に思わせようという思惑があるし、チョキをまったく出さないプレーヤーは「そろそろチョキじゃないか」と相手に思わせようと企んでいる。

無作為のなかに秩序だった順番性を持ち込まないためには、客観的あるいは独立のメカニズムが必要だ。秘密で複雑、見破るのが難しいなんらかのルールをつくればいい。文章の文字数も利用できる。センテンスの文字数が奇数だったら「表」と扱い、偶数だったら「裏」と扱う。これで無作為性をつくり出せる。

テニスやサッカーのトッププロ選手は、無作為化にどの程度成功しているのか。テニスの四大大会決勝戦でサーバーがレシーバーのフォアハンド側とバックハンド側のどちらに打ち込むかを調べてみると、厳密に無作為に選ぶ場合に比べて、フォア→バックもしくはバック→フォアという選択をする割合が若干高い。だがそれほど強い傾向ではないので、相手プレーヤーにつけ込まれるまでにはいたっていないようだ。現に、フォアハンド側のサーブもバックハンド側のサーブも、成功率に統計上意味のある違いはほとんどない。サッカーのPKの場合は、ほぼ正確に無作為化に成功している。つまり、前回と戦略を変える割合がとくに高いということはない。この結果は納得がいく。テニスのサーブと違って、同じキッカーとキーパーの組み合わせでサッカーのPKが行なわれることはそうそうないので、前回の選択に惑わされずに無作為に行動しやすいのだろう。

世界じゃんけん選手権で優勝を争うレベルのプレーヤーは、無作為化を意識的に逸脱した戦略を取ることを非常に重視しているようだ。相手にパターンを読み取ろうとさせ、そこにつけ込もうというわけだ。こうした作戦はどの程度成功するのか。この点を検証するには、非・無作為派のプレーヤーが継続して好成績を収めているかどうかを調べればいい。世界じゃんけん協会に問い合わせたところ、次のような返答を電子メールでもらった。「当協会は人手が足りないので、選手権での一人ひとりのプレーヤーの行動の記録は取っていません。また競技の歴史が浅いので、協会以外にもその種の情報を収集している人はいません。それでもおおざっぱに言うと、毎年好成績をあげ続けるプレーヤーの割合は、統計上意味があるほどの比率には達していません。ただ、二〇〇三年の準優勝者は翌年もベスト8に残っています」。この回答からうかがえるのは、意識的に非・無作為の戦略を取っても安定して好結果は残せないらしいということだ。

　相手が無作為に振る舞うのであれば、こちらはわざわざ無作為に戦略を選ぶように努めなくてもいいのではないか。そう思う人もいるかもしれない。あなたがサッカーのPKのキッカーだとしよう。この種のゲームでは、一方のプレーヤーが最善のミックス比率に従って行動すれば、もう一方がどう行動しても成功率は変わらない。つまり、キーパーが自分にとって最善のミックス比率（左が四一・七％、右が五八・三％）で行動すれば、あなたは左に蹴ろうと右に蹴ろうと、左右をどういう比率でミックスして蹴ろうと、成功率は七九・六％だ。だとすれば、あなたは自分の最善のミックス比率を計算する手間を省いて、一つの戦略に固定してプレーし、相手が最善のミックス比率に沿って行動するのにまかせてもいいのではないか。だが、この発想には問題がある。もしあなたが最善のミックス比率で行動しないのであれば、相手としても最善のミックス比率を用いる理由がなくなる。たとえばあなたが左にばかり蹴るのであれば、キーパーはミックスなどせず、左を守ればいいだけのことだ。あなたが自分にとって最善のミックス比率でプレーすべきなのは、相手に最善のミックス比率で行動させるためにそれが必要だからなのだ。

7．一回きりの勝負

こうした論法は、フットボールや野球、テニスのように、一つの試合の中で同じような状況が何回も起こったり、同じ選手が時や場所を変え、繰り返し試合で対戦するときには意味がある。相手の体系的な動きを観察し、反応するチャンスが生まれる。したがって、こちらも自分の動きに相手を利するようなパターンを入れることを避け、最善のミックスを保たなければならない。しかし、たった一回だけの勝負のときはどうしたらよいだろうか。

戦闘において攻撃地点と防衛地点を選択するケースを考えてみよう。こうした状況は通常、一回きりのものなので過去の行動から作戦を類型化することはできない。しかし、スパイされる可能性もあるので、無作為な選択を用いる場合もある。もし、行動に明確な方針を採用すると、敵はこちらの意図に気づき、こちらが最も不利になるような対応策をとってくるだろう。相手を驚かせるには、自分自身にもどれを選ぶかわからないような行動を取ることだ。できるだけ選択の幅を広く持ち、スパイを防ぐために、最後の瞬間に予測不能の方法で行動を決めるとよい。また、行動選択の比率は、敵にその比率を知られてもまったく不利にならないような比率であるべきだ。それは、本章で論じてきた最善のミックス比率にほかならない。

最後に警告をしておこう。自分に最善のミックスを使っても結果が吉と出ないケースもある。ＰＫのキッカーが予測不能の技を使っても、ときにはキーパーの推量が当たりシュートがセーブされることもあるだろう。

アメリカン・フットボールでもサード・ダウンの残り一ヤードという場面では、中央のラン突破が最も確率の高い攻めである。しかし、たまにはパスを投げ、ディフェンスを基本どおりの形に守らせておくことも必要だ。もしパスが成功すれば、ファンや実況中継のアナウンサーは意表をついた賢いプレーに驚嘆し、コーチを天才だと褒め称えるだろう。しかし、もし失敗すれば、コーチはどうしてパスなんかでギャンブルしたんだと物凄い批判を受ける。

コーチの作戦を正当化するには、実際にある場面でパスを使う前から準備がいる。コーチは、プレーにミックスを与えることは非常に重要だと宣伝にこれ努めなければならない。ディフェンス側はたまのパスに備えて守りを分散させるからこそ中央のランは成功率が高まる、というのがその内容である。しかし、たとえコーチがこのことを試合前にあらゆる新聞やテレビでしゃべっても、先ほどのような状況でパスを使い失敗したら、ゲーム理論の要素を使って人々に説明しようとしたことなどまったくおかまいなしに、以前と同量の批判を浴びるのではないかと思われる。

8. 非ゼロサムゲームでの戦略

ここまでは、当事者の利害が完全に対立するゼロサムゲームについてだけ考えてきた。しかし現実世界のゲームの大半は、当事者の利害が一致する面と対立する面をあわせもっている。そのような非ゼロサムゲームでもミックス戦略は役立つのか。答えは、条件つきのイエスだ。

第4章で取り上げた「夫婦の闘い」の狩猟版を例に考えてみよう。おさらいしておくと、フレッドとバーニーは原始時代の狩人。この日、鹿を狩るかバイソンを狩るかを相手と相談せずに決めなければならない。首尾よく獲物を仕留めるためには、二人で同じ獲物を追わなければならない。二人が別々の獲物を狩りに出かければ、二人とも獲物を手にできない。そのような事態を避けたいという点では、フレッドとバーニーの利害は一致している。しかし鹿を狩るかバイソンを狩るかでは、フレッドは鹿肉のほうが好きなので、一緒に鹿を狩るという結果を4点、一緒にバイソンを狩るという結果を3点と評価している。バーニーはバイソン肉のほうが好きなので、この二つの選択肢について逆の評価をしている。利得表にまとめると、次のようになる（表5―6）。

見てのとおり、このゲームには二つのナッシュ均衡がある（表で網掛けで示した）。この二つの選択肢は、この章の表現を使えば純粋戦略の均衡だ。では、ミックス戦略の均衡もあるのか。

バーニーの選択

フレッドの選択	鹿	バイソン
鹿	3 4	0 0
バイソン	0 0	4 3

表5−6

フレッドが行動をミックスさせようとすれば、どういう理由でそうするのか。それはおそらく、バーニーの選択が読めないためだろう。フレッドとしては、バーニーが鹿を選ぶ確率をy、バイソンを選ぶ確率を（1−y）と考えているとする（全体を1とした場合の確率を論じているので、yは当然0～1の間の数字だ）。だとすれば、フレッド自身が鹿を選べば自分の平均利得は$4y+0(1-y)=4y$となり、バイソンを選べば$0y+3(1-y)=3(1-y)$となる。この場合、$4y=0y+3(1-y)$という関係が成り立てば――この数式はy＝3/7と読みかえられる——フレッドは鹿を選ぼうとバイソンを選ぼうと、あるいはいかなる比率で両方をミックスしようと、平均利得が変わらない。フレッドの平均利得は常に12/7となる。一方、フレッドが鹿を選ぶ確率をxとして同様の計算をすると、x＝4/7であれば、バーニーにとってどんな行動を取っても結果が同じ（やはり平均利得は12/7）になることがわかる。すでに述べたように、行動をミックスさせる必要のあるゲームで相手に最善のミックスを行なわせるためには、自分も最善のミックスを実践する必要がある。つまり、フレッドがx＝4/7、バーニーがy＝3/7という比率でそれぞれミックスを行なうのが、このゲームのミックス戦略におけるナッシュ均衡ということになる。

このような均衡は常に好ましい結果をもたらすのか。答えはノーだ。双方が相談しあうことなく行動を決める以上、フレッドが鹿を選び、バーニーがバイソンを選ぶ可能性もある。その確率は、4/7×4/7＝16/49。逆に、フレッドがバイソンを選び、バーニーが鹿を選ぶ可能性もある。この確率は、3/7×3/7＝9/49。つまり、25/49の確率で二人は別々の場所に狩りに出かけ、獲物をまったく仕留められないで終わる。25/49ということは、言い換えれば半分以上の確率で失敗する。こうした失敗が生じるせいで、両者の平均利得（12/7＝1.71）は、純粋戦略の均衡で自分にとって好ましくないほうの結果になる場合（＝3）より悪くなっている。

このような失敗を避けるために必要なのは、ミックスを協調させること。しかし、別々の洞窟の中にいて直接の通信手段をもたないフレッドとバーニーにそんなことが可能なのか。たとえば、二人の住んでいる一帯では二日に一日の割合で朝に通り雨があるとすれば、朝に雨が降っていれば二人とも鹿を狩りに出かけ、雨が降っていなければ二人ともバイソンを狩りに出かけるものとあらかじめ決めておけばいい。そうすれば、それぞれの平均利得は、1/2×3＋1/2×4＝3.5となる。ミックスの協調を行なうことにより、純粋戦略のナッシュ均衡二種類のうち、好ましいほうの結果（＝4）と好ましくないほうの結果（＝3）の間を取ることが可能になったのだ。

最後に、ミックス戦略の均衡には一見すると意外な一面があることを指摘しておく。バーニーの利得を3と4から6と7に変えて考えてみよう。フレッドの利得はそのまま据え置くことにする。最善のミックス比率はどう変わるだろうか。バーニーが鹿を選ぶ確率をyとすると、フレッドが常に鹿を追いかけた場合の利得は元どおり4y、常にバイソンを追いかけた場合の利得も元どおり3(1-y)で変わらない。バーニーの最善のミックス比率（バーニーとしては、フレッドがどう行動してもフレッド自身の平均利得に違いがないように行動をミックスさせる必要がある）は、やはりy＝3/7のままだ。しかし、フレッドが鹿を選ぶ確率をxとすると、バーニーが鹿を選んだ場合の平均利得は6x＋0(1-x)＝6x、バイソンを選んだ場合の平均利得は0x＋7(1-x)＝7(1-x)となる。フレッドの最善のミックス比率（フレッドとしては、バーニーがどう行動してもバーニー自身の平均利得に違いがないように行動をミックスさせる必要がある）は、6x＝7(1-x)。この数式を解くと、x＝7/13となる。つまり、バーニーの利得の数字だけが変わると、バーニー自身の最善のミックス比率は変わらず、フレッドの最善のミックス比率が変わる。

意外に感じるかもしれないが、よく考えると当然だ。バーニーが行動をミックスさせようと考えるのは、フレッドの行動が読めないからにほかならない。だからこそ、フレッドがどの行動を取ってもフレッドの利得が同じになるようにするために自分の行動をミックスさせる。バーニーの取るべき対応はフレッドの利得に左右されるので、フレッドの利得が変わらなければバーニーのミックス比率は変わらない。一方、フレッドの対応はバーニーの利得に左右されるので、バーニーの利得が変わればフレッドのミックス比率は変わる。

しかしこの理屈はやや複雑で、一見すると意外なので、実験の被験者はたいてい（たとえ無作為に行動することの重要性を指摘されたうえでプレーしても）このことに気づかない。相手の利得が変わったときに自分のミックス比率を変えるのではなく、自分の利得が変わった場合に自分のミックス比率を変えてしまう人がほとんどだ。

9．発見の構図

スポーツ以外の分野でミックス戦略を実行する例はあまり多くない。とくに現実のビジネスで、無作為行動戦略を使うことはまれだ。結果をコントロールすることを重んじるビジネスの世界に、結果を偶然に任せるという考えはなじみにくいのだろう。ビジネスの場合は、リスキーな戦略が失敗すれば、担当者の進退にかかわる。しかし、リスキーな戦略を混ぜるねらいは、個別の局面で成功を収めることではない。決まったパターンを崩すことにより、こちらの手を予測されることを防ぐことにあるのである。

ミックス戦略がビジネスの成果を上げる例として、割引クーポンがある。企業は割引クーポンを市場でのシェアを伸ばすために使う。割引クーポンを発行する目的は、新しい顧客を引きつけることにある。しかし、もし競合する企業が同時にクーポンを発行すれば、顧客はブランドを変える動機がなくなる。顧客は現在使っているブランドを変えず、割引だけを利用するだろう。一社が割引クーポンを発行し他社は発行しないときに限って、顧客は違う商品を試してみようかという気になる。

コカ・コーラとペプシのようなライバル企業が同時に割引クーポンを発行すれば、効果は相殺されてしまい、両社とも利益が減る。そこで両社は、クーポンの発行時期が相手とかち合わないようにしたい。では、お互いの行動を観察してクーポンの発行パターンを割り出し、相手と時期をずらせばいいのではないかと思うかもしれない。しかし問題は、たとえばペプシがもうすぐクーポンを発行しそうだとコカ・コーラが予測すれば、コカ・コーラはその先手を打ってクーポンを発行できてしまうことだ。このように相手に先回りされることを防ぐためには、ミックス戦略を実践して行動の予測不可能性を保たなければならない。

ただし、フレッドとバーニーの狩りの例でもわかるように、お互い勝手にミックス戦略を実践すると「失敗」が起きる場合がある。ライバル社同士は協調したほうがずっと好ましい結果を手にできる。

統計学的にいえば、コカ・コーラとペプシがクーポンに関して何らかの協調的行動を取っていたことは疑いを容れない。CBSテレビの報道番組「60ミニッツ」などによれば、五二週間の期間中、コカ・コーラとペプシはそれぞれ一週間単位のキャンペーンを二六回ずつ行ないながら、一回の重複もなかった。二つの会社が勝手に行動し、二六回ずつキャンペーンを実施した場合にそういうことが起きる確率は1/495918532948104である。これは約五〇〇兆分の一の確率だ。

ビジネスで、決まったパターンを予測されることを防がなくてはならないケースは他にもある。出発直前に切符を買う客に割引を行なう航空会社は、客がその制度利用の可否を推定するのを防ぐために、残りの座席数を知らせない。割引を利用できるかどうか予測しやすくなれば、割引切符の利用が増え、正規の運賃を支払う乗客が減ってしまうからだ。

無作為戦略が最もよく用いられるのは、監視コストを下げながら実行を確保する必要がある場合だ。これは税務の調査から麻薬検査や違法駐車の取り締まりまですべてに当てはまる。このようなケースで、罰則は罪の重さに比して大きくしてある。

駐車メーターが設置してある場所で料金を払わず違法駐車したときの罰金は、たいていメーターを使った場合の料金の何倍にもなる。たとえば、メーターを使った際の料金が一時間一ドルの場合、一・〇一ドルの罰金は人々に法を順守させるために十分な額だろうか。もしメーターに料金を入れないで駐車すると必ず見つかって罰金を払わされるなら、この額で十分だろう。しかし、当局がそれを完全に実行するのはコストがかかる。違反摘発のための人件費がいちばん大きいだろうが、罰金を確実に取り立てる仕組みを運営するコストもばかにならない。

当局には、効果は同じでコストがもっとずっと安くなる戦略がある。それは、罰金の額を高くして、取り締まりを緩めることである。罰金が二五ドルなら、捕まる確率は二五分の一でも十分な効力を持つ。取り締まりに必要な警察力は小さくてすみ、集められた罰金は制度運用のコストを賄える額に近くなる。

これはミックス戦略の応用例の一つである。サッカーのPK戦の例と比べると、似ている点もあれば違う点もあることに気がつく。当局はサッカー選手と同様、無作為戦略を好む。規則的行動を取るとすると、取り締まりを行なわないと決めれば、貴重な駐車スペースが不法に使われるし、違法駐車を一〇〇％摘発すると決めればコストがかかりすぎる。一方、駐車する側には必ずしも無作為戦略があるわけではない。実際、違反の発見確率と罰金を十分大きくしてドライバーに常に駐車ルールを守った行動を取らせることが当局のねらいなのだ。

職場での抜き打ちの麻薬検査も、駐車メーターによる取り締まりと同じような特徴を持っている。麻薬を使っているかどうか、毎日、全従業員を検査するのは時間もかかるし費用もかかる。さらに不必要ともいえる。抜き打ちで検査を行なえば、麻薬漬けの従業員を発見するだけでなく、たまに使う従業員にも使用を思いとどまらせることができる。見つかる確率は小さいが、捕まったときの代償が非常に大きいからだ。政府の税務調査戦略の問題点の一つはこのことに関係している。脱税が見つかる確率に対してペナルティーが安すぎる。取り締まりや調査を全数でなく無作為に行なうときは、罪に比べて罰を重くしなければならない。不正を発見する確率を計算に入れ、予想発見率で修正した罰が罪に見合う大きさになるようにすべきだ。

取り締りを逃れようとする側も無作為戦略を利用できる。多くの贋の仕掛けや囮の中に本当の玉を隠して、取り締り側の勢力を分散させ無能力化すればいいのだ。たとえば対空防衛網は、侵入してくるミサイルをほぼ一〇〇％打ち落とす必要がある。攻撃側にとって防衛網を破る安上がりな方法の一つは、本物のミサイルの周りを贋の囮ミサイルで護送することだ。本物のミサイルに比べ、贋の囮ミサイルは作るコストがずっと安い。防衛側は贋の囮ミサイルと本物のミサイルを完全に識別できない限り、贋物も本物もすべて打ち落とさなければならない。

不発弾も混ぜて一緒に発射してしまうという発想は、囮ミサイルのような意図的なものではなく、品質管理上の問題への対応策として第二次世界大戦中に生まれた。ジョン・マクドナルドが著書、『ポーカー、ビジネス、戦争における戦略』で説明しているように、「欠陥のある砲弾を製造段階でゼロにするのは非常にコストがかかる。当時、誰かが、不発弾が製造されるのをそのままにしておいて、不発弾も一緒くたにして発射してしまうことを思いついた。敵軍の指揮官は時限爆弾を自分の足の下に埋まったままにしておくのは嫌だ。しかし、どれが本物か見分ける術がないので、破裂していない弾をいちいち調べなくてはならない」。

打ち落とさなければならないミサイルの数に比例して防衛側の費用が高くなるとき、攻撃側はその費用を途方もなく高められる。これは、対空防衛システムが抱える大きな問題の一つでもある。

10. 均衡の見つけ方

ミックス戦略の基本概念が理解できれば均衡の計算方法までわからなくても十分という読者は、この後の記述を飛ばして「ケーススタディー」に進んでもかまわない。わざわざ自分で計算しなくても、コンピュータプログラムにまかせれば、それぞれのプレーヤーのもつ純粋戦略の選択肢がどんなに多くても正解を割り出してくれる。以下では関心のある読者のために、高校の初歩程度の代数と幾何の知識を用いてミックス戦略の均衡の計算方法を簡単にまとめてみた。

　まず、代数的アプローチを考えてみよう。サッカーのPKでキッカーが左に蹴るべき割合を求めたいとする（純粋戦略ごとの成功率は、この章で用いてきたデータをここでも使用する）。キッカーが左に蹴る割合をxとすると、キッカーが右に蹴る割合は$(1-x)$となる。キーパーが左を選択した場合のキッカーの成功率は$58x+93(1-x)=93-35x$、キーパーが右を選択した場合のキッカーの成功率は$95x+70(1-x)=70+25X$。キーパーが左を選んでも右を選んでもキッカーの成功率が等しくなるためには、$93-35x=70+25X$となるようなxの値を求めればいい。この数式は$23=60x$と書き換えられるので、$x=23/60=0.383$となる。

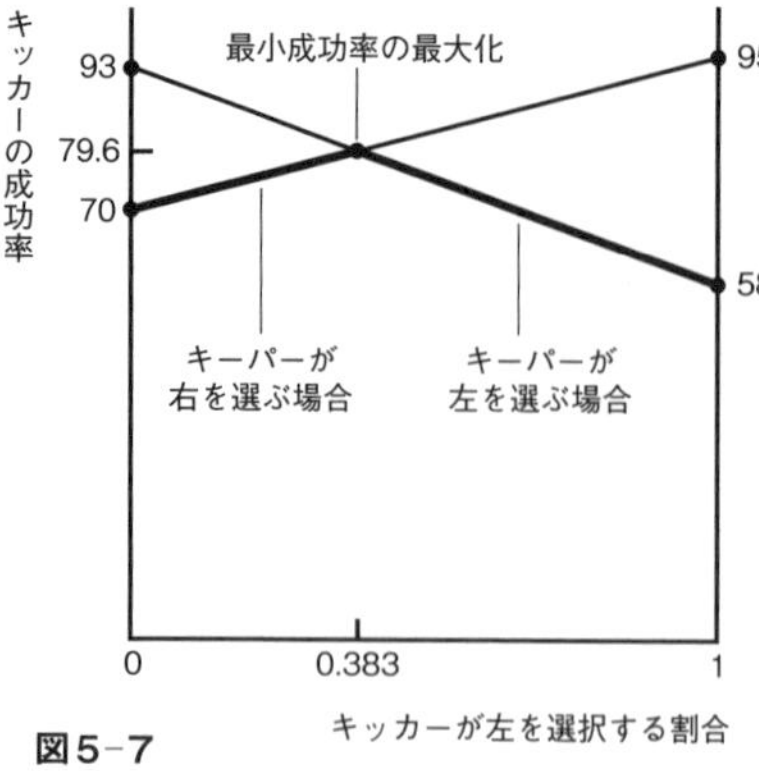

図5−7

　さまざまなミックス比率ごとのPKの成功率をグラフに記すことによっても、正解にたどり着ける（図5—7）。縦軸にキッカーの成功率、横軸にキッカーが左を選択する割合（$=x$）を取る。二本の直線は、それぞれキーパーが右を選ぶ場合と左を選ぶ場合のキッカーの成功率を示している。キーパーが左を選ぶ場合の直線は、$93-35x$という式で$x=0$の場合の93から始まり、$x=1$の場合の58まで下降していく。一方、キーパーが右を選ぶ場合の直線は、$70+25x$という式で$x=0$の場合の70から始まり、$x=1$の場合の95まで上昇していく。

　キーパーとしては、キッカーの成功率を極力低くおさえたい。もしキッカーのミックス比率がわかれば、キーパーはそれに応じて左なり右なり有利なほうを選ぶ。このときキーパーの選択は、図で太字で示した逆V字状の線をなぞる。これは、キーパーがキッカーのミックス比率を正しく読み、それに最適に対応すると仮定した場合のキッカーの最小成功率を示す線と言い換えることができる。対するキッカーは、この最小成功率を最大化したい。それが実現するのは、図の逆V字の頂点の部分。これは、$x=0.383$の場合だ。このときのキッカーの成功率は七九・六％である。

　キーパーのミックス比率も同様の分析が可能だ。キーパーが左を選ぶ割合をyとしよう。キーパーが右を選ぶ割合は(1-y)だ。キッカーが左を選ぶとすると、キッカーの平均成功率は58y+95(1-y)=95-37y。キッカーが右を選ぶとすると、キッカーの平均成功率は93y+70(1-y)=70+23y。二つの値が等しくなるyの値は、25/60=0.417となる。

次に、キッカーの場合と同様にグラフで見てみよう（図5―8）。縦軸にキッカーの成功率、横軸にキーパーが左を選択する割合（=y）を取る。二本の直線は、それぞれキッカーが右を選ぶ場合と左を選ぶ場合のキッカーの成功率だ。キッカーがキーパーのミックス比率を正しく読み、

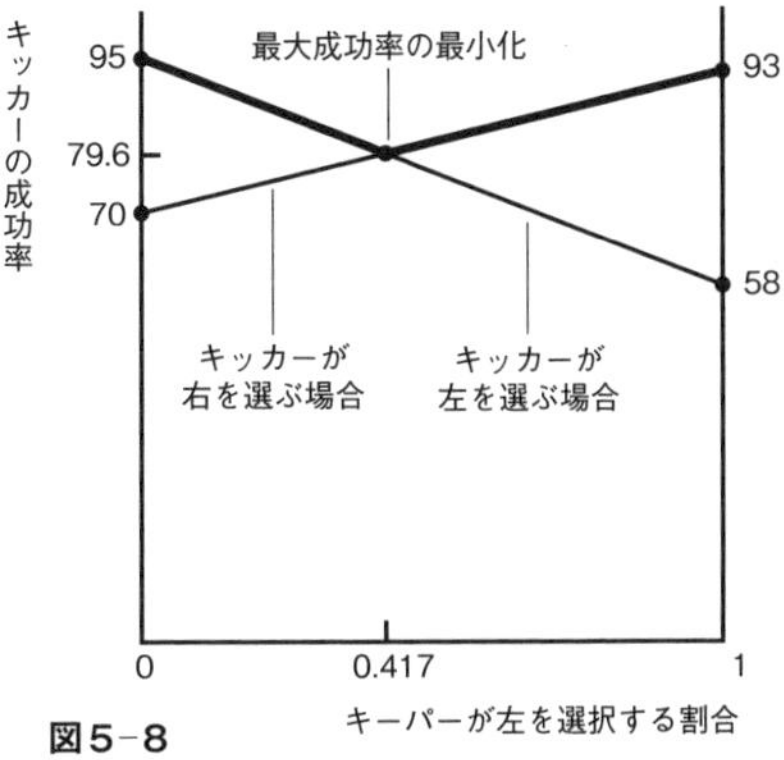

図5−8

成功率を極力高めるために最適な対応をすると仮定した場合のキッカーの行動は、図の太字のV字型の線をなぞる。キーパーとしては、このキッカーの最大成功率を最小化したい。それが実現するのは、図のV字の頂点の部分。これは、y=0.417の場合だ。このときのキッカーの成功率は七九・六%である。

キッカーにとっての「最小の最大」とキーパーにとっての「最大の最小」が一致するのは、フォン=ノイマンとモルゲンシュテルンの最小最大の定理のとおりだ。「最小最大=最大最小の定理」と言ったほうが正確なのだろうが、最小最大の定理という呼び名が定着している。

11. 相手の技術の変化に対応する

ゼロサムゲームの世界でも、ミックス戦略の均衡には一見すると不思議な一面がある。サッカーのPKでキーパーが右のシュートをセーブすることに上達し、キッカーが右に蹴った場合のPK成功率を七〇%から六〇%に引き下げたとする。キーパーのミックス比率はどう変わるだろうか（図5―9）。グラフの線を引き直すと、キーパーが最善のミックス比率で行動する場合に左を選ぶ割合が四一・七%から五〇%に増えることがわかる。キーパーは右に対応す

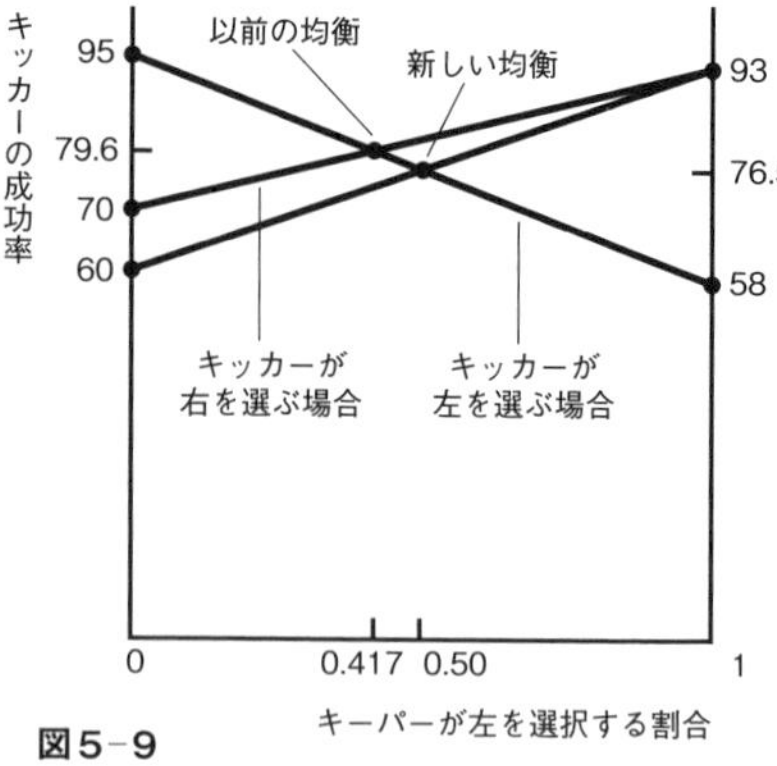

図5−9

るのが上手になると、右を選択する確率が減るのだ！

奇妙に感じるかもしれないが、よく考えれば不思議でない。キーパーが右のシュートをセーブするのがうまくなれば、キッカーは右に蹴る頻度を減らす。左に蹴り込まれるシュートが増えれば、キーパーとしては左を守る割合を増やす。弱点を強化することのメリットは、その苦手な選択肢を使う割合を減らすことにあるのだ。

この点は、キッカーのミックス比率を計算し直した結果からも明らかだ。ゴールの右に蹴る場合の成功率が七〇%から六〇%に下がった結果、キッカーが左に蹴る確率は三八・三%から四七・一%に上昇する。

なお、均衡におけるPKの成功率は七九・六%から七六・五%に下がるので、キーパーが右の対応力を磨いた努力は報われる。

このように考えると、一見したところ矛盾して見えることも、実はゲーム理論的にはきわめて当然のことだとわかる。あなたにとって何が最善かを決めるのは、あくまでもほかのプレーヤーの行動だ。戦略的相互依存性とはそういうものなのだ。

12.［ケーススタディー］階段じゃんけん

舞台は東京・下町の寿司屋。板前の威勢のいい声がこだまする。一組の夫婦がそこでウニを注文したが、残念なことに、ウニは一人分しか残っていなかった。さて、二人のうちどちらが食べるかを決めるにはどうしたらよいだろうか。

ここがアメリカであればコイントスでもして決めるところであろう。日本では「じゃんけん」という方法で決めるのが一般的である。じゃんけんでは二人が同時にグー（こぶし）、チョキ（二本指）、パー（五本指）のいずれかを出す。グーはチョキに勝ち、チョキはパーに勝ち、パーはグーに勝つというルールである。

ここで、じゃんけんを応用したものとして「階段じゃんけん」というゲームについて考えてみよう。ルールは日本でも地方によって若干異なるが、ここではその一例を紹介する。ゲーム理論的に分析すると階段じゃんけんの戦略は、児戯といってもかなり興味深いと思われる。

階段じゃんけんとは、じゃんけんをして勝つと階段を上がれるゲームである。グーを出して勝った人は一歩階段を上がれる。チョキで勝てば二歩、パーで勝てば五歩上がれる。何度もじゃんけんをして、最後に高い位置にいた人の勝ちと考えよう。

さて、階段じゃんけんの最善の戦略とはどういうものだろうか。

■ケース・ディスカッション

こちらが進んだ分だけ相手は相対的に遅れるのだから、これはゼロサムゲームである。それぞれのプレーヤーの利得は、階段を上がる数によって次表のように表わされる（表5—10）。

グー、チョキ、パーの正しいミックスはどうすれば見つけられるだろうか。サッカーのペナルティーキックの例では、選択肢は右か左かという二通りであった。しかし、階段じゃんけんでは両者とも三通りの選択肢がある。したがって、ミックスというコンセプトを発展させて用いなければならない。

最初に確認しておかなければならないのは、グー、チョキ、パーのすべてが最善のミックスの構成要素になることである。

相手の選択

自分の選択	グー	パー	チョキ
グー	0 / 0	-5 / 5	1 / -1
パー	5 / -5	0 / 0	-2 / 2
チョキ	-1 / 1	2 / -2	0 / 0

表5−10

仮に、相手がグーを出さないとしたら、自分はパーを出さないであろうし、それなら相手はチョキを出さない。この考えを続けていくと、自分はグーを出さないことになり、したがって相手はパーを出さない。相手がグーを出さないという仮定をすると、相手は出すものがなくなってしまう。つまり、最初の仮定が誤っている。同様の議論によりチョキとパーも最善のミックスの要素であることがわかる。

グー、チョキ、パーのいずれもが使われるということから、均衡のミックスを求めることができる。いうまでもなく、プレーヤーがミックス戦略をとるのは、自分の利得を最大にするためである。したがってプレーヤーはグー、チョキ、パーの三つの選択が、利得を等しく最大にする時に限って、選択をミックスしたいと考える。（もし、片方のプレーヤーにとって、グーが、チョキやパーより利得が高ければ、そのプレーヤーはグーを出し続けるはずだが、これが均衡でないことは上に示したとおりである）

三つの選択のどれを出しても期待利得が等しいというのは特別の場合のように思われるが、実際、これは特別の場合で、その場合というのが相手の均衡ミックスを定める。

ここで自分の戦略において、

P＝パーを出す確率

Q＝チョキを出す確率

1－P－Q＝グーを出す確率

とすると、

相手の利得は、それぞれ、

相手がグーを出すと、－5P＋Q

相手がチョキを出すと、2P－（1－P－Q）

相手がパーを出すと、－2Q＋5（1－P－Q）

となる。

相手が何を出しても、相手にとっての利得が等しくなるのは、P＝1／8、Q＝5／8、（1－P－Q）＝2／8のときである。

これは自分の最善のミックスである。このゲームが両者とも対等の条件であることから、これは相手の最善のミックスでもある。

さて、この均衡においては、自分も相手も期待利得はゼロとなる。このことは、ミックス戦略の一般的な特性ではないが、対称形をしているゼロサムゲームでは必ず成立する。一方が他方より有利な立場に立てるわけではないからだ。

第14章のケーススタディーのコーナーにも、ミックス戦略の練習問題「ラスベガスのスロットマシン」を用意しておいた。

第6章　戦略活用行動

——ゲームの性格を変える——

1. ゲームの性格を変える

誰しも新年の誓いを立てた経験があるだろう。「新年の誓い」というキーワードでグーグル（アメリカ版）を検索したところ、二一二万件ヒットした。アメリカ政府のウェブサイトによれば、最も多い誓いは「ダイエットをする」というもの。その後に「借金を返済する」「貯金をする」「いい会社に転職する」「健康になる」「食生活を改善する」「学業を頑張る」「お酒の量を減らす」「タバコをやめる」と続く。

ウィキペディアの定義によれば、「新年の誓い」とは、「個人が何らかの取り組みをやり遂げたり、何らかの習慣を身につけたりすると確約（コミット）すること。おおむね好ましいと思われる方向へのライフスタイルの変更を伴う場合が多い」。ここで注目すべきは「確約」という言葉だ。知ってのとおり日常語としては、決意、誓い、自分の行動を誓約することといった意味だが、この言葉のゲーム理論的な用法については後で詳しく検討する。

さて、ご立派な新年の誓いはその後どうなるのか。CNNの調査によると、誓いの三〇％は一月のうちに破られる。半年以上続く誓いは全体の五分の一でしかない。うまくいかない理由はいろいろだ。高い目標を立てすぎた場合もあるだろうし、目標の達成状況を測定する適切な手立てがなかったのが原因の場合もあるだろうし、時間が足りなかった場合もあるだろう。しかし最大の原因は誘惑だ。「私はいかなるものにも抵抗できる。だが、誘惑だけは別だ」と、作家のオスカー・ワイルドも述べている。おいしそうなステーキやフライドポテトのにおいをかぐと、ダイエットの誓いはもろくも崩れてしまう。お店で新しいハイテクグッズを目の当たりにすると、倹約の誓いはたちまちどこかへ飛んでいく。リビングルームのソファーでテレビのスポーツ中継を見ていると、実際に体を動かしてエクササイズをすることが途方もない重労働に思えてくる。

健康やライフスタイルの評論家は、誓いを守るためのコツをいろいろ紹介している。無理のない目標を立てる、数字で図れる目標を立てる、少しずつコツコツ進める、飽きないように食事やエクササイズのメニューを工夫する、足踏みや後戻りがあってもあきらめない、といった基本的な処方箋だけでなく、適切な誘因（インセンティブ）をつくり出すための戦略も提案している。欠かせないのはサポート体制をつくることだ。一緒にダイエットやエクササイズに取り組むグループに参加したり、家族や友人に目標を公表したりするといいとよく言われる。孤独感に苦しめられないですむうえに、みんなの前で恥をかくことへの恐怖がダイエットなどを続ける大きな理由になる。

著者の一人（ネイルバフ）がＡＢＣテレビの番組の企画でそうした恥の効果を活用したことは、第1章で述べたとおりだ。ダイエット企画の参加者はあらかじめ水着姿の写真を撮影しておく。二カ月で七キロ痩せられなければ、その写真を全国放送のテレビと番組のウェブサイトで公開される。その事態を避けたいという思いが減量の強力な誘因として働く。結局、一人の参加者を除いて全員が七キロの減量に成功。その一人もあと一歩のところまでいった。

ここにゲーム理論はどう関係してくるのか。ダイエットや節約の取り組みは、現在の自分（長い目でものを見て、健康になったり貯金を増やしたりしたいと考える）と未来の自分（近視眼的にものを考えて、好きなだけ食べたり買い物をしたりしたいと思う）の間のゲームと解釈できる。現在の自分が行なう誓いは、行動を改善するという確約とみなせる。この確約は、後でくつがえせるものであってはならない。言い換えれば、未来の自分に裏切りという選択肢を与えてはいけない。そこで、現在の自分は裏切り阻止のための行動を取る必要がある。水着姿の写真を撮り、ダイエットに失敗した場合はそれをテレビで公開することに同意するのは、その一例だ。こうすれば、未来の自分に新しい誘因を与えることを通じて、ゲームの性格を変えられる。たくさん食べたい、たくさん買い物をしたいという誘惑はなくならないが、恥をかく羽目になると思って踏みとどまるのだ。

このように、自分にとって好ましい結果を生み出すねらいでゲームの性格を変える行動を「戦略活用行動」と呼ぶ。ポイントは二つある。一つは、どういう結果が必要かということ。もう一つは、どうやってその結果を実現すべきかということ。第一の問題の解答はゲーム理論の科学が導き出してくれるが、第二の問題の解答は科学というより技の領域。個別の状況によって正解が変わってくる。以下ではその科学の基礎を説明したうえで、具体例を通じてその技の勘所を伝えたい。だが、実際にあなたがプレーするゲームで必要となる技は、そのゲームの状況を知るあなた自身が確立しなければならない。

事例を使って考えてみよう。あなたが一九五〇年代のアメリカのティーンエージャーの男の子だとする。地元の男子グループはいつも、誰がナンバーワンかを競い合っている。今日はよく晴れた土曜の夜。この日の勝負は、第4章でも紹介したチキンゲームだ。あなたともう一人の若者が直線道路で互いに向けてまっすぐ車を走らせる。そのままいけば正面衝突だ。先にハンドルを切ったほうがチキン（臆病者）。つまり、その人の負けだ。あなたはこの勝負に負けたくない。

これは危険なゲームだ。二人とも勝ちにこだわれば、二人そろって病院送り、あるいはもっと悲惨な結果になる。第4章では、このゲームに二つのナッシュ均衡があることを確認した。一つは、あなたが直進し、相手がハンドルを切るというパターン。もう一つは、あなたがハンドルを切り、相手が直進するというパターン。あなたにとって好ましいのは、言うまでもなく第一のパターンだ。では、好ましいほうの結果を実現するために打てる手はないのか。議論を一歩上の段階に進めて、この点を考えてみたい。

「決してハンドルを切らない男」という評判を確立できればいいが、そのためには過去に同じようなゲームに勝ったことがなくてはならない。つまり、問題の本質は変わらない。この種のゲームに勝つにはどうすればいいのか。

現実離れしているが、効果てきめんの方法がある。あなたの車のハンドルを取り外して、窓の外に投げ捨てるのだ。相手にはっきり見えるように捨てることが大事だ。これで相手は、あなたが決してハンドルを切れないとわかる。こうなると、衝突回避の責任はすべて相手の行動にかかってくる。あなたはゲームの性格を変えたのだ。新しいゲームでは、あなたの選択肢は直進するという一種類だけ。それに対する相手の最善の（というより、ましなほうの）選択肢は、ハンドルを切ることだ。あなたは自分を窮地に追い込むことによって、チキンゲームで勝利を手にできるのである。

一見すると、意外に思えるだろう。自動車のハンドルを捨てることにより、あなたは選択の自由を狭めたことになる。どうして、選択肢が減ることが好ましい結果につながるのか。このゲームでは、選択の自由とはチキンになる自由にすぎず、負ける自由にほかならないからだ。以下では、このような意外な教訓をいくつか紹介していこう。

その前に、一つだけお断りしておく。戦略活用行動が常に好ましい結果を生むとは限らない。重大な危険をもたらす場合もある。たとえば、あなたと相手が同時に同じことを思いついて、自分がハンドルを放り投げた瞬間、相手の車の窓からハンドルが投げ捨てられるのが目に飛び込んできたら……もう手遅れだ。あなたたち二人は正面衝突を避けられない。

この章のアイデアを実践するときは、あくまでも自分の責任で。もし失敗しても、著者は責任を取れないのであしからず。

2．実践と理論の歴史

歴史を通じて、人間や国家は確約や脅し、約束をし続けてきた。そうした行動に信頼性が必要だということも直感的に理解していたし、単にこの種の戦略を実践するだけでなく、相手の戦略の上をいく戦略を考え出そうと努めてきた。

ギリシャ神話の英雄オデュッセウスは船のマストに自分の体を縛りつけることによって、セイレーンの歌声に誘惑されないという信頼性のある確約をした。子供に罰を与えると脅すだけでは信頼性がなく、「ママに怒られたいの？」と脅すほうが説得力があるのだと、親たちはわかっている。王たちはわが子や親族をほかの王家と交換し、お互いに「人質」を取ることにより、平和共存の約束に信頼性をもたせることができると理解していた。

ゲーム理論は、こうした戦略を理解し、一つの理論的枠組みで見るのに役に立つ。しかしゲーム理論が誕生して最初の一〇年間は、特定のゲームの均衡の見つけ方（交互行動ゲームの逆戻り推量、二人版ゼロサムゲームの最小最大の定理、同時進行ゲーム全般のナッシュ均衡など）を明らかにし、それを囚人のジレンマや確言、夫婦の闘い、チキンゲームなどの例で説明することを主眼としていた。一方または両方のプレーヤーが自分の行動を通じてゲームの性格を変更する可能性をゲーム理論の主要なテーマとして打ち立てたのは、トーマス・シェリングだ。一九五〇年代後半と六〇年代前半の研究を発展させた著書『紛争の戦略』（一九六〇年）と『武器と影響力』（一九六五年）では、確約、脅し、約束の概念の厳密な理論的根拠を記し、信頼性をもたせるために必要な条件を明らかにし、それまでかなり誤解されていた瀬戸際戦略という微妙で危険の大きい戦略を分析した。

信頼性の概念を理論的にさらに発展させ、「部分ゲーム完全均衡」（第2章で取り上げた逆戻り推量を一般化させたもの）の考え方を打ち立てたのは、ラインハルト・ゼルテンだ。ゼルテンは一九九四年、ジョン・ナッシュ、ジョン・ハーサニとともにノーベル経済学賞を受賞している。

3. 確約

誓いを立てるのを新年まで待つ必要はない。毎晩寝る前に、明日から早起きするぞと誓う人もいるだろう。早く起きて時間を有効に使い、ジョギングをしようと考える。ところが朝になると、ベッドから出るのがいやになる。あと一時間、せめてあと三〇分寝ていたいと思う。これは、早起きの決意を固めた「夜の自分」と意志の弱い「朝の自分」の間のゲームだ。

ゲームの性格上、朝の自分には後攻の優位がある。しかし夜の自分には、ゲームの性格を変えて、先攻という立場を自分の味方につける方法がある。寝る前に目覚まし時計をセットすればいいのだ。これは言い換えれば、目覚ましが鳴ったときにベッドから出ると確約する行為だ。

だが、このやり方に効果はあるのか。目覚まし時計にはスヌーズボタン（アラームを止めるボタン）がある。朝の自分は何度でもこのボタンを押して、寝続けられる（夜の自分にはスヌーズボタンのない目覚まし時計を探して買うという選択肢もありうるが、ここではその可能性を度外視して話を進める）。その可能性を考えて、夜の自分は確約の信頼性を高めるために、目覚まし時計をベッドサイドではなく、部屋の反対側の衣装たんすの上に乗せておくこともできる。そうすれば、朝の自分はベッドを出ないと、アラームを止められない。もしこれでも不十分で、朝の自分がアラームを止めるとまたベッドに直行してしまうのであれば、アラームが鳴ると同時にコーヒーをいれてくれる目覚まし時計を考案しなければならないかもしれない。コーヒーの香りが部屋を満たせば、朝の自分もさすがにベッドの外に誘い出されるだろう（＊1）。

第2章で紹介したゲーム樹形図を使って、この目覚ましのゲームを検討してみよう。夜の自分がなんの戦略活用行動も取らない元々のゲームでは、樹形図はいたって単純だ。朝の自分はベッドから出ず、好ましいほうの結果を手にし、夜の自分は好ましくないほうの結果しか手にできない。ここでは、好ましいほうの利得を10点、好ましくないほうの利得を0点としておこう（図6—1）。

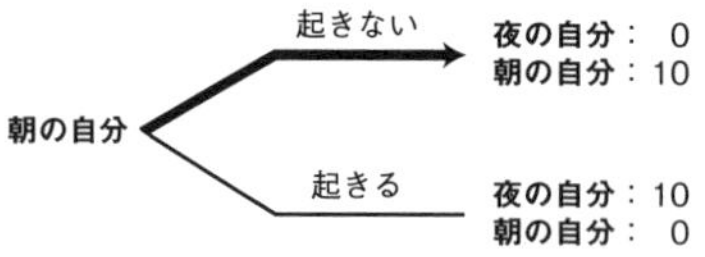

図6−1

しかし夜の自分は、目覚まし時計をセットすることにより、次のようにゲームの性格を変えることができる（図6—2）。

一つ目の分岐点で夜の自分が目覚まし時計をセットしない場合の木の枝は、最初の樹形図と同じだ。目覚ましをセットする場合は、その手間を考えて、夜の自分にコストが2点かかるものとする。したがって、朝の自分が起きれば、夜の自分の利得は10点からコストの2点を差し引いて8点になる。朝の自分が起きなければ、マイナス2点だ。一方、朝の自分には、アラームの騒音に悩まされるというコストが生じる。そのコストは、すぐに起きてアラームを止めれば1点ですむが、ベッドの中で寝たままアラームを延々と鳴らし続ければ15点にものぼる。その結果、ア

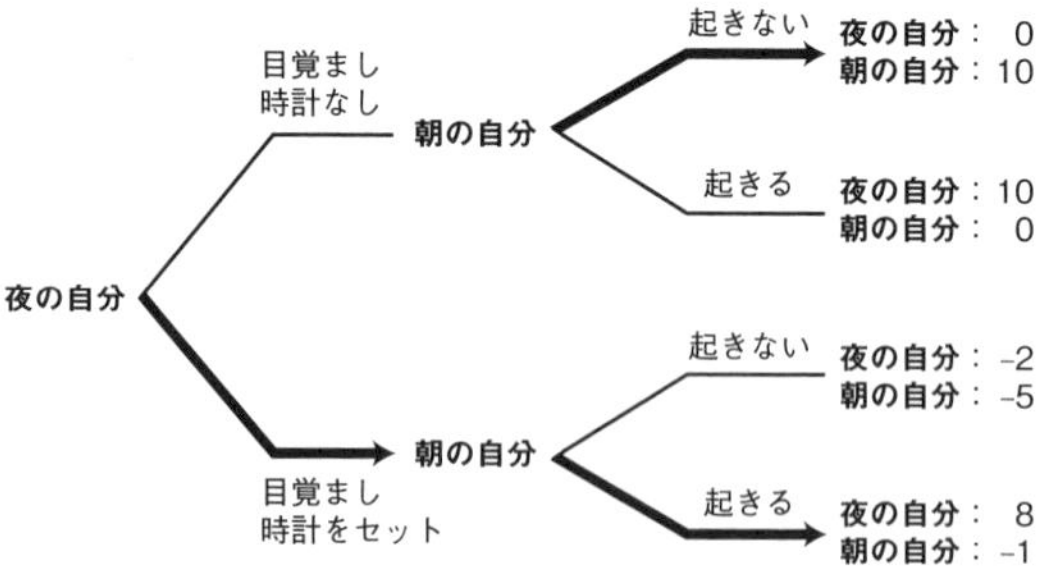

図6−2

ラームを無視して寝続けた場合の利得は、差し引きでマイナス5点になる。朝の自分としては、マイナス5点よりマイナス1点のほうがいいので、アラームがセットされる以上はすぐに起きる。夜の自分は、朝の自分がこう考えることを見越せるので、アラームをセットすれば8点の利得を手にできると計算する。これは、元々のゲームの0点という結果より好ましい（＊2）。要するに、逆戻り推量によるこのゲームの均衡は、夜の自分がアラームをセットし、朝の自分が起きるというパターンだ。

この状況を利得表で表わすと、ある驚くべき結果が見えてくる（表6―3）。

		朝の自分	
		起きない	起きる
夜の自分	目覚まし時計なし	10 0	0 10
	目覚まし時計をセット	−5 −2	−1 8

表6−3

見てのとおり、朝の自分がどういう戦略を取るにせよ、夜の自分にとってアラームをセットした場合の利得は、アラームをセットしない場合より小さい。朝の自分がベッドから出ないとすると、夜の自分の利得はアラームをセットしなければ0点、アラームをセットすればマイナス2点。朝の自分がベッドを出るとすると、夜の自分の利得はアラームをセットしなければ10点、アラームをセットすれば8点だ。夜の自分にとって、アラームをセットすることはセットしないことに対して絶対劣位の戦略ということになる。それなのに、アラームをセットすることが好ましい結果をもたらすのだ！

絶対優位の戦略を放棄し、わざわざ絶対劣位の戦略を選ぶことが好ましいなどということがどうしてありえるのか。この点を理解するには、絶対優位という概念を正しく把握しておかなくてはならない。夜の自分にとってアラームをセットしない戦略がセットする戦略に対して絶対優位の関係にあるのは、朝の自分の戦略を既定のものとした場合、そのいずれの戦略に対しても夜の自分はアラームをセットしないほうがセットするより大きな利得を手にできるからである。

問題は、朝の自分の戦略が本当に既定のものなのかどうかだ。両者の行動が同時行動であるか、夜の自分が朝の自分より後に行動するのであれば、夜の自分は朝の自分の行動に影響を及ぼせないので、朝の自分の戦略を既定のものとして受け入れるしかない。しかしこの早起きのゲームの場合は、戦略活用行動を取れば、相手の選択を既定のものとして受け入れるのではなく、相手の選択を変えることが可能だ。夜の自分がアラームをセットすれば、朝の自分は起きることを選択するので、夜の自分は8点を獲得できる。夜の自分がアラームをセットしなければ、朝の自分は寝続けることを選ぶので、夜の自分の利得は0点だ。0点より8点のほうが好ましい。10点か8点か、0点かマイナス2点かという比較は関係ない。交互行動ゲームで先に行動するプレーヤーにとって、絶対優位・絶対劣位の概念は意味を失うのである。

これ以降はゲーム樹形図や利得表を書くまでもなく議論を理解できると思うので、基本的には言葉だけの説明にとどめる。しかしあやふやなときは、いつでも自分で樹形図を描いて確認してみることをお勧めする。

＊1　おもしろい商品も発売されている。たとえば、「クロッキー」という目覚まし時計は、アラームが鳴ると同時に、部屋の中を転がって逃げはじめる。これを追い回してようやくおとなしくさせたころには、もうぱっちり目が覚めているはずだ。

＊2　ただし、確約の信頼性を高めるための行動にあまりに大きなコストがともなう場合は、適切な行動とは言えない。たとえば、朝の自分をベッドから引きずり出すために、夜の自分が寝室に時限発火装置をセットするのは、最善の選択ではない。

4. 脅しと約束

これまで述べてきたことをまとめると、確約とは要するに、条件なしの行動を取ることにより、ほかのプレーヤーの行動を変えることを狙う戦略活用行動の一種だ。夜の自分が取る行動は、目覚まし時計のアラームをセットすることだけ。その後は、このゲームでなにもしない。朝になると、夜の自分は消えてしまうと言っても過言でない。朝の自分としては、夜の自分が取った行動を前提に行動するしかなく、夜の自分の確約戦略に対する最善の（いちばんましな）対応はベッドを出ることなのだ。

それと違って、脅しと約束は条件づきのもっと複雑な行動だ。相手のどういう行動に対してこちらがどういう行動を取るかを定めた「反応ルール」を前もって言い渡しておく。脅しとは、こちらの意向に沿わない場合に相手を罰する反応ルール。約束とは、こちらの意向に沿った場合に相手に褒美を与える反応ルールである。

実際に行動するのは相手が先だが、反応ルールは相手が行動を取る前に示さなければならない。「ほうれん草を食べないとデザートはあげません」と子供に言い渡す親は、反応ルールを設定しているとみなせる。言うまでもなく、このルールは子供がほうれん草を犬に食べさせてしまう前に、はっきりと子供に伝える必要がある。

あなたは相手より先に行動し、反応ルールを決め、それを相手に伝達しなければならない。しかも、反応ルールに信頼性をもたせる必要がある。反応ルールで示した状況になれば確実にそのルールどおりの行動を選択するのだと、相手に信じさせなければならないのだ。そのためには、ゲームの性格を変えてその選択があなたにとって最善の選択になるようにするだけでなく、相手の選択に対応して二度目の行動を取れるように、ゲームの行動の順序を変えなくてはならない場合もある。

この点を具体的に見るために、第3章と第4章に続いて三たび衣料品通販のライバル企業、B・B・リーン（BB）とレインボーズエンド（RE）に登場願おう。この両社の価格設定のゲームは同時行動ゲームである。簡単におさらいしておこう。両社はシャンブレー織の高級シャツで競合関係にある。両社の共同の利益が最も大きくなるのは、共謀して八〇ドルに価格を設定する場合だ。このとき両社の利益は、それぞれ七万二〇〇〇ドルになる。しかしお互い、相手より安い価格を設定して売り上げを増やしたいという誘惑に駆られる。ところが両社が値下げに走ると、両社が四〇ドルまで値下げした場合がナッシュ均衡になり、両社の利益はそれぞれ四万ドルに減ってしまう。これがこの両社の直面する囚人のジレンマだ。両社がともに自分の利益を増やそうとすると、両社とも損失をこうむる。

このジレンマを解消するために、戦略活用行動を利用できないのか。片方の会社が高い価格を維持すると確約しても（つまり、条件なしの行動を取っても）意味がない。もう一社はそれにつけ込んで自社だけ値下げし、価格維持の確約をした会社が割を食う。では、条件つきの行動を取ればどうか。REが脅しをかけたり（「貴社が値下げすれば、わが社も値下げする」）、約束をしたり（「貴社が価格を維持すれば、わが社も価格を維持する」）という戦略も考えられる。しかし問題は、BBとREの価格競争が同時進行ゲームだということ。相手のカタログを見てから自社のカタログをつくることは、両社ともできない。脅しや約束をしたＲＥは、どうやってＢＢの行動に反応すればいいのか。そこで必要となるのが、ゲームの構造を変えて、相手の価格を知ったうえで自社の価格を決められるようにすることだ。

典型的な方法は最低価格保証だ。ＲＥはカタログに八〇ドルという価格を記載するが、「ほかにもっと安い業者があれば当社も同一価格に値下げいたします」という一文を入れる。これで、両社のカタログは同時に制作・発送されるが、ＢＢが裏切って八〇ドルより安い価格を記載すれば、自動的にＲＥの価格も同額まで引き下げられる。ＲＥでシャツを買っていた顧客はＢＢに乗り換えるまでもなく、いままでどおりＲＥから注文し、ＢＢの記載した安い価格で買い物ができる。

戦略活用行動のほかの側面を説明するために二つの衣料品通販会社の例にはまた触れるが、ここでは必要な対応（値下げをすれば、こちらも同額に値下げするという脅し）とそれを実現するための手段（その脅しを実行可能にし、信頼性あるものにするための最低価格保証）の区別をよく頭に入れておいてほしい。

5．抑止型と強要型

脅しと約束は、それぞれ二つの種類にわけられる。ある行動を相手に取らせないことを目的とする抑止と、ある行動を相手に取らせることを目的とする強要である。

銀行強盗が人質を取り、要求が拒まれれば人質を殺すという反応ルールを示せば、それは強要型の脅しだ。冷戦時代のアメリカが当時のソ連に対し、もし西側同盟国のいずれかを攻撃すれば核兵器で反撃すると脅せば、それは抑止型の脅しということになる。両方の種類の脅しに共通するのは、実際に脅しが実行されれば、脅される側だけでなく脅す側も被害をこうむる（利得が減る）ことだ。銀行強盗が人質を殺せば、捕まった場合の刑罰が大きくなる。ソ連との核戦争になれば、アメリカは甚大な被害を受ける。

約束にも強要型と抑止型がある。強要型の約束とは、こちらにとって好ましい行動を引き出すことを目的とするもの。検察官が被告人の一人に対し、共犯者の罪を証言すれば罰を軽くすると約束するのはその一例だ。抑止型の約束

> **［ trip to the gym no.4 ］**
> **戦略トレーニングジム 4**
>
> アメリカとソ連の冷戦のゲームの樹形図を描いて、アメリカの脅しがゲームの均衡をどう変えるのか確かめてみよう。

とは、こちらにとって好ましくない行動を取らせないことが目的。暴力団員が共犯者に対し、沈黙を守れば命は保証すると約束するのがこれに当てはまる。両方の種類の約束に共通するのは、相手が望みどおりに振る舞ってくれた後、約束した側が約束を破りたいという誘惑に駆られることだ。暴力団員としては、証拠不十分で無罪判決を勝ち取ってしまえば、将来の災いの根を絶つために共犯者を抹殺するかもしれない。

6. 簡単・戦略活用行動ガイド

この章ではさまざまな概念を次々と紹介してきたので、これまで述べてきた内容を簡単な図と表にまとめてみた（図6―4、表6―5）。頭を整理し、後で確認するのに利用してほしい。

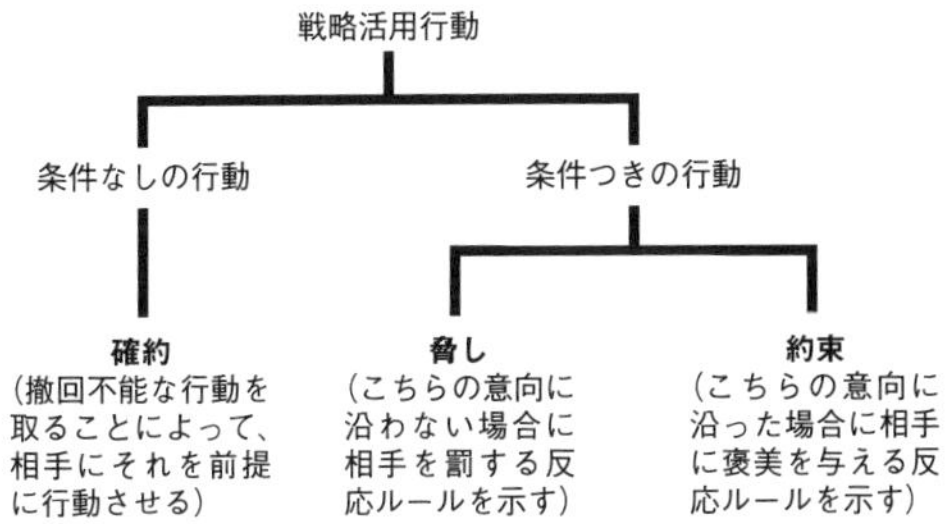

図6−4

	抑止型	強要型
脅し	「もし、私の望まないことをすれば……」	「もし、私の望むことをしなければ……」
	「……あなたにとって不利益な（そして私にとっても不利益な）行動を取るぞ」	
約束	「もし、私の望まないことしなければ……」	「もし、私の望むことをすれば……」
	「……あなたにとって利益になる（そして私にとってコストをともなう）行動を取ることにしよう」	

表6−5

7．警告と確言

脅しと約束には共通の特徴がある。それは、反応ルールを示すことによって、反応ルールのないときにはしないような行動を取ると宣言している点である。その時点でいちばん望ましい行動をするという反応ルールを示しても、何もルールを示さないのと同じだ。こちらの将来の行動に関する相手の予想が変化しないので、何の影響も相手に与えられない。しかし、ルールとしての効果はなくても、将来起こることを述べることには情報を伝える効果があり、これらは警告と確言に分類される。

何か脅迫したいことがあるとき、それを示す声明を警告と呼ぶ。たとえば、大統領が自分の気に入らない法案に拒否権を発動すると警告するのは、単に自分の意思の表明にすぎない。一方、法案に署名をする気はあるが、議会にもっと自分の希望に適う法案を作らせるために拒否権の発動を戦略的にほのめかせば、それは脅しになる。

この点をビジネスの文脈で見るために、B・B・リーン（BB）とレインボーズエンド（RE）の事例で考えてみよう。REが値下げした場合にBBが対抗値下げをするという表明は、脅しなのか警告なのか。REの値下げに対してBBが価格を据え置けば顧客を失う。しかしREと同額まで値下げすると、利幅が減りすぎる。第4章で検討したように、BBにとって最善の行動は、REが一ドル値下げするごとに〇・四ドル値下げするというものだ。

しかしBBがREを脅して値下げを抑止したいのであれば、本来最善の行動である〇・四ドルより過激な対応が必要かもしれない。たとえばREの一ドルの値下げに対して、一ドル以上の対抗値下げをするとカタログ上で表明する可能性もある。こうした行為こそ、本章で言う正真正銘の脅しである。BBにとって、この脅しを実行するには損害を伴う。その脅しに信頼性をもたせるために、カタログにその方針を記載し、前言を翻せないようにしてある。それに対して、REの一ドルの値下げに対して〇・四ドルの値下げを行なうという方針をBBがカタログに記したとしても、それは脅しではない。単なる警告にすぎない。この方針を表明しようとしまいと、BBにとってはそれが最善の対応だからだ。

貫き通したい行動があるときに、その意向を表明するのは確言だ。たとえばBBがREに対して、もしREが八〇ドルに価格を設定するという共謀を守れば自社もその価格を守ると密かに伝えたいと考えているとする。これが一回限りのゲームであれば、REに八〇ドルに価格を設定させた後で自社が言葉を守ることはBBにとって最善の行動ではないので、この声明は本章で言う厳密な意味での約束、すなわち戦略活用行動だ。しかしゲームが繰り返される場合は、第3章で見たように相互協力の継続が一つの均衡なので、BBの声明は確言ということになる。これは戦略活用行動ではなく、相互協力が囚人のジレンマの解決策になるのだとREに伝達しているにすぎない。

脅しや約束と警告や確言との区別は重要である。脅しと約束は戦略的な行動だが、警告と確言は情報伝達の機能を果たす。警告と確言の場合には、相手の行動に影響を与えるためにこちらの反応を変えることはない。相手の行動に対してこちらがどう行動したいかを伝えるだけである。対照的に、脅しと約束は、反応ルールを通して、こちらが本来の行動とは違う行動を取ることを相手に伝えることを目的とする。脅しと約束は、情報を伝達するためではなく、意思決定を操作するためになされるのだ。脅しと約束の場合には、自分の利益に反する行動を取ることを表明するため、ここに信頼性の問題が浮上してくる。相手が行動した後には、こちら側に脅しや約束を破る誘惑が発生するので、信頼性を得るために実行の確約が必要とされる。

脅しや約束に信頼性がないと、ほかのプレーヤーは行動を変えようとしないだろう。親は子供におもちゃを与えて、わが子の喜ぶ顔を見たいものだ。子供はそれがよくわかっているので、親が子供に言うことを聞かせようとして「おもちゃをあげませんよ」と脅してもその言葉を真に受けず、なかなか言うことを聞かない。親がこの脅しに信頼性をもたせるためには、何らかの事前の行動を取らなければならない。

ここまで見てきたように、戦略活用行動には二つの要素がある。一つは行動の方針、もう一つはその方針に信頼性を与えるための補足的な行動である。以下では、行動の方針、つまり脅しや約束とは具体的にどういう行動なのかを見ていく。これはいわば、戦略活用行動のメニュー。次の第7章では、脅しや約束に信頼性をもたせ、実効性を与えるためのレシピに焦点を当てる。

8. 相手の戦略活用行動

戦略活用行動を取ることの利点を考えるのは当然だが、相手の戦略活用行動が自分に及ぼす影響も考えなければならない。場合によっては、自分が戦略活用行動を取るチャンスを放棄し、わざと相手にそうした行動を取らせるほうが有利なケースもある。相手が先に条件なしの行動を取る場合、相手が先に脅しを行なう場合、相手が先に約束をする場合について、それぞれ見ていこう。

先手を取って動こうと思えば動ける側がその権利を放棄し、相手側に条件なしの行動を取らせることによって、自分の有利にことを運べる場合がある。第1章で紹介したヨットのアメリカズ・カップのケースはその例で、こういうときには後手に回り、相手の動きに追随したほうが得だ。しかし、当然ながら、相手に先に行動させるのが常に得策なわけではない。むしろ、相手が条件なしの行動を取るのを防がなくてはならない場合もある。孫子の言葉に、「敵を包囲するときは、逃げ道を一ヵ所残しておけ」というものがある。逃げ道を残しておけば、敵は脱出するチャンスがあると考える。一方、逃げ道がないと思えば、敵は背水の陣をしき、死物狂いで戦ってくるだろう。孫子は、敵に死を賭して戦うという条件なしの行動を取らせるべきではないと言っているのだ。

では、相手が先に脅しを行なう場合はどうか。相手から脅しを受けることは、いかなる場合にも得にならない。脅しを通じて相手があなたに取らせようとする行動は、あなたにとって好ましいものであれば、脅しを受けるまでもなく、いつでも実行可能なものだからだ。相手の意向どおりに振る舞えば脅しは実行されないが、脅しを受けることにより行動の選択肢が狭まってしまう。

一方、相手が先に約束をする場合は、話が別だ。片方のプレーヤーが約束をすれば、双方が恩恵を受けるケースもある。囚人のジレンマはその典型だ。二人の容疑者の片方だけでも、取り調べに口を割らないという信頼性のある約束をすれば、両者にとって好ましい結果になる。ただしここで注意すべきなのは、これが条件つきの約束であって、条件なしの確約であってはならないということだ。片方の容疑者が自白しないという条件なしの確約をすれば、もう一人はそれにつけ込んで、自分だけ自白して刑を軽くしてもらうだろう。そんなことはわかりきっているので、誰も条件なしの確約などしない。

9. 脅しと約束の使いわけ

ときとして、脅しと約束の境界線は曖昧だ。私たちのある友人がニューヨークで強盗にあったとき、その強盗はこう約束したという。「二〇ドル貸してくれれば、危害は加えない」。しかしこの約束は裏を返せば、「二〇ドル渡さなければ危害を加える」という脅しにほかならない。

要するに脅しと約束の違いは、何を「現状」ととらえるかの違いでしかない。強盗は、金をよこさなければ危害を加えると相手を脅す。それでも相手が言うことを聞かなければ、強盗は暴力を振るいはじめる。そして暴力が振るわれているという新しい「現状」を前提に、金を渡せば暴力をやめると約束する。このように脅しと約束は表裏一体の関係にある。

では、相手にこちらの思いどおりの行動を取らせたい場合、脅しを用いるべきなのか、それとも約束を用いるべきなのか。それは、二つの要素によって決まる。第一の要素はコストだ。脅しは約束よりコストが少なくてすむ場合がある。脅しが効を奏すれば脅しを実行する必要がないが、約束が効果を発揮したときはその約束を実行しなければならない。企業にとっては、職務成績が振るわなければ恐ろしい結果になると社員を脅せば、成績のいい社員にボーナスを支払うより出費をおさえられる。

このやり方を実践したのがソ連の独裁者スターリンだった。スターリンはソ連の労働者の生産性を高める目的で、給料アップや生活の改善を約束するのではなく、シベリアの強制収容所に送るという脅しを用いた。アメとムチで言えば、ムチを振るう方法だ。だが、このシステムは機能しなかった。労働者の成績を評価する方法が不正確なうえに恣意的で、汚職が蔓延していたせいだ。この点については、次の項で詳しく検討する。

脅しと約束のどちらを用いるべきかを左右する第二の要素は、目的が抑止なのか強要なのかという点だ。両者には、時間的性格に大きな違いがある。抑止には、締め切りがあるとは限らない。抑止とは要するに、ほかのプレーヤーにかくかくしかじかのことをしてはいけないと告げ、その禁止行為を行なえば悪い結果を招くとはっきりと伝えることだ。アメリカはソ連に「西欧を攻撃するな」と言い渡し、神はアダムとイブに「禁断の実を食べてはいけない」と命じる(*1)。この例からもわかるように、抑止の目的を達成するには脅しのほうが適している。

一方、強要には締め切りが不可欠だ。母親が子供に「部屋を片づけなさい」と命じるときは、「今日の夕方五時までに」といったタイムリミットを設定しなければならない。そうでないと、子供は片づけをぐずぐず先延ばしにしかねない。「今日はサッカーの練習があるから、明日やるよ」と言い、明日になればまた別の「緊急」の用事をもち出すだろう。

では、このタイムリミットを守らせるためには、脅しと約束のどちらが適切なのか。この場合、母親が脅しをかけたとしても、子供が少し後回しにするたびに制裁を加えていてはきりがない。子供は少しずつスライスのように時間稼ぎをして、脅しを骨抜きにしてしまう。トーマス・シェリングが言うところの「サラミ戦術」だ。

そう考えると、強要の目的を達するには、相手にぐずぐずさせない誘因を与えたほうがうまくいく場合が多い。早い時期にしかるべき行動を取ったほうがご褒美が増えるなり、罰が軽くなるなりする仕組みを設けるべきだ。そこで母親は「部屋の片づけをすませたらデザートをあげるわよ」と言い、強盗は「金をよこせばすぐに、お前の喉に突きつけたナイフをどけてやる」と言う。このように、強要の手段としては約束が適している。

*1 脅しを行なったプレーヤーは、考えが変わればいつでも脅しを撤回できる。冷戦時代のアメリカがフランスのド・ゴール大統領の交渉術にうんざりすれば、もうフランスを攻撃してもけっこうだとソ連に伝えることも可能だった。

10. 明確性と確実性

脅しや約束をするときは、どういう行動がどういう処罰(もしくは褒美)をもたらすのかをきわめて明瞭に相手に伝えなくてはならない。そうでないと、相手は何が禁止されている(もしくは奨励されている)のか誤解し、計算違いをして行動しかねない。ムチを振りかざして労働者に労働の誘因を与えようとしたスターリンのやり方は、この点で致命的な欠陥をもっていた。監視システムが恣意的で腐敗していたせいで、一生懸命働いても怠けてもシベリア送りになる危険は同じくらいあった。これでは、まじめに働けというほうが無理だ。

ただし明確性が重要といっても、必ずしもオール・オア・ナッシングの選択を提示しなければいけないわけではない。というより、その種の選択を突きつけるのは優れた戦略と言えない場合もある。冷戦時代のアメリカは、ソ連が西欧に侵攻するのを抑止したかった。しかし、数人の兵士が国境を越えてさまよい込んだ程度の些細な「侵略」行為に対してまで全面的な核戦争の脅しをかけるのは、危険が大きすぎる。

生産性を向上させた社員に報奨金を与えると会社が社員に約束する場合も、ある一つの基準を上回るまではビタ一文与えず、その基準を上回った社員にいきなり莫大なボーナスを支給するよりは、生産性の向上度に応じて段階的にボーナスを増やしていくほうが効果的だろう。

脅しや約束が効果をもつためには、相手がそれを信じなければならない。内容が明確でも、実行の確実性がなければ意味がない。ただし、不確定要素を完全に排除する必要はない。たとえば企業が経営幹部に成果報酬として自社株の譲渡を約束する場合、約束される褒美の金銭的価値は確定していない。株価は株式市場で働くさまざまな要因の影響を受けるので、経営幹部自身には手の及ばない場所で決まる場合も少なくない。それでもこの約束は、直接評価可能な業績に応じて株式を何株支給するかという形でなされるべきだ。それが確実性である。

脅しや約束をすべて同時に実行する必要はない。相手がサラミ戦術を取る場合はとくに、複数の段階に細かくわけて脅しや約束を実行するのが効果的だ。大学の教室で学生に試験を受けさせると、時間が過ぎてもまだ答案を書き続けようとする学生がたいてい何人かいる。これに甘い顔をするときりがない。時間を延ばしてやっても、どっちみち制限時間の後までねばろうとする学生が出てくる。だが、時間を二分なり三分なり遅れた答案の受け取りを全面的に拒否するという脅しは、説得力がない。一分遅れるごとに一定の点数を差し引くというペナルティーを示すほうが信憑性がある。

11. 脅しの大きさ

言うまでもなく、脅しが効果を発揮すれば、その脅しを実行する必要はない。つまり、脅しを実行するコストがどんなに高くても問題にならない。だとすれば、相手を本当に震え上がらせて屈服させることが可能な強烈な脅しをかければよさそうにも思える。パーティのテーブルで隣に座った人に、礼儀正しく塩のビンを取ってもらえないかと頼むのではなく、「塩をよこさないと、頭を叩き割るぞ」と言ったほうが効果的なのではないか。貿易相手国に辛抱強く市場開放を申し入れるのではなく、わが国の産品をもっと買わないと核爆弾を落とすぞと脅したほうがいいのではないか。

背筋が寒くなった？　当然だ。脅しが大きすぎて、現実性や信憑性が感じられないだろう。こうした脅しは、社会規範にことごとく反した行動であるために激しい恐怖と嫌悪を呼び起こす。それに、普通であれば相手が屈服するような強力な脅しであっても、その脅しを実行せずにすむと一〇〇％言い切ることはできない。何か間違いが起きないとも限らない。隣の席の人が無理強いされると反発する頑固者だったり、喧嘩のにおいをかぐと血が騒ぐタイプだったりしたら？　もし相手が言うことを聞かなければ、あなたは予告どおり脅しを実行するか、そうでなければ腰砕けになってメンツを失うかのどちらかだ。国家間の通商交渉で軍事行動の脅しをかける場合も同じことが言える。間違いが起きて途方もないコストが発生する確率がわずかでもある以上、脅しは目的を達するうえで必要最低限にとどめるべきだ。

では、抑止または強要の目的を実現するのに必要最低限の脅しとはどの程度のものなのか。この点がわからない場合がきわめて多い。それでも、脅しを実行する羽目になった場合のコストはなるべく小さくしたい。であれば、小規模な脅しから始めて、段階を追ってそれを強化していけばいい。これは、「瀬戸際戦略」と呼ばれるデリケートな戦略である。

12. 瀬戸際戦略

映画にもなった小説『LAコンフィデンシャル』のある場面で、堅物の警官エド・エクスリーが容疑者リロイ・フォンテインを尋問していると、気性の荒い同僚警官バド・ホワイトが口をはさんでくる。

ドアが乱暴に開いて、バド・ホワイトが踏み込んでくると、フォンテインを壁に突き飛ばした。

エドは凍りついた。

ホワイトは38口径の銃を取り出し、シリンダーを開け、中の弾をいくつか床に捨てた。フォンテインは頭のてっぺんからつま先までガタガタ震えている。エドは凍りついたままだ。ホワイトはシリンダーを閉じると、銃口をフォンテインの口に押し込んだ。「弾が発射される確率は六つに一つだ。女はどこだ？」

フォンテインは鉄の筒をくわえたまま黙っていた。ホワイトが引き金を引く。カチッ。薬室は空だった。もう一度引き金を引く。これも空の薬室「これで確率は四つに一つになった」。フォンテインがその場にへたり込んだ。ホワイトは髪をつかんでフォンテインを立たせた。「女はどこだ？」

エドは凍りついたまま動けずにいる。ホワイトはまた引き金を引いた。カチッと小さな音がしただけだった「これで確率は三つに一つ」。フォンテインはおびえて目を見開いている。「シ、シ、シルベスター、フィ、フィッチのところだ。アバロンのイチ、マル、キュウ。角のグレーの家だ。お願いだ。オレを助け――」

最後まで聞き終わらないうちに、ホワイトは飛び出していった。

言うまでもなく、ホワイトはフォンテインに情報提供を強要するために脅しをかけている。ここで注目すべきは、「口を割らないと殺すぞ」という単純な脅しをするのではなく、「口を割らなければ、引き金を引く。もし薬室に弾が入っていれば、お前は死ぬ」と言い渡したこと。この脅しにより、ホワイトがつくり出したのは、フォンテインが命を失うという危険だ。しかも脅しが繰り返されるたびに、その危険が増していく仕組みになっている。ついに危険が三つに一つの確率に高まるにいたって、フォンテインは危険が耐えがたく大きいと判断し、口を割った。しかし、別の結果になっていた可能性もあった。ホワイトとしては、情報を聞き出さずにフォンテインを死なせてしまうわけにはいかないので、危険が大きすぎると考えて引き下がり、何か別のアプローチを考える羽目になったかもしれない。あるいは、拳銃から弾丸が発射されてフォンテインを撃ち抜くという双方の恐れる結末が訪れる可能性もあった。

映画『ミラクル・ワールド／ブッシュマン』にも似たような場面がある。アフリカのある国で大統領の暗殺未遂事件が起きる。大統領警護隊は襲撃者の一人を拘束し、仲間の情報を聞き出そうとした。男はヘリコプターに乗せられて、目隠しをされ、開け放った扉を背に立たされた。プロペラがブンブン音を立てて回転している。「リーダーは誰だ？　お前たちの隠れ家はどこだ？」と、将校が尋ねる。返事はない。将校が男の体を押し、ヘリコプターの扉の外に突き飛ばす。ここで、映像はヘリコプターの外に変わる。実は、ヘリコプターは地上三〇センチのところに浮いていただけだった。男は地面に仰向けに転がった。「次はもう少し高い場所から落とすぞ」と、将校はあざ笑って言った。男は恐怖に駆られて、すべてを白状した。

このように危険を段階的に高めていく脅しには、どういうねらいがあるのか。脅しの大きさを目的達成に必要最低限にとどめるべきだというのは、すでに述べたとおりだ。しかし、どの程度が必要最低限なのか事前にわからない場合もある。そこで、まず弱い脅しから始めて、相手が言うことを聞くまでだんだんエスカレートさせていくことに意義がある。脅しの内容が強まるにつれて、それを実行することに伴うコストも大きくなる。こうして、双方がお互いの危険とコストに対する許容度を探りあうゲームが始まる。四つに一つの確率でフォンテインが命を落とすという状況は、フォンテインにとって耐えがたいものなのか。あるいは、ホワイトにとって耐えがたいものなのか。もし双方にとって許容可能だとすれば、三つに一つの確率に危険を高める。緊迫の肝試し勝負は、どちらかが恐怖に負けるまで（あるいは双方が恐れる結果が訪れるまで）続く。

このような戦略をトーマス・シェリングは「瀬戸際戦略」と呼んだ。この言葉は、相手を崖っぷちに追い込んで先に折れさせることを目指す戦略という意味で用いられる場合が多い。断崖に立って、言うことを聞かなければ突き落とすと相手を脅す。ただし相手は当然、あなたを道連れに断崖を転げ落ちようとする。だからこそ、あっさり相手を崖から突き落とすと脅しても説得力がないのだと、シェリングは著書『紛争の戦略』で書いている。

断崖でどこまで地面が続いているのかはっきりしていて、足元の石がぐらついたり、突風が吹きつけたりして不意にバランスを崩すようなこともなく、双方ともめまいがしたりして自由が利かなくなることもまったくなければ、崖に近づいてもお互いに相手を危険にさらすことはない……両者とも自発的に崖から飛び降りることは可能だが、飛び降りるぞと言ったところで相手は信用しない。相手を脅す、あるいは抑止するためには、不慮の事態で滑り落ちたり、つまづいたりする可能性があることを思い知らせなくてはならない……崖の縁ぎりぎりのところに立てば、思わず転落するかもしれないという脅しに信頼性をもたせることができる……相手の行動を抑止するために、この種の不確実性は欠かせない……言うことを聞かなければ全面戦争に打って出るという最終決定を突きつけても信憑性や合理性を欠くかもしれない。だが、行動とそれに対する対応、計算と誤算、警告と誤った警告が事態を複雑にして戦争に発展する危険がある場合は、その脅しが説得力をもつ。

一九六二年のキューバ・ミサイル危機は瀬戸際戦略の最もよく知られた例だろう。ソ連の指導者ニキータ・フルシチョフはアメリカ本土と目と鼻の先にあるキューバに核ミサイルを設置し始め、一〇月一四日にはアメリカの偵察機が建設中のミサイル施設を写真撮影でとらえた。これを受けて当時のジョン・F・ケネディ大統領は、一週間にわたる緊迫した閣議の末、キューバの海上封鎖を発表した。もしソ連がこの措置に反発して報復してくれば、事態は超大国間の核戦争というところまでエスカレートする可能性をはらんでいた。ケネディはその可能性を三分の一から二分の一の間の確率と読んでいたということだ。結局、公の場での牽制と、水面下の交渉が数日間繰り返された後、フルシチョフは衝突の回避を選んだ。トルコにあるアメリカのミサイルを撤去するという面目を保つための譲歩をアメリカが行ない、フルシチョフはキューバからのミサイルの撤去を命じた。

キューバ・ミサイル危機における瀬戸際は、どこにあったのだろう。ソ連がアメリカの海上封鎖を強行突破しようとしたとしても、アメリカがいきなり戦略核ミサイルを撃ち込むことは考えにくい。それでも、事態の緊迫度が一段階高まり、核戦争による世界破滅の危険が如実に高まる。

軍事関係者は「戦争の霧」という言い方をすることがある。両陣営とも情報が断絶されていて、個人の恐怖や勇気、あるいは不確実性に行動が支配されている状況のことだ。複雑な要因が多過ぎて、すべてのものをコントロール下に置けない状況と言ってもいい。このような状況は、危険を作り出すのにうってつけだ。キューバ・ミサイル危機でも、ケネディはいったん海上封鎖を実行すると、海軍の行動をコントロールするのが非常に難しかった。ケネディはフルシチョフに時間を与えるため、封鎖の実施海域をキューバの沖五〇〇マイルの地点から八〇〇マイル地点に移そうとしたが、ソ連に用船されていたレバノン船籍の貨物船マキュラが停止させられた位置から判断するに、海上封鎖の地点はなんら変更されていなかった。

要するに、瀬戸際戦略で言う「瀬戸際」とは、垂直に切り立った断崖というより、徐々に傾斜を強めていく滑りやすい斜面と言ったほうがいい。キューバ・ミサイル危機では、ケネディがこの斜面を少し下に降り、フルシチョフはもっと下に降りる危険を避けた。こうして二人は一緒に、上の安全地帯まで戻ったのである(＊1)。

瀬戸際戦略の本質は、意図的に危険をつくり出すことにある。危険は相手にとって耐えがたいほど大きいものでなければならない。そうでないと、相手はこちらの言うことを聞いてまでその危険をなくそうとはしないだろう。この本でたびたび取り上げてきたチキンゲームは、まさにこのような性格をもつゲームだ。これまでは、二人のプレーヤーには車を直進させるかハンドルを切るかの二つの選択肢しかないと想定していたが、実際はそう単純でない。「いつ」ハンドルを切るかという問題が出てくる。二人が直進し続ける時間が長くなればなるほど、衝突の危険は大きくなる。ある程度まで二台の車が接近してしまうと、たとえ片方が危険に耐えかねてハンドルを切っても間に合わないかもしれない。瀬戸際戦略は、『LAコンフィデンシャル』と『ミラクル・ワールド／ブッシュマン』の拷問シーンもそうだったように、しだいに危険が高まっていくチキンゲームとみなせる。

そう考えると、私たちのまわりには瀬戸際戦略の例がいたるところにある。会社の経営陣と労働組合、夫と妻、親と子供、大統領と議会など、ほとんどの対立関係では、一方または両方のプレーヤーが相手の本当の動機や能力を完全に把握できているという自信をもてず、その結果、大半の脅しは誤りが起きる危険をともない、瀬戸際戦略の要素をもつ。瀬戸際戦略では、どんなに慎重にことを運んでも悪い結果を招く危険性を排除できない。この点を頭に入れて、注意深くこの戦略を用いなければならない。また、危険をエスカレートさせていく過程で相手より先に自分が恐怖に負けそうだと思えば、そもそも瀬戸際戦略に乗り出さないほうが身のためだ。

瀬戸際戦略の具体的な方法論については、次の第7章でも触れる。ここでは、最後に警告をしておく。瀬戸際戦略には、常に瀬戸際を踏みはずす危険がついてまわる。いま私たちは、キューバ・ミサイル危機におけるアメリカの戦略を瀬戸際戦略の成功例とみなしているが、もし超大国同士の戦争の危険が現実になっていたならば、評価は大きく違ったものになったであろう。生き残った人たちは、無謀で不必要な危機をもたらしたとしてケネディを恨んだにちがいない。

一九八九年六月の中国の学生虐殺は、瀬戸際からの踏みはずしが本当に起きた悲しい実例である。北京の天安門広場に集まった学生たちは、政府強硬派と衝突する危険に直面していた。どちらかが引き下がらなければならなかった。強硬派が民主化運動のリーダーに権力を譲るか、あるいは学生が要求を引っ込めるか、いずれかが必要だった。この間ずっと、政府強硬派が過剰反応し、民主化運動を武力で鎮圧する危険があった。プレーヤー双方が瀬戸際戦略を行使し、両者とも譲らなければ、事態の収拾がつかなくなり、悲劇的な結末を迎える可能性があるのだ。

天安門事件の後、各国の政府指導者は瀬戸際戦略の危険性をより深く意識するようになった。東ドイツとチェコで同じような民主化運動が起こったとき、それぞれの共産主義体制の指導者は、人々の要求を受け入れることを決めた。一方、ルーマニアでは、権力を維持するため暴力的な手段を用いて改革の流れに抗おうとした。事態は内戦の様相を呈し、最後にはニコラエ・チャウシェスク大統領が人民への科により処刑された。

＊1　キューバ・ミサイル危機を、ケネディとフルシチョフの二人のプレーヤーのゲームと考えるのは正しくない。それぞれの国内でも文官と軍人が対立していたし、文官同士、軍人同士の意見対立もあった。アメリカの政治学者グレアム・アリソンの著書『決定の本質——キューバ・ミサイル危機の分析』では、この危機を多人数版の複雑なゲームとみなしている。

13.［ケーススタディー］親子の駆け引き

親にとって、子供が悪いことをしたときに罰を与えるのはえてして簡単でない。子供は親の脅しが本気でないと、抜け目なく察知する。親だって子供を罰したくはない。そのジレンマを子供たちは知っているのだ。ではどうすれば、悪いことをしたとき罰を与えるという脅しに信頼性をもたせられるのか。

■ケース・ディスカッション

父親と母親に子供一人という関係であれば、プレーヤー三人のゲームとみなせる。この場合は、両親がチームワークを発揮すれば脅しに信頼性をもたせられる。息子が悪いことをすれば、父親が罰を与えることになっているとしよう。いざ罰が実行される段になって、息子が父親のジレンマを指摘して罰を逃れようとしたとする。このとき父親は、「できることなら罰など与えたくないのだが、もし罰を実行しなければママとの合意を破ることになる」と説明すればいい。合意を破ることに伴うコストは、息子を罰するコストより大きい。したがって、脅しが信頼性をもつ。

親が一人の場合もこのゲームに持ち込むことはできるが、話はずっと複雑になる。子供を罰するという合意を子供自身と結ばなければならないからだ。「できれば罰を与えたくないが、もし罰を実行しなければパパ自身が正しくない行動を取ったことになり、パパが罰を受けることになる」と、父親は息子に説明すればいい。では、父親を罰するのは誰なのか。それは息子だ。息子を罰するというのは父親と息子の間の合意だからだ。息子は、「もしパパがぼくのことを許してくれれば、パパがぼくを許したことをぼくも許してあげるよ」と言うだろう。それに対して父親は、「おまえがパパを許せば、それは新しい合意違反だ。その件でパパはおまえを罰しなくてはならなくなる」と答える。こうやって、父親と息子はお互いに約束を守らせる。大げさなと思うかもしれないが、悪いことをした子供に罰を与えるときにはたいてい無意識にこういう発想が働いている。

二人の人間がお互いに約束を守らせる方法について、エール大学の経済学者ディーン・カーランが説得力のある例を紹介している。カーランはダイエットを成功させたいと思っていて、ある友人と書面で契約を交わし、お互いに体重が一七五ポンド以上になれば、その都度一ポンドにつき一〇〇〇ドルずつ相手に支払うことを約束した。私たちのような薄給の大学教員にとってはシャレにならない大金だ。脅しは功を奏し、カーランも友人も減量に成功した。しかしその過程では、脅しの信頼性の問題が常にあった。カーランにせよ相手にせよ、本当に自分の友人からお金を取り立てるのかという疑問がついて回る。

実は、途中で友人がダイエットを怠けて体重が一九〇ポンドに増えてしまったことがあった。このときカーランは、約束どおり一五ポンド分の一万五〇〇〇ドルの金を徴収した。カーランだって友達の金を取り上げるのは本望でない。だが、自分が相手から金を徴収すれば、自分が減量に失敗したとき相手が遠慮なく自分から金を没収できるはずだと思った。カーランは、もし必要となれば自分が確実に処罰されるように、あえて相手に対する処罰を実行したのである。お望みであれば、カーランは第7章で紹介する「確約ストア」でこの種のサービスをあなたにも提供してくれる。

以上で、脅しと約束に何が必要かという簡単な説明を終えるが、さらに練習問題を解いて理解を深めたい人のために、第14章のケーススタディーに練習問題「拳銃よさらば」を用意しておいた。次の第7章では、戦略活用行動にどうやって信頼性をもたせるかを論じる。

第7章 実行の確約

——相手に本気と思わせる——

1. 我々は神を信じる?

旧約聖書の創世記で神はアダムに、知識の木の実を食べた場合の罰を説明した。

主なる神は人に命じて言われた。「園のすべての木から実を取って食べなさい。ただし、善悪の知識の木からは、決して食べてはならない。食べると必ず死んでしまう」(「新共同訳聖書」創世記2章16—17節)。

あなたならどうするだろう。知識の木の実を食べるだろうか。すぐに死んでしまうとわかっているのに、知識を手にすることになんの意味があるのか。しかし狡猾な蛇がエバをそそのかす。神ははったりをかけているだけなのではないかと、蛇はほのめかした。

蛇は女に言った。「決して死ぬことはない。それを食べると、目が開け、神のように善悪を知るものとなることを神はご存じなのだ」(創世記3章4—5節)。

知ってのとおり、アダムとエバは知識の木の実を食べてしまう。それは神の知るところとなり、神は脅しを実行しなくてはならなくなった。二人を叩きのめし、また天地創造の過程をゼロからやり直さなければならない。

しかし、ここに問題がある。神にとって、脅しを実行するのはコストが大きい。自分の姿に似せてつくったものを破壊しなければならず、六日間の天地創造の努力が水の泡になってしまう。そこで、神はもう少し軽い罰を考え出した。アダムとエバはエデンの園から追放。アダムは食べ物を得るために不毛の大地を耕すものとし、エバは出産の苦しみを味わうものとした。二人は確かに罰を受けた。だが、その中身は殺されることに比べればずいぶん軽いものですんだように思える。ある意味で、蛇の言ったことは正しかったのかもしれない（＊1）。

ここに、脅しにどうやって信頼性をもたせるかという問題の本質がある。神の脅しすら信じられないとすれば、誰の脅しを信じられるのか。

ハリー・ポッターは？　勇敢で心優しい魔法使いハリーは、邪悪な魔法使いヴォルデモートを倒すために自分の命をかけることもいとわない。シリーズ最終巻の『ハリー・ポッターと死の秘宝』でハリーは、子鬼のグリップフックに対し、もしグリンゴッツ銀行の金庫破りに力を貸してくれれば、グリフィンドールの剣をご褒美にあげようともちかける。ハリーはいずれ剣を子鬼たちに渡すつもりだったが、その前にそれを利用してヴォルデモートを滅ぼしたいと思っていた。しかしグリップフックは剣を持ち逃げしてしまう。現代のスーパーヒーロー、ハリー・ポッターの言葉さえ信頼してもらえるとは限らないのだ。

子供や同僚やライバルに脅しや約束を信じさせるのは簡単でない。脅しや約束を実行することが当人の利益になるとは限らないので、脅しがはったりに終わったり、約束が守られなかったりするのではないかと疑われてしまうことが珍しくない。ではどうすれば、脅しや約束に信頼性をもたせられるのか。

確約にせよ、脅しや約束にせよ、相手に本気にしてもらえなければ、あなたはゲームの結果を自分の有利なように改善できない。第6章では戦略活用行動で取るべき行動の内容に焦点を当てたが、この章ではそれを成功させるための方法論（戦略活用行動の技）について、どういう状況でどういうやり方がうまくいくのかという例を類型別に紹介していく。実際にプレーするゲームにあわせて原則を応用し、練習を積み、経験を通じて方法論に磨きをかけていってほしい。ただし、ある方法を実践すればいつも成功するなどと当てにしてはいけないし、逆にうまくいかないことがあってもあきらめてはいけない。

＊1　このような聖書解釈について、詳しくはデービッ

ド・プロッツの記事を参照（http://www.slate.com/id/2141712/entry/2141714）。言うまでもなく、これは数ある解釈の一つにすぎない。一般的な解釈によれば、神は脅しを実行し、アダムとエバは精神的な死を経験したと考えられている。

2. 信頼性への八つの道

ほとんどの場合、単なる口約束を信用してはならない。映画界の大物サム・ゴールドウィンはそのことを、「口約束はそれを書きとめるための紙よりも値打ちがない」と表現した。ダシール・ハメットの小説『マルタの鷹』の中にも、そういう場面がある。ガットマンがサム・スペードに一万ドルの入った封筒を渡す。

スペードは口許に笑みを浮かべながら顔を上げると穏やかな口調で言った。「話していた額はもっと多かったはずだが」。すると、ガットマンはうなずいて答えた。「おっしゃるとおりです。ですが、それはあくまでも言葉の上の金額です。それにひきかえ、このお金は本物です。この一ドルで言葉の上の一〇ドルよりたくさん買えますよ」

この教訓は、一七世紀イギリスの思想家トーマス・ホッブズにまでさかのぼることができる。「言葉による結びつきは、男たちの貪欲を縛るにはあまりにも弱い」と、ホッブズは述べている。男だけではない。この指摘が女たちにも当てはまることは、リア王がよく知っているとおりだ。相手の考えや行動に影響を及ぼしたければ、言葉の裏づけとなるしかるべき戦略的行動が欠かせないのだ（＊1）。

戦略活用行動に信頼性を与えるのは、やさしいことではない。しかし、それは不可能なことでもない。この問題を最初に第6章で扱ったとき、戦略活用行動を信頼性のあるものにするためには、裏づけとなる証拠として機能する所作が必要であると述べた。そのような所作を実行の確約と呼んでいる。

以下では、実行の確約を達成する八つの方法を紹介する。この八つの方法の土台をなす原則は、大ざっぱに言って三つにわけられる。

一つ目の原則は、ゲームから得られる利得を変更することだ。確約した内容を実行することが、自分の利益になるような状況をつくり出すのである。脅しを警告に変え、約束を確言に変えればいい。いろいろなやり方があるが代表的なものとして、

① 契約を締結する。
② 評判を確立し、それを利用する。

の二つがある。いずれの場合も、確約したことを破ると実行するより高くつく。

二つ目の原則は、確約したことから後戻りできる余地を減らすようにゲームの性格を変更することである。この範疇に属する方法は、以下の三種類だ。

③ ゲームの関係者との情報交換を遮断する。
④ 退路を完全に除去する。
⑤ 成り行きを天にまかせる。

というものである。

一つ目と二つ目の原則を組み合わせて、行動の選択肢と得られる利得の両方を変更することも可能である。実行の確約を多数の小さな部分に分割できれば、裏切りによって得られる一回の利益より、裏切りによって失われる残りの部分からの利益のほうが大きくなる場合がある。かくして、

⑥ 小さなステップに段階を分けて行動する。

という方法を導き出せる。

三つ目の原則は、実行の確約を守るために、他者を介在させるというものだ。団体で行動すると、一人のときより信頼性を確保しやすい。あるいは、自分の代理に他人を雇うこともできる。つまり、

⑦ チームワークを通して信頼性を生み出す。
⑧ 代理人に交渉させる。

という方法があるだろう。

では、この八つの方法を具体的に見ていくことにしよう。以下で説明するのはあくまでもおおまかな道しるべにすぎない。くどいようだが、その点は忘れないでほしい。

＊1　ほかのプレーヤーと利害が完全に一致していれば、その言葉を信じてもいい。たとえば第4章で取り上げたフレッドとバーニーの狩りのゲームで、一人が相手に対して、どの猟場に行くつもりかを伝えられれば、もう一人はその言葉を信用できる。プレーヤー同士の利害が部分的に合致している場合は、相手の言葉からある程度の事実を推測できる。この考え方は経済学者のビンセント・クロフォードとジョエ

ル・ソーベルが発展させたもので、上級レベルのゲーム理論では重要な役割を果たす。しかしほとんどの場合、行動を伴わない言葉は信用できない。

■契約の締結

不履行に対する罰則を取り決めるのは、実行の確約に信頼性を持たせるストレートな方法である。工務店は、前払いで大きな金額をもらっていれば、仕事を急ごうとしないかもしれない。しかし、支払いの時期を仕事の進捗状況に連動させる取り決めや、遅れに対する違約金条項がある場合は、予定通りの仕事を進めることが自分の利益に適う。契約を結ぶことにより、工務店の確約に信頼性を持たせることができる。

しかし契約の特性はこれに尽きるわけではなく、もう少し複雑な面も存在する。減量中の人が、自分が太りそうなものを食べているのを見つけた人に五〇〇ドル払うと申し出たとしよう。その人は何かデザートを食べようかと思うたびに、五〇〇ドルのことを思い出して思いとどまるだろう。現実離れした事例――ではない。ニック・ルッソという人物は、実際にこのとおりのことをした。しかも、金額は五〇〇ドルではなく、二万五〇〇〇ドルだ。ウォールストリート・ジャーナル紙は、次のように書いている。

「あれこれの減量プログラムにうんざりしたルッソ氏は、公衆の力を借りることにした。カロリー摂取量を一日一〇〇〇カロリー以内に抑えることを決めたうえで、自分がレストランで食事をしているところを目撃した人には二万五〇〇〇ドルの賞金を払うと申し出たのだ。近所のレストランに自分の写真の入った手配書も貼って回った」

ただし、この契約には致命的な欠陥がある。この契約には、改定を防止するメカニズムが欠けているのだ。エクレアが頭の中にちらついて、もう我慢できなくなったルッソ氏は「自分は決して契約事項を破らないので、現在の契約では誰も二万五〇〇〇ドルを手にできない。したがって、この契約は無駄だ。契約を改定することがお互いの利益につながる」と言って、契約の破棄に応じてくれれば酒を奢ろうと申し出るかもしれない。何ももらわないよりはただで酒を飲むほうがよいので、周囲の人々は契約の改定に応じるだろう(*1)。

一般に、手段としての契約が成功するためには、契約で定めた行動の実行を強制したり、罰金を徴収したりする相手方も、契約で定めた行動の実行を望んでいる必要がある。ルッソ氏の例でいえば、家族はルッソ氏の体重が減ることを望むので、酒の奢りという誘惑に負けないだろう。

契約という方法は、ビジネスの世界に適したやり方だ。通常、契約の不履行が起こると損害が発生するので、損害を受ける側は補塡を要求する。たとえば、メーカーは、部品業者が部品を納入できなければ違約金を求めるだろう。メーカーは部品業者が契約通りに納入できてもできなくても損得なしというわけではない。メーカーは違約金の支払いを受けるより、部品を納入してもらいたい。したがってこの場合、契約を改定することは双方にとって利益にならない。

もし部品業者が次のような議論を持ち出したらどうか。「違約金があまりに巨額なので契約はいつも守られる。これでは、メーカーは決して違約金を受け取れないので、契約を改定しよう」。メーカーはこの提案には乗らないはずだ。メーカーは違約金の支払いを受けるよりも、契約どおりの行動が行なわれることを望む。こうして、契約は実行の確約のために機能する。

契約の執行に責任をもつ当事者が契約改定に応じた場合、職を失う仕組みが取られるケースもある。トーマス・シェリングが著書で言及している例を一つ紹介しよう。デンバーのある更正施設では、富裕なコカイン常用者にあらかじめ有罪宣言書を書かせ、もし抜き打ちの尿検査で陽性反応が出たらそれを公表するものとしている。コカイン常用者は、最初は自発的にこの制度に加わるが、後で多くの人は金を積んで契約を取り消そうとする。しかし、契約の保持に当たっている人は、もし契約に変更がなされれば職を失う。契約の変更を認めた職員を解雇しなければ、その施設の評判を落とすことになるからだ。

これと同じ性格をもつのが第1章で紹介したABCテレビのダイエット企画だ。筆者の一人（ネイルバフ）が関わった企画である。参加者と番組が交わす契約には、二カ月で七キロ痩せられなければ、水着姿の写真を番組で放映し、ABCのウェブサイトに掲載すると明記してあった。結局、一人の女性を除いて全員が目標を達成した。失敗した女性も六キロ近く体重が減り、洋服のサイズも2号小さくなった。ABCが実際に写真を放映すると参加者が信じたからこそ、このような成果があがったのだ。

番組のプロデューサーは、失敗した女性にペナルティーを免除した。しかしそうした温情措置を取れば、次回以降ABCが契約どおりに脅しを実行するという信用がなくなってしまう。そこで第二回のダイエット企画では、減量目標を達成できなかった人の水着写真をテレビ局本社ビル前の巨大スクリーンに映し出すというペナルティーを課すことにした。このときもほとんどの参加者が成功したが、一人だけ目標にとどかなかった女性がいた。もし写真がスクリーンに映し出されればきわめて大きな心理的打撃をこうむると、この女性は主張した。これは要するに、もしもの場合は訴訟を起こすという暗黙の脅しだ。ABCは写真の公表を見送った。これで、将来の同様の企画に参加する人は脅しを信じなくてはならなくなってしまった。筆者とABCは別の仕組みを考えなくてはならない（＊2）。

中立の第三者を通して契約を執行する仕組みが取られる場合も多い。中立の第三者は、契約が守られることに直接の利害関係はない。その第三者に契約の執行をうながす誘因（インセンティブ）は別のところから与えられる。

エール大学のイアン・エアーズとディーン・カーランは、この種の第三者による契約執行サービスを提供するウェブサイトをつくった。その名も「確約ストア」（www.stickK.com）である。ダイエットを成功させたい利用者は、どれくらい体重を落としたいか、目標を達成できなかった場合にどういうペナルティーを受けるかをこのウェブサイトに登録する。そのうえで、二五〇ドルの債券を確約ストアに預け、目標を達成できなければ事前に指定した慈善団体にそのお金を寄付するものとする（目標を達成できれば、お金は返してもらえる）。あるいは、いわゆるパリ・ミュチュエル方式も選べる。つまり、友達と二人で確約ストアに登録し、二カ月で七キロ痩せると二人の間で賭ける。二人とも成功すれば、お金は返却される。片方が失敗すれば、成功したほうがお金を受け取る。二人とも失敗した場合は、たくさん体重を落としたほうの勝ちになる。

しかし、確約ストアが約束を守るとどうして信頼できるのか。一つの理由は、ストアに利害関係がないことだ。当人が目標を達成できなかったとき、お金は慈善団体に渡るのであって、ストアに渡るわけではない。もう一つの理由は、ストアには評判を守りたいという意識が働くことだ。事後に契約内容の変更に応じてしまっては、ストアの提供するサービスに値打ちがなくなってしまう。へたをすれば、契約違反で裁判に訴えられる危険もなくはない。

ピンと来た読者もいるかもしれない。この条件を満たす契約執行機関で、私たちの誰もが知っている機関がある。そう、裁判所である。裁判所の裁判官や陪審員は、契約上の争いをめぐる民事訴訟で原告と被告のどちらが勝っても直接の損得はない（少なくとも、司法制度が腐敗していないかぎりは）。事実関係を法に照らして検討し、公正な判断をくだそうと考える。陪審員としては、（陪審制が根づいている国では）教育などによりそれが市民の重要な義務だと教え込まれている面も大きいし、宣誓を破って罰されることを恐れている面も大きい。裁判官は職業上のプライドと倫理感に導かれて、的確な判決をくだそうと注意深く振る舞う。それに、誤審を繰り返したり、判決を上級審で覆されたりすることが度重なると出世に響くので、いいかげんな判決はくだせない。

しかし、すべての国の司法制度が信頼できるわけではない。残念ながら、裁判所が腐敗していたり、偏見に毒されていたり、裁判が遅かったり、能力に問題があったりする場合も少なくない。そういう国では、裁判所以外の契約執行制度が発展する。中世のヨーロッパでは商人同士の契約を執行するために商慣習法が形成されて、民間の判事がそれを適用して判決をくだしていた。

政府が契約執行機能を市民に提供できなければ、利益目当てにそれを代行する人間や組織が出てきても不思議でない。正規の法律の隙間や空白を埋めるのは、えてしてマフィアや暴力団だ（＊3）。オックスフォード大学の社会学者ディエゴ・ガンベッタは、シチリア・マフィアが所有権の保護や契約の執行など、民間の経済活動の保護者として果たしている機能について研究した。ガンベッタはシチリアのある畜産農家の言葉を紹介している。「精肉業者が家畜を買いに来るとする。先方は、こっちが（肉質の悪い家畜を引き渡して）だまそうとしているとわかっている。こっちはこっちで、先方が（支払いをごまかして）だまそうとしているとわかっている。そこで、私たちが売買の合意をするためにペッペになる。ペッペには、双方ともに売買代金の一定割合を支払う」。ちなみに、畜産農家と精肉業者がイタリアの正規の法律を利用しないのは、税金を逃れるためにヤミで取引をしているからだ。

ガンベッタによれば、ペッペは以下の二つの方法の一方または両方を用いて契約の執行を行なう。一つは、縄張り内で営業している業者の過去の行動を収集・記録するという方法。業者はいわばコンサルタント料を支払って、ペッペの顧客になり、新しい取引先との取引を検討する際、相手業者についてペッペに問い合わせる。その結果、過去の行動に問題があるとわかれば、取引を拒む場合もある。この点でペッペは、信用格付会社や業界の苦情処理機関のような役割を果たしている。もう一つの方法は、顧客をだました業者に罰を与えるというものだ（主に物理的暴力を振るう)。もちろん、ペッペが相手と共謀して顧客を裏切る可能性もある。それを押しとどめる要因として働くのは、長い目で見た場合の評判を守りたいという動機だ。

マフィアなど、司法機関以外の契約執行機関は、信頼性を獲得するために、評判を確立し、裁判所より迅速・正確に証拠を判断するための専門知識を蓄える。このような長所をもつシステムであれば、信頼性のある司法制度が存在する場合も活発に利用される。なかには、正規の司法機関と代替的な制度が並存する場合もある。たとえば多くの業界では、業者間の紛争や業者と顧客の間の紛争を解決するための仲裁機関を設けている。シカゴ大学ロースクールのリサ・バーンスタインは、ニューヨークのダイヤモンド業者の紛争処理システムについて研究を行なった。このシステムの強みは、契約を破り、しかも仲裁機関の審判にも従わないメンバーに強力な制裁を課せることだ。仲裁機関は組合の掲示板に、違反業者の氏名と写真を掲示する。そうすると、違反業者は事実上商売を続けられなくなるうえ、社会的にも村八分にされる。ダイヤモンド業者の多くは、単一のきわめて緊密な民族的・宗教的ネットワークメンバー同士だからだ。

このように、契約を執行するための制度やメカニズムにはさまざまな種類がある。しかしいかなる制度も、契約見直しの可能性を完全には排除できない。問題が司法機関や仲裁機関などの第三者のもとに持ち込まれるのは、一方のプレーヤーが訴え出た場合だけ。両プレーヤーが契約の見直しを望めば、契約内容は変更されて、元の契約は執行されない。

つまり、契約を結ぶだけでは信頼性の問題は解決しない。契約を機能させるために役立つのは、契約が執行されることが利益になる第三者や、契約を執行させないと評判に傷がつく第三者の力を借りるなど、契約に信頼性を与えるための仕組みを盛り込むことだ。

＊1　もっとも、実際には、ルッソ氏が同時に大勢の人から契約改定の同意を取りつけるのは難しいかもしれない。その場合、たとえ一人でも同意しなければ、契約改定は実現しない。

＊2　たとえば、ABCのプロデューサーと顧問弁護士の水着姿の写真も撮影しておいて、もしABCが番組参加者への脅しを実行しなかった場合にネイルバフがその写真を公開できるものとしてはどうか。この方法の問題は、ネイルバフが脅しを実行すれば、A

BCは二度と声をかけてくれなくなり、番組の続編は決して制作されないことだ。一つひとつのゲームは、もっと大きなゲームの一部である場合が多いということを忘れてはいけない。

＊3　正規の司法機関の判断に満足できない人が代替的手段に訴えて「正義」を実現しようとする場合もある。まさにそう考えたのが、映画『ゴッドファーザー』に登場する葬儀屋のアメリゴ・ボナセッラだ。アメリカの裁判所は自分たちのような移民に対して偏見をいだいていて、娘に対する侮辱に報復するにはゴッドファーザーに頼る以外にないと、ボナセッラは思った。

■評判の確立

戦略活用行動を試みたのに、それを実行しなければ、信頼性に関して評判を落としてしまう。一生に一度というような状況であれば、評判は重要ではなく、確約を守る価値は小さいかもしれない。しかし、ゲームというものは、同時に複数の相手と、あるいは同じ相手と機会を変えて、何回も行なうのが通常なので、評判を確立することには意味がある。評判は、戦略活用行動に信頼性を持たせる手だてとして機能する。

オックスフォード大学のガンベッタは、シチリア・マフィアのメンバーがどのようにして「タフな男」という評判を確立・維持し、脅しに信頼性をもたせているかを調べた。どのようなやり方がうまくいき、どのようなやり方がうまくいかないのか。黒いサングラスをかけても効果はない。サングラスをかけるだけなら誰でもできる。シチリアなまりでしゃべっても効果はない。シチリアでは、ほとんどすべての人間がシチリアなまりで話す。ガンベッタによれば、本当に効果のある要素はただ一つ。それは、人を殺すなど、「タフな」行動を取ったという経歴だ。「煎じ詰めれば、問われるのは、(マフィアとして）キャリアを出発させるときと、その後、確立した評判が挑戦を受けたときに、暴力を振るえるかどうかだ」と、ガンベッタは書いている。ビジネスの世界では「敵の喉を切り裂く激しい競争」という言い方をよくするが、シチリア・マフィアは文字どおり敵の喉を切り裂いているのだ。

決意を公に表明し、その決意を守ることにメンツをかけることによって、自分の言葉に説得力をもたせられる場合もある。東西冷戦が緊迫していた一九六〇年代初頭、アメリカのジョン・F・ケネディ大統領はいくつかの演説を通じて、そうした決意を表明した。最初は、一九六一年一月の大統領就任演説。「私たちに好意をいだく国にも、悪意をいだく国にも、すべての国にはっきり伝えたい。自由を守り、自由を勝利させるために、私たちはいかなる犠牲をもいとわず、いかなる重荷をも担い、いかなる困難をも乗り越え、友人を助け、敵と立ち向かう決意である」

この年の七月、ベルリン危機の際にはこう演説した。「もし、われわれがベルリンを放置し、ベルリンに対するわれわれの決意のあかしとなる行動を取らなければ、われわれの将来の立場はどうなるだろう。もしわれわれが普段、明言していたことに違背すれば、それらの言葉のうえに築かれた集団安全保障体制は崩壊してしまう」

最も有名なのは、一九六二年一〇月二二日にキューバ・ミサイル危機に関して行なった演説だろう。「キューバから西半球のいずれかの国に対して核ミサイルが発射された場合は例外なく、ソビエトによるアメリカに対する攻撃とみなし、ソビエトに対して全面的な報復措置を取る」と、ケネディは言い切った。

しかし、政治家がこのような宣言をし、その後そのとおりの行動を取らなければ、その人物の評判は地に堕ちる。一九八八年のアメリカ大統領選に出馬した当時副大統領のジョージ・ブッシュ（父ブッシュ）は、「増税はしません。私の顔が嘘をつく顔に見えますか」と言った。しかし大統領に当選したブッシュは一年後、増税に追い込まれる。この公約違反こそ、ブッシュが一九九二年の大統領選で再選に失敗した大きな理由とみられている。

■情報の遮断

情報を遮断することは、行動を撤回する道を閉ざすという意味で実行を確実にする手立てになりうる。この究極の形態が遺言だ。その人物が死亡してしまえば、もはや契約内容の見直しは事実上不可能となる（イギリスの栄誉あるローズ奨学金の場合、基金に遺産を寄付したセシル・ローズの遺志を変更して、女性にも奨学金を支給する道を開くためには、イギリス議会の議決が必要だった）。

映画『博士の異常な愛情』には、賢明なものやそうでないものも含めてさまざまな戦略活用行動が登場する。この映画の冒頭に、撤回不能な状況をつくり出す行動の典型的な例も出てくる。舞台は一九六〇年代はじめ。冷戦が最も緊迫化していた時期で、米ソが核戦争に突入するのではないかという恐怖が現実味を帯びていた。アメリカの戦略空軍司令部（ＳＡＣ）は、核兵器を搭載した爆撃機数機を常に飛ばしていて、大統領の命令があればいつでもソ連国内の標的を攻撃できる態勢を取っていた。SACのある基地の司令官を務める反共・反ソ主義者のジャック・D・リッパー将軍（＊1）は、大統領をはじめとする上官に無断で、指揮下の爆撃機にソ連攻撃を命令（部下には、ソ連による先制攻撃で大統領をはじめ上官がすべて職務不能に陥ったと説明した）。こうして既成事実をつくってしまえば、大統領はソ連の報復攻撃を受ける前に全面攻撃に打って出るだろうと考えたのだ。

自分の行動を撤回不能にするために、リッパーはいくつかのことをした。基地を封鎖し、スタッフに外部との接触を禁じ、ラジオもすべて没収した。実はソ連の先制攻撃による非常事態など起きていないと、部下に知られないようにするためだ。爆撃機に攻撃命令を下すのは、爆撃機がソ連領空にぎりぎりまで近づいてからにした。こうすれば、爆撃機のパイロットが上官の承認をこれ以上得なくても前進できる。爆撃命令を撤回する唯一の方法はある暗号を爆撃機に送信することだが、その暗号はリッパーしか知らない（映画の後半でリッパーは、拷問されて自分が口を割ることを恐れて、暗号を誰にも言わないまま自身の命を絶つ）。リッパーは国防総省に電話を入れて自分のやったことを告げ、その後は一切の連絡を絶った。この事態を受けて国防総省で開かれた会議で、リッパーが電話で話した内容を記録したメモが読み上げられた。

爆撃機はすでに出発しており、もはや呼び返すことは不可能だ。わが国のために、そしてわが国の理念のために、SACのほかの爆撃機にも同様の行動を取るよう命じることを進言する。そうしなければ、アカの報復攻撃により、わが国は破壊し尽くされるだろう。私の部下たちが一四〇〇メガトン級の最良の先陣を切った。いまここでストップをかけようなどとは、よもやお考えにならないだろう。このまま爆撃を実行させるべきだ。それ以外の選択肢はない。神のご加護のもと、われわれは平和を享受し、恐怖から解放され、われわれの体液を汚染から守り、健康のうちに生きられるようになる。神の祝福を。

こう言うと、リッパーは電話の受話器をがちゃんと置いた。この受話器を置くという行為により、リッパーは自分の行動を撤回不能にするための最後の一手を打ったのだ。軍の最高司令官であるアメリカ大統領その人ですら、もははやリッパーに連絡を取ることもできず、ましてや攻撃命令の撤回を命じることもできない。

しかし、リッパーの思うとおりにはいかなかった。大統領はリッパーの進言に従わずに、リッパーのいる基地を攻撃するよう軍に命令。さらにソ連の首相とのホットラインをつないで事情を説明し、爆撃機の撃墜を求めた。一方、リッパーの基地封鎖にも漏れがあった。アメリカとイギリスの軍の人事交流により基地の副官を務めていたイギリス軍のライオネル・マンドレイク大佐は、没収されずに残っていたラジオを発見し、ソ連の先制攻撃など起きていないことを知る。マンドレイクは核戦争を阻止するために、攻撃命令撤回の暗号を解読し、公衆電話から国防総省に電話で知らせた（電話に必要な小銭は、コカ・コーラの自動販売機を銃で撃って破壊して取り出した）。

これで一件落着と思いきや、そうはいかなかった。ある爆撃機パイロットが無線機の故障により帰還命令を知らずに、（途中でソ連軍に撃墜されることもなく）攻撃を実行してしまうのだ。ここに、戦略に関する重要な教訓がある。ブッシュ（息子）政権の国防長官を務めたドナルド・ラムズフェルドが言ったように、「知らないことすら知らないこと」は常にある。戦略的思考をするよういつも最善を尽くすべきではあるが、想定外の事態が起きても驚かないようにしなくてはならない。

最後にもう一点注意しておく。戦略活用行動に信頼性を与えるために情報を遮断することには、重大な問題がついて回る。情報が届かない状態に身を置いてしまうと、相手をこちらの望みどおりに行動させることがきわめて難しい場合がある。親が子供にタバコを吸ってはいけないというルールを課しても、親の不在中はそのルールを守らせることができない。このようなケースでは、第三者を雇ってその役割を担わせなければならない。たとえば、遺言を執行すべきときに遺言作成者はすでに死んでいるので、遺言を守らせるために遺言執行者を指名しておくことになる。

＊1　リッパー将軍のモデルになったのは、実在の軍人カーチス・ルメイだったようだ。第二次世界大戦時に日本の都市への無差別爆撃を立案し、冷戦期にも強硬策を主張し続けた人物である。

■退路の除去

軍隊はしばしば退却の可能性を自ら否定することで、実行に確実性を付与する。

古代ギリシャの軍人キセノフォンは、峡谷を背に戦うことの利点について書き記している。中国の兵法家、孫子はそれを逆手に取って、相手の戦意を喪失させるために、包囲戦であえて相手に退路を残す戦略を唱えた。一方、ギリシャ神話のトロイア戦争で、トロイア側は逆の発想をしたらしい。トロイアに連れ去られた美女ヘレネーを奪還するためにギリシャ軍が攻めてくると、トロイア軍はギリシャの船を焼き払おうとした。その試みは失敗に終わったのだが、もしそれに成功していればかえってギリシャ軍の決意を強めるだけだっただろう。

退路を断つ戦略が使用された例はまだほかにもある。この戦略は少なくとも、イングランドに上陸した征服王ウィリアムの侵略軍が自分の船を燃やした一〇六六年までさかのぼることができる。この船を燃やすという行為は、後退せずに戦うという条件なしの状況（不退転の決意）を作り出している。アステカ帝国を征服したスペインの探検家コルテスも、これと同じ戦略を用いた。中米の海岸に着くや、コルテスは一隻を除いて自軍の船をすべて燃やすか航行不能にするよう命令を下した。コルテスの軍勢は、数では大きく負けていたが、こうすることで、戦って勝つ以外の選択肢はなくなった。「もし失敗していたら、正気を疑われたことだろう。しかし、その戦略はきちんとした計算のうえになされていた。コルテスの頭の中には、勝つか負けるかの二つの選択肢しかなかった」。

映画『レッド・オクトーバーを追え！』にも、この種の戦略が見られる。ソ連の原子力潜水艦の艦長マルコ・ラミウスは、最新の原子力潜水艦を手土産にアメリカに亡命しようと計画した。部下たちは忠実だったが、ラミウスは部下の決意を揺るぎないものにしたかった。そこで部下に亡命計画を説明したうえで、実は出航前にその意図を手紙にしたためてソ連指導部に宛てて投函してあるのだと打ち明けた。これで、ソ連はこの潜水艦を撃沈しようとするはず。乗組員は無事にアメリカにたどり着くことを目指す以外になくなった。

ビジネスの世界では、海だけでなく、陸上でもこの戦略が用いられる。ポラロイド社は何年にもわたり、インスタント写真以外の事業へ多角化することを意図的に拒んできた。すべてをインスタント写真に賭けて、そのマーケットへの侵入者と徹底的に戦う態勢をポラロイドは取っていた。

一九七六年の四月二〇日、ポラロイドの独占が二八年間続いていたインスタント写真の市場に、コダックが新しいフィルムとカメラを携えて参入した。ポラロイドはコダックを特許権の侵害で訴え、激しく応戦した。ポラロイドの設立者エドウィン・ランドは、市場を死守する構えを見せた。「これ（インスタント写真）はわれわれの魂だ。われわれにとって命そのものなのだ。しかし、彼らにとっては事業の一分野にしかすぎない。われわれはわれわれの領地にとどまり、領地を守り抜くのだ」。一九九〇年、ポラロイドは裁判で勝利を収め、コダックはインスタント写真市場からの撤退に追い込まれた（＊1）。

道をなくすのではなく道をつくり出すことが退路を断つ結果をもたらす場合もある。一九八九年一二月の東ヨーロッパの改革で、道をつくり出すことは壁を壊すことを意味した。国民の夥しい抗議や他国への移住に対処するため、東ドイツの指導者エゴン・クレンツは改革を約束しようとした。しかし、彼には具体的な案がなく、人々は改革に壊疑的であった。曖昧模糊とした約束が本物で、長く続くと信ずる根拠はなく、また、たとえクレンツが改革に本腰をいれたとしても、権力の座から滑り落ちる事態も考えられる。そうした状況で、ベルリンの壁の一部を破壊することは、東ドイツ政府が詳細案はまだできていなくても、改革に本気であることを示すのに役立った。西側への道をつくり出すことにより、東ドイツ政府は、改革を実行しなければ国民が大量に流出するという状況に立たされた。こうして改革の約束は信頼度を増し、実際に東西ドイツの統一が実現した。

＊1　しかしその後、携帯型ビデオカメラと短時間の写真現像技術の登場、もっと新しいところではデジタルカメラの普及により、ポラロイドは苦戦を強いられるようになる。退路を断った結果、水没しつつある孤島に閉じ込められたような状態になってしまった。そこで方針を変更し、インスタント写真以外の分野に進出しはじめたが、大きな成功は収めていない。

■成り行きまかせ

映画『博士の異常な愛情』に話を戻そう。アメリカ大統領がリッパー将軍の独断行動について事情を説明すると、駐米ソ連大使はこう答えた。アメリカの爆撃機がたとえ一機でも攻撃を実行すれば、ソ連の「皆殺し装置」が作動し、大量の核兵器が爆発して地球上が放射能で汚染されて、「地球のすべての人類と動物」が絶滅することになる、と。「その装置を作動させると、（ソ連の）首相が脅しているのか」と、大統領は大使に尋ねた。「いいえ」と、大使は答えた。「正気の人間はそんなことをしません。皆殺し装置は（攻撃を受ければ）自動的に作動するように設計してあります……誰かが装置を解除しようとした場合も自動的に作動します」

　このような装置をつくることは可能なのかと、大統領は科学顧問のストレンジラブ博士に尋ねた。「可能です。むしろそう設計することが必然ですらあります。この種の装置をつくるねらいは、まさにそこにあるのです。抑止の目的は、攻撃することへの恐怖を相手の頭の中につくり出すことにあります。人間の判断が介在する余地を排除し、撤回不能なプロセスを自動的にスタートさせるという点で、この装置は強い恐怖を生み出します。このような装置があって不思議はないと思います。きわめて信憑性のある話です」

　確かに、ソ連の皆殺し装置は有効な抑止の道具と言っていい。この装置があれば、アメリカにとってソ連を攻撃することは自殺行為に等しいからだ。アメリカから攻撃を受けたとき、ソ連の首相は、米ソの全面核戦争に発展することを恐れて反撃を思いとどまりたいと思うかもしれない。そのため、もしソ連の首相が反撃を控えるという選択肢をもっていれば、アメリカは攻撃に踏み切る可能性もある。しかし、ソ連が自動的に反撃を行なう仕組みをつくり上げていれば、ソ連の抑止型の脅しは信頼性をもつ。実際の冷戦でも、ベルリンを舞台に武力紛争が勃発すれば自動的にロケットを発射すると脅すことにより、ソ連のフルシチョフ首相が同様の戦略を用いようとした。

　ただし、この戦略にはコストが伴う。些細な事故が起きたり、政府上層部の許可を得ずに現場の独断で攻撃が行なわれたりした場合、ソ連の指導者は恐ろしい脅しを実行したくないと思ったとしても、もはや実行をストップする手立てがない。映画『博士の異常な愛情』で起きたのは、まさにそういう事態だ。このような結果を招く危険性を減らすために、相手の行動を抑止するのに必要最低限の程度に脅しをとどめたい。しかし、核による反撃のように、軽度・重度の程度わけが難しい行動の場合はどうすればいいのか。そういうときに有益なのが第6章で紹介した瀬戸際戦略である。恐ろしい結果を確実に引き起こすのではなく、そういう結果が起きる「危険性」をつくり出せばいい。

　では、『博士の異常な愛情』のソ連の戦略を瀬戸際戦略に修正するとすればどうなるだろう。設置する装置は、皆殺し装置と同じように自動的に作動するものとする。つまりアメリカが攻撃を加えてきた場合、ソ連の指導者は装置を作動させるかどうかの選択権をもたない。ただし、爆発が一〇〇％起きるようにはしない。爆発が起きる「危険性」を生み出すようにすればいい。

この状況は、ロシアンルーレットに似ている。回転式拳銃に一発だけ弾をこめて、シリンダーを回転させ、引き金を引く。最初、弾が発射される確率は六つに一つ。ここで引き金を引いて何も起きなかった場合、『ＬＡコンフィデンシャル』の警官バド・ホワイトのようにもう一度引き金を引けば、確率は五つに一つに引き上げられる。この場合、プレーヤーは薬室に弾が入っているかどうかはコントロールできないが、危険の大きさはコントロールできる。この点で瀬戸際戦略とは、「完全にはコントロールできない危険」をつくり出すことと言い換えられる。引き金を引く行為を何回まで繰り返すかは、そのプレーヤーが危険をどこまで許容できるかによって決まる。プレーヤーが望むのは、相手のほうがその許容度が低く、相手が先に降参し、双方にとって望ましくない結果が生じずにすむことだ。

このようなデリケートな戦略には当然、落とし穴がたくさんある。瀬戸際戦略を実践する場合は、あくまでも自分の責任で。たとえひどい目にあっても、私たちは責任を取れない。一つアドバイスするとすれば、本当に重要な場面で用いる前に、失敗してもさほど害のない場面で練習しておくほうがいいだろう。夫や妻を相手に駆け引きのロシアンルーレットを行なう前に、子供を相手に試してみよう。子供相手に失敗しても、子供部屋が散らかったままになり子供が不機嫌になるくらいですむが、夫や妻を相手に瀬戸際戦略を失敗すると、泥沼の離婚や法廷闘争になりかねない。どうか、くれぐれもお気をつけて。

■ステップに分けた行動

取引の規模が大きいと、当事者はなかなか相手を信頼しないかもしれない。しかし、実行の単位を小さくできれば、信頼性の問題は自然に解決する。脅しや約束は細かい部分に分けられ、各々が別々に扱われるからだ。

泥棒の間にも、お互いを少しだけ信頼すればいいのであれば信義が存在しうる。一〇〇万ドルと一キロのコカインを交換する場合と、一回のコカインの取引額を一〇〇〇ドルに抑えて一〇〇〇回取引を行なう場合を比べればよくわかる。一〇〇万ドルのためであれば、相手を裏切る価値があるかもしれないが、一〇〇〇ドルの利益ではあまりに少な過ぎる。この取引によるその後の利益を手放すには割が合わない。

規模の大きな確約を行なうことが不可能なときは、規模を小さくして何回も確約を行なうのが得策であろう。たとえば、発注者と業者はお互いに疑心暗鬼の関係にある。発注者は前払いした後で不完全や手抜きの工事をされるのを恐れ、業者は仕事を完成した後で発注者が払ってくれないのを恐れる。そこで毎日あるいは毎週、仕事の進み具合に応じて支払いが行なわれる。これなら、両者とも最悪でも一日ないし一週分の損だけですむ。

瀬戸際戦略と同様に、小さなステップに分解して行動すれば、脅しや約束のサイズを減少させ、確約の規模を引き下げられる。ここで注意すべき点が一つある。戦略的思考を理解する人は、先読み推量して最後の段階を心配するはずだ。最後の段階において裏切られると予想するなら、その一つ前の段階で関係を壊すのが得になる。しかし、そうすると最後から二番目の段階が実質的に最後の段階になり、問題はまったく解決しない。信頼が破綻するのを防ぐためには、最後の段階がはっきりしていることは不都合である。一方、関係が継続する可能性があるのであれば、裏切りは得にならない。「これが奴の引退前の最後の取引だ」と囁かれたときは、用心したほうがよい。

■チームワーク

実行の確約を達成するために他人が助けになることもしばしばある。人は自分一人では意志が弱くても、グループを組むことで決意を強められる場合がある。他人からのプレッシャーを確約達成のために有効に使っている例として有名なのが禁酒連盟である。禁酒の誓いが破られると誇りや自尊心が傷つく仕組みをつくることにより、確約に背いた場合に失うものを大きくしている。

ときには、社会的な圧力にとどまらず、もっと有無を言わせない方法が用いられる場合もある。突撃する軍隊の最前線を想像してほしい。突撃の際、ある兵士が自分だけほんの少し前進を遅らせれば、その兵士は攻撃が成功する確率をほとんど下げることなく、自分が助かる確率を大きく上げられる。しかし、もし全員が同じように考えれば、突撃は退却に変わってしまう。

実際には、そのようなことは起こらないだろう。兵士は祖国への栄誉や、仲間の兵士に対する忠誠を重んじ、名誉の負傷をよしとする信念に動機づけられているからだ。さて、突撃命令に従う意思や勇気に欠ける兵士は、命令放棄に対する罰則によって動機づけなければならない。たとえば、命令放棄に対する罪が確実で不名誉な死であれば、前進するほうがずっとましであろう。しかし、兵士は命令放棄者といえども仲間の兵士を殺すことに二の足を踏むにちがいない。敵を攻撃するのも定かでない兵士たちに、命令放棄した仲間を殺すことを強いるにはどうしたらよいだろうか。

古代ローマ軍では、攻撃に落伍した者を極刑に処した。兵列が前進するとき、隣の者が落伍するのを目撃した者はただちにその落伍者を殺すものとされていた。この命令を確実にするため、落伍者を殺さなかった者も極刑に処された。したがって隣が落伍した場合は、敵との戦闘をさておいてでも落伍者を追いかけて殺さないと、自分の命が危ういのであった（＊1）。

このローマ軍の手法は、現代のウエスト・ポイント（アメリカの陸軍士官学校）の名誉規律に生きている。ウエスト・ポイントでは、試験官はおらず、しかしカンニングは放校となる罪である。しかし、学生にとって、同級生のことを告げ口するのは気持ちいいものでない。そこで、カンニングを目撃して届け出ないことも名誉規律違反とし、放校処分を課すものとしている。その結果、カンニングを目撃した学生は、沈黙して共犯とされるのはごめんなので届け出る。刑法でも、犯罪の届け出を怠った者を事後従犯に処する規定が設けられている場合がある。

＊1　落伍者を罰する動機をさらに強めるためには、たとえば、「落伍者を罰するのに失敗した者を落伍者が殺せば、落伍者の罪が許される」という規則を設ければいい。そうすると、落伍者を罰しない兵士は、自分の隣の兵士と落伍者の二人に命を狙われることになる。

■交渉代理人への委任

労使交渉で労働者側が五％以下の賃上げはとてものめないと主張するとき、四％の賃上げで妥協することは決してないと会社側に信じさせるにはどうすればいいのか。テーブルの上に現金をちらつかされれば、誰しも妥協の誘惑に駆られるものだ。

労働者側が主張に信頼性をもたせるためには、代わりに交渉してくれる代理人を立てればいい。労働組合のリーダーは、交渉にあたるとき自由気ままというわけではない。約束を守らなければ、組合員の支持を失う場合もある。組合員から条件つきで委任される場合もあるだろうし、妥協しないと世間に宣言することで権威を強める場合もあるだろう。要するに、労働組合のリーダーは拘束つきの委任を受けた交渉代理人なのである。そもそも労働組合のリーダーに妥協する権限が与えられていないケースもあるし、妥協すれば解任される場合もある。

とくに、交渉相手との関係を壊したくないときは代理人を用いるといい。親しい相手や大切なパートナーと交渉するときは、友好的な関係を傷つけまいとして、自分の主張を貫くことを躊躇し、必要以上に譲歩してしまうおそれがある。その点、代理人に交渉を任せれば、この落とし穴にはまりにくい。プロスポーツ選手がチームの経営陣と交渉する際や、本の著者が出版社と交渉する際にエージェントがしばしば起用されるのは、そのためだ。

機械も、交渉代理人の一種になりうる。自動販売機相手に値切る人は非常に少ないし、それに成功する人はもっと少ない（＊1）。お店の店員や政府の役人がルールに機械的に従うよう求められる場合が多いのも、これと同じ理由だ。こうすることにより、お店や政府は方針に信頼性をもたせられるし、店員や役人にとっても、ルールを曲げたり交渉に応じたりする「権限がない」と言えることには利点がある。

＊1　米国防総省によれば、飲料や通貨を取り出そうとして揺すっている際に、飲み物の自動販売機が倒れかかって死亡した米兵およびその扶養家族は、五年間で七人、負傷者は三九人にのぼるという（インターナショナル・ヘラルド・トリビューン紙、一九八八年六月一五日）。

3．相手の信頼性を弱める

自分の戦略活用行動に信頼性をもたせることが自分にとってプラスになるとすれば、ほかのプレーヤーが戦略活用行動に信頼性をもたせるのを阻止することも自分のプラスになるのだろうか。そう考えるのは単純すぎる。そういう考え方は、ゲームにすべて勝者と敗者がいるという発想（すべてのゲームをゼロサムゲームとみなす発想）に毒されている。双方が勝者になりうるゲームもたくさんある。その種のゲームでは、相手の戦略活用行動によって双方にとって好ましい結果が得られるのであれば、相手の行動の信頼性が高まれば自分にとっても利点がある。

たとえば囚人のジレンマのゲームで、あなたが協力的行動を取れば相手も同様の行動を取ると相手が約束する場合は、相手がその約束に信頼性をもたせるのを助けるべきだ。双方がお互いに脅しをかければ、脅しでさえ両者の共通の利益につながる場合がある。第6章で、二つの衣料品通販会社がライバル社の値下げに対する報復の脅しとして、カタログに最低価格保証を盛り込むという方法を紹介した。もし両社がこの戦略を採用すれば、お互いに相手が値下げの誘惑に駆られる可能性を排除でき、両社ともに高い価格を維持できる。そう考えると、相手がこの戦略に信頼性をもたせるのを両社とも助けるべきだ。もし一方が戦略に信頼性をもたせる仕組みを考案すれば、その仕組みを一緒に用いようと相手にもちかけるのが正しい。

とはいえ、相手の戦略活用行動が自分に害を及ぼしかねないケースが少なからずあることも事実だ。相手から脅しをかけられれば、しばしば自分にとってはマイナスの結果になる。相手の条件なしの行動（＝確約）も同様のマイナスの結果をもたらす場合がある。そういうときは、相手が戦略活用行動に信頼性をもたせることを阻止したい。そのための方法論を以下でいくつか紹介しよう。ただし、くどいようだが警告しておく。この種の方法論を実行するのは簡単でないし、危険も伴う。完璧な成功を手にできると当てにしてはいけない。

■契約の効力を骨抜きにする

甘いもの好きの人にとってダイエットは、チョコエクレアが目の前に登場する前の自分とチョコエクレアが登場した後の自分の間のゲームだ。チョコエクレア前の自分は、チョコエクレアを食べないという方針に信頼性をもたせるためにいわば契約を結ぶ。しかしチョコエクレア後の自分は、その時点でそこにいる関係者全員にとって好ましい形で契約見直しを提案すれば、チョコエクレア前の自分がつくった契約の効力をなくせる。チョコエクレア前の自分は契約見直しに反対するだろうが、チョコエクレア前の自分はもうそこにいないので反対できない。

これと違って契約の当事者すべてがまだそこにいる場合、契約の効力をなくすためには、当事者すべての利益になるような契約見直しを提案しなければならない。不可能だと思うかもしれないが、そんなことはない。たとえば、繰り返し型の囚人のジレンマのゲームで協力関係を維持するという方針に信頼性をもたせるために、暗黙の契約や正式な契約が結ばれて、すべての当事者が協力的行動を取ることが求められる場合。もし誰かが裏切れば、その時点で協力関係は崩壊し、その後は一人ひとりが利己的行動に走ってもかまわないというのが建前だ。しかし、このようなケースではたいてい、少なくとも一回限りであれば契約の効力をなくせる。意図的な裏切りではなくうっかり間違えてしまったのだと弁明し、契約を杓子定規に適用して今後の協力関係の恩恵を捨ててしまうのはもったいないと主張すればいい。ただし、このやり方をあまり頻繁に用いるわけにはいかない。なかには、一回目でもあなたを疑いの目で見る人がいるかもしれない。もっとも、子供たちは「もう二度としません」という言い逃れをしょっちゅうしているように見えるが。

■評判の確立に対抗する

大学生がレポートの締め切りの延長を教授に認めてもらおうとしているとしよう。教授としては「締め切りに厳しい先生」という評判を維持して、締め切りに関する自分の言葉に信頼性をもたせたいので、こう言って断ろうとするだろう。「きみに締め切り延長を認めると、全員に同じ扱いを認めなくてはならなくなる」。こういうとき、学生はこう反論すればいい。「だいじょうぶです。私は誰にも言いません。そんなことをしてもなんの得にもなりません。みんなが締め切りを延ばしてもらっていいレポートを書けば、私の成績が下がってしまう。成績は相対評価ですからね」。同じように、小売業者が納入業者に値下げを申し入れる場合も、ほかの小売業者には秘密にしておくと言えばいい。評判を確立することが信頼性獲得の手段になるのは、その評判が広く知られるからだ。みんなに内緒にしておけば、相手にとって評判を気にすることは意味がなくなる。

■情報を受け取らない

情報の遮断は、プレーヤーが自分の行動を撤回不能にすることによって有利な立場に立つことを目指す戦略活用行動である。しかし、そのプレーヤーの確約や脅しがこちらに伝わらないようにしてしまえば、その戦略活用行動は意味をもたない。「泣きやまないと、おやつをあげないわよ！」と親が子供を脅しても、子供があまりに大声で泣きわめいていて、親の言葉が聞こえないのでは、意味がない。

■退路を除去させない

敵を包囲して戦うときは相手に退路を残すべしと、孫子が述べていることは先に触れたとおりだ。その真意は、相手を本当に逃げさせることではなく、まだ退路があると相手に思わせることにある（＊1）。もし退路がないと思えば、相手は死物狂いで戦うはず。つまり、決死の戦いをするという信頼性のある意思表示を相手にさせないことこそ、孫子のねらいなのだ。

＊1　ちなみに孫子は、逃げ道で待ち伏せ攻撃を準備しておくべしとも述べている。だが言うまでもなく、この戦略は、相手が孫子を読んでいない場合に限って通用する。

■一方的に行動を細分化する

すでに述べたように、二人のプレーヤーがある行動を約束しあう場合、お互いに行動を細分化することによって約束の信頼性を高められる。一方、相手に脅しをかけられている場合は、相手の意向に反して自分の行動を細分化すれば、相手の脅しの信頼性を弱められる可能性がある。具体的には、一つひとつのステップを徹底して細分化し、いちいち脅しを実行するのが割に合わないようにすればいい。第6章で簡単に触れた「サラミ戦術」である。サラミソーセージを切りわけるように、一切れずつ脅しの信頼性を削り取っていくのだ。

トーマス・シェリングはこう記している。「サラミ戦術を発明したのは間違いなく子供たちだ……子供と川に遊びに行ったとき、水に入ってはいけないと言い渡すとしよう。子供は岸に座って、裸足になって足を水に浸けるだろう。水の中に入ったわけではないというのが子供の言い分だ。これを黙認すると、今度は水の中で立ち上がる。子供に言わせれば、水中に浸かっている体の面積は足を垂らしていたときと変わらないという理屈だ。ここできっぱり「いけません」と言わないと、子供は水の中を歩きはじめる。ただし、水の深い場所にはいかない。だが、黙って見ていると、子供は少し水の深い場所に足を進める。深い場所と浅い場所を行ったり来たりしているので、平均すれば深さは変わらないという理屈をこねる。こうして、しばらくすると、親の目の届かない場所で泳いではいけないと子供に怒鳴る羽目になる。水に入ってはいけないと言い渡してあったはずなのに……」。

子供だけではない。国際政治の舞台で、小国もこの戦術の有効性を理解しているようだ。超大国に逆らうときは、国連で独自の考えで投票行動を取る、貿易協定の合意に一部だけ違反する、ちょっとずつ核関連技術の取得を進めるなど、一つひとつの「反逆行為」を小規模にとどめることにより、本格的な報復措置を取らせないようにしている。

■交渉代理人との交渉を拒む

相手プレーヤーが権限の乏しい交渉代理人を立てることにより、妥協しないという方針に信頼性をもたせようとする場合は、代理人との交渉を拒否し、本人との直接交渉を要求すればいい（代理人は交渉の結果を本人に報告することになっているはずなので、本人と連絡が取れないということはありえない）。相手が直接交渉を受け入れるかどうかは、「直接交渉に応じない人物」という評判をどの程度確立しているかなど、その人物の決意の固さによる。たとえば、デパートの店員に値引きしてほしいと申し入れれば、店員は「自分には値引きをする権限がない」と言うかもしれない。そう言われた場合、こちらは「店長と話をさせてくれ」と要求する手もある。それを要求するかどうかは、店長との直接交渉が成功する確率がどの程度あると考えるか、その商品をどの程度欲しいのか、もし交渉に失敗して値札どおりの金額を支払う結果になって恥をかくのをどの程度いやだと思うかによる（＊1）。

以上で、自分の戦略活用行動に信頼性をもたせる方法、相手の戦略活用行動に対処する方法について事例の紹介を終える。実際には複数の方法を併用する必要があるかもしれないし、うまくいく場合ばかりではないかもしれない（映画『お熱いのがお好き』のラストの言葉にもあるように、「完璧な人間なんていない」のだ）。読者のみなさんには、この章を足がかりに、実際の場面でスキルを磨いていってほしい。

＊1　店員に値引き交渉をしても無駄だと決めつけてはいけない。二〇〇八年三月二三日付のニューヨーク・タイムズ紙によると、ホーム・デポやベスト・バイのような大手量販店チェーンでも、「値引き交渉に応じてもいいと、密かに店員に指示している」という。

4.［ケーススタディー］大学教科書市場の攻防

アメリカの大学教科書市場の規模は、およそ七〇億ドル（教授が作成・販売する私家版の資料集も含む）。アメリカの映画産業の市場規模は一〇〇億ドル、すべてのプロスポーツの売上高の合計が一六〇億ドルであることを考えれば、かなり大きなマーケットだということがわかるだろう。それもそのはず。教科書の価格は一冊一五〇ドルするのがざらだし、学生は毎年八冊以上の教科書を買わなければならない場合もある。

これは裏を返せば、学生にとって教科書代が大きな負担になっているということだ。そこで、学生は使用済みの教科書を書店に下取りしてもらって少しでもお金を取り戻そうとしている（下取り価格の相場は定価の半分。書店はそれを定価の七五％の金額で販売する）。学生救済のためにそれを制度化して、大学の書店が使用済みの教科書を下取りするよう法律で義務づけてはどうか。学期末に教科書を確実に下取りしてもらえれば、学生の経済的負担は減るように思える。この考え方は正しいのだろうか。

■ケース・ディスカッション

この問題を教科書の出版社の立場から考えてみよう。現在、教科書が中古市場で二度売買されているとすると、出版社の売り上げ部数は、中古本の売買が行なわれない場合に比べて三分の一にとどまる。だとすると、出版社は最初に新本を売るときに、学生三人分の利益を確保しなければならない。教科書の価格が一五〇ドルもするのは、そのためだ。

出版社は中古本に市場を侵食されることを極力避けるために、頻繁に教科書の改訂版を刊行する。改訂版刊行の前年に新本を購入する学生は非常に不利だ。翌年に改訂版が刊行されれば、使用済みの教科書は買い取ってもらえない。学生は一五〇ドルを丸々負担する羽目になる（＊1）。ただし、学生もばかでない。新版が刊行されて二、三年たつと、そろそろ改訂版が出るころだと予測がつくので、教科書を買わないですませる学生が増える（大学の教員としては実にショッキングなことだが、アメリカの大学生のおよそ二割は指定の教科書を購入しないそうだ）。

では、書店に中古教科書の下取りを義務づければどうなるか。そんなことをしても学生の経済的負担は楽にならない。書店としては、改訂版刊行により中古本が売れ残ることを計算に入れて、下取り価格を引き下げるだけのことだ。

それより、出版社が改訂版を出版しないと約束し、学生が中古本を売らないと約束してはどうか。おおざっぱに言えば、出版社が三年間で一五〇ドルの売り上げを得るためには、一冊五〇ドルで販売すればいい計算になる。実際には、本を三冊刷るためには一冊刷るより紙代や印刷代が多くかかるので、その点を計算に入れて、一冊の価格を六〇ドルと設定することにしよう。この場合、出版社は、中古本が売買されるケースと比べて損にならないし、改訂版刊行の手間が省けるという利点がある。改訂作業に忙殺されずにすむのは、教授たちも同じこと。学生にとっても悪い話でない。中古の教科書が定価の半額で売れるとすると、一五〇ドルで教科書を買って半額の七五ドルで売る（負担は七五ドル）より、六〇ドルで新本を買ってそのまま所有しておくほうが得になる。

損をするのは、書店だけだ。新本を販売する際の書店の利益は二〇％。したがって、定価一五〇ドルの教科書が中古市場で二度売買される現状では、書店は最初に新本を売るときに三〇ドルの利益を手にし、二度の中古本販売時にはそれぞれ三七・五〇ドルの利益を手にする（書店は中古本を定価の半額の七五ドルで仕入れて、定価の七五％の一一二・五ドルで販売する）。定価六〇ドルの新本を三回売っても、書店の儲けは中古本を扱う場合より減ってしまう。

つまり、書店はともかく、学生、教員、出版社にとっては、中古教科書の売買をなくしたほうが好ましい。問題は、どうやって学生に使用済みの教科書を売却しないという約束をさせるかだ。どうすれば、その約束に説得力をもたせることができるのか。使用済みの教科書を売ることを禁止するのは現実的でない。

一つの方法は、出版社が学生に教科書を貸し出すというものだ。学生は出版社に保証金を納めて教科書を借り、使用後に返却すれば保証金を返還してもらえるものとすればいい。これは見方を変えれば、出版社が改訂版刊行の有無に関係なく教科書の下取りを約束するに等しい。もっと単純化すれば、出版社が教科書使用のライセンスを販売する形にしてもいいだろう（ソフトウェアのライセンス販売のようなものだと思えばいい）。

中古品を売買しないという信頼性のある確約ができるかどうかが問題になる場合は総じて、商品を売るのではなくリースすることが問題解決の方法になりうる。リース方式であれば、中古品の売買に手を出そうにも、そもそも中古品が存在しない。

第14章にも、戦略の信頼性に関するケーススタディーを二つ用意しておいた（「祖国のために捧げる命」と「アメリカ政府対アルコア」）。

＊1　不可解なのは、新本の値段も古本の値段も毎年変わ

らないことだ。たとえば、改訂版刊行の前年は新本の価格が半額でもいいはずだし、使用済みの教科書の下取り価格は、新本を買った学生が下取りに出す場合が定価の三分の二で、一度使用済みの古本を買った学生が下取りに出す場合が定価の三分の一でもいいはずだ。だが、なぜかそうはなっていない。

第8章 情報の解釈・操作

——相手の行動を観察せよ——

1. 結婚願望

これは実際にあった話である。私たちの友人のスー（仮名）はある男性と恋に落ちた。恋人はスーパーエリートで、頭がよく、独身で、しかも同性愛者でもない。スーのことを好きだと言ってくれた。これにてハッピーエンドと言いたいところだが、一つだけ問題があった。

三七歳のスーは、結婚して子供をつくりたいと思っていた。それには、恋人も賛成してくれた。ただし、もう少し待ってほしいと言う。前妻との間の子供たちの気持ちを考えると、まだ再婚は早すぎるというのだ。スーとしても、待つこと自体はかまわない。だが、トンネルの先に出口があるとわからなければいやだ。ではどうすれば、恋人の言葉が本当か嘘か見わけられるのか。残念ながら、公の場で約束させることはできない。そんなことをすれば、前妻との子供たちに知られてしまう。

スーが欲しいのは、信頼性のある「信号」だ。確約に信頼性をもたせる試みと似ているが、そこまで強力なものでなくてもかまわない。恋人が本気かどうかを判断する手がかりが手に入ればいい。

よく考えた末、スーは恋人にタトゥーを入れてほしいと頼んだ。彫り込むのは、スーの名前。はっきり文字が読めれば、小さなものでいい。服を着ているときに見える場所でなくてもいい。もし、スーのことを真剣に考えているのであれば、スーの名前を消えないように肌に彫り込むのは、二人の愛の証しを立てるうえで理想的な方法だ。しかし、恋人がスーに確約をするつもりがないのであれば、次につきあう女性に見られることを考えると、そんなタトゥーは彫りたくないはずだ。

恋人は尻込みした。そこで、スーはこの男性と別れた。いまは別の男性と結婚し、子供をつくって幸せに暮らしている。一方、元恋人は相変わらず女性に対して煮え切らず、独身生活を送っているらしい。

2. 他人の言葉が信用できないわけ

なぜ、ほかの人の言うことをそのまま信じてはいけないのか。理由は言うまでもない。真実を語ることがその人物の利益に反する可能性があるからだ。

ほとんどの場合、真実を語ることは利益につながる。もしあなたがレストランでステーキをミディアムレアで注文すれば、あなたが本気でミディアムレアのステーキを食べたいのだとウエーターは信用できる。ウエーターはあなたを満足させようとするので、あなたはウエーターに本当のことを伝えようと最善をつくす。ところが、あなたがウエーターにオススメの前菜やワインを尋ねるときは、話がややこしくなる。あなたに高額のメニューを注文させたいと、ウエーターが考えるかもしれないからだ。

科学者で小説家のC・P・スノーは、数学者G・H・ハーディーの次の言葉を紹介している。「もしカンタベリー大主教が神を信じていると言えば、それは聖職者としての職務に沿った発言だ。もし大主教が神を信じていないと言えば、本心でそう言っているとみなせる」。この考え方でいけば、ウエーターが安いステーキやワインを推薦したときは信用していい。高価なステーキやワインを推薦したときは、適切なアドバイスをしてくれている場合もあるのだろうが、その言葉の信憑性を見わけるのが難しい。

利害対立が大きいほど、相手の言葉を信用しづらくなる。第5章で紹介したサッカーのPK対決を思い出してほしい。キッカーが蹴る寸前に「右に蹴るぞ！」と言った場合、キーパーはそれを信じていいだろうか。もちろん、信じてはいけない。キッカーとキーパーの利害は完全に対立しており、キッカーにとっては自分の意図を事前に正直に伝えれば不利になる。では、キーパーとしては、キッカーが左に蹴るものと想定すればいいのか。それも違う。キッカーがは、どちらがその子の母親かで言い争っていた。二人とも、自分こそが本当の母親だと言って譲らない。

そして王は、剣を持って来させて命じた。「生きている子を二つに裂き、一人に半分を、もう一人に他の半分を与えよ。」生きている子の母親は、その子を哀れに思うあまり、「王様、お願いです。この子を生かしたままこの人にあげてください。この子を絶対に殺さないでください」と言った。しかし、もう一人の女は、「この子をわたしのものにも、この人のものにもしないで、裂いて分けてください」と言った。王はそれに答えて宣言した。「この子を生かしたまま、さきの女に与えよ。この子を殺してはならない。その女がこの子の母である。」王の下した裁きを聞いて、イスラエルの人々は皆、王を畏れ敬うようになった。神の知恵が王のうちにあって、正しい裁きを行なうのを見たからである。（「新共同訳聖書」列王記3章24—28節）

戦略の専門家は悲しいかな意地悪な人種で、いい話にもケチをつけずにいられない。もし、二人目の女性（本当の母親でないほうの女性）がこのゲームの性格を理解して振

裏をかこうとしている可能性もあるからだ。では、キーパーはどうすればいいのか。利害が完全に対立する相手の宣言に対する唯一の合理的な対処法は、それを完全に無視することだ。相手の言葉を真実だとみなしてもいけないし、嘘だと決めつけてもいけない（必要なのは、相手がどう言おうと関係なくゲームの均衡を探すこと。その具体的な方法については、後でポーカーの例を使って説明する）。

政治家も広告業者も子供たちも、みなそれぞれの利害や動機に基づいて戦略的ゲームをプレーしている。そうである以上、自分にとって好ましい結果を実現するために発言する。では、そうした相手の発する情報をどう解釈すればいいのか。相手に疑念をいだかれている状況で、どうやって自分の主張に信頼性をもたせればいいのか。まず、聖書の世界の例から始めよう。

3. ソロモン王の裁き

旧約聖書の列王記にこんな記述がある。ソロモン王の前に二人の女性が一人の子供を連れてやって来た。女性たち

る舞ったとしても、ソロモン王の手法は通用しただろうか。残念ながら、答えはノーだ。

このやり取りで、二人目の女性は戦略上のミスを犯した。子供を八つ裂きにすることに賛成したせいで、本当の母親でないとばれてしまった。本来、この女性はもう一人の女性と同じことを言えばよかった。そうすれば、王はどちらが本当の母親か判断できなかったはずだ。

つまりこの場合、ソロモン王は聡明だったというより、幸運だったと言ったほうが正しい。王の戦略が成功したのは、二人目の女性がミスをしたからにすぎない。では、王はどういう戦略を取るべきだったのか。この点については、第14章のケーススタディー「ソロモン王の裁き・再び」で検討する。

4. 情報操作のゲーム

スーやソロモン王が直面したような問題は、大半の戦略的なやり取りで持ち上がる。プレーヤー全員の利得に影響を及ぼす重要な情報の保有量がプレーヤーによって異なる場合は少なくない。情報を多くもっているプレーヤーのなかには、ソロモン王の裁きの偽の母親のように真実を隠そうとする場合もあれば、本当の母親のように真実を明らかにしようとする場合もある。ソロモン王のように情報の少ないプレーヤーは、情報を多くもつプレーヤーから正しい情報を引き出そうとする場合が多い。ソロモン王を上回る叡智をアピールしようとばかりに、ゲーム理論家たちはこうした目的を果たすための方法をいくつか提案している。この章では、それを紹介していこう。

この種の状況すべてに共通する大原則は、スーが経験したように、言葉より行動こそが多くを語るということだ。ほかのプレーヤーが何を言うかではなく、どう行動するかを注意深く観察しなければならない。さらに、相手がそういう目で自分の行動を見守っていることを頭に入れたうえで、どう振る舞うかを考える必要がある。

このようなゲームは、誰もが毎日のように経験している。詩人T・S・エリオットの『アルフレッド・プルーフロックの恋歌』の表現を借りれば、「会う人に見合うように顔をつくる」ことが常に必要だ。ほかの人間があなたの「顔」を読もうとしていることを頭に入れておくこと。その意味でこの章で取り上げるテーマは、ゲーム理論で学ぶことのなかで最も重要な題材だと言っても過言でない。

戦略的思考が求められるゲームのプレーヤーは、自分が特別な情報をもっていて、その情報をほかのプレーヤーが知ると自分の不利になるとき、その情報を隠そうとする。自分の有利になる情報を他人がもっているときは、その情報を知ろうとする。

ゲームのプレーヤーは、自分の行動が他人に情報を伝えることを知っているので、他人に知ってもらいたい情報が伝わるように振る舞う。こうした行動を「信号（シグナリング）」と呼ぶ。その一方、他人に知られたくない情報に関しては、それが他人に伝わらないように、もしくは伝わりにくいように振る舞う。これは「妨害信号」と呼ばれる。妨害信号はたいてい、本来は別の状況にふさわしい行動をあえて取るという形を取る。誰かのもっている情報を暴きたいときは、その情報の内容次第でその人物の取るべき行動が変わるような状況をつくり出せばいい。そうすれば、その人物の行動（行動を取らないという対応も含む）を見ることにより、その人物がどういう情報をもっているかがわかる（＊1）。この戦略は「選別（スクリーニング）」と呼ばれる。スーが恋人にタトゥーを彫るように求めたのは、選別の戦略にほかならない。

あなたがもっていて他人がもっていない最も重要な情報は、あなたの能力、志向、意図などの個人的特性だ。ほかのプレーヤーはこうした情報を直接知ることはできないが、あなたは信頼性のある信号を発することにより、それを他人に伝えることができる。一方、ほかの人たちはあなたの行動を見て、あなたの個人的特性を推測しようとする。そう考えると、社会のさまざまな場面で情報操作が行なわれていることに気づくはずだ。

一例をあげよう。大学はしばしば、実社会で役に立たないことを教えていると批判される。しかしこの類いの批判は、大学教育の信号効果を見落としている。特定の会社なり職種なりで有用なスキルは、たいてい実際に仕事をしながら身につけるのがいちばん効果的だ。そんなことは企業も重々承知している。企業が採用時に本当に知りたいのに、なかなか見抜けないのは、就職希望者の基礎的な思考能力と学習能力だ。その点で、一流大学をいい成績で卒業していれば、そうした能力の持ち主であるという信号になる。つまり、一流大学の卒業生は「もし私に能力がなければ、プリンストン大学を優秀な成績で卒業できたと思いますか」と言っているに等しい。

ただし、この状況は際限のない不毛な競争を生みかねない。高い学歴が能力の高さを伝える信号として機能しているとわかれば、能力の乏しい学生も学歴を手に入れ、高い能力の持ち主だというまちがった印象を企業に与えて、給料のいい職に就こうとするかもしれない。そうなると、本当に能力のある学生は、差別化のためにもっと高い学歴を手に入れなくてはならなくなる。こうなると、単純事務職に就くにも大学院の修士課程の学歴が必要になるのは時間の問題だ。信号を発するために教育への投資がエスカレートしても、学生の実際の能力には変わりがない。得をするのは大学と大学教授だけだ。この不毛な競争に終止符を打つために個々の企業や学生にできることはない。

＊1　ただし、行動を観察し解釈するのが難しい場合もある。その最たる例は、職場である人の努力の質を評価するケースだ。努力の量（＝時間）を判断するのは難しくないが、よほどの単純労働を別にすればどの仕事にも思考と創造性の要素が関わってくるので、上司や雇用主は社員が時間を有効に活用しているかどうか判断しにくい。そういうときは、成果を基準に評価を行なわなくてはならない。雇用主にとっては、社員から質の高い努力を引き出すためのしかるべき誘因（インセンティブ）の仕組みを用意する必要がある。この点については、第13章で詳しく検討する。

5.　中古車市場

あなたが中古車を買おうとしているとしよう。あなたの見るかぎり、まったく同じ品質の中古車が二台ある。ただし、片方は保証がついていて、もう片方はついていない。あなたはいくらか値段が高くても、保証がついているほうを選ぶだろう。保証がついていれば、購入した車にもし問題があっても無償で修理してもらえる。

とはいえ、修理をしてもらうには時間が相当かかるし、不便な思いをしなければならない。そうした不便に対する補償金は支払われない。それでも、あなたは保証つきの車を選ぶ。実は、あなたが保証つきの中古車を選ぶのは、無償修理だけが目当てではない。保証がついている以上、その車に問題が生じる可能性は低いはずだと、あなたは考えている。なぜ、そう判断できるのか。その点を理解するためには、売り手の戦略を考える必要がある。

売り手は、中古車の状態について買い手よりはるかに詳しい情報をもっている。車の状態がよくて、修理が必要になる可能性が低いとわかっていれば、保証をつけてもさほど経済的負担は生じない。しかし車の状態が悪ければ、保証した無償修理を行なうために多くの経済的負担を負う羽目になると覚悟しなければならない。売り手にしてみれば、保証つきの車のほうがいくらか高く売れるとはいうものの、車の状態が悪ければ悪いほど、保証つきで売ると不利になる。

つまり保証をつけることは、売り手が「私はこの車の状態がいいとわかっているので保証をつけられるのです」と暗黙に宣言するに等しい。売り手がただ単に「この車の状態がきわめて良好だとわかっています」と言っても額面どおりに受け取るわけにいかないが、保証をつければ、売り手は自分の言葉に金をかけたことになる。保証をつけるという行為は売り手自身の損得勘定に基づいた判断なので、言葉だけの場合と違って信頼性がある。

ある人物が自分のもっている非公開の情報を他人に伝えるために取る行動が「信号」である。ある特定の情報を伝達するうえで説得力のある信号を発するためには、その人物がその情報をもっている場合にかぎって最善の選択となる行動を取ればいい。中古車業者が保証をつけるという行動は、車の状態が良好な場合にかぎって最善の選択となる行動なので、車の状態が良好だという情報を伝える説得力ある信号とみなせる。

もちろん、現実はそう単純でない。個々のケースで中古車業者の信号を信用できるかどうかは、修理費用がどれくらいかかるのか、保証のある車と保証のない車の価格差がどれくらいあるのかによって決まる。たとえば、状態のいい車の修理コストが五〇〇ドルで、状態の悪い車の修理コストが二〇〇〇ドルと想定されていて、保証の有無による車の価格差が八〇〇ドルだとすれば、買い手としては、売り手が車の状態に自信があるとみなせる。

買い手は、売り手が保証を提示するまで待つ必要などない。自分が主導権を握って、「もし保証をつけてくれるのであれば、八〇〇ドル多く払いましょう」と申し出てもいい。この提案は、売り手が車の状態に自信があれば――というより、自信がある場合にかぎって――売り手にとって好ましい条件だ。つまり買い手は、この提案を投げかけることにより、車の状態に関して売り手がもっている情報を引き出せる。実際には、八〇〇ドルの上乗せを提案する必要はない。六〇〇ドルの上乗せを提案しても効果は同じだ。一方、売り手の側はもっと多額の上乗せを希望するかもしれない。実際の金額は、五〇〇〜二〇〇〇ドルの間で両者の交渉によって決まる。このように、情報量の少ない側が情報量の多い側に要求して、情報を明らかにするような行動を取らせるのが、「選別」である。

要するに、売り手が主導権を握って、保証をつけることにより、中古車の状態に関する情報について信号を発する場合もあれば、買い手が主導権を握って、売り手に保証を要求することにより、売り手を選別して情報を引き出そうとする場合もある。この二つの戦略は非公開情報を公にするという目的は同じだが、ゲーム理論の観点から言うと、生み出される均衡には違いがある。どちらの戦略が用いられるかは、そのゲームの歴史的・文化的・制度的状況に大きく左右される。

中古車の状態が良好であるという信号として信頼性のある行動の条件は、車の状態が悪いとわかっている売り手にとっては不利益になる行動であることだ。たとえば、売り手が買い手に対して「整備士に依頼して車を調べてもらってもかまいませんよ」と申し出た場合はどうか。これは、信頼性のある信号とは言えない。もし整備士が重大な問題を見つければ、買い手は手を引くだろう。だが、それにより売り手に経済的負担が生じるわけではないので、状態の悪い車の売り手も同じ提案をできる。この申し出は、車の状態が良好であるという情報を伝える信頼性のある信号にはなりえない（＊1）。

保証をつけることが信頼性のある信号とみなせるのは、車の状態の良し悪しによって売り手の経済的負担が変わるからだ。ただし、保証そのものに信頼性がなくてはならないのは言うまでもない。車の不具合があった場合に保証内容を確実に履行させることができなければ意味がない。この点で、一般の個人から保証つきで中古車を買う場合と、中古車販売業者から保証つきで中古車を買う場合には大きな違いがある。一般の個人に保証を履行させるほうがはるかに難しい。車の売買があってから修理の必要が生じるまでの間に、一般の個人は転居先を知らせずに引っ越してしまうかもしれない。あるいは、修理代を負担するだけの資金がないかもしれないし、裁判に訴えるのは買い手にとって経済的負担が大きすぎるかもしれない。それに比べて中古車販売業者は、長期間ビジネスを続ける可能性が高く、評判を守りたいと考えるだろう。もちろん業者も、「買い手のメンテナンスが悪かったせいだ」とか「運転が乱暴だったせいだ」などと言って修理代の負担を渋る可能性はある。だが総じて言えば、保証などの手段を利用して自動車やその他の耐久消費財の品質を明らかにするというやり方は、売り手が専門の業者の場合より、売り手が一般の個人の場合のほうがはるかに問題が大きい。

商品の品質の高さをどうやって伝えるかという課題は、まだ市場で定評が確立できていない新興の自動車メーカーも直面する。一九九〇年代後半、韓国の現代（ヒュンダイ）自動車は高品質の自動車をつくっていたが、アメリカの消費者にはまだなじみがなかった。そこで現代自動車は一九九九年、品質の高さを信頼性のある形で強烈にアピールするねらいで、ある信号を発した。駆動系のパーツについては一〇年間、走行距離一〇万マイルまで、それ以外のパーツについては五年間、走行距離五万マイルまでという前代未聞の手厚い保証を打ち出したのだ。

＊1　売り手が資金を負担して整備士に車を点検させ、品質証明書を添付すればどうか。買い手としては当然、点検を担当した整備士が売り手と結託しているのではないかという不安がぬぐえない。売り手が信号に信頼性をもたせるためには、買い手が整備士に依頼して車を点検させ、もし車に問題が見つかった場合はその検査費用を売り手が補償すると約束すればいい。この約束は、状態のいい車の売り手に比べて状態の悪い車の売り手にとって重い負担になるからだ。

6．理論の歴史

情報の非対称性が市場を破綻させる場合があることを経済学者のジョージ・アカロフが示した際、主要な事例として用いたのも中古車市場だった。話を単純化するために、中古車市場には状態の悪い車（＝レモン）と状態の良好な車（＝ピーチ）の二種類が同数売られているものとする。レモンの所有者は一〇〇〇ドル以上で売りたいと思っていて、レモンの購入を検討する買い手は一五〇〇ドルまでなら払っていいと思っている。ピーチの所有者は三〇〇〇ドル以上で売りたいと思っていて、ピーチの購入を検討する買い手は四〇〇〇ドルまでなら払っていいと思っている。この場合、それぞれの車の状態が誰にもすぐに見て取れるのであれば、市場はうまく機能する。レモンは一〇〇〇～

一五〇〇ドルの間の金額で、ピーチは三〇〇〇〜四〇〇〇ドルの間の金額ですべて売買される。

問題は、売り手だけ自分の車の状態を知っている場合だ。買い手にわかっているのは、中古車市場にレモンとピーチが同数ずつあるという情報だけだとすると、どうなるだろう。買い手が払ってもいいと考える金額は、最高でも一五〇〇ドルと四〇〇〇ドルの平均の二七五〇ドルどまりだ。

自分のもっている車がピーチだとわかっている売り手は、この金額では売りたくない(*1)。そのため、市場にはレモンしか売りに出されない。買い手もそのことを知っているので、最大で一五〇〇ドルまでしか払おうとしない。こうして、ピーチの市場は完全に崩壊してしまう。ピーチを買いたいと思う買い手は、売り手が納得する金額を払うつもりがあるのに、ピーチを買えないのだ。経済活動を行なううえで、市場こそ最も優れていて最も効率的な制度であるという楽観論は、ここに崩れる。

アカロフの論文が発表されたとき、著者の一人(ディキシット)は大学院の学生だった。当時の大学院の仲間たちはみな、アカロフの主張に感服した。ただし、一つだけ問題があった。ほぼすべての学生が中古車に乗っていて、そのほとんどは一般の個人から車を買ったが、そのほとんどはレモンではなかったのだ。アカロフが鮮やかに描き出した情報の非対称性の問題に、市場のプレーヤーたちは何らかの方法で対処しているにちがいない。

すぐに思いつく方法もいくつかある。自動車に詳しい学生は買う前に自分で車を調べればいいし、機械が苦手な学生も誰か詳しい友達に頼んで事前にチェックしてもらえばいい。共通の友人のネットワークを通じて、その車のこれまでの履歴を調べてもいい。それに、町を離れたりアメリカを離れたりする人や、子供が増えて大型の車に買い換える必要に迫られている人など、売り値を度外視して、状態のいい車を売却せざるをえない人たちも大勢いる。このように、現実にはさまざまな理由によりアカロフの指摘したレモンの問題は和らげられている。

一方、ゲーム理論の研究者たちは、情報の非対称性の問題を克服するためにどのような戦略的行動を用いるべきかについて理論を打ち立てていった。情報伝達の手立てとしての「信号」の考え方を発展させたのは、マイケル・スペンスだ(*2)。すでに述べたように、信号が説得力をもつ条件は、その行動を取ることによる損得が手持ちの情報の内容によって異なることだと、スペンスは指摘した。「選別」の考え方を確立したのはジェームズ・マーリーズとウィリアム・ヴィックレーだが、それを最も明快に論じたのは、マイケル・ロスチャイルドとジョセフ・スティグリッツの保険市場に関する研究だ。保険の加入希望者は自分自身のかかえるリスクについて、保険会社より詳しく知っている。そこで保険会社はその情報を引き出すために、加入希望者になんらかの行動を取るよう要求する。たとえば、保障内容の異なるさまざまな保険プランのなかから一つを選ばせる。リスクの小さい加入者が好むのは、掛け金が少ないかわりに保障内容が弱いプラン。こういう保険は、自分のリスクが大きいとわかっている加入希望者には魅力がない。つまり、どういうタイプの保険プランを選ぶかによって、その人のリスクの程度がわかる。

相手のもっている情報を引き出すために、メニューを用意して、相手にそこから選ばせる――この選別の戦略は、航空会社の割引チケットの利用制限など、市場でよく見られるさまざまな現象を理解するための切り口になってきた。そうした事例のいくつかは、後で検討する。

情報の非対称性というテーマについて、保険市場の事例からわかることがもう一つある。当の保険会社も昔から気づいていたことだが、保険という仕組みは、最もリスクが高いタイプの加入者をわざわざ引き寄せてしまう。保険金一ドルにつき掛け金五セントという生命保険があるとしよう。話を単純化すれば、この保険は、死ぬ確率が五％以上の加入者にとってとりわけ魅力的だ。死ぬ確率がそれより低い加入者も万一の場合を考えて大勢加入しているが、加入者全体に占める割合はリスクの最も高い層が過剰に大きく、リスクの高い人ほど高額の保険に加入する。そうかといって、保険会社が掛け金を引き上げても、かえって状況が悪くなりかねない。リスクの低い人たちにとっては掛け金が高すぎて割に合わなくなり、ますますリスクの高い人しか加入しなくなってしまう。ここにも、喜劇王グルーチョ・マルクスの格言は生きている。高い価格で保険に加入しようという人たちは、保険会社にとって歓迎すべき加入者ではないのだ。

アカロフの中古車市場の例でも同様のことが言える。買い手は個々の車の状態を直接知ることができず、車ごとに異なる価格を提示できないので、中古車売買はレモンの売り手にとってとりわけ魅力的なものになる。このように好ましからざる取引相手を引き寄せてしまうことから、この問題は保険業界で「逆選択」と呼ばれてきた。情報の非対称性の問題を論じるゲーム理論家や経済学者もこの呼び名を借用している。

もっとも、逆選択を逆手に取って好ましい結果を生み出すことも可能だ。キャピタル・ワンというアメリカのクレジットカード会社は一九九四年に株式上場して以来、快進撃を続けている。一〇年間の年平均増収率が（M＆Aによる売上高の増加を除いても）四〇％に達した時期もあった。クレジットカード業界の新参者だったキャピタル・ワンが成功を収める決め手になったのは、利用客に（少なくとも一定期間）他社のクレジットカードより低利での借り換えを認めたことだった。

このサービスが大きな利益を生み出したメカニズムこそ、逆選択の逆のいわば「正選択」である。おおざっぱに言えば、クレジットカードの利用客は三つのタイプにわけられる。無借金派、返済派、踏み倒し派である。無借金派とは、買い物代金を毎月全額支払う人たち。返済派とは、カードで借金し、いずれ返済する人たち。踏み倒し派とは、カードで金を借りておいて、返済するつもりのない人たちだ。

カード会社の立場から言うと、踏み倒し派の顧客が損失を生み出すのは言うまでもない。いちばん儲かるのは、返済派の顧客だ。カードで金を借りてくれれば、高い金利を稼げる。一方、無借金派の顧客もカード会社に損失をもたらす。カード利用の手数料は微々たるもので、請求のための事務処理コストやさまざまなリスク（詐欺にあったり、利用客が失業して返済不能に陥ったりする可能性は無視できない）を考えると割に合わない。

キャピタル・ワンの低利借り換えサービスに魅力を感じるのは、どのタイプの利用客だろうか。無借金派はそもそも借金をしないので、乗り換える意味がない。踏み倒し派は金を返すつもりがないので、乗り換えようとはあまり思わない。キャピタル・ワンのサービスに最もメリットを感じるのは、多額の未返済債務をかかえていて、それを返済したいと思っている返済派だ。つまりキャピタル・ワンは、このサービスを打ち出すことにより、最も利益をもたらすタイプの顧客だけを引き寄せることに成功している。言い換えれば、低利借り換えサービスは、利益をもたらさない顧客を選別して排除する機能を果たしている。ここではグルーチョ・マルクスの法則とは逆に、提案を受け入れる顧客こそが理想的な顧客なのだ。

＊1　二七五〇ドルが平均的な値打ちだと思って、この金額で中古車を買おうとするおめでたい買い手は、「勝者の呪い」に陥る。つまり、商品を手に入れたはいいが、実際に手にしてみると、思っていたほどの価

値がないと気づく羽目になる。こうした問題は、品物の質がはっきりせず、あなたが断片的な情報しかもっていないときに持ち上がる。あなたの提示した価格で売り手が了承するということは、その中古車にあなたが思うほどの価値がないということにほかならない。アカロフが示したように、勝者の呪いが原因で市場そのものが崩壊する場合もある。そうでなくても、損をしないために、あなたは安めの価格を売り手に提示する必要がある。勝者の呪いに陥らないためにどうすればいいかは、第10章で説明する。

＊2　このスペンスの研究については、以下の原典を読んでおいて損はない。*Market Signaling* (Cambridge, MA: Harvard University Press, 1974)。同様の考え方を心理学の分野で唱えたのが、アービング・ゴッフマンの次の著書である。*The Presentation of Self in Everyday Life* (New York: Anchor Books, 1959)［邦訳『行為と演技——日常生活における自己呈示』誠信書房］。

7. 選別と信号

あなたが企業の人事責任者で、幹部候補の素質をもつ優秀な若者を採用したいと考えているとしよう。就職希望者の一人ひとりは、自分がその資質をもっているかどうかわかっている。だが、あなたにはそれがわからない。才能のない人物もあなたの会社に就職を希望してくるが、優秀な人材が数百万ドルの利益を稼ぎ出す一方、才能のない人物はたちまち莫大な損失をもたらす。あなたは採用責任者として、志願者が会社に必要な才能の持ち主だという証拠を確認したいが、そんな目印は簡単には見つからない。採用面接のときは、誰もがもっともらしい服装をしてきて、もっともらしい態度で振る舞う。面接の服装や話し方についてはハウツー本もたくさん出版されているし、付け焼刃でお茶を濁せる。あなたが欲しいのは、信頼性があり、簡単には偽装できない確かな証拠だ。

では、就職希望者がビジネススクールでＭＢＡを取得すればどうだろう。ＭＢＡを取得するためには、在学中に仕事に就かないために受け取りそこねる給料も考慮に入れれば）二〇万ドルくらいの経済的負担がかかる。ＭＢＡの学位をもたない大卒者が専門的な経営能力を要しない職に就いた場合、年収は五万ドル程度。ＭＢＡ保有者が勉強のためにかかったコストを五年で回収するものとすると、企業は一般の大卒者より年間に四万ドル多く給料を払わなければならない。つまり、ＭＢＡを保有する幹部候補生には年間九万ドルを払う必要がある。

しかし、経営の才能がない人物も簡単にＭＢＡを取得できてしまうと、ＭＢＡの肩書きの有無を基準にその人物の経営の才能の有無を判別できない。ＭＢＡの学位が判別基準として機能するためには、経営の才能がある人物のほうが容易に、もしくは安価にＭＢＡを取得できることが条件となる。

たとえば、ＭＢＡ課程を修了するのが難しく、経営の才能がある人間がＭＢＡ課程に入学すれば一〇〇％の確率で学位を取得できるのに対し、経営の才能がない人間は五〇％の確率でしか学位を取得できないものとしよう。あなたの会社がＭＢＡ保有者には全員区別なしに九万ドルに少し上乗せして年間一〇万ドルの給料を支払うと言えば、本当に経営の才能のある人物はＭＢＡに入学して学位を取得するのが割に合うと考えるだろう。では、経営の才能のない人物はどうか。ＭＢＡを取得して年収一〇万ドルの職に就ける確率が五〇％。ＭＢＡ取得に失敗して、年収五万ドルの普通の職に就く羽目になる確率が五〇％。給料を倍増させられる確率が五〇％にすぎないとすると、ＭＢＡ課程に入学した場合の給料の増額幅は平均で二万五〇〇〇ドルという計算になる。これだと五年ではＭＢＡ取得費用を回収できないので、経営の才能のない人間は損得を考えて、ＭＢＡ課程に入学しても割に合わないと判断する。

これなら、ＭＢＡ保有者はすべて経営の才能の持ち主だと、あなたは安心できる。ＭＢＡが選別装置として機能し、大学卒業者という大きなグループがあなたにとって好都合な形で二つのグループに仕わけされたのだ。ここでもう一度、念を押しておく。この方法がうまくいくためには、あなたが引きつけたくないグループより、引きつけたいグループにとってその装置を利用するコストが小さいことが条件になる。

だとすれば、企業はＭＢＡ課程の授業の初日に採用を決めても構わないのではないか。選別装置が機能すれば、経営の才能がある人間だけが教室に集まるので、ＭＢＡ課程を修了するまで待たなくても経営の才能の有無は判断がつくはずだ。ただし、こういう採用方法が広まれば、才能のない学生もＭＢＡ課程に入学するようになる（そして、真っ先にドロップアウトする）。選別装置を機能させるためには、やはり学生が二年間大学院で学んで、ＭＢＡの学位を取得することが欠かせない。

この選別装置の問題点は、莫大なコストがかかることだ。ＭＢＡの肩書きに頼らずに選別できるのであれば、平均レベルの五万ドルそこそこの給料を払えばすむのに、その選別ができないので、才能のある人物に才能の証拠としてＭＢＡを取得させ、この人たちにとってＭＢＡ取得が損にならないように九万ドル以上の給料を払わなくてはならない。ひとことで言えば、この余計な四万ドルは、情報格差を埋めるための代償なのだ。

このコストがかかるのは、才能の乏しい人たちが存在するせいだ。もしすべての人が経営の才能に恵まれていれば、会社は採用時に選別などする必要がない。つまり、才能の乏しい人たちがそれ以外の人たちすべてに悪い影響を及ぼしているのだ。最初は才能のある人たちがコストを負担するが、会社がこの人たちに給料を多く払わなければならないので、結局は会社がコストを背負うことになる。

企業にとって、このコストを負担するのは本当に得策なのか。それとも、才能の乏しい人間を雇うリスクを覚悟のうえで、五万ドルの給料で無作為に採用したほうが得策なのか。この問いの答えは、才能のある人物と才能の乏しい人物が学生全体に占める比率、才能の乏しい人物を採用した場合に会社に及ぶ経済的損害の大きさによって決まる。

たとえば、学生全体の二五％が経営の才能を欠いていて、こうした人物を採用してしまうと会社に一〇〇万ドルの損害が及ぶとしよう。この場合、無作為に採用を行なったときに会社が負う損害は、一人あたり平均二五万ドル。この金額は、ＭＢＡの肩書きを基準に選別を行なう際のコストである二〇万ドル（四万ドルの給料上乗せが五年間）より大きい。したがって、コストを負担してでもＭＢＡ保有者を採用すべきだということになる。実際にはおそらく、才能のある人材が全体に占める割合はもっと小さく、才能を欠く人物が会社に及ぼす損害はもっと大きいので、選別装置を用いるべき理由はもっと大きい（それに、ＭＢＡで学んだ学生はいくつかの有益なスキルを身につけているだろうという期待もある）。

才能の有無を判別する方法がいくつかある場合もある。そういうときは、いちばんコストが小さい方法を選べばいい。たとえば、試用期間を設けて、その間の仕事ぶりを観察してもいいだろう。このやり方の場合、試用期間中の給料がコストとして発生するほか、短期間とはいえこの時期に才能の乏しい人間が会社に損害を及ぼすリスクもある。もう一つの方法は、思いきった成果給制度を採用するというもの。才能のある人は会社で実績をあげる自信があるので、この種の給与制度を受け入れる可能性が高い。一方、才能の乏しい人たちは、安定して年に五万ドルもらえる別の会社を選ぶだろう。経営の才能のある人材を選んで採用する方法はまだほかにもある。ほかの会社の人材の働きぶりを観察し、才能が実証されている人物を引き抜くというのも、一つの方法だ。

ただし、すべての会社がこうした方法を実践するようになると、事情がまるで変わってくる。とくに見過ごせないのは、企業間の人材獲得競争により、選別のために必要な最低限の金額よりも高い給料を支払わなくてはならなくなることだ。先の例で言えば、MBA保有者の給料が九万ドルよりどんどん高くなってしまう。しかし、その金額は一二万ドルを超えてはならない。それ以上の金額を支払うと、経営の才能が乏しい人物にとってもMBA課程に入学することが割の合う選択になってしまい、MBA保有者のなかに才能の乏しい学生が「混入」してしまう(*1)。

ここまでは、企業にとっての選別装置としてMBAを検討してきた。しかしMBAの肩書きは、学生側が主導権を握って企業に信号を発するための装置にもなりうる。ある企業の採用担当者がMBAの肩書きを選別装置として用いていないと仮定しよう。この企業は無作為に採用を行ない、

女性がＭＢＡを取得すべきもう一つの理由

企業は採用活動の際、せっかく若い女性を雇って訓練しても出産・育児のために会社を辞めてしまうのではないかと心配している可能性がある。差別と言われればそのとおりなのが、企業側にこうした発想が存在することは否定できない。就職を望む女性にとって、この問題を解決するうえでＭＢＡが役に立つ。

ＭＢＡを取得すれば、その人物が少なくとも数年間は働き続けるつもりだという信頼性のある信号になる。もし就職後一年で育児に専念するつもりであれば、多額のコストと二年の時間を費やしてＭＢＡを取得するのは割に合わない。むしろ、給料は低くてもその二年間働いたほうがよっぽど得だ。ＭＢＡ取得のコストを回収するには最低でも五年かかるので、ＭＢＡを取得している女性がずっと仕事を続けるつもりだと言えば、企業はその言葉を信じていい。

年五万ドルの給料を支払っているが、才能の乏しい人間のせいで損害をこうむっている。そこへＭＢＡを保有する学生がやって来て、この学位が才能の証しであることを説明したうえで、こう言うとする。「私に経営の才能があると証明されたことにより、私を雇えば、御社の利益が一〇〇万ドル増えると期待できます。もし年に七万五〇〇〇ドル以上の給料を払ってくれるのであれば、御社で働かせていただきます」。ＭＢＡの肩書きが経営の才能を示す基準として信頼できるとみなせれば、この学生の提案は会社にとって魅力的なものと言える。

　選別と信号では、どちらのプレーヤーが最初に行動を起こすかという点に違いがあるが、両者に共通する基本的性格がある。それは、その行動を取ることによって、特定の情報や個人的特性（これも重要な情報だ）をもつプレーヤーを選りわけていることだ。

＊１　ＭＢＡ保有者の給料が一三万ドルだと、ＭＢＡ取得による給料の増額幅は八万ドル。経営の才能がない人物がＭＢＡ課程に入学した場合にＭＢＡを取得できる確率を五〇％と仮定すると、経営の才能のない人物がＭＢＡ課程に入学すれば、平均で四万ドルの給料上乗せが期待できる計算になる。年に四万ドル給料が上乗せされれば、ＭＢＡ課程で学ぶコストは五年で回収できるので、経営の才能のない人物もＭＢＡ課程に入学するようになってしまう。

8. お役所仕事の効用

労働者に職務上のけがや病気の治療費を支給する労災保険制度。その理念は立派だが、実際にはさまざまな問題がある。この制度を運用する当局にとって、けがや病気の重さ（それに、そもそも仮病でないかどうか）を判断し、治療費がどれくらいかかるか見極めるのは簡単ではない。一方、労働者と医師は当局より正確な情報をもっているが、症状を過大に申告して不正に多額の保険金を受け取ろうという強い誘惑に駆られる。アメリカの労災保険制度では、保険金請求の二〇％以上が不正請求だと推定されている。オレゴン州政府所有の労災保険会社のＣＥＯであるスタン・ロングの言葉を借りれば、「申し立てがあれば誰にでもお金を手渡す制度をつくれば、大勢の人間が申し立てを行なうようになる」のだ。

ある程度までは、監視強化で対抗できる。保険金請求者（少なくとも疑わしい点のある請求者）を内々に調査し、申請内容と矛盾する行動を取っていることが明らかになれば、保険金の支払いを認めず、刑事告発を行なう。たとえば、腰痛を理由に保険金を請求した人物が重い荷物を運んでいるところを目撃されれば、このような措置が取られるだろう。


しかし、監視を強化するにはコストがかかる。それより、不正請求者と本当にけがや病気をした請求者を選別する方法を考えたほうがいいのかもしれない。保険金請求手続きにきわめて長い時間がかかるようにしてもいいだろう。申請書類の記入に非常に手間がかかったり、担当者と五分間話すためにわざわざ役所に足を運び、丸一日待たされたりするようにする。本当はどこも具合が悪くなく、一日働いたほうが保険金より多額の金を手にできる人は、不正請求をしても割が合わないと判断するだろう。それに対して、申請手続きのために丸一日時間を割けるのは、本当にけがをしていて働けない人たちだ。お役所仕事の不便さや遅さはしばしば批判の対象になるが、情報の非対称性の問題に対処するうえではそれが有益な戦略として機能する場合もあるのかもしれない。

現金ではなく現物支給にするというのも、選別の手立てになりうる。政府なり保険会社なりが脚をけがした人に車椅子の購入資金を支給すれば、金目当てにけがを偽装する人があらわれかねない。しかし、車椅子を現物で支給するようにすれば、不正申告の誘因（インセンティブ）を大幅に減らせる。脚の悪くない人が車椅子をもらっても、中古市場で売却して換金するには相当な手間がかかるうえに、たいした金にならない。経済学者はたいてい、物々交換より貨幣経済のほうが優れていると主張するが、情報の非対称性の観点から言えば、物々交換のほうがメリットが大きいのかもしれない。

9．信号を発しないことの落とし穴

「私に指摘なさりたい点がありますか？」

「その夜の犬の興味深い行動について指摘させていただきたい」

「その夜、犬は何もしなかったのですよ」

「それこそが興味深い点なのです」と、シャーロック・ホームズは言った。

『白銀号事件』でホームズは、犬が吠えなかったことを根拠に、犯人が顔見知りだったことを見抜いた。このように、誰かが信号を発しないという事実もある種の情報を伝えている。それはたいてい好ましくない情報だが、常にそうとは限らない。

あなたが自分のセールスポイントを伝達する行動を取る機会があるのに、その行動を取らなければ、(あなたにその機会があったことを知っている人には) あなたがその好ましい資質をもっていないのだと判断される。あなたは、その行動がもつ戦略的な意味に気づいていなかっただけかもしれないが、他人はそうみなしてくれない。

アメリカの大学には、五段階評価で成績をつける授業と合格・不合格だけを通知する授業がある。好きなほうを履修できるとして、あなたが学生だったらどちらのタイプの授業を選ぶだろうか。合格・不合格型評価の授業で「合格」すれば、五段階評価で言うと、どの程度の成績だとみなされるだろうか。五段階評価で合格に相当する評価の学生の平均レベルの成績だと判断してもらえると、あなたは思うかもしれない。そうだとすれば、最近のアメリカの大学は成績をあまくつける傾向が強いので、だいたいAマイナス、悪くてもBプラスということになる。そう考えると、合格・不合格型の授業を選ぶのも悪くないように思える。

しかし、成績表を見る大学院や企業はもっと戦略的にものを考える。学生はみな、自分がどの程度の成績を取れそうかかなり正確に予測できている。そのことは、大学院や企業も重々承知だ。Aプラスを取る自信のある学生には、五段階評価型の授業を履修し、平均レベルの学生との差別化をはかりたいと考える強い動機がある。もし多くのAプラスレベルの学生が合格・不合格型の授業を取らなければ、このタイプの授業を取る学生の成績の平均はよくてBプラス程度まで落ち込んでしまう。そうなると、AやAマイナスを取る自信のある学生も、Bプラスの学生と一緒くたにされたくないと考えて、五段階評価型の授業を取りたいと思うようになる。こうして、合格・不合格型の授業は成績上位層を失い続け、ついにはC以下の成績しか取れないと思っている学生くらいしか履修しなくなる。戦略的な考え方をする人は、成績表の「合格」という文字を見てこのように考える。この点に考えが及ばなければ、どんなに優秀な学生でも損をする。

私たちの友人のジョンは、取引をまとめる達人だ。一〇〇回を超す企業買収を重ねて、世界的な求人広告企業グループを築き上げた。最初に会社の権利を売却したとき、その後もジョンが会社にとどまり買収戦略を推し進め、新たな企業買収を行なう際はジョン個人も会社と共同でその企業に出資する権利をもつものと約束を結んだ（＊1）。ジョンが共同出資すれば、その企業買収が会社にとって悪い買い物でないと経営陣は安心できる――そう、ジョンは親会社に説明した。親会社の経営陣はこの考え方を理解し、それをさらに一歩進めて考えた。もしジョンが共同出資を見送れば、それは有利な買い物でないという信号であり、その企業買収は見送るほうがいいのではないか。つまり、ジョンにとって共同出資する機会をもつことは、共同出資を強いられることに等しいのである。あなたの取る行動はすべて、他人に信号を発している。その点では、行動を取らないという行動も例外でないのだ。

＊1　「『最初に』会社の権利を売却したとき」という言葉に、目をとめた読者もいたかもしれない。友人の会社が身売りした後、買い手であるセンダント社は、傘下の一部門の不正会計スキャンダルに見舞われて株価が急落。このとき友人は、格安価格で会社を買い戻すことに成功した。

10. ホンモノは信号を発しない？

ここまでの記述を読んで、自分の能力について信号を発する機会があれば、常にその信号を発するべきだと思ったかもしれない。しかし卓越した才能をもつ人のなかには、あえて信号を発しない人もいる。ニック・フェルトビッチ、リッチモンド・ハーボー、テッド・トーという三人の研究者は、二〇〇二年の論文で次のように述べている。

成金は富をひけらかすが、古くからの資産家はそうした見苦しい行為を軽蔑する。下っ端役人は権威を振りかざすが、真の大物は威厳ある態度を通じて権力を印象づける。月並みの教育しか受けていない人はいかにも学がありそうに几帳面な文字を書こうとするが、本当に高度な教育を受けた人は判読不能な汚い字を書くことが多い。平凡な生徒は教室で先生の簡単な質問に答えたがるが、優秀な生徒はそんなことで知識をアピールするのを恥ずかしいと思う。ちょっとした知り合いは相手の欠点を礼儀正しく無視することにより好意を示そうとするが、親友は相手の欠点をからかって親しみを表現しようとする。たいして才能のない人間は資格や学歴を手に入れて自分に箔をつけたがるが、才能のある人間は（たとえ苦労して手に入れた資格や学歴があっても）それを前面に押し出さない。たいした名声のない人物は非難されるとむきになって反論するが、名声のある人物は批判を相手にしないのが一番だと思っている。

私たちが他人の個人的特性を知る手立ては、その人がどういう信号を発するかだけではない。信号を発しているという事実は、その信号を発することのできないタイプの人たちとの差別化を望んでいるという信号にほかならない。そう考えると、ときには、信号を発する必要がないという信号を発することこそ、最強の信号である場合もある（＊1）。

ノーベル経済学賞を受賞したゲーム理論家ジョン・ナッシュの伝記を執筆したシルビア・ナサーは、ナッシュの大学時代をよく知る人物の次の言葉を紹介している。「ナッシュにとっては、非常識な振る舞いをするくらいたいしたことではないのです……平凡な数学者であればルールを守り、常識人ぶりを示さないといけない。けれど、優秀な数学者はそんな必要がまったくないのです」

リッチモンド・ハーボーとテッド・トーは、信号を発しないことの効果について興味深い調査を行なっている。カリフォルニアの二六の大学に電話し、経済学教授の研究室の留守番電話メッセージを聞いてみた。すると、「こちら○○博士の研究室です」などというふうに録音メッセージに学位を吹き込んでいた教授は、博士課程を設置している大学では四％に満たなかった。一方、博士課程のない大学の場合、その割合は二七％に達した。博士号自体は、どの教授ももっている。しかし学位を念押しすると、自分を他人と差別化する必要性を感じているという印象を与えてしまう。本当の大物教授であれば、あえて信号を発しないことにより、「自分は信号を発する必要がないくらい有名なのだ」というメッセージを送れる。というわけで、私たちのことは、アビナッシュ・ディキシット博士／バリー・ネイルバフ博士ではなく、ただ「アビナッシュ」／「バリー」と呼んでいただきたい。

＊1　以前、こんなことがあった。大学の講師の採用面接をしたときのこと。ジーンズ姿で面接会場にやって来た人物がいた。そのとき私たち教授陣は、面接にスーツで来ないとはよほどの天才にちがいないと思った。ところが後で話を聞いてみると、飛行機で来る途中、空港でスーツケースが行方不明になってしまっただけのことだった。

［trip to the bar］戦略トレーニングバー

ここでは趣向を変えて、ジムのかわりにバーに繰り出して戦略のトレーニングに励むことにしよう。今夜は、素敵だと思っている相手とオシャレなバーで初デート。言うまでもなく、あなたはぜひとも好印象を与えたい。ただし相手としては、あなたが好印象を与えるために、実際と異なる自分を装っている可能性があると考えるはず。そのことは、あなただって百も承知だ。そこであなたは、自分の「品質」について信頼性のある信号を発する必要がある。一方、あなたも相手を選別しなければならない。最初に感じた「素敵」という印象に間違いがないか、その相手とずっと付き合いたいかどうかを判断したい。どうすれば、あなたはうまく信号を発することができ、また相手を選別することができるだろか。模範解答は用意していないので、自分で効果的な戦略を考えてみてほしい。

11．妨害信号

あなたが一般の個人から直接中古車を購入しようとしているとしよう。当然、所有者がその車をどの程度大事に扱っていたのかを知りたい。現在の車の状態がその情報を伝える信号になりうると、あなたは思うかもしれない。よく洗車して磨きがかけてあり、車内がちゃんと片付けてあって、掃除機がかけてあれば、大事に扱われていた可能性が高い、というわけだ。しかしこのような信号は、車を乱暴に扱っていた所有者でも簡単に偽装できる。

中古車を売りに出す人の大半が事前に洗車や掃除をするとすれば、買い手はきれいな車を見てもなんの情報も入手できない。すべての売り手（ここには当然、状態のいい車の持ち主と状態の悪い車の持ち主の両方が含まれる）のなかから無作為に選んだのと実質的に変わりがない。一方、汚れた車は、売り手が乱暴に車を扱っていた確実な目印になる。

では、乱暴に車を扱う人の割合が著しく小さい場合はどうか。売りに出された車がきれいに掃除してあれば、売り手が車を大事に扱っていた確率が高いと判断できるので、買い手はその車を買う可能性が高いし、高い値段を支払う可能性も高い。しかしこのことに気づけば、普段は乱暴に車を扱っている人まで、車を売りに出す前に掃除するようになる。そうなると、あらゆるタイプの人間が同じ行動を取るので、その行動はまったく情報を伝えなくなってしまう。「一括均衡」と呼ばれる状態である。これに対して、その人のタイプによって発する信号が異なり、その信号によってその人のタイプが識別できる状況は、「分離均衡」と呼ばれる。

次に、乱暴に車を扱う人の割合が大きい場合を考えてみよう。この場合に、みんなが車を売りに出す前に掃除をすれば、買い手はきれいな車を見てもとくに好ましい印象をもたない（この状況では、売りに出された車がきれいにしてあっても、その車が乱暴に扱われていた可能性が高いからだ）。そのため、いつも乱暴に車を扱っている人は、車を売りに出すときにわざわざていねいに掃除することにメリットを感じない。この結果、一括均衡は生まれない。しかし、乱暴な人の大半が車を売りに出す前に掃除をしないなかで、一人だけ（普段は乱暴に車を扱っているのに）掃除をする人があらわれたらどうなるか。その人は車を大事にしていたと勘違いしてもらえるので、掃除の手間をかけるメリットがある。つまり、分離均衡も生まれない。

ここで生まれるのは、一括均衡と分離均衡の中間の状態だ。具体的には、車を乱暴に扱っている売り手の一人ひとりがミックス戦略を実践し、半分以上の確率で掃除をするが、常に掃除をするわけではない。そうすると、きれいに掃除してある中古車の売り手のなかには、車を大事に扱ってきた人と乱暴に扱ってきた人の両方が含まれる。ここで買い手がどういう態度を取るべきかは、売り手のミックス比率次第だ。買い手としては、乱暴な売り手が車を掃除してから売りに出そうと、車を掃除せずに売りに出そうと、売り手の損得に違いが出ないように振る舞う必要がある。

では、どうやって相手のミックス比率を割り出せばいいのか。相手の行動を観察して相手のミックス比率を判断するためには、ベイズ・ルールと呼ばれる考え方を用いる必要がある。次の項では、ポーカーの駆け引きの例を用いてこのルールを説明する。なお、この場合、行動は識別に役立つ情報を部分的にしか伝達しないので、生まれる結果は

「半分離均衡」と呼ばれる。

12. 嘘という名のボディーガード

戦争時の諜報活動は、相手に向けて発する信号を混乱させる戦略の典型である。イギリスの首相ウィンストン・チャーチルがかつて言ったように、「戦争中には、真実はきわめて貴重なものなので、常に嘘という名のボディーガードを付き添わせなければならない」のだ。

精神分析学の始祖フロイトが著書で取り上げている例を紹介しよう。二人のライバル同士のビジネスマンがワルシャワ駅でばったり出くわした。「どこへ行くんだ?」と、一人が言う。「ミンスクまで」と、もう一人が答える。「なんだって? ミンスクだと? よくもまあ、そんなことが言えたものだな。ピンスクに行くとオレに深読みさせようと思って、わざとミンスクに行くと言っているんだろう。お前が本当にミンスクに行くつもりだっていうことくらいお見通しだ。ふざけるな」

最も優れた嘘とは、相手の裏をかくためにわざと本当のことを言うものである場合も多い。二〇〇七年六月二七日、六〇代のエジプト人男性がロンドンの高級マンションのバルコニーから転落して不審な死を遂げた。男の名はアシュラフ・マルワン。エジプトのナセル元大統領の義理の息子で、イスラエルの諜報機関のスパイだった人物である。

一九七三年四月、マルワンが「ラディッシュ」という暗号をイスラエルに送ってきた。戦争が近いという意味だった。イスラエルはこれを受けて予備役兵を招集するなどして備えたが、戦争は始まらず、莫大な予算を無駄にした。六カ月後の一〇月五日、マルワンが再び「ラディッシュ」という暗号を送ってきた。エジプトとシリアが翌六日にイスラエルに奇襲攻撃を仕掛けるという情報だった。しかし今回、マルワンの情報は信用されなかった。イスラエルの諜報機関は前回の経験によりマルワンをエジプトの二重スパイとみなしていて、「ラディッシュ」の暗号が届いたのは戦争がしばらくないという証拠だと判断した。

一〇月六日午後二時、エジプトとシリアの攻撃が始まった。この第四次中東戦争で、不意を突かれたイスラエルは緒戦で大打撃をこうむり、諜報機関のトップが責任を問われて更迭された。マルワンがエジプトの二重スパイだったとすれば、相手の裏をかくためにあえて本当のことを言ったことになるが、真相は霧の中だ。

ミックス戦略を実践する場合、相手をいつもだますことは不可能だ。相手に常に推測させ続け、ある程度の割合でだませればよしとしなければならない。首尾よく相手をだませる確率は予測できるが、個別の場面でうまくいくかどうかはやってみないとわからない。一方、相手が自分をだまそうとしているとわかっている場合は、相手がミックス戦略を実践している可能性がある以上、相手の言葉をすべて額面どおりに信じるのもよくないし、嘘を言っていると決めつけるのもよくない。相手がなにを言っても無視するのがいちばんなのかもしれない。

言葉より多くを物語るのは、実際の行動だ。相手の行動を観察すれば、相手のミックス比率を推測できる。ポーカーの賭け金の決め方を例に、その点を見てみよう。

ポーカーのプレーヤーは自分の行動をミックスさせる必要性をよく理解している。「ポーカーでは、どの程度強いカードが手元にあるか相手に知られるのを避けるために、行動に規則性をもたせないよう常に留意すべきだ。上手なプレーヤーは、一定のパターンに従って行動することを避け、無作為に振る舞う。ときには、あえて定石に反する行動すら取る」と、『ポーカー、ビジネス、戦争の戦略』の著者ジョン・マクドナルドは述べている。

決してはったりをかけない（つまり、強いカードをもっているときに限って賭け金を増額する）プレーヤーは、絶対に大勝ちできない。この人が賭け金を上乗せしたとき、それに対抗して賭け金を増額するプレーヤーなどいないからだ。小さな勝利は重ねるかもしれないが、最終的には損をする。一方、はったりをかけてばかりいるプレーヤーも負ける。この人が賭け金を引き上げても、実際には弱いカードしかもっていない場合がほとんどなので、ほかのプレーヤーは勝負を降りないからだ。最善の戦略は、はったりをかける場合とかけない場合をミックスすることである。

ポーカーの平均的なプレーヤーは、強いカードをもっているとき、三回に二回の割合でレイズ（相手の賭け金より増額すること）し、三回に一回の割合でコール（相手と同額の金を賭けて勝負を続行すること）するものとしよう。弱いカードのときは、三回に二回の割合でフォールド（それまで賭けた金を放棄して勝負を降りること）し、三回に一回の割合でレイズするものとする（はったりをかけるときにコールするのは、一般的に得策でない。強いカードをもっていない以上、相手をおびえさせてフォールドさせたい。そのためには、レイズすべきだ）。

以上の点をまとめたのが上の表だ。誤解があるといけないので、一点だけ断っておく。この表は、ゲーム理論で言う「利得表」ではない。この表は、一人のプレーヤーがそれぞれの選択肢を取る確率を一覧表にしたものにすぎない。表の中の数字は、利得ではなく確率である（表8―1）。

手元のカード ＼ 行動	レイズ	コール	フォールド
強い	2/3	1/3	0
弱い	1/3	0	2/3

表8－1

あなたはポーカーのゲームをしていて、相手が強いカードをもっているか、弱いカードをもっているか、確率は五分五分だと思っているとしよう。この場合、相手の賭け金決定の行動のミックス比率は手元のカードの強弱によって決まるので、あなたは相手の賭け方を見れば、相手がどういうカードをもっているかの手がかりを得られる。

相手の行動を基準にその人のカードの強弱を推測する際に役立つのがベイズ・ルールだ。相手が「X」という行動を取ったとき強いカードをもっている確率は、（相手が強いカードをもっていて、しかも「X」という行動を取る確率）÷（相手が「X」という行動を取る確率）という計算式で求められる。相手がフォールドしたときは、弱いカードをもっているものと判断していい。強いカードをもっている人はフォールドしないからだ。相手がコールしたときは、強いカードをもっているとみなせる。コールをするのは、強いカードをもっている人だけだからだ。ややこしいのは、相手がレイズした場合だ。プレーヤーが強いカードをもっていて、しかもレイズする確率は、1/2×2/3＝1/3。弱いカードをもっていて、レイズする確率（要するに、はったりをかける確率）は、1/2×1/3＝1/6。この両方のケースを合わせるとプレーヤーがレイズする確率は、1/3＋1/6＝1/2。ここにベイズ・ルールをあてはめると、レイズした相手が強いカードをもっている確率は、（相手が強いカードをもっていて、しかもレイズする確率）÷（相手がレイズする確率）で計算できるので、1/3÷1/2＝2/3となる。相手のカードの強弱を断言することはできないが、最初の状態に比べれば情報の確度を高めることができた。相手が強いカードをもっている確率が二分の一ではなく、三分の二だとわかったのだ。

13. 価格差別という選別戦略

日常生活で選別の戦略が最も大きな意味をもつのは、商品やサービスの売り手が価格差別を行なう場合だ。ある商品なりサービスなりに支払ってもいいと考える値段は、たいてい人によって異なる。お金に余裕がある人やせっかちな人、独特の趣味・嗜好をもっている人は、ほかの人より高く払ってもかまわないと考えるだろう。売り手としては、そういう顧客には少しでも高く商品やサービスを売りたい。そこで、財布のヒモが固い人には割引をし、あっさり高額を支払う人には割引をしないといった具合に、買い手によって価格に差をつけることになる。

もっとも、言葉で言うほど簡単でない。どの顧客が高い価格でも買ってくれて、どの顧客が割引しないと買ってくれないかを事前に正確に見わけることは難しい（たとえ識別が可能だとしても、企業はあからさまな価格差別を行なうことを好まない。が、ここでは売り手と買い手の情報の非対称性の問題に絞って議論を進める）。

この問題を克服するために売り手がよく用いるのは、実質的に同じ商品を複数のバージョンでつくり、それぞれに異なる価格をつけるという手法だ。買い手は各自の好きなバージョンを選び、その商品につけられた価格を支払うので、これはあからさまな価格差別とは言えない。しかし売り手は、買い手のタイプによって購入するバージョンが異なるようにするねらいで、意識的にバージョンに違いをもたせ、別々の価格を設定する。この種の売り手の行動は、買い手の非公開情報（購入意欲の強さ）を間接的にあぶり出す。売り手が買い手の選別を行なっているのだ。

新しい本が出版されると、ほかの人より高い金を払ってでもすぐにその本を手に入れたいと思う人たちがいる。仕事上の必要に迫られていたり、同僚や友達に読書家ぶりをアピールしたかったりという理由で、早く本が欲しいのだろう。その一方で、安く本が手に入るのであれば待ってもいいと思う人たちもいる。出版社はこの点に目をつけて、本をまずハードカバーで出版し、二年なり三年なり後に低価格のペーパーバックで再度売り出すという戦略を取る。ハードカバーとペーパーバックの印刷・製本コストは、両者の価格差に比べればはるかに小さい。出版社が二つのバージョンで本を売り出すのは、買い手を選別するための策略なのだ。

コンピュータのソフトウェア会社は、ソフトの機能を限定するかわりに大幅に価格を下げた「ライト版」や「学生版」を売り出すことがよくある。ユーザーのなかには、高い価格を支払ってもいいので全機能が欲しいという人もいるし、最低限の機能だけでいいので安くすませたいと思う人もいる。ソフトウェア会社としては、高く払ってもいいと思っているユーザーには高い値段で売る一方で、安くないと買わないユーザーも獲得したい。そこで、機能の異なる別バージョンのソフトウェアを別価格で売り出す。実際には、完全版を先につくり、そこから機能を削ぎ落としてライト版をつくる場合が多いので、価格が安いライト版のほうが製造にコストがかかる。それなのにわざわざライト版を売り出すのは、実質的な価格差別という選別戦略を行なうためだ。

二種類のレーザープリンターを発売したＩＢＭの戦略もこれと同じだ。「Ｅバージョン」のプリンターは一分間に五ページ印刷できる。これより二〇〇ドル高い「高速バージョン」は、一分間に一〇ページ印刷できる。実は、Ｅバージョンは、印刷速度を遅くさせるためのチップをわざわざ機械に組み込んだものだった。このいわば低速バージョンを投入することにより、ＩＢＭはプリンターをすべて単一の価格で販売するのではなく、出力に時間がかかってもかまわないと考える一般家庭向けに安い価格でプリンターを売れる。

シャープがアメリカ市場で販売しているＤＶＤプレーヤー、ＤＶＥ６１１とＤＶ７４０Ｕは、同じ上海の工場で製造している。両者の重要な違いは、ＤＶＥ６１１の場合、アメリカ規格のテレビでヨーロッパ規格のＤＶＤを再生できないこと。ＤＶＥ６１１にもその機能は搭載されていたが、ユーザーにはわからないように隠してあったのだ。システムの切り替えボタンを削り落として、その場所をプレートで覆っていたのである。頭のキレるユーザーがこのことを見抜き、ちょっと改造すればヨーロッパ規格のＤＶＤも再生できることを突き止めて、その発見をインターネットで公開したことがあった。このように、企業は選別の戦略を実行する目的で、わざわざ時間と手間をかけて機能を制限したバージョンの製品をつくる場合もあるのである。

次は、航空会社の料金設定の例を見てみよう。航空会社のＸＹＺ社の利用客には、ビジネス客と一般旅行客の両方がいる。ビジネス客は一般旅行客に比べて、高い料金を払うことに抵抗がない。割引価格で一般旅行客を獲得して利益をあげつつ、ビジネス客からは従来どおりの料金を手にするためには、同じフライトに別バージョンを設けて料金も別々に設定し、ビジネス客と一般旅行客が異なるバージョンを選択するように仕向ける必要がある。この目的でよく用いられる仕組みの一つは、正規運賃と（利用方法に制限がある）割引運賃の二本立てにするというもの。もう一つは、ファーストクラスとエコノミークラスを用意するというもの。以下では、この第二の方法を例に航空会社の取るべき戦略を検討していこう。

ここでは、XYZ社の利用客の三〇%がビジネス客で、七〇%が一般旅行客だと仮定して話を進めることにする。ビジネス客と一般旅行客がそれぞれファーストクラスとエコノミークラスに支払ってもいいと考えている金額、XYZ社がそれぞれのサービスを提供するためにかかる利用客一人あたりのコストは、次の表のとおりである（表8—2）。

サービスの種類	XYZ社のコスト	利用者が支払ってもいいと考えている金額		XYZ社の利益	
		一般旅行客	ビジネス客	一般旅行客	ビジネス客
エコノミークラス	100	140	225	40	125
ファーストクラス	150	175	300	25	150

表8-2

XYZ社にとっては、予約カウンターにやって来たときの服装などを基準に、一人ひとりの利用がビジネス客なのか一般旅行客なのかを識別できれば理想的だ。この場合は、完全な価格差別を実践できる。表を見てわかるようにビジネス客に対してはエコノミークラスよりファーストクラスのチケットを売ったほうが儲かり、一般旅行客に対してはファーストクラスよりエコノミークラスのチケットを売ったほうが儲かるので、XYZ社はすべてのビジネス客にファーストクラスのチケットを三〇〇ドルで売り、すべての一般旅行客にエコノミークラスのチケットを一四〇ドルで売ればいい。要するに、利用客が支払う意思のある上限の金額で、ビジネス客にだけファーストクラスのチケットを売り、一般旅行客にだけエコノミークラスのチケットを売るのである。この戦略を実行できれば、利用客一〇〇人当たりの利益は次の計算式のとおり、七三〇〇ドルになる。

$$(140-100)\times70+(300-150)\times30=7300$$

実際には、こんなに都合のいいシナリオは成り立たない。では、一人ひとりの利用客がビジネス客か一般旅行客か識別できない場合（あるいは、識別できたとしてもあからさまな二重価格を設定することが法律などで禁じられている場合）はどうすればいいのか。ＸＹＺ社はどうすれば、利用客を選別できるのか。

注意しなければならないのは、ビジネス客に支払い意思の上限の三〇〇ドルでファーストクラスのチケットを売るわけにはいかないことだ。ビジネス客は、一四〇ドルのエコノミークラスに切り替えれば、（エコノミークラスには二二五ドル払うつもりだったので）八五ドルお金が浮く計算になる。経済学の世界では、これを「消費者余剰」と呼ぶ。この浮いたお金で、出張先でおいしいものを食べたり、いいホテルに泊まったりできる。そう考えてビジネス客がエコノミークラスに流れてしまえば、ＸＹＺ社の選別戦略は失敗に終わる。

この事態を防ぐためには、ビジネス客がファーストクラスに乗ってもエコノミークラスと同等の消費者余剰が得られるようにしなければならない。つまりファーストクラスの料金の上限は、三〇〇ドルから八五ドルを差し引いた二一五ドルということになる（実際には、ファーストクラスを選ぶメリットをはっきりさせるために、料金は二一四ドル以下にすべきだろう。だが、ここでは話を単純化するために二一五ドルということで議論を進める）。この場合の

ＸＹＺ社の利益は、次の計算式により四七五〇ドルだ。

(140－100)×70＋(215－150)×30＝4750

こうして、ＸＹＺ社は利用客に二種類のサービスの一方を選ばせることにより、利用客の選別に成功した。しかし、間接的な二重価格を設定する代償として、ビジネス客に支払い意思の上限いっぱいの料金を払わせることができなくなった。ＸＹＺ社の利益（利用客一〇〇人あたり）は、利用客のタイプを事前に識別してあからさまな二重価格を適用する場合の七三〇〇ドルではなく、四七五〇ドルまで減ってしまった。

このような結果が生じるのは、ビジネス客が一般旅行客向けのサービスに転向しないための誘因を与えるようにファーストクラスの料金をおさえる必要があるからだ。選別者の戦略に課されるこの種の制約を「誘因両立制約」と呼ぶ。

実は、ＸＹＺ社がファーストクラスの料金を二一五ドルより高く設定する方法が一つだけある。エコノミークラスの料金を引き上げればいい。たとえば、ファーストクラスの料金を二四〇ドル、エコノミークラスの料金を一六五ド

ルに設定すれば、ビジネス客の消費者余剰は、ファーストクラスの場合もエコノミークラスの場合も六〇ドルで同じなので、ビジネス客はファーストクラスを選ぶ。

しかし、エコノミークラスに対する一般旅行客の支払い意思の上限は一四〇ドル。これより一ドルでも料金を引き上げれば、一般旅行客をすべて逃す羽目になる。このように、あるタイプの顧客の購入意思をなくさないために選別者が従わなくてはならない制約を「参加制約」と呼ぶ。

要するにXYZ社は、一般旅行客の参加制約とビジネス客の誘因両立制約の間の価格帯で料金を設定しなくてはならない。以上の例では、ファーストクラスが二一五ドル、エコノミークラスが一四〇ドルという価格設定がXYZ社にとっていちばん儲かる。この点を立証するためには数学的な議論に踏み込まなくてはならないので、ここでは結論だけ述べるにとどめておく。

しかし状況が違えば、この戦略がXYZ社にとって最良の戦略とは限らない。たとえば、ビジネス客と一般旅行客の割合が半々だとしよう。この場合、一般旅行客を逃がさないために、ファーストクラスの料金をビジネス客の支払い意思の上限より八五ドル引き下げてまで、エコノミークラスの料金を一四〇ドル以内におさえるメリットがない。XYZ社は一般旅行客を相手にしないことにし、一般旅行客の参加制約をあえて破ってエコノミークラスの料金を引き上げ、ファーストクラスの料金をビジネス客の支払い意思の上限ぎりぎりに設定したほうが得策なのではないか。

具体的な数字で考えてみよう。ビジネス客と一般旅行客の割合が半々の場合に、これまで論じてきた選別戦略に従って価格を決めると、XYZ社の利益は、次の計算式により五二五〇ドルとなる。


(140－100)×50＋(215－150)×50＝5250

［ trip to the gym no.5 ］
戦略トレーニングジム 5

ビジネス客にも参加制約は存在し、一般旅行客にも誘因両立制約は存在するが、この二つの制約は、ファーストクラスが二一五ドル、エコノミークラスが一四〇ドルという価格設定では問題にならない。この点を論理だてて説明してみよう。

一方、ビジネス客だけを相手にする場合の利益は七五〇〇ドルだ。

(300－150)×50＝7500

廉価版の商品しか買う気のない消費者の割合が小さい場合は、高級版の価格を下げて高級版の顧客が廉価版に流出するのを防ぐ戦略が売り手にとって有利とは限らない。廉価版の顧客を切り捨てたほうが儲けが大きくなる可能性もある。

ここまで読んできて、周囲のいたるところに二重価格による選別戦略が存在することに気づいたかもしれない。このテーマを取り上げた研究も非常に多い。なかには複雑を極める戦略もあるし、高度な数学的知識がないと理解できない理論もある。だが、そのすべての基本をなすのは、参加制約と誘因両立制約の相関関係なのである。

14.［ケーススタディー］魔女の契り

私たちの友人ターニャは人類学者だ。人類学者と言えば、たいていは遠くの国に出かけていって、あまり知られていない部族を研究するものだが、ターニャの選んだフィールドワークの場所はロンドン。研究テーマは魔女である。

あなたの読みまちがいではない。そう、魔女である。実は今日のロンドンにも大勢の魔女がいて、集会を開いては呪文を教えあったり、魔法の研究をしたりしている。現代社会で魔女として生きるのは楽でない。魔女たるもの、地下鉄に乗ることにも葛藤がある。人類学者はえてして調査対象者の信頼を得るのに苦労するが、ターニャはびっくりするくらい温かく迎えられた。「私は人類学の研究をしています」と魔女たちに説明したところ、ターニャも本当は魔女の仲間で、身分を隠すために人類学者を名乗っているのだと思い込まれたのだ。

さて、ここで問題。魔女の集会の際だった特徴の一つは、参加者が裸になることだという。どうして、そんなことをするのだろう。

■ケース・ディスカッション

社会のアウトサイダー的存在のグループにとって悩みの種は、やって来るメンバーが野次馬根性で見物に来ただけの人間なのか、本気でそのグループの活動に参加しようとしている人間なのかをどうやって見わけるかだ。その点、集会に裸で参加していれば、単なる野次馬とは考えにくい。

つまり、裸になるよう求めることは、信頼性のある選別装置として機能しているのだ。本当に自分が魔女だと思っている人にとって、裸になるのはさほど難しい選択ではない。だが、疑念をもっている人にとって、人前で裸をさらす勇気を奮い起こすのは至難の業だ（＊1）。同様の理由でギャングは新しいメンバーを受け入れる際、ギャングとして生きていく意志があればたいして抵抗なくできるが、たとえば警察の潜入捜査員にとっては大きな負担になる行為を強要する。ギャングが新人に入れ墨を入れさせたり、何らかの犯罪行為をさせたりするのは、このためだ。

情報の操作と解釈については、第14章のケーススタディー「となりの芝生は青い」「祖国のために捧げる命」「ソロモン王の裁き・再び」「リア王の悩み」も参照してほしい。

＊1　スティーブン・ソダーバーグ監督の一九九六年の映画『グレイズ・アナトミー』（人気テレビドラマの『グレイズ・アナトミー　恋の解剖学』とは別の作品）で、主人公のスポルディング・グレイは、アメリカ先住民のスウェットロッジの儀式で同様の体験をしたと語る。

第9章 協力と協調

——失敗をいかに防ぐか——

1．誰がために鐘型カーブは鳴る

　一九五〇年代、アイビーリーグの各大学はある問題に直面した。すべての大学が強いフットボールチームを作ろうとしたのだ。それゆえ、学業のほうはある程度犠牲にしてでもスポーツに力を入れるようになった。しかし、どんなに激しく練習し、予算をつぎ込んでも、シーズン終了時のチーム成績は以前とほとんど変化がなかった。各校とも平均勝率は依然として五〇％に止まった。どこかのチームが勝てばどこかが負けるのだからお互いの激しい練習は相殺されていたのだ。

　大学スポーツの魅力は、実力の接近した者同士が激しいゲームをすることにある。プロよりも大学のバスケットボールやフットボールが好きという人は、技術レベルに期待しているのではなく、ひた向きなプレーやクロスゲームを求めている。このことを理解した大学側はうまい考えを実行した。各大学が協議して春のトレーニングを一日だけにすることを申し合わせたのだ。試合中のミスプレーは増えたが試合がつまらなくなったということはなかった。選手たちも勉強する時間を持てるようになり、勉強など忘れてフットボールに集中することを望んでいる各校のＯＢたちを除いては、誰にとっても良い結果となった。

　試験を前にした高校生たちも同じような申し合わせをすることができる。成績が釣り鐘状の正規分布でつけられるとき、クラスの中の相対的な位置が本人の絶対的な学力よりも問題になる。自分がどれほどできるかより、他の生徒が自分よりできないことのほうが重要だ。他の生徒よりもよい成績をとるためには他人より多く勉強しなければならない。もし、みんなが同じことをすればどの人も学力は増えるだろうが、相対的な位置はほとんど変わらない。ところが、クラスの全員が春の勉強を一日だけ（遊びたい盛りの高校生にとっては、それが雨の日であれば最高だろう）にすると申し合わせれば、彼らは少ない努力で同じ成績をとれる。

これらの状況に共通の特徴は、成功は絶対評価によって決まるのではなく、相対評価により決まるということである。誰かのランクが上がったのは、誰か他の人のランクが下がったからである。しかし勝者と敗者がいるからといって、そのゲームがゼロサムであるとは限らない。ゼロサムのゲームでは全員にとってよりよい結果はあり得ないが、先ほどの例ではあり得る。負担を軽くすることは全員に共通の利益になる。勝者と敗者は常に同じ数だけいるが、ゲーム参加者全体のコストを減らすことは可能だ。

なぜある生徒が勉強し過ぎると問題になるかというと、そのガリ勉が他の生徒に迷惑をかけても補償を支払う義務はないからである。各生徒の勉強は工場の大気汚染に似ていて、勉強すればするほどますます息苦しくなる。勉強することによる迷惑料を支払うシステムがないため、結果はラットレース（がむしゃらな競争）になるのである。各人は努力していないふりをして陰で必死に頑張る。しかし誰も自分から努力を減らそうとする者はいない。これはちょうど囚人のジレンマの多人数版といったところだ。このジレンマから逃れるには、強制力のある申し合わせが必要となる。

アイビーリーグの例で見たように、ここで必要なのは、競争を制限するカルテルを結ぶこと。ただし、高校生のケースでは、協定破りを見つけるのが難しい。協定破りとは、他の生徒を出し抜いてこっそり勉強することである。隠れて勉強していても、誰かがテストでずば抜けた成績をとるまではまずわからないだろう。しかし、テストが返却されてからではもう遅い。その点、小さな街では高校生が「勉強しない運動」のカルテルを結ぶことが可能かもしれない。みんなが一堂に会してメインストリートを漫遊すればよいのだ。家で勉強している人がいればすぐばれてしまう。そういう生徒はみんなから仲間はずれにされかねない。

ゲームの参加者自らがカルテルを作ることはなかなか難しい。外部の者が競争を制限する申し合わせを作ってくれればそれに越したことはない。外部の者が作った申し合わせの例としては、タバコのコマーシャル制限がある。かつてたばこ会社は、消費者向けの宣伝を盛んに行なっていた。それによって、広告会社は儲かったが、タバコ会社は他社の宣伝への対抗上、やむを得ずやっているにすぎなかった。ところが、一九六八年に法律によってたばこのTVコマーシャルは禁止されることになった。当初、たばこ会社は、この規制はたばこ産業にとってマイナスと思い反対した。が、この議論の煙が晴れてみると、宣伝競争は互いを傷つけてきただけで、むしろ、金のかかる宣伝が減って利益が上向くことがわかった。

2. ベイ・ブリッジ

カリフォルニア州のバークレーからサンフランシスコへは、二通りの行き方がある。一つは車でベイ・ブリッジを渡る方法で、もう一つはベイエリア高速鉄道（通称バート）という鉄道を使う方法である。橋を渡るのが最短コースで、他に車が一台もなければ二〇分でサンフランシスコへ着くが、往復四車線しかないためすぐに渋滞する（＊1）。さて、ここでは車が一時間当たり二〇〇〇台増える毎に一〇分余計に時間がかかるとしよう。たとえば車が二〇〇〇台通れば所要時間は三〇分になり、四〇〇〇台通れば四〇分になる。

一方、バートを利用すれば、駅まで歩く時間も含めて所要時間は約四〇分であるが、こちらには渋滞がない。鉄道の利用客が増えても、車両を追加できるので所要時間は変わらない。

もしラッシュアワーに一万人の人がバークレーからサンフランシスコに行こうとした場合、何人が車で行き、何人が鉄道を利用するだろうか。各人は、自分の通勤時間が最短になるように利己的に行動するとしよう。結論からいうと四〇％の人が車で六〇％の人が鉄道で行くことになる。通勤時間はどちらで行った人も四〇分である。

この結論を確認するためにまず、二方法への分かれ方が四〇対六〇でなかったらどうなるか考えてみよう。たとえば、二〇〇〇人がベイ・ブリッジを利用したとする。軽い混雑ですむため所要時間は短縮され三〇分になる。となると八〇〇〇人の鉄道利用者の一部は時間節約のため車利用に切り替えるであろう。反対に、八〇〇〇人の人がベイ・

ブリッジを利用したとすれば所要時間は六〇分になるため、その一部は鉄道利用に切り替えるであろう。しかし、四〇〇〇人がベイ・ブリッジを使い、六〇〇〇人が鉄道を使った場合には、どちらの交通手段を選んでも所要時間は同じになる。つまりこれが均衡点である。

　これをグラフにしてみよう（図9―1）。発想は、第3章で紹介した囚人のジレンマに関する教室での実験のグラフとよく似ている。縦軸は通勤に要する時間、横軸はベイ・ブリッジの利用者数である。ベイ・ブリッジを利用した場合の所要時間は右上がりの直線、バートの所要時間は水平の直線（常に四〇分）である。二本の直線が交わるのは、ベイ・ブリッジの利用者数が四〇〇〇人のとき。このとき二つの通勤方法の所要時間が等しくなる。このスタイルのグラフは大変わかりやすいので、この章では頻繁に使っていくことにしよう。

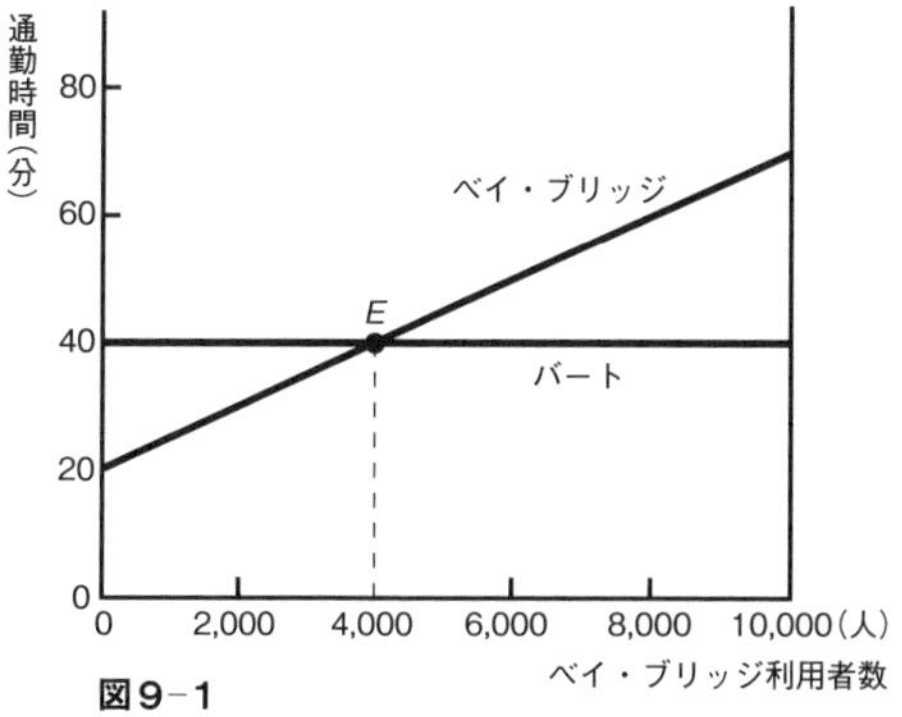

図9−1

　さて、この均衡点は通勤者全体の利益にとって好ましいものであろうか。実は、もっと良い方法が存在する。二〇〇〇人だけがベイ・ブリッジを使うと考えてみよう。この人たちは、一〇分間時間を短縮できる。鉄道に変更した二〇〇〇人は、ベイ・ブリッジのときと同じく四〇分で目的地まで行ける。もともと鉄道を利用していた六〇〇〇人も同様に四〇分である。つまり、通勤者全体としてみれば、一日に二万分（これは約二週間に相当する時間だ）の時間を節約できることになる。

　なぜ、車の利用者は、規制のない状態では社会的に最も効率的な比率をとるように行動しないのか。その答えをひとことで言えば、一人が新たに橋を利用すれば他の人の所要時間はほんの少し増加するが、その人はこのコストに見合う補償を支払う義務がないので自分の通勤時間のことしか考えないからだ。

　通勤者全体の利益にとっては、どの比率が最善であろうか。結論から言うと、それはベイ・ブリッジの利用者が二〇〇〇人のときで、節約時間は二万分である。この点を理解するために、ほかのシナリオを考えてみよう。もしベイ・ブリッジの利用者が三〇〇〇人であれば、所要時間は三五分で、一台当たり五分間の節約となるから、全体で一万五〇〇〇分の節約である。もし一〇〇〇人であれば、所要時間は二五分で、節約時間は一人当たり一五分、全体でやはり一万五〇〇〇分となる。やはり、二〇〇〇人が一〇分ずつ節約するのがベストである。

では、この最善の比率に持っていくにはどうすればよいだろうか。社会主義的な政策をとるとするならば、ベイ・ブリッジ利用許可証を二〇〇〇枚発行する案があるだろう。許可証を交付された人は三〇分で行けるのに、他の人は四〇分かかることが不公平だというのであれば、毎月通勤者の間で許可証を順繰りに回すシステムを作ればよい。

市場メカニズムに基づいた解決策としては、人が他人に及ぼした社会的コストの分だけ料金をとる方法がある。人々の時間価値を一二ドル／時間としよう。つまり、人々は一時間を節約できるなら一二ドル払ってもよいと考えていると仮定する。この場合、ベイ・ブリッジ通過料として二ドルを課せばいい。人々はこの二ドルのコストを一〇分間と同等と見なす。そうすると、二〇〇〇人がベイ・ブリッジを使い、八〇〇〇人がバートを利用する状態が均衡点となる。ベイ・ブリッジの利用者が三〇分プラス二ドルを使い、バートの利用者が四〇分を使うと、全体の実質コストが等しくなり、他のルートに切り替えようとする人はいなくなる。おまけに、四〇〇〇ドルが通行料収入として市の予算に回り、市民全体も潤う。

第三の解決法は、自由経済の精神にさらに近い方法で、ベイ・ブリッジの個人所有を認めることである。所有者は、渋滞がなければ金を払ってでも橋を利用しようとする人に対して、料金を課して、橋の利用を認める。この人物が収入を最大にするためには、もちろん、節約される時間価値の合計額が最大になるようにすればよい。

見えざる手は、「通勤時間」という商品に値段がついたときはじめて、通勤者の比率が最適になるように作用する。収益が最大となる通行料を課されるとき、文字どおり「時は金なり」という状況が生まれる。バートの利用者は、橋の利用者に時間を売っていると解釈できる。

最後に、通行料を徴収するためのコストが人々の時間の節約の利益を上回る場合もあることを理解しておかなければならない。というのは、市場を創り出すのはコストゼロではないからだ。たとえば料金所の設置自体が混雑というコストを生み出す。このようなときには、最初の非効率なルート選択の分布で妥協するのが最善となろう。

＊1　しかも、地震の後は、安全確認のために完全に閉鎖されてしまうことがある。

3．キーボード文字の配列

第4章で多数の均衡点があるゲームの例を示した。「ニューヨークで見知らぬ人が落ち合うとき、どこに行くべきか」や「どちらのほうから切れた電話をかけなおすか」等のケースである。それらの例では、誰もが同一の慣習を承知していることが重要なのであり、どの方式が選ばれるかは重要でなかったが、ときにはある方式のほうが好ましい場合もある。しかし、だからといって、その方式が常に慣習として採用されるとは限らない。一度、ある方式が慣習として確立されてしまうと、環境の変化により他の方式のほうが望ましくなっても、慣習を変えることは非常に難しい。

タイプライターのキーボードのアルファベット文字配列はそのような例である。一九世紀の半ばまでタイプライターのキーボードの文字配列には標準形がなかったが、一八七三年に至って、クリストファー・ショールズが「最新」の文字配列を開発した。その文字配列は、キーボードの左上列に配置された六つのアルファベット文字から「QWERTY」と呼ばれた。QWERTYは最もよく使われる文字間の距離が最大になるように設計されており、わざとタイピストのタイプの速度を遅くし、手動タイプライターのキーが絡んで動かなくなることを減少させた。これは当時としては名案で、一九〇四年までにニューヨークのレミントンミシン社がこの文字配列で大量生産し、事実上の標準形になった。

しかしその後、電子タイプライター、さらにはコンピュータが普及し、絡むという問題は完全に消滅した。そこで、エンジニアは新しい文字配列の開発に取り組んだ。たとえばDSKは、タイピストの指の動く距離が五〇％も減るように設計され、同じ文字量の文章がQWERTYより五～一〇％少ない時間でタイプできる。しかしながら、QWERTYはすでに確立されたシステムでほとんどすべてのタイプライターで使われていて、タイピストは使い慣れているので別のキーボードを学ぼうという気がしない。それゆえ、タイプライターやキーボードのメーカーは、QWER

TYを生産し続ける。こうして悪循環は続くのである。

さて、QWERTYが普及している現時点において標準形を切り替えるべきかという問題を検討してみよう。機械本体、キーボード、タイピストがすでにQWERTYで定着しているなかで切り替えることに価値があるだろうか。

社会全体の視点から考えると答えはイエスのように見える。第二次世界大戦中、アメリカ海軍はDSKタイプライターを幅広く採用し、タイピストを再教育した。再教育のコストは、新しいキーボードをわずか一〇日間使用しただけで回収できたという。

もっとも、この海軍の調査にはDSK考案者のオーガスト・ドゥボラック少佐自身が関わっていたらしいと、経済学者のスタン・リーボウィッツとスティーブン・マーゴリスは指摘している。それに一九五六年に米政府調達局が行なった調査によれば、QWERTYからDSKに切り替えたタイピストがQWERTY並みのスピードでタイプできるようになるためには、一日四時間の訓練を一カ月続ける必要があるとわかったという。DSKのほうが効率的なキーボード配列だとして、そのメリットは最初からDSKを練習する場合に最も発揮されると言えそうだ。

一人の力では、社会の習慣を変えられない。人々の協調した決定がなされない限り、私たちはQWERTYと訣別できない。この種の問題はバンドワゴン効果と呼ばれる。図9―2のグラフは、それを説明したものである。横軸は、QWERTYを用いるタイピストの割合。縦軸は、新しいタイピストがDSKではなくQWERTYを習う割合である。たとえば、もし現在八五%のタイピストがQWERTYを使っていれば、新人タイピストは九五%の確率でQWERTYを習い、DSKを習おうとする人は五%しかいない。DSKのほうが優れているので、DSKが三〇%以上普及しさえすれば新人タイピストの過半数はDSKを選ぶ。

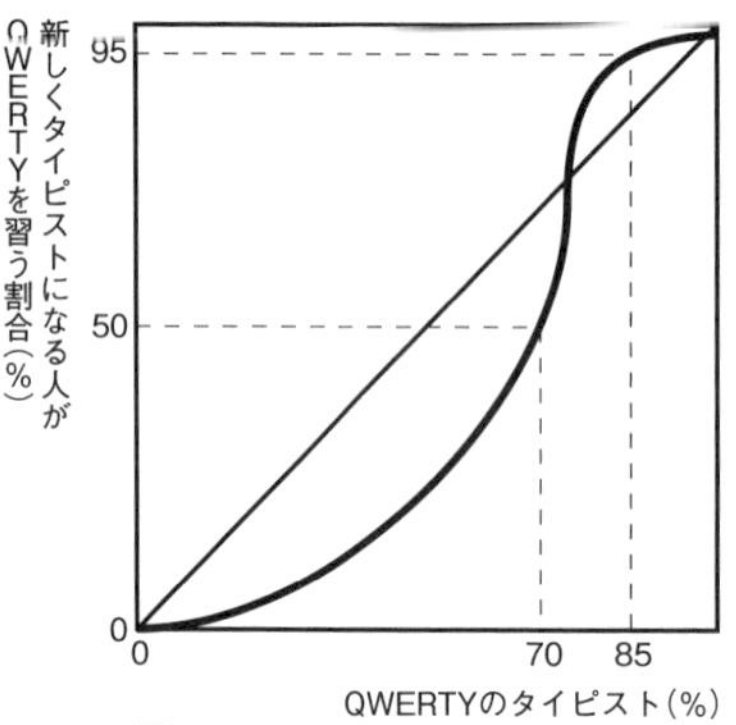

図9−2

それにもかかわらず、QWERTYのほうが普及した状態が均衡になる可能性はある。というより、現状がまさにそうだ。

どのキーボードを使うかという選択は一種の戦略である。それぞれのキーボードを使う人の割合が時間が経っても一定であるとすれば、それがゲームの均衡点であるといえる。このゲームが均衡点に徐々に収斂することを示すのは易しくない。新人タイピストによるランダムな選択が妨害要因として働くからだ。しかし、数学的手法を借りて、経済学者や統計学者は、この動的なゲームが均衡点に収斂することを証明している。

では、どのような結果になるのか。もし、ＱＷＥＲＴＹを使うタイピストの割合が七二％を越えれば、さらに多くの人がＱＷＥＲＴＹを習うことが予想される。その割合は、九八％になるまで上昇していく。九八％に達すると、ＱＷＥＲＴＹを習おうとする新人タイピストの割合と現在のＱＷＥＲＴＹ使用者の割合が九八％で一致するため、そこで落ち着く（＊１）。（図９―３）

反対にＱＷＥＲＴＹを使うタイピストの割合が七二％を下回れば、ＤＳＫがいずれ優勢になっていくと予想できる。新人タイピストのうちＱＷＥＲＴＹを習う人は七二％より少なくなり、その結果さらにＱＷＥＲＴＹ使用者の割合が下がるため、ＤＳＫの学習者は増加の一途をたどる。ひとたびすべてのタイピストがＤＳＫを使うようになれば、新人タイピストがＱＷＥＲＴＹを学ぶ理由はなくなり、ＱＷＥＲＴＹは世の中から消えていく。

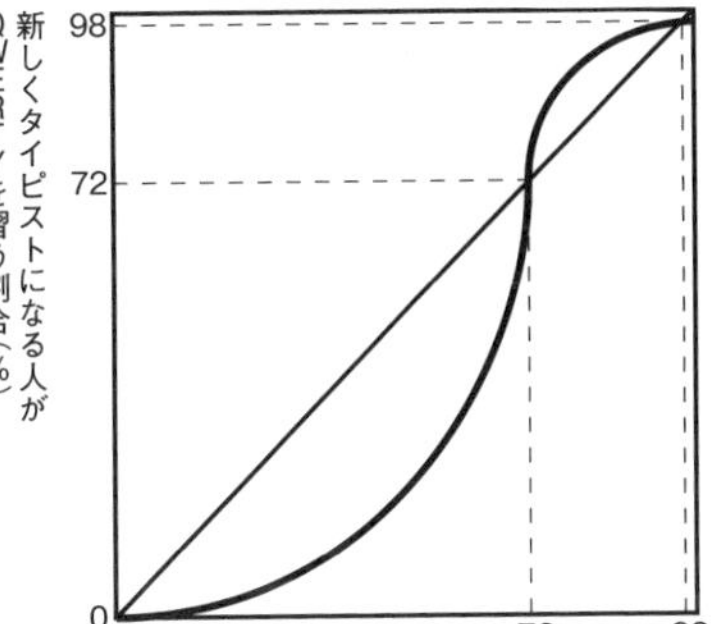

図９−３

つまり数学的に言えばタイピストの一〇〇％がＤＳＫを選ぶ状態か、九八％がＱＷＥＲＴＹを選ぶ状態かのいずれかの結果に収斂する。では、このどちらの結果になるのか。ゼロの状態から始めれば、実用性に優れたＤＳＫに人気が集まるであろう。しかし現実には、ほぼ一〇〇％のタイピストがＱＷＥＲＴＹを使用しているという歴史的な経緯があるため、ＱＷＥＲＴＹは当初の合理性が色褪せてしまっても永続的に使用されるのである。

好ましくない均衡点で固定化している状態を改めて、もっと好ましい均衡点に導く。そのためには、協調的な行動が必要である。もし主要なコンピューターメーカーが新しいキーボード配列を採用することで協調するか、連邦政府のような大組織が新キーボードを導入して職員を再訓練すれば、均衡点が一方の端からもう一方の端へ移る可能性がある。ここで重要な点は、タイピスト全員を切り替えさせる必要はなく、一定割合（ここでは二八％）を切り替えさせればよいということだ。十分なきっかけが与えられれば、優れた技術は普及するのである。

キーボードの文字配列と同様の問題はいたるところにある。エンジンに蒸気よりガソリンが使われ、原子力発電所にガス冷却炉より軽水炉が使われている理由は、技術が優れているからではなく、歴史的な偶然である。スタンフォード大学の経済学者でバンドワゴン効果の数学的解法を研究しているブライアン・アーサーによれば、ガソリン車が現在使われるようになったいきさつは、以下のとおりである。

一八九〇年当時、自動車の動力源には三つの方法があった。蒸気、ガソリン及び電気である。これらの中でガソリンは明らかに劣っていた。転機は、一八九五年、シカゴタイムズ・ヘラルド紙主催の馬無し荷車レースが行なわれたときに訪れた。六台が参加し二台が完走したこのレースで、ドウリア号というガソリン車が勝った。この結果にヒントを得て、R・E・オールズという人物が一八九六年にガソリン車の特許を取り、後にカーブド・ダッシュ・オールズと名づけたガソリン車を大量生産しはじめた。ガソリンは、こうして他の動力源に対する遅れを挽回した。一九一四年までは、蒸気も自動車の動力源として用いられていた。しかしこの年に北アメリカで口蹄疫が流行し、馬用の水桶が撤去されたため、この水桶から水を得てエネルギーを生み出していた蒸気自動車は大打撃を受けた。その後、三年ほど経ってから、三、四〇マイル毎に水を補給しなくて済むコンデンサーとボイラー・システムをスタンレー兄弟が開発したが、もう手遅れだった。蒸気エンジンはついに劣勢を挽回できなかった。

今日、ガソリンエンジンのほうが蒸気エンジンより優れていることに疑う余地はないが、それは正しい比較とはいえない。その後の七五年間、蒸気エンジンについて研究開発がなされていたら、今ごろは素晴らしい技術になっていた可能性もある。本当のところはわからないが、エンジニアの中には、蒸気を選択していたほうがよかったであろうという人もいる。

アメリカでは、ほとんどの原子力発電所が軽水炉を採用している。しかし、重水炉あるいはガス冷却炉の開発に軽水炉と同程度の力が注がれていれば、軽水炉に勝る技術になっていたかもしれない。カナダの経験によれば、重水炉はアメリカの同サイズの軽水炉に比べて二五％も少ないコストで発電できる。重水炉は燃料を再処理しなくても操業できる。しかし、最も重要なのは安全性の比較であろう。重水炉もガス冷却炉も、炉心溶融（メルトダウン）のリスクは軽水炉よりはるかに少ない。

どのような経緯で、軽水炉が主流になったかという疑問は、ロビン・コーウェンが一九八七年のスタンフォード大学の博士論文で研究している。原子力発電の最初のユーザーはアメリカ海軍であった。一九四九年に海軍が軽水炉を選択したのには、二つの現実的な理由があった。一つは、軽水炉はコンパクトで潜水艦に適していたこと。もう一つは、軽水炉は最も進歩しており、最も短期間で実用化できる技術だったことである。一九五四年には、最初の原子力潜水艦ノーチラス号が進水した。結果は良好であった。

一方、民間の原子力発電の重要性も高まっていた。ソ連が一九四九年に最初の原爆実験に成功したことを受けて、アメリカ国内の危機感が高まったのだ。「もしソ連がアメリカとの原子力開発競争に勝ったら、エネルギー資源の乏しい国は引力で引かれるようにソ連のほうへ集まっていく可能性が出てくるだろう。それを考えれば、原子力開発競争は、エベレスト登山のような単なる名誉獲得競争では済まされない」と、原子力エネルギー委員長のT・マレーは警告した。原子力潜水艦用の軽水炉を作っていたゼネラル・エレクトリック（GE）社とウェスティングハウス社が、民間の原子力発電技術を開発する企業に選ばれたのは、きわめて自然な結果だった。コストと安全性の面で最も優れた技術を探すことよりも、信頼性と迅速性が実証ずみの技術を選ぶことが優先されたのである。軽水炉はそもそも暫定的な技術として選ばれたが、先頭でスタートを切ったためにみるみるノウハウを蓄積し、他の原子力技術は追いつく機会を失った。

QWERTYやガソリンエンジン、軽水炉の採用は、歴史上の理由がいかに今日の技術選択に影響を与えているかを示す事例のほんの一部にすぎない。当時の理由は、今日では当てはまらない場合もある。タイプライターのキーの絡み問題、口蹄疫、潜水艦の空間的制約は、今日における技術の優劣とは無関係である。ゲーム理論から得られる見識は、早い段階で将来の状況を認識せよということだ。いったん一つの選択肢が動きだしてしまうと、他のもっと優れた選択肢が発展していく道が閉ざされかねない。その意味で、どの技術が今日の状況で有用であるかという点だけでなく、将来的にどの選択肢がベストであるかを初期段階にじっくり検討することは、非常に有益なことである。

＊1 もし現在、QWERTYを使っている人が九八％以上いたとしても、この数字はいずれ九八％に戻る。そのテクノロジーを採用しているマシンがたとえあまりないとしても、高度なテクノロジーに興味をもつ人がある程度はいて、その人たちがDSKを習うためである。

4. スピード違反

車を運転するときのスピードはどのくらいが適当だろうか。実際問題として、スピード制限は遵守すべきだろうか。ここでも答えは、他のドライバーの選択との相互作用を検討することにより見いだせる。

もし誰も法律を守らないのであれば、二つの理由により自分も守らないほうがよい。第一に、車の流れと同じスピードで自分も走ったほうが、安全性が高い。ハイウェイではたいてい、時速五五マイル（法定制限速度）で運転する人は危険な障害物となり、他の車はそれを避けながら追い越していかなければならない。第二に、ほとんどの車がスピードを出していれば、自分がスピードを出しても捕まる可能性はほとんどゼロになる。警察はスピード違反の車のうちのごく一部しか捕まえることができない。車の流れと同じスピードで走っている限り捕まる可能性は低い（＊1）。

法定速度に従う人が増えるにつれて、スピードを出す二つの理由は消える。スピードを出すには車の間を縫うように走らねばならないので、危険度が増す。それに、捕まる可能性も飛躍的に増加する。

バークレーからサンフランシスコへの通勤のケースと同様のグラフを用いて検討してみよう（図9―4）。縦軸はドライバーの利得、横軸はスピード制限を守っているドライバーの割合である。直線A、Bは、各ドライバーが法定速度を守った場合（A）と破った場合（B）のドライバーにとっての利益を示す。誰も法定速度を守らなければ（グラフの左端）、自分も守らないほうがよく（直線Bのほうが直線Aより上にある）、また、皆が法定速度を守れば（グラフの右端）、自分も守るほうがよい（直線Aのほうが直線Bより上にある)。
　通勤者が二つの通勤ルートのいずれかを選ぶケースでは、均衡点は中央に落ち着いたが、ここでは両端のどちらかに落ち着く。この違いは、プレーヤーの行動の相互作用の仕方が違うために生まれる。通勤者の例では同じ選択をする人が増えるほど、その選択肢は魅力ないものになるが、スピード違反の例では魅力が高まる。

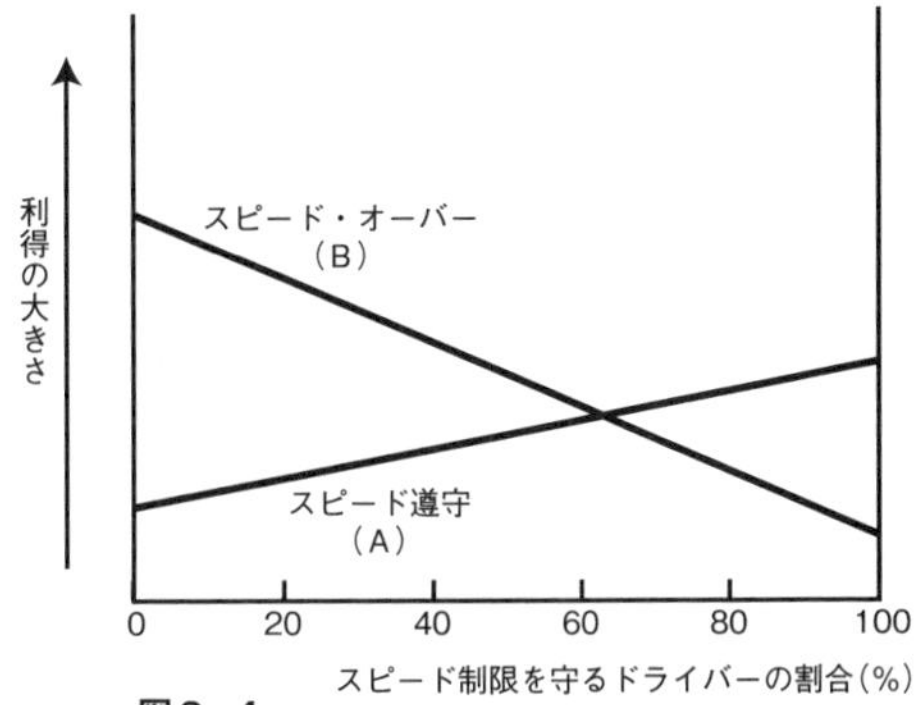

図9−4

　ある人の決断が他の人に影響を与えるという法則は、ここでも当てはまる。もし一人のドライバーがスピードを上げれば、他の人はスピードを上げやすくなる。一方、速いスピードで走っている車がないときは、誰も率先して速く走ろうとはしないであろう。率先して速く走るという行為は、他の車に利益を与えるばかりで、自分が報われないからである。しかし逆に、皆が速いスピードで走っているときは、誰もスピードを落とそうとしない。

　制限速度を変更すれば、状況は変わるのだろうか。たとえば、制限速度が時速五五マイルから六五マイルに引き上げられたとしよう。この場合、制限速度を破ることのメリットは減少する。なぜなら、スピードが速くなるほど危険度が増すため、六五マイルから七五マイルにスピードを上げることによるメリットは、五五マイルから六五マイルに上げることによるメリットより小さいからである。しかも、時速五五マイルを超すと、スピード上昇に伴うガソリン消費量の増加幅が一気に跳ね上がる。六五マイルでのガソリン消費量は五五マイルの一・二倍だが、七五マイルでは六五マイルの一・四倍に達する。

　制限速度を守らせるために、立法者はこれらの要素をどう活用すればよいか。もちろん、誰もが喜んで従うような高い制限速度を設定する必要はない。厳しい処罰を伴った厳重な取り締まりを短期間に集中的に行ない、全員が制限速度を守る状況を生み出すきっかけをつくるのに必要な割合のドライバーに速度を守らせればいい。そうすれば、均衡点は一つの端（全員がスピード違反をする）からもう一方の端（全員が遵守する）へ動く。新しい均衡点に移った後は、警察が取り締りを緩めても、人々は速度を守り続ける。一般化して言えば、同じ総量の労力をかけるのであれば、短期間に集中的に取り締りを行なうほうが、長期間にわたり緩やかな取り締りを行なうより効果的であると言えそうだ。

同じことは、車の燃費に関しても言える。アメリカ人は燃費の悪い大型車を好むとよく批判されるが、アメリカ人の大多数は昔から自動車の燃費基準の強化に賛成してきた。ほとんどの人が燃費の改善を望んでいるのであれば、燃費のいい車の普及に障害はないはず。それなのになぜ、アメリカではガソリンを大量に消費するSUV車（スポーツ用多目的車）がたくさん走り続けているのか。

一つの理由は、高燃費車は車体が軽く、事故に巻き込まれたときに安全性が乏しいと心配する人が多いことだ。とくに、ハマーのような大型SUVと衝突すると軽量の車は非常に危ない。ドライバーは、ほかのドライバーも軽量の高燃費車に乗るのであれば、自分も高燃費車に乗ることにやぶさかでない。しかし実際には近年、車の巨大化が進み、ドライバーは安全のためにますますSUVに乗るようになった。アメリカではこの二〇年の間に、人間だけでなく自動車も一回り大きく、重たくなった。

車の燃費はちっとも改善せず、事故にあったときの安全性にしても以前に比べて向上したわけではない（以前の水準を維持しているにすぎない）。その点、政府が燃費基準を強化すれば、ドライバーが協調的な行動を取るよう背中を押せる。その効果で十分な数のドライバーが高燃費車に買い換えれば、やがてほぼすべてのドライバーが安心して高燃費車に乗る時代がやって来るかもしれない。燃費改善のために必要なのは、新しいテクノロジーを開発すること以上に、ドライバーに協調的な行動を取らせるための仕組みづくりなのかもしれない（ジョージ・W・ブッシュ大統領は二〇〇七年、乗用車の燃費基準を一ガロン＝二七・五マイルから一ガロン＝三五マイルに引き上げる法案に署名。この規制は二〇一一年から段階的に導入されて、二〇二〇年には完全に施行される）。

このような協調的意思決定の大切さを説くのは、左派やリベラル派の専売特許ではない。筋金入りの保守派の経済学者ミルトン・フリードマンは、著書『資本主義と自由』で富の再分配に関連して同様の主張をしている。

貧困の実態を目の当たりにすると、私は心が痛む。貧困が軽減されれば、私はうれしい。しかし、貧困が軽減されるのであればそのためのコストを私自身が負担しようと、ほかの誰かが負担しようと、私の喜びの大きさは変わらない。他人の慈善行為が生み出す恩恵の一部は私にも及ぶのである。言葉を換えれば、私たちはみな、ほかの全員が貧困救済のために寄付するかぎりにおいて、自分も寄付をしてもいいと考える。そういう確約がないと、確約があるときほどの金額の寄付をしようと思わない。小さな共同体であれば、私的な寄付に関しても、共同体全体の圧力によりそうした状況をつくり出せるかもしれない。しかし私たちの社会はますます、人と人との結びつきの弱い大規模な共同体が中心になっており、そのような状況をつくり出すことがきわめて難しい。では、ここで述べたような考え方に基づいて、政府が貧困対策を行なうことが正当化されると考えてみてはどうだろう……

＊1　警察としても、みんながスピード違反で走る状態が均衡になることを好む。令状なしでスピード違反者を逮捕するためには、その人物が犯罪を犯したとみなせる「相当の理由」が必要だが、スピード違反が均衡になればその「相当の理由」があると言えるからだ。この状況では、制限速度を守って走っているドライバーも、いっそう疑いをかけられやすくなる。

5. 住みわけの理由

アメリカでは、黒人と白人が混ざり合って住んでいる地域町は多くない。地域内の黒人の割合がある一定のレベルを越えると、そこはたちまち、黒人がほとんどの町になる。逆に黒人の数がそのレベルを下回れば、今度は白人だけの町が出現する。地域内の人種のバランスを保つには、精巧な政策が必要になる。

このような事実上の人種別の住みわけは、人種差別の産物なのだろうか。必ずしも、そうではない。現在、アメリカの都市住民の大部分は、人種が混ざり合って住む状態を望ましいものと考えているだろう（＊1）。むしろ、この問題は、人々が居住場所を選ぶゲームの均衡として発生する可能性が高い。強硬な人種差別主義者が一人もいなくても、このような状況は起こりうる。

この点をはじめて指摘したのは、トーマス・シェリングである。以下では、この点を詳しく検討するとともに、シカゴ郊外のオーク・パークでどのようにして人種が混ざり合って住む状態が保たれているのかを見てみることにしよう。

　人種問題の対応に、シロかクロかの決着はつけられない。そこにはグレーの領域がある。黒人であれ、白人であれ、望ましい人種構成比についてはさまざまな意見を持っている。ただ、地域の人口の九五％が白人であるべきだと主張する白人は少数派である。その反面、地域内に白人が一％や五％しか居住していない場合、そこに住みたいと思う白人も少数派であろう。多くの人は、そのどこか中間の人種構成比を好むといえる。

　キーボードの文字配列の事例で用いたような図を使って、人種構成比が推移してゆくさまを検証してみよう。図の縦軸には、地域に転入してくる新しい住民が白人である確率をとり、横軸には、地域住民の白人構成比をとる（図9―5）。地域住民がすべて白人であるとき（図の右端の状態）、そこに転入してくる住民が白人である確率はほぼ一〇〇％近い。白人構成比が九五％や九〇％に低下しても、依然として、転入してくる住民が白人である確率は非常に高い。しかしながら、白人構成比がさらに低下してゆくと、転入してくる住民が白人である確率がガクンと落ちる箇所がある。白人構成比がゼロになり、住民のすべてが黒人になると、転入してくる住民が黒人である確率がきわめて高くなる。

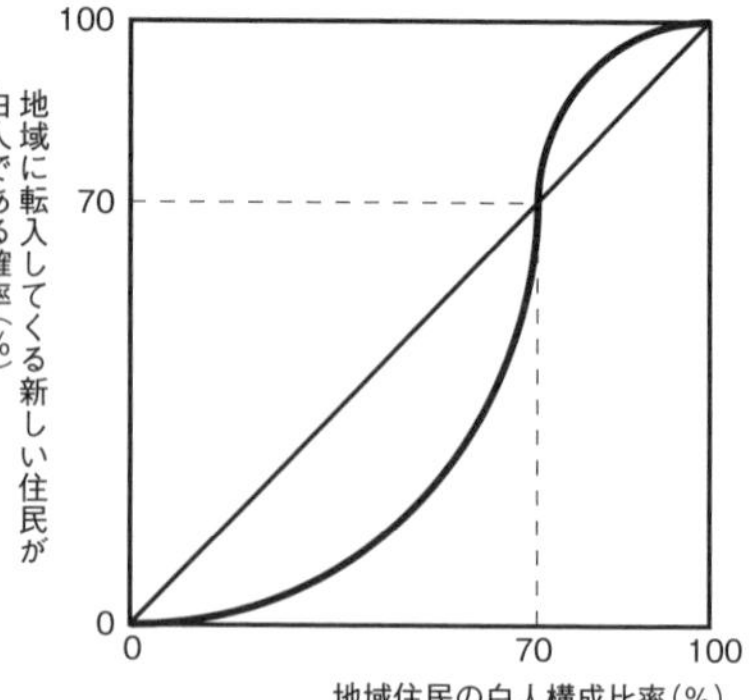

図9－5

　ここでは、現在の地域住民の人種構成比と、新たに転入してくる住民の人種構成比が等しくなるときに、均衡が得られる。そのときはじめて、人種の構成比が安定する。そのような均衡点は三つしかない。地域住民がすべて白人になる場合、すべて黒人になる場合、そして両者が混ざり合う場合である。ここまでの議論からは、この三つの均衡のなかで、どれが最も実現しやすいかは明らかにならない。その点を明らかにするためには、状態を均衡に近づけたり、遠ざけたりする力、すなわち社会的力学を確かめる必要がある。

　答えを先にいうと、全員黒人もしくは全員白人のいずれかの均衡に向かうのが力学上の必然の帰結である。シェリングはこの現象を「(軽い)はずみ」と名づけている。そのメカニズムは以下のようなものである。

三つのうちの中間の均衡が、白人七〇%、黒人三〇%の人種構成比で成り立つと仮定しよう。たまたま、この状態から、黒人の家族が一家族転出し、かわりに白人の家族が一家族転入してきたとする。すると、地域の白人構成比はわずかに七〇%を上回る。その場合、図によれば、次に転入してくる住民が白人である確率は七〇%を完全に上回る。こうして新たな白人住民が転入してくることによって、白人を増加させる力がさらに強まる。結果としてたとえば、人種の構成比が白人七五%、黒人二五%になったとしよう。「はずみ」のメカニズムは作用し続ける。次の転入者が白人である確率は七五%を上回り、次第に地域の人種構成比が偏っていく。このプロセスは、地域への新しい転入者の人種構成比と、現在の地域住民の人種構成比が等しくなるまで続く。すなわち、地域住民が全員白人になるまで終わらない。一方、もし、このプロセスが、白人の一家族が転出し、かわりに黒人の一家族が転入するところからスタートすれば、逆方向の連鎖反応が起こり、地域は全員黒人によって占められるという結果が生じるだろう。

問題は、白人七〇%、黒人三〇%の構成比が安定した均衡ではないというところにある。もしこの構成比がたまたま崩れれば、住民がすべて黒人もしくは白人の一方で占められるという極端な均衡に向かうメカニズムが働く。逆に、悲しいかな、極端な均衡から人種が混ざり合って住む均衡へと向かう力は発生しにくい。それゆえ、人種の住みわけは予想された結果ではある。しかし、この均衡において、住民の受ける利益が以前の状況に比べて増えたとは必ずしもいえない。人々は、人種が混ざり合って住む状態を好むかもしれないからだ。しかし、そのような地域はめったに存在しないし、もし存在したとしても、長続きしないのが常である。

これまで取り上げてきた事例と同様、問題の原因は、一プレーヤーの行動が他者に影響を及ぼすことにある。七〇対三〇の人種構成比が保たれていた地域から黒人の一家族が転出すれば、黒人家族にとってその地域の転入魅力度を若干ではあるが低下させる。しかし、このことに対する罰金はない。道路通行料のアナロジーからいえば、転出税といったものがあってしかるべきであろう。けれども、それは、もっと基本的な原則、すなわち、住居選択の自由に抵触するおそれがある。もし、社会が「はずみ」効果を防止したいならば、そのほかのなんらかの政策的手段が求められる。

ある住民の転出によって、地域の住民も、その地域へ転入しにくくなった住民も損害を受けるわけだが、そのことに関して転出住民に罰金をかけるのは難しい。だとするならば、他者がその動きに追随する誘因をなくす手段を講じればよい。白人の一家族が転出しても、その地域を、転入予定の白人家族にとって以前と変わらぬ魅力度にしておけばよいのだ。同様に、黒人の一家族が転出しても、黒人にとってのその地域の魅力度は以前のままに維持しなければならない。

シカゴ郊外のオーク・パークでは、巧妙な政策によって、人種が混ざり合った状態を維持している。用いられている手段は二つだ。第一の手段は、「売家」の掲示を前庭に出すことの禁止である。第二の手段は、人種構成比が変化して不動産価値が減少した場合に、その差額を当局が埋め合わせると保証することである。

たとえば、同じ通りで二軒の家がたまたま同時に売りに出されたとき、「売り家」の掲示があると、地域住民や将来の購入予定者の間でたちまち話題になってしまうだろう。掲示を禁止すれば、悪いように解釈される可能性のあるニュースを隠匿することができる。家の売却が終わるまで、家が売りに出ていたことすら当事者以外は気づかないだろう。売家掲示の禁止により、売り家希望が殺到するパニックは少なくともさしあたり防げる。

しかしながら、この手段だけでは十分とはいえない。家の所有者は、家の値段が高いうちに家を売ったほうがよいのではないかと考えるかもしれないからだ。地域の人種構成比が変わりつつあるのを傍観しているうちに、手遅れとなり、多くの人にとっては財産の大分を占める土地家屋があらかた価値を失ってしまったら大変だ。そこで町が不動産価値を保証するという第二の手段が必要となる。この保証により、「はずみ」メカニズムを加速させる経済的要因はなくなる。加えて、この保証が機能して「はずみ」メカニズムが作用しなければ、不動産価値は下落せず、納税者への負担も発生しない。

「はずみ」メカニズムによって地域の住民のほとんどが黒人になるというのは、アメリカの都市部でよく見られる現象だが、近年は同じメカニズムにより金持ちだけの地域も出現しはじめている。何もしないでいると、自由市場ではこのような不適当な結果が生み出される。しかし、「はずみ」メカニズムを理解して、政策を実施すれば、メカニズムの作用を封じ込め、微妙なバランスを保てるかもしれない。

＊1　もちろん、人種が混ざり合って住む状態を好むのも一種の人種差別といえようが、はるかに穏健な人種差別であろう。

6．孤独なトップの座

アメリカの一流法律事務所では、事務所の共同経営に参画する弁護士を、事務所で雇っている若手弁護士の中から選ぶことが多い。昇進からもれ、共同経営者に選ばれなかった弁護士は事務所を去らねばならず、たいていはランクの落ちる事務所に移ることになる。架空の法律事務所、ジャスティン・ケース事務所では、共同経営者になる基準が非常に厳しく、もう何年も新しい共同経営者が誕生していなかった。そこで、若手弁護士が抗議を行ない、それに対して共同経営陣は非常に民主的に見える新しい昇進制度を打ち出した。

その制度とは、次のようなものだった。年一回の共同経営者選考に当たり、一〇人の若手弁護士は能力査定を受け、1から10までのランクをつけられた。若手弁護士たちは、自分のランクを内々に知らされたうえで、会議室に集められて、共同経営者になれる能力基準を多数決で決定することになった。

最初、若手弁護士たちは全員が共同経営者になるという案を支持し、一人も共同経営者になれなかった昔に比べればずっとましだと考えた。つまり、ランクが1以上の者は共同経営者になれることにしようという話になった。ところがそのとき、共同経営者になれるランクを2に引き上げようと、もっとランクの高い誰かが言い出した。そうすることにより共同経営者の質を高められるという理屈だった。その案には、一〇人中九人が賛成した。唯一の反対票を投じたのは、ランク1の弁護士である。

次に、共同経営者になれる基準を2から3に引き上げようと、誰かが言い出した。ランク3以上の八人の弁護士は全員、この案に同意した。ランク2の弁護士はこの案によれば共同経営者になれなくなるので、当然反対した。面白いのは、ランク1の弁護士が賛成に回ったことだ。ランク1の弁護士は、どっちみち共同経営者になれない。しかし、共同経営者になれるのがランク3からであれば、共同経営者になれないという点でランク2の弁護士はランク1の弁護士と同じグループに入ることになる。そうすれば、ランク1の弁護士は、他の法律事務所への転職活動を行なう際に、正確な能力を知られずにすむ。他の事務所は、ランク1かランク2のどちらかであることを推測できるだけ。このことは、ランク1の弁護士にとって有利に働く。かくして、能力基準をランク3に引き上げる案は九対一で可決された。

　その後も、新しい基準が提案されるたびに、誰かがランクの引き上げを主張した。自分のランクが新しい基準を満たしている者は、自分の地位が危うくなる恐れがないので共同経営者の質を高める案に賛成し、ランクが基準にもとより及ばない者は、共同経営者になれないという自分の不首尾のインパクトを薄めるために基準引上げ案に賛成した。いずれの場合も、反対したのは、基準が引き上げられることにより、共同経営者になるチャンスを失う一人だけ。提案は毎回、九対一の多数で可決された。

　結局、能力基準は10にまで引き上げられた。ここに至ってついに、能力基準を11に引き上げて誰も共同経営者になれないようにしようと、誰かが言い出した。能力が9以下の弁護士は全員、これに賛成した。というのも、この案を採用すれば共同経営者になれなかった弁護士の平均能力はさらに上昇するからだ。しかも外部の人間は、共同経営者にならなかったことを悪いしるしとして受け取らないかもしれない。なにしろ、この法律事務所では誰も共同経営者に昇進しないのだから。この案に対する唯一の反対票は、能力ランク10の最も優秀な弁護士によって投じられた。この案だと共同経営者になれなくなるからだ。しかし、その反対意見は九対一の票決で打ち負かされた。

　一連の投票の結果、全員が昇進するより悪いと皆が思っている状況、すなわち誰も昇進しないという昔と同じ状況に戻ってしまった。それなのに、そこにいたる過程で提案された案はすべて、九対一で可決されてきたのである。この事例からは、二つの教訓が引き出せる。

　第一の教訓は、行動が少しずつ行なわれる場合、各時点で選択される行動が大多数のプレーヤーにとって好ましく見えるものであっても、最後に到達する状況が、全員にとって最初の状況より悪いものになる可能性があるということだ。そのような事態を招く原因は、「好ましさの程度」を投票に反映させられないことにある。その結果、賛成するときには少しだけ得をして、反対するときには大きく損をする。若手弁護士たちはそれぞれ一〇回投票したが、そのうちの九回の投票では小さな得を取り、一回の投票では九回分の得を足しても及ばない大きな損をこうむった。

問題点を認識したからといって、個人のレベルで全体のプロセスを止められるとは限らない。いったん足を踏み出すと、滑り落ちやすい斜面にはまり込んでしまう。プレーヤー全員がまとまって先を読んで合理的に現在を考えたうえで、最初の一歩を踏み出すルールを考えなければならない。制度変更を、小さなステップの連続としてではなく、一つのまとまりとして理解することが必要である。一つのまとまりとして制度変更の行方を見れば、それが最終的に何をもたらすか予測できる。小さなステップの連続として制度変更に臨むと、はじめは個々のステップが望ましいものに思えても、どこかで莫大な不利益が発生し、それまでの利益など吹き飛んでしまう。

この危険な作用の例は、一九八九年のアメリカ議会に見ることができる。このとき議会は議員歳費を五〇%引き上げる議案を審議していた。しかし、まさにこの作用により歳費引き上げに失敗した。最初、歳費引き上げは、上下両院で広い支持を得ていた。しかし、国民は議会の動きを察知するやいなや、議員たちに歳費引き上げ反対の意見を伝え始めた。ここで個々の議員には、引き上げ法案が通過するという前提のもとで、自分は引き上げに反対したいという誘因が生まれた。自分は歳費引き上げは手に入れるという、甘いシナリオを描いたのである。しかし、不運にもあまりに多くの議員が同じことを考えたので、歳費引き上げ法案通過の行方はにわかに怪しくなってきた。反対者が一人増えるごとに、滑り落ちやすい斜面のような構造にさらに拍車がかかり、ますます反対する理由は強まった。もし、引き上げ法案が否決されるならば、政治的代償を払って法案に賛成し、議事録に賛成の記録を留め、しかも歳費の引き上げは行なわれない、というのはなんとしても避けたい事態である。始めは、一部の人間がスタンドプレーをしていい格好ができる可能性があった。しかし、反対票がさらなる反対票を生み出し、法案は廃案へと導かれていった。

法律事務所の共同経営者決定の事例からは、もう一つ教訓を引き出せる。それは、どうせ失敗するなら、難しいことで失敗したほうがましだということである。失敗すると、その人物への評価はおそらく下がる。だとすると、何に失敗したかが問題になる。エベレスト登山に失敗した場合のほうが、単なる一〇キロマラソンで失敗した場合よりダメージは少なくてすむ。他人から見た人物評がポイントであるならば、失敗する可能性の大きいものにチャレンジしたほうが得策なのかもしれない。そこらの大学のかわりにハーバードを受験する人や、現実味のある相手ではなく、いちばん人気のある学生にデートを申し込む人はこの戦略を取っていると考えられる。

心理学者は、この種の行動を別の視点からとらえている。世の中には、自分自身の能力の限界を認めたくない人がいる。そういう人は、自分の能力を直視するのを避けるために、失敗する確率を高めるような行動を取ることもある。たとえば、試験前にわざと勉強しなければ、もし試験に失敗しても、その原因を自分の能力の不足ではなく勉強不足のせいにできる。倒錯的な不毛の行動ではあるかもしれないが、自分自身を相手とするゲームから自分を守ってくれる有力な方法はないのである。

7．政治家とアップルサイダー

二人の政治家がリベラルから保守のイデオロギーの範囲の中で政治的立場を決める状況を考えてみよう。最初に現職が政治的立場を決め、それに応じて挑戦者が立場を決めるものとする。

有権者は、リベラル—保守のイデオロギーの範囲に均一に分布されていると仮定する。具体的に検討できるように、その政治的立場に0から100までの数字をつける。ここで0は超リベラルを表わし、100は超保守を表わす。もし現職がたとえば48のような真ん中よりは少しリベラルな立場を取るとすると、挑戦者はそこと真ん中の間、つまり49の位置を取るだろう。そのとき、48以下の選好を持つ人々は現職に投票し、それ以外の過半数の人々は、挑戦者に票を投じるだろう。こうして、挑戦者が勝利をおさめる。

もし、現職が50より上の位置を取れば、挑戦者はそこと50の間の位置を取るだろう。この場合、挑戦者は再び過半数の票を獲得できる。

逆戻り推量を実践すると、現職にとって最も良い方法はちょうど真ん中の位置を取ることだとわかる。そうすれば、自分の立場より保守的な有権者の数とリベラルな有権者の数が同数になる。このとき、挑戦者の取りうる最善の策は、現職のやり方をコピーすることである。こうして両候補が同じ立場を取り、政治的立場だけが有権者の投票基準であれば、両候補とも半分ずつ票を得るだろう。この場合、被害を受けるのは有権者である。代わりばえのしない選択肢しか得られなくなるからだ。

実際、異なる政党が足並みをそろえて極端な政治的立場を取ることは少ない。逆に、中間的な立場を取ることが多い。この現象は、コロンビア大学の経済学者ハロルド・ホテリングが一九二九年にはじめて指摘したものである。ホテリングは、同様の例が経済や社会にも存在すると論じた。「現代の都市は不経済に巨大化し、経済の中心地で過密状態が生じている。メソジスト派と長老派の教会は区別が消失しているし、アップルサイダーの味はどれも似たり寄ったりだ」

ところで、政党が三つ存在する場合にもこのような現象は起こりうるのだろうか。政党は交互に政治的立場を決め、自由に政治的立場を変更できるとすると、外延にいる政党は内側に食い込んで他党の支持者を削り取ろうとする。この動きによって支持層を浸食された政党は逆に外延に身を移して、残った大きな新天地をまとめて票田としてとる戦法に出る。この過程は際限なく続き、均衡点が存在しない。現実世界では、政党はイデオロギー上の制約を受けるし、有権者も支持政党への忠誠心があるので、このように、めまぐるしく立場が入れ替わることはないだろう。

ただし、激しくポジションが入れ替わる場合もある。例は変わるけれども、三人の人間がマンハッタンでタクシーを拾う局面を思い浮かべてみよう。いちばん北側に位置する人間は南下するタクシーをいちばん最初につかまえるし、いちばん南側に位置する人間は北上するタクシーをいちばん最初につかまえる。真ん中に挟まれた人間は最後までつかまえられない。もし、真ん中の人間が待つのを嫌えば、その人はいちばん北側か南側に出るだろう。タクシーがくるまで、人の移動は止まらない。誰も真ん中の不利なポジションにいたくないからだ。これもまた、歩調を合わせた意思決定を行なわない場合の落とし穴の一つである。いつまでたっても結果が決まらなくなってしまう。安定した状態をつくり出すためには、何らかの社会的なルールが必要であろう。

8.［ケーススタディー］歯科医配置の処方

このケーススタディーでは、見えざる手によってどのように都市と地方の間で歯科医が適切に配分されるのか、あるいはされないのかという協調に関する問題を探ってみる。問題の構図は、ベイ・ブリッジの事例とよく似ている。果たして見えざる手は、都市と地方に適切な数の歯科医を配分するのだろうか。

歯科医の供給に関しては、絶対数の不足が問題なのではなくて、偏在が問題なのだという主張をしばしば耳にする。自由意思に任せると、ベイ・ブリッジを利用するドライバーが多くなり過ぎるように、地方より都市を選ぶ歯科医が多くなり過ぎるというようなことはあるのだろうか。もしそうならば、都市で開業する歯科医に対して料金を課すのが適当なのだろうか。

ここでは、歯科医の開業場所決定の問題を大幅に簡略化して考える。都市に住むことも地方に住むこともそれぞれよい点があり、その点では差がないものとして、ただ収入だけを基準に開業場所を決めるとする。つまり、歯科医はより多くの収入が見込まれるほうを選ぶ。また、サンフランシスコへの通勤者と同じように、決定は利己的に行なわれ、自分の所得を最大化するように行動するとする。

地方には歯科医不足の地域が多く存在し、そういう地域では歯科医の数が増えても、供給過剰の問題が起きない。つまり、歯科医にとって地方で開業するのは鉄道利用のようなものである。最善のケースで得られる所得は都市で開業するよりは少ないが、地方にいけば、平均より上の所得を確保できる確率は高い。それに地方では、歯科医の数が増えても、歯科医の所得と社会にとっての価値はほぼ一定に保たれる。

都市で開業するのは、ベイ・ブリッジのドライブに似ている。一人であれば快適だが、混んでくると魅力は薄れてくる。その地域に歯科医が一人しかいなければ、その歯科医は非常にありがたい存在であり、きわめて高い収入を得られるであろう。しかし、周囲に同種の歯医者が増えるにつれ、供給過剰の問題が生じてくる。患者の取り合いとなり、歯科医のなかには暇をもてあます人も出てくる。都市の歯科医の数が増えすぎれば、地方の歯科医に比べて収入が少なくなる可能性もある。

ベイ・ブリッジの例で使ったのとよく似た図（図9―6）を用いて考えてみよう。都市か地方かを選ぶ一〇万人の新しい歯科医がいるとする。したがって、都市を選ぶ人が二万五〇〇〇人いれば、地方を選ぶ人は七万五〇〇〇人ということになる。

右下がりの線（都市の歯科医に対応）と水平の線（地方の歯科医に対応）は、それぞれの所得を表わしている。全員が地方を選ぶ左端では、都市の歯科医の所得が地方の歯科医の所得より高い。一方、全員が都市を選ぶ右端では、それが逆になる。

この場合の均衡点は両者の所得が等しくなる点Eである。点Eより左側では、都市の歯科医の所得が地方の歯科医より高いので、地方ではなく都市を選ぶ歯科医がもっと多くなるはずだ。したがって、歯科医の都市・地方間の配分比率は、もっと右に移動する。同様に、点Eより右側では、都市の歯科医のほうが収入が低いので、逆方向の調整が行なわれるだろう。点Eにおいてだけ、次年度の都市・地方間の配分がおおむね現在と変わらず、均衡状態に達したといえることになる。

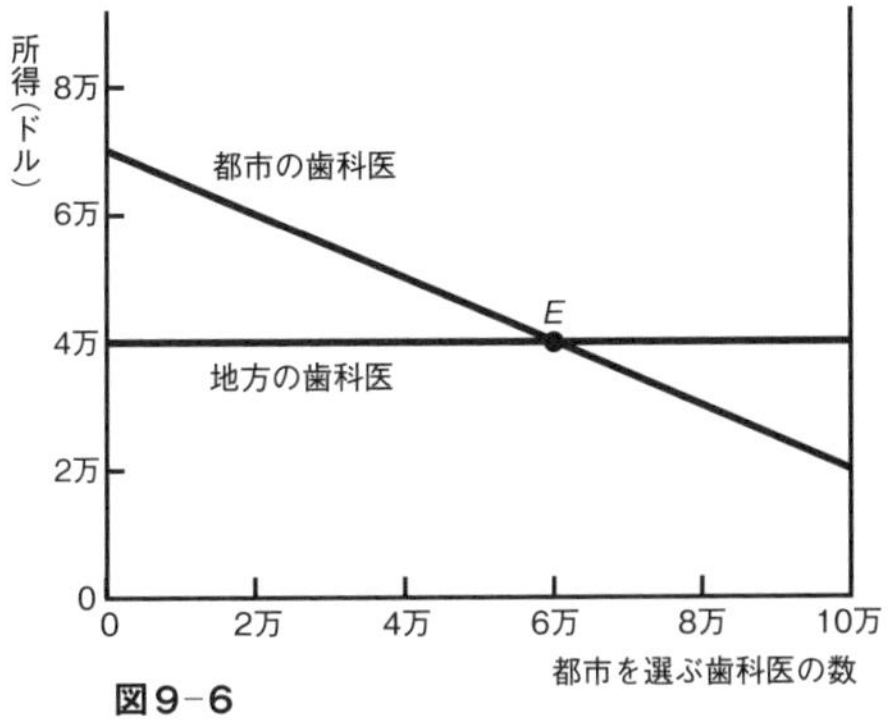

図9-6

この結果は、社会にとっていちばん望ましいものであろうか。

■ケース・ディスカッション

ベイ・ブリッジの事例と同様に、この均衡では歯科医の所得の合計は最大にならない。しかし社会全体の利益を考える場合は、歯科医の所得だけでなく患者の事情も斟酌しなければならない。その点で、見えざる手が導く均衡点Eは、社会全体にとって最適なものである。

都市の歯科医があと一人増えれば、二種類の影響が生まれることがその理由である。都市の歯科医が一人増えると、都市で開業するほかの歯科医全員の所得が減少し、これは既存の都市歯科医にコストを課すことになる。しかし、この所得の減少、すなわち、医療サービス価格の低下は消費者（患者）にとって利益となる。この二つの効果はお互いに打ち消しあう。ベイ・ブリッジが混雑したときに通勤時間が増えて得する人は誰もいないが、今回のケースのように、所得あるいは価格の変化という形で影響が現われるときは、生産者が損した分だけ購入者が利益を受け全体としては差し引きゼロとなる。

社会全体の利益を考えれば、歯科医は同業者の所得を減少させることを気にするべきでない。自分の所得が最も多くなるように行動してよい。一人ひとりの歯科医が利己的な判断に従って選択をしたときに、都市と地方の間で歯科医が適切に配分される。そのとき、都市と地方の歯科医の所得は等しくなる（＊1）。

もちろん、歯科医師会の考え方は違うだろう。歯科医師会は、患者のコスト節約より、都市の歯科医の所得減少を重く考えるかもしれない。歯科医の立場からすれば、均衡点Eでは都市部に歯科医が多過ぎる。都市の歯科医の数を自由市場レベルより少なくできれば、歯科医の所得の合計は上昇する。歯科医師会としては、都市で開業する歯科医に開業料を課すことはできなくても、卒業後に地方で開業することを約束した学生の奨学金制度を作れば、歯科医全体の利益に適う。

第14章にも、協力と協調に関するケーススタディー「野外ライブのベストポジション」「本当の価格を隠すベール」「リア王の悩み」を用意しておいた。

＊1　都市に住むほうが地方に住むより魅力があるとすれば、その違いを織り込んで両者の「利得」が等しくなるように、地方の歯科医の所得のほうが高くなる。

第3部　さまざまな活用例

第10章 オークション

――入札で成功する技

その昔、オークションという言葉を聞いて人々が連想するのは、ルイ一六世時代の年代物の椅子が並ぶ部屋に、高価な宝飾品を身につけた美術品収集家たちが集まり、その前で気取ったイギリス英語を話すオークショニアーが声を張り上げる――というイメージだった。いまでは、インターネットオークションのeベイが登場して、オークションは庶民にもだいぶ身近になった。

いちばんなじみ深いオークションの方式は、ある商品が売りに出されて、それにいちばん高い値をつけた人が購入する資格を手にするというもの。サザビーズでは絵画や骨董品が、eベイではお菓子のオマケに始まり楽器にいたるまでありとあらゆるものがこの方式で売られている（さすがに人間の腎臓をオークションにかけることはできないが）。インターネット検索大手のグーグルやヤフーは、検索結果の表示画面に載せる広告スペースをオークションにかけて一〇〇億ドルを軽く超す収入を得ている。このすべてに共通するのは、一人の売り手に対して大勢の買い手がいるという構図だ。購入希望者はその品物を手にするために競い合い、最も高い値をつけた人が勝つ。

しかし、これはオークションの一つの方式にすぎない。品物やサービスの買い手が売り手を選ぶために行なうオークションもある。公共事業の入札はその典型だ。「調達オークション」と呼ばれるこの形式のオークションでは、買い手は一人で、売り手が大勢いる（＊1）。勝つのは、いちばん安い価格をつけた参加者だ。

オークションで成功するためには、戦略が必要だ。その場の感情に突き動かされて行動すると、後悔する羽目になる。競りに早い段階から参加すべきなのか、それとも競りの終盤になってから参加すべきなのか。ある品物に一〇〇ドルの値打ちがあると考えている場合、最高で何ドルまで値をつけていいのか。オークションに勝って品物を手にしたのに、高く払いすぎたと後悔する事態（「勝者の呪い」と呼ばれる）に陥らないためには、どういう点に気をつければいいのか。

　そもそも、オークションに参加すべきか否かという問題もある。たとえばオークションで不動産を購入する場合、七月一日にオークションにかけられる物件に興味があるとして、その物件の競売に参加すべきなのか。もしかすると、その一週間後にもっと気に入る物件が売りに出されないとも限らない。どの物件も手にできないリスクを覚悟のうえで、あと一週間待つべきなのだろうか。

　この章では、まずさまざまなオークションの方式を説明し、そのうえでどういう戦略でオークションに臨むべきかをゲーム理論の観点から説明していく。

＊1　調達オークションのほうが普通のオークションよりややこしい。普通のオークションの場合、アビナッシュが二〇ドル、バリーが二五ドルで入札すれば、売り手としては二五ドルのほうが好ましいと断言できる。しかし調達オークションの場合は、アビナッシュの二〇ドルの入札のほうが好ましいとは言い切れない。公共事業の入札の例で言えば、アビナッシュとバリーの仕事の質が同じとは限らないからだ。

　eベイのネットオークションで調達オークション方式を採用してもうまくいかない理由がここにある。たとえば、あなたがパール・エクスポートのドラムセットを調達したいとしよう。eベイには、パール・エクスポートのドラムセットが常に十数件売りに出されている。調達オークションを行なうためには、そうした売り手たちをすべて参加させてお互いに競わせなければならない。オークション終了時に、あなたはいちばん安い売り手からドラムセットを買うことになるが、品物の状態や売り手の信頼性に関する不安はぬぐえない。最も安い価格で入札した売り手が最も好ましいとは限らないからだ。

　解決策の一つは、品質基準を設けるというもの。しかし実際には、理屈で考えるほどうまくいかない。最低基準より高いレベルの品物やサービスを提供しても報われない場合がほとんどだからだ。

このように調達オークションはややこしい面があるので、この章では通常のオークションに焦点を絞って話を進めることにする。

1. イングリッシュ・オークションとジャパニーズ・オークション

最もよく知られているオークションのやり方は、イングリッシュ・オークション（競り上げ型オークション）と呼ばれるものだ。オークショニアーが参加者の前に立って、だんだん競り値を引き上げていく。

三〇ドル？　ピンクの帽子のご婦人から三〇ドルです。

四〇ドル？　左の紳士から四〇ドル。

五〇ドルの方はいらっしゃいませんか？　五〇ドルは？

四〇ドルでよろしいでしょうか？　ほかにございませんか？　はい、落札します。

この場合の最善の戦略は、自分がその品物に払ってもいいと思う金額まで競りを続け、その金額を超えたところで競りから降りるというものだ。

問題は、いくらまで払っていいと決めるかだ。その品物がライバルの手に渡らないようにすることのメリットや、オークションに勝つことの喜び、入手した品物を転売する場合に期待できる利益なども、そこには関係してくる。

ある品物にオークションの参加者が見いだす価値には、大きくわけて私的価値と共通価値の二種類がある。私的価値は、ほかの人がその品物にどの程度値打ちがあると考えているかとは関係ない。あなたが本書の著者直筆サイン本に見いだす私的価値は、隣の家の人がそのサイン本にまったく値打ちを感じていないとしても変わりがない。一方、共通価値は、どのオークション参加者にとっても等しい（ただし、その品物に具体的にどの程度の価値があると考えるかは、参加者によって異なる場合もある）。

ある品物の共通価値がどの程度かを判断するうえで最も参考になるのは、オークションにどういう顔ぶれが何人くらい参加していて、競り値がいくらの段階で競りを降りるかという情報だ。しかしイングリッシュ・オークションでは、この情報は公開されない。オークションに参加したいと思っていて、まだ競り値を提示していない人がいても、それはほかのオークション参加者にはわからない。誰かが競りを降りたかどうかも確かなことはわからない。わかるのは、その人物が直近に提示した金額だけ。前回競り値を提示してから沈黙していても、しばらくしてまた手を挙げないという保障はない。

もっと透明性が高いオークションの方式は、イングリッシュ・オークションの変形版であるジャパニーズ・オークションだ。オークション参加者全員が手を挙げた状態で競りが始まり、たとえば三〇ドル、三一ドル、三二ドル……と一単位ずつ競り値が引き上げられていく。手を下ろさないかぎり、その人は競りに参加し続けていることになる。手を下ろせば、競りから降りたことになる。いったん手を下ろした人は、再び手を挙げることは許されない。手を挙げたままの人が一人だけになったところでオークションは終わる。

この方式の利点は、イングリッシュ・オークションと違って、現在オークションに参加している人数が常にはっきりわかること。そして、それぞれの参加者がどの金額で降りたかが明確になることだ。オークションの参加者は、競り値が自分の評価額を超えたところで降りていく。その品物を二番目に高く評価していた参加者が降りた時点で、オークションは終わる。つまり、その品物を最も高く評価していた人がオークションの勝者となり、勝者が支払う金額は、二番目に高く評価していた人物の評価額ということになる。

2. ヴィックレー・オークション

一九六一年、コロンビア大学の経済学者ウィリアム・ヴィックレーが新しいオークションの方式を考案した。ヴィックレーはそれを「第二価格オークション」と命名したが、今日では一般にヴィックレー・オークションという呼び名で知られている(＊1)。

このやり方では、すべての参加者が入札価格を紙に記し、封印した封筒に入れて提出する。封筒を開封し、最も高い価格を記していた人が落札者となる。ミソは、勝者が自分の記載した価格を支払うわけではないこと。勝者が支払うのは、二番目に高い価格を記した人の入札価格だ。

ヴィックレー・オークションの特筆すべき点は、すべての参加者が絶対優位の戦略をもっていることだ。自分の評価額どおりに、小細工なしに入札すればいい。落札者が自分の入札額を支払う普通の封印オークションでは、そうは簡単にいかない。オークションには、ほかに何人参加しているのか。ほかの参加者はいくらで入札するつもりなのか。ほかの参加者はこちらの入札額をいくらと予想しているのか。このようにほかの参加者の出方を読んで、自分の戦略を決めなくてはならない。

その点、ヴィックレー・オークションでは、自分がその品物にいくらまで払っていいかを決めて、その金額を紙に書くだけでいい。私たち二人にとっては残念なことだが、オークション対策にゲーム理論の専門家を雇うまでもない。いや、残念という言葉は撤回しよう。ゲーム理論研究者の究極の目的は、プレーヤーが戦略的思考をしないですむようなゲームを設計することなのだから。

ヴィックレー・オークションで取るべき戦略がきわめてシンプルなのは、それが絶対優位の戦略だからだ。簡単におさらいしておくと、絶対優位の戦略とは、ほかのプレーヤーがどのような行動を取るかに関係なく、自分にとって常に最良の選択である戦略のこと。したがって、ほかのプレーヤーのことを考える必要がいっさいいない。

しかし、どうしてヴィックレー・オークションで自分の評価額をそのまま入札することが絶対優位の戦略なのか。例を使って説明しよう。

あなたがヴィックレー・オークションに参加しているとしよう。その品物に対するあなたの評価額は六〇ドル。この場合に六〇ドルでなく、五〇ドルを入札するのが悪い選択だということを見ていこう。六〇ドルを入札するのと五〇ドルを入札するのとで異なる結果になるのは、どういう場合だろうか。この問いは、見方を変えて、どういうときに五〇ドルでも六〇ドルでも同じ結果になるかを考えたほうがわかりやすい。

ほかの参加者の誰かが六三ドルなり七〇ドルなり、六〇ドルより高い金額を入札すれば、あなたは五〇ドルを入札しても六〇ドルを入札しても勝てない。つまり、結果は同じだ。

ほかの参加者のなかでいちばん高い値をつけた人の入札価格がたとえば四三ドルなど、五〇ドルより安いときもやはり、あなたが五〇ドルを入札しても六〇ドルを入札しても同じ結果になる。いずれの場合もあなたが落札する。支払う価格は、六〇ドルを入札しても五〇ドルを入札しても四三ドル。ほかの参加者の入札価格が五〇ドルより安ければ、あなたは入札価格を五〇ドルにおさえても、六〇ドルを入札したときと同じ金額を支払わなければならない。

あなたが五〇ドルを入札するか六〇ドルを入札するかで違いが生じるのは、最も高い値をつけるライバルの入札価格が五〇ドルと六〇ドルの間の場合だ。たとえば、最も高値のライバルが五三ドルをつけたとすると、あなたは六〇ドルを入札すれば、オークションに勝って五三ドルを支払うことになる。一方、五〇ドルを入札すれば、あなたはオークションに負ける。あなたはその品物に六〇ドルの価値があると考えているので、オークションに敗れて品物を手に入れ損なうよりは、六〇ドルを入札してオークションに勝ち、五三ドルを支払うほうが好ましい。

つまり、あなたが自分の評価額である六〇ドルでなく、それより安い五〇ドルを入札することにより結果が変わってくる唯一のケースは、不本意ながらオークションに負けてしまう場合だ。そうである以上、自分の本当の評価額より安い値段で入札することは決して得策にならない。なお、自分の評価額より高い値段で入札することにも決して利点がないことは容易に想像がつくだろう。本当の評価額で入札した場合と結果が異なる唯一のケースは、その品物を落札して、評価額より高い価格を支払う羽目になる場合だからだ。

［ trip to the gym no.6 ］
戦略トレーニングジム 6

もしヴィックレー・オークションでほかの参加者の入札額を事前に知ることができたとすると、あなたはそれをどう利用するだろうか（ここでは、ズルをすることの倫理上の問題は度外視して考えてほしい）。

＊1　ウィリアム・ヴィックレーの論文 "Counterspeculation, Auctions, and Competitive Sealed Tenders," *Journal of Finance* 16（1961）: 8-37を参照。研究対象としてこの方式のオークションを取り上げたのはヴィックレーが最初だったが、実際の使用例はもっと古くからある。一九世紀には郵便切手コレクターがオークションで用いていたし、ドイツの文豪ゲーテが一七九七年に原稿を出版社に売却する際にこの方法を使ったこともわかっている（Benny Moldovanu and Manfred Tietzel, "Goethe's Second-Price Auction," *Journal of Political Economy* 106（1998）: 854-59を参照）。

3. ルールは違っても結果は同じ

もう気づいた読者もいるかもしれないが、ヴィックレー・オークションはたった一つのステップで、イングリッシュ・オークション（やジャパニーズ・オークション）とほぼ同じ結果を実現できる。いずれの場合も、オークションに勝つのは最も高い価格を入札した参加者で、勝者が支払う金額は（自分自身の評価額ではなく）二番目に高い金額を入札した参加者の入札額だ。

ただし、細かな違いが一つある。イングリッシュ・オークションでは、ほかの参加者の行動を観察すれば、ほかの人たちがその品物にどのくらいの値打ちを認めているかある程度わかる。ジャパニーズ・オークションでは、この点について情報がもっとオープンになっている。それに対してヴィックレー・オークションの場合は、オークションの最中にほかの参加者の入札内容を知ることができない。もっとも、もっぱら私的価値が問題のオークションでは、ほかの参加者がその品物をどう評価していようと関係ないので、この情報がなくても困らない。要するに、もっぱら私的価値が問題となるオークションでは、ヴィックレー・オークションでもイングリッシュ・オークションやジャパニーズ・オークションでも売り手が得る金額はまったく同じと考えていい。以下で見ていくように、この場合に限らず、オークションのルールを変えても、売り手の得る金額は変わらない場合が多い。

4. 買い手が支払う手数料

サザビーズやクリスティーズでお目当ての品物をはじめて落札した人は、落札額以上の金額を請求されて驚くかもしれない。ここで言っているのは、消費税のことではない。オークション会社は、落札金額の二〇％を手数料として買い手に請求する。オークションに勝って一〇〇〇ドルで品物を落札した場合は、手数料二〇〇ドルを上乗せした一二〇〇ドルを請求される。この手数料は、誰が支払っているのか。買い手に決まっている？　そういう平凡な答えであれば、わざわざこんな質問などしない。

ご名答。買い手の手数料は、実質的には売り手が払っている。買い手は手数料を請求されることを知っているので、それを考慮に入れてオークションでの行動を決める。あなたがオークションに参加する美術品収集家で、ある美術品に六〇〇ドル支払ってもいいと思っているとしよう。あなたは、競り値がいくらに上昇するまで競りに参加し続けるべきだろうか。あなたは競り値の上限を五〇〇ドルに設定する必要がある。もし五〇〇ドルで落札したとすると、手数料を含めて六〇〇ドルを支払わなくてはならないからだ。

5．ネットオークション

eベイのネットオークションでは、参加者が直接競りを行なうわけではない。「プロキシー（代理人）・ビッド」と呼ばれる方法が用いられる。あなたの決めたプロキシー・ビッドの金額まで、eベイがあなたのかわりに競り上げを行なう。たとえば、あなたが一〇〇ドルのプロキシー・ビッドをしていて、その品物の現在の競り値が一二ドルだとしよう（競り値は一ドル刻みで入札できるものとする）。この場合、eベイはまずあなたのかわりに一三ドルの値をつける。これより高い値をつける参加者がいなければ、オークションはこれで終了。品物はあなたのものになる。しかし、別に二六ドルのプロキシー・ビッドをしている参加者がいれば、eベイはその人のかわりに二六ドルまで値を競り上げるので、あなたの競り値は二七ドルまで上がる。

ヴィックレー・オークションとよく似た状況が生まれていることに気づくだろう。eベイのオークションで勝つのはいちばん高額のプロキシー・ビッドをした人で、その勝者が支払う金額は二番目に高額のプロキシー・ビッドをした人の金額にほぼ等しい。たとえば、ネットオークションにA、B、Cの三人が参加していて、プロキシー・ビッドの金額は、A＝二六ドル、B＝三三ドル、C＝一〇〇ドルとする。この場合、BとCのプロキシーが二七ドルまで値を競り上げた時点でAは脱落。その後、Cのプロキシーが三四ドルに競り値を引き上げたところで、勝負あり。Cがこの品物を落札し、二番目に高いBのプロキシー・ビッドとほぼ同じ金額（一ドルだけ上乗せした金額）を支払う。

もしすべてのオークション参加者が同時に一発勝負で入札するのであれば、ネットオークションのゲームはヴィックレー・オークションとまったく同じになる。小細工なしに、自分がその品物に認める価値どおりの金額を入札するのがいい。それが絶対優位の戦略だ。

実際には、そう単純でない。eベイではたいてい、同じような品物が複数同時に出品されている。中古のパール・エクスポートのドラムセットが欲しい場合、いつでも一〇程度の選択肢がある。たとえばあなたは四〇〇ドルを上限に、どれでもいいのでいちばん安いものに入札したいとしよう。その場合、二五〇ドルで買えそうなものがあるのに、別のものに三〇〇ドルを入札することはないはずだ。それに、落札できるかどうかを知りたいので、しばらく結果が確定しないものより、入札の締め切りが近いものを選ぶ。

オークションにかけられている品物にどの程度の価値を認めるかは、その時点および将来にどういう品物がオークションにかけられるかによって決まる。それを抜きにして価値を判断することはできない。

6. 狙い撃ち

ここでは、話を単純化して、同種の商品が複数出品されることがないものとして考えよう。この場合は、プロキシー・ビッドで自分の本当の評価額をそのまま入札すべきなのか。

実際には、ネットオークション参加者は直球勝負では振る舞わない。ぎりぎりまで待って土壇場で高値で入札する場合も少なくない。この戦略は「スナイピング（狙撃）」と呼ばれている。インターネット上には、スナイピングの代行業者もある。

なぜ、わざわざこんなことをする必要があるのか。ヴィックレー・オークションでは、小細工なしに自分の評価額どおりに入札するのが絶対優位の戦略のはず。それなのにネットオークションでスナイピングが行なわれるのは、ネットオークションのプロキシー・ビッドとヴィックレー・オークションの間に微妙な違いがあるからだ。入札額を封筒に入れて提出するヴィックレー・オークションと異なり、ネットオークションでは、あなたの行動を手がかりに、オークション終了前にほかの参加者があなたの戦略を見抜く可能性がある。相手がその情報に基づいて行動するとすれば、あなたは自分の行動を最後まで秘密にしておきたい。

早い段階でプロキシー・ビッドをすると、重要な情報をほかの参加者に与えかねない。たとえば、家具の専門業者がバウハウスの椅子に入札を行なえば、ほかの参加者は当然、その椅子が本物のバウハウスの椅子であり、歴史的価値があるのだと判断する。専門の業者がその椅子に一〇〇〇ドルまで払ってもいいと考えているとわかれば、ほかの参加者は一二〇〇ドル払ってもいいと考えるかもしれない。家具業者としては、自分がいくらまで支払うつもりかをほかの参加者に知られたくない。そこで最後の最後まで入札を遅らせる。そうすれば、ほかの参加者が行動を起こそうにももはや時間がない。ただし、このような理由でスナイピングを行なう必要があるのは、業者の素性が広く知られていて、しかも匿名を使えない場合だけだ。実際にスナイピングがきわめて頻繁に行なわれていることから判断するかぎり、スナイピングを行なう理由はほかにもあるにちがいない。

実を言うと、スナイピング戦略が用いられる最大の理由は、多くの参加者が品物の価値を知らないことにある。中古のポルシェ911がオークションにかけられたとしよう。競り値は一ドルから競り上がっていく。一〇〇〇ドルまでであれば、誰でも超お買い得価格だとすぐわかる。中古車相場のガイドブックを調べたり、配偶者と相談したりするまでもない。問題は、私たちが誰しも横着だということだ。ある品物の本当の価値を調べるためには手間がかかる。その手間をかけずにオークションに勝てるのであれば、楽をしたいと思うのが人間の心理だ。

この車の本当の価値を理解している人物が最初から一万九〇〇〇ドルのプロキシー・ビッドを行なったとしよう。そうすれば、競り値はすぐに一〇〇〇ドルを突破してしまうだろう。そうなると、横着な参加者もこの車のことを調べないといけなくなる。その結果、九〇〇〇ドルまで支払ってもいいという結論に達するかもしれない。そうすれば、最終的な落札価格は九〇〇〇ドル以上にはね上がる可能性もある。

では、本当の価値を知る人物が締め切り時間ぎりぎりまで入札しなければどうか。競り値はその瞬間まで一〇〇〇ドルを超さない可能性もある。入札を最後の最後まで遅らせれば、ほかの参加者が入札価格を引き上げる時間はない。

要するに、スナイピングを行なうのは、その品物にいくらまで払っていいかという厳密な判断をほかの参加者にさせないためなのだ。手を抜いていいかげんな価格で入札しても勝ち目がないことをほかの参加者に気づかれないようにしたい。もしほかの参加者が早い段階でそのことに気づいて、厳密に検討して価格を決めれば、その参加者に品物をさらわれてしまうかもしれないし、たとえ落札できたとしても高い値段を支払わなくてはならないかもしれないからだ。

7．落札したときのことを考えて入札せよ

結果を思い描いて行動せよというのは、ゲーム理論の重要な考え方の一つだ。最初に行動するときに、それがどういう結果を招く可能性があるか考えて振る舞わなければならない。これは人生全般で大事な点だし、オークションで「勝者の呪い」を避けるうえで不可欠な発想でもある。

あなたが誰かに結婚を申し込むとする。相手の返事がイエスかノーかはわからないが、あなたは相手がイエスと言うという前提で結婚を申し込むべきだ。楽観的すぎる？　確かに、楽観的に考えすぎると、ノーと言われたときの落胆は大きい。それでも相手の答えがイエスだという前提で振る舞うべきなのは、その場合に突きつけられる結果に対して覚悟を決めておく必要があるからだ。相手の答えがノーであれば、それでおしまい。あなたは何もしなくていい。しかし相手の答えがイエスであれば、あなたはその相手と結婚しなければならない。相手にイエスと言われたときに結婚を考え直したいと思うようであれば、そもそも最初から結婚など申し込むべきでないのだ。

結婚のプロポーズをするときは、誰でも無意識に、相手の答えがイエスだという前提で振る舞う。しかし交渉やオークションのときは、意識的に努めないとそういう態度を取るのは難しい。次の事例で考えてみてほしい。

8．企業買収のプロポーズ

あなたがACME社という企業の買収を検討しているとする。あなたは辣腕経営者なので、会社をいくらで買収しても企業価値を一・五倍に高められるとしよう。問題は、ACME社の現在の企業価値（現所有者が会社に認めている価値）が正確に判断できないことだ。下調べをした結果、企業価値が二〇〇万～一二〇〇万ドルの間だという判断はついている。平均すれば七〇〇万ドルだが、二〇〇万～一二〇〇万ドルの間であればいくらでも不思議はないと、あ

なたは考えている。ACME社の現所有者は、あなたに買収金額を提示させて、その金額が自分たちの想定する企業価値より上であれば買収に応じ、下であれば買収を突っぱねる。あなたが価格を提示できるのは一回だけ。その金額で話がまとまらなければ、買収話はおしまいになる、とする。

あなたが一〇〇〇万ドルを提案するとしよう。もし実際の企業価値が八〇〇万ドルだとすれば、あなたの経営手腕でそれを一二〇〇万ドルまで高められる。あなたの儲けは二〇〇万ドルだ。しかし実際の企業価値が四〇〇万ドルだとすると、あなたがそれを六〇〇万ドルまで高めても、四〇〇万ドルの損になる。

では、平均して収支がとんとんになる最高提案額はいくらなのか（なお、この金額を実際に提案することはお勧めしない。これより少ない金額を提案すべきだ。この検討作業は、自分が支払える限度額を割り出す手段と考えてほしい）。

この問いを投げかけると、たいていの人は次のように考える。「ACME社の企業価値は平均して七〇〇万ドル。私が買収すれば、その価値を一・五倍の一〇五〇万ドルに引き上げられる。ということは、最大で一〇五〇万ドルを提案しても、平均すれば損をしないですむ」

これは、残念ながら不正解。

結婚のプロポーズの法則を当てはめて考えてみよう。あなたはACME社の現在の所有者に買収を申し入れている。もし相手の答えがイエスだった場合、あなたは買収話を先に進めたいだろうか。あなたが一〇五〇万ドルを提案し、相手がそれに応じたとすると、これはある意味であなたにとって悪いニュースだ。ACME社の現在の企業価値が一〇〇〇万ドルや一二〇〇万ドルではないことがはっきりした。現在の企業価値は二〇〇万～一〇五〇万ドルの間とみなせる。平均すれば六二五万ドルである。これをあなたの手腕で一・五倍に引き上げたとしても九三七・五万ドル。一〇五〇万ドルには遠く及ばない。

これはゆゆしき問題だ。相手の答えがイエスだと、あなたはもはや会社を買収したくなくなる。この問題を解決するには、買収提案が受け入れられた場合を前提に考えてみればいい。では、八〇〇万ドルを提案したとするとどうか。相手がこの提案を受け入れるとすると、企業価値は二〇〇万～八〇〇万ドルの間なので平均は五〇〇万ドル。この一・五倍は七五〇万ドルなので、八〇〇万ドルでは払いすぎということになる。

正解は六〇〇万ドル。相手がイエスと言えば、企業価値は二〇〇～六〇〇万ドルの間で平均四〇〇万ドル。この一・五倍は六〇〇万ドルなので、六〇〇万ドル払っても損はしない（＊1）。六〇〇万ドルを提案して相手にイエスと言われても「しまった！」と後悔することはない。相手に提案を拒絶されることもあるだろうが、その場合は買収が不成立になるだけで、残念ではあるにせよ損はしない。

落札したつもりで逆算して行動を決めるというアプローチは、次に説明する封印入札方式のオークションでは欠かせない姿勢だ。

＊1　私たちがどうやって六〇〇万ドルという数字にたどり着いたのか疑問に思った読者もいるかもしれない。計算式は次のとおりだ（以下では、一〇〇万ドル＝1、六〇〇万ドル＝6という具合に簡略化して記すことにする）。もしXドルの買収提案が受け入れられたとすると、相手の考えている企業価値は2～Xの間ということになる。平均すれば、(2＋X)/2だ。あなたは、その企業価値を一・五倍に高められる。ということは、あなたが収支とんとんにするためには、X＝(3/2)×(2＋X)/2となる必要がある。この数式を解くと、X＝6となる。

9．封印入札方式のオークション

通常の封印入札方式によるオークションのルールはいたってシンプルだ。参加者全員が自分の入札額を書いた紙を封筒に入れて提出する。それをオークション主催者が開封し、いちばん高い金額を入札していた参加者が落札する。ヴィックレー・オークションとは異なり、落札者が支払う金額は自分の入札額だ。

封印入札に参加する場合に難しいのは、どうやって入札金額を決めるかだ。はっきりしているのは、自分の本当の評価額をそのまま書いてはいけないということ（それより高い金額を書くのは論外だ）。そんなことをすれば、よくて収支とんとん。下手をすれば損をする。これに勝る絶対優位の戦略は、自分の評価額よりいくらか安い金額を入札するというものだ。そうすれば、利益を生み出せる可能性が出てくる（確実に利益を手にできるという保証はないが）（＊1）。

では、評価額よりどれくらい安い金額を入札すればいいのか。それは、ほかに何人がオークションに参加していて、その人たちがいくらで入札しそうかによる。ところがほかの参加者も同じことを考えるので、あなたの入札額を予測して自分の入札額を決めようとする。腹の読み合いの堂々巡りに陥らないために必要なのは、常に自分が落札する前提で自分にとって最善の入札額を決めることだ。もちろんその前提どおりにいかず、ほかの参加者が落札してしまう場合もある。けれど、それは問題でない。落札できなかった以上、入札した金額を支払う必要がないからだ。一方、もし落札できた場合は入札額を支払わなくてはならない。

自分が落札する前提で入札額を決めるべき理由を具体例で見てみよう。あなたがオークション会社の内部に内通者をもっているとしよう。その内通者は、あなたの入札額がいちばん高い場合に金額を引き下げることができる。ただし、内通者はほかのオークション参加者の入札額を知らないので、あなたの入札額をいくら引き下げるのが適切かは教えてくれない。それに、内通者が金額を操作できるのは、あなたの入札額が最も高い場合に限られる。

内通者に頼るのはフェアでないし、うっかり入札額を引き下げすぎれば品物を落札しそこなう危険もある。しかしここでは、内通者を利用するものとして話を進めよう。あなたの最初の入札額が一〇〇ドルで、それが最高入札額だと内通者から知らされて、八〇ドルに金額を引き下げるよう内通者に指示したとする。

もしこれで落札できるとすれば、あなたは最初から八〇ドルで入札すべきだった。なぜか。最初に一〇〇ドルで入札して、内通者の情報により八〇ドルに引き下げる場合(＝ケースA)と、最初から八〇ドルで入札する場合(＝ケースB)を比較してみよう(表10―1)。

ケースA	ケースB
100ドルで入札	80ドルで入札
それが最高額の場合は 80ドルに引き下げ	

表10-1

一〇〇ドルで入札して落札できないようであれば、一〇〇ドルで入札しようと八〇ドルで入札しようと結果は同じだ。どっちにせよあなたは落札できない。一〇〇ドルで入札してそれが最高額の場合は、内通者がその金額を八〇ドルに引き下げるので、そもそも八〇ドルで入札するのと同じこと。落札に成功する場合、最初に一〇〇ドルで入札して、後で八〇ドルに引き下げることにメリットはない。ズルをせずに同じ結果を得られるのであれば、最初から八〇ドルで入札したほうがいいだろう。つまり、オークションで入札金額を決めるときは、自分の入札額が最も高いという前提で、自分にとって最善の金額を考えるべきなのだ。

入札金額の決定方法については後でまた検討するが、その前にダッチ・オークションというオークションの方式を紹介しよう。

＊1 調達オークションで取るべき行動がこの正反対なのは、言うまでもない。自分の評価額より高い金額で入札しないと、落札した場合は赤字になる。

10. ダッチ・オークション

株式を取り引きするのはニューヨーク証券取引所、家電製品を売っているのは東京の秋葉原。花を売っているのは……オランダだ。広大なアールスメール花市場では、毎日平均して一四〇万の花と一〇〇万の植木が売買されている。

アールスメールの花の競りやその他のオランダのオークションがサザビーズなどのオークションと少し違うのは、競り値が上がっていくのではなく下がっていくこと。たとえて言えば、数字を100から99、98……とカウントダウンしていく機械があり、その機械を最初にストップさせた人が落札者になると考えればいい。支払う金額は、機械が停止した時点での額である。

ジャパニーズ・オークションとは反対だ。ジャパニーズ・オークションでは、まず参加希望者全員が参加の意思を表明してオークションがスタートし、競り値が上がるにつれて参加者が脱落していって、最後の一人が残るまで競りが続く。それに対してダッチ・オークションでは、だんだん値が下がっていき、最初の誰かが参加の意思を表明したところで競りが終わる。あなたが手を挙げればそこでオークションは終了。あなたが落札者になる。

あなたが実際に花市場に足を運ばずに、代理人を送り込んでダッチ・オークションに参加するとしよう。あなたは、どういう指示を代理人に与えるだろうか。あなたにとってペチュニアの妥当な価格が八六・三ユーロだと判断すれば、競り値が八六・三ユーロまで下がるのを待って入札するよう代理人に指示するはずだ。この場合は、八六・三ユーロまでほかに入札者がいなければ自分が落札するものと思っておかなければならない。競り値が八六・三ユーロまで下がってきたときにほかの参加者がまだ誰も手を挙げていないとしても、入札価格を変更しないよう代理人に厳命すべきだ。入札を少しでも遅らせれば、ほかの参加者にペチュニアをさらわれる危険が出てくる。代理人を介さないときも同じことが言える。入札を遅らせれば遅らせるほど、品物を落札できないリスクが大きくなる。自分にとって妥当な価格より競り値が安くなるまでねばっていくらか節約しようとして、品物を入手し損なっては元も子もない。

そう考えると、ダッチ・オークションで取るべき行動は封印入札オークションとよく似ている。ダッチ・オークションの会場に派遣する代理人に言い渡す指示は、封印入札で封筒に入れて提出する入札金額と同様の意味をもつ。ダッチ・オークションで最初に手を挙げることは、封印入札で最も高い金額を入札するのと同じ結果をもたらす。

唯一の違いは、ダッチ・オークションの場合、入札を行なうと同時に自分が落札したとわかることだ。封印入札の場合は、後にならないと自分が落札したかどうかがわからない。しかし、この違いは重要ではない。これまで述べてきたように、封印入札では自分が落札することを前提に入札額を決めるべきだからだ。言い換えれば、ほかの参加者が自分より安い金額で入札するものと考えて行動する必要がある。これはまさしく、ダッチ・オークションと同じ状況である。

ダッチ・オークションでも封印入札方式のオークションでも入札すべき金額が同じだというのはわかった。では、実際にいくらで入札すればいいのか。

その答えを教えてくれるのが、オークション理論の最も目覚ましい成果である「収入等価定理」である。この理論によれば、オークション参加者がお互いの本当の評価額を知らない場合、売り主としてはどのオークション形式を選ぼうと、平均すれば同じ金額を手にするという（＊1）。

だとすれば、ダッチ・オークションにせよ封印入札方式のオークションにせよ、すべての参加者にとって最良の戦略は、ヴィックレー・オークションやイングリッシュ・オークションで勝者が支払うのと同じ金額を入札すること。つまり、自分がその品物を最も高く評価しているという前提に立って、自分の次に高い評価をする人の評価額を予想して、その金額を入札するべきなのである。

全員が同一の条件でオークションに臨む状況では、すべての参加者がほかの参加者に対して同じ内容の予測をいだく。たとえば、ほかの参加者の評価額は〇～一〇〇ドルの間で、その範囲内のどの金額にも同等の可能性があると、参加者同士が考えているとしよう。あなた自身の評価額は

［ trip to the gym no.7 ］
戦略トレーニングジム 7

封印入札方式のオークションで入札額をどうやって決めるべきなのか。話を単純にするために、オークション参加者はあなたともう一人だけだとしよう。あなたは、相手の評価額は〇〜一〇〇ドルの間で、その範囲内のどの金額にも同等の可能性があると考えており、相手もあなたの評価額は同じように考えているとする。

六〇ドルだとする。もしオークションの参加者がほかに一人しかいなければ、あなたは三〇ドルで入札すべきだ。ほかの参加者が二人であれば四〇ドル、ほかの参加者が三人であれば四五ドルで入札すべきだ（＊2）。

ここで教訓を一つ。どのオークション形式であろうと、あるいは、落札者が支払う金額（＝売り手が受け取る金額）についてどのようなルールが定められようと、オークションの参加者はそのルールを無効にするように行動する。たとえば、「オークションの落札者は入札額の二倍の金額を支払う」というルールが定められたとする。その場合、オークションの参加者は入札額を半分に減らすだけのことだ。「落札者は入札額の二乗の金額を支払う」というルールを言い渡されれば、参加者はそれに応じて入札額を引き下げる。

封印入札方式のオークションで参加者はまさしくこういう行動を取っている。ヴィックレー・オークションやイングリッシュ・オークションのように二番目に高い入札者の入札額を支払うのではなく、落札者自身の入札額を支払うよう定めるのはオークション主催者の勝手だが、そうすれば参加者は自分自身の本当の評価額をそのまま入札するのをやめる。自分の次に高い金額を入札する参加者の評価額を推測し、そこまで入札額を引き下げるだけのことだ。

納得できただろうか。次は、世界最大のオークションであるアメリカ国債の入札を例に、あなたの理解度を確認してみよう。

＊1　このような結果になるのは、一人ひとりのオークション参加者が手段ではなく結果に目を向けて行動するからだ。入札者はあくまでも、いくら支払うことになるのかという点と、落札できる確率がどの程度あるのかという点を意識して行動する。この点を最初に指摘したのは、ロジャー・マイヤーソンだった。

この発見とオークション理論に関するそのほかのいくつかの業績を評価されて、マイヤーソンは二〇〇七年にノーベル経済学賞を共同受賞した。マイヤーソンの以下の論文を参照。"Optimal Auction Design," *Mathematics of Operations Research* 6(1981):58-73

＊2 あなたとしては、ほかの入札者が〇ドルと自分の入札額の間に均等に分布していると想定して行動を決めるべきだ。ほかの入札者が一人であれば、〇ドルとあなたの入札額である六〇ドルのちょうど真ん中にあたる三〇ドルでその人物が入札したと見なす。ほかの入札者が二人いれば、その二人が二〇ドルと四〇ドルで入札したと見なす。ほかの入札者が三人であれば、その三人が一五ドル、三〇ドル、四五ドルで入札したと見なす。あなたは、自分以外の入札者の最も高い入札額を予想し、その金額を入札する。この方針で臨むと、ライバルの数が増えるほど、入札額は自分の評価額に近くなる。状況は完全競争に近づき、売り手に有利になっていく。

11. アメリカ国債

アメリカ財務省は毎週、オークションによって国債を売却している。オークション参加者がそれぞれの希望する利率を入札し、安い利率を入札した参加者から順に落札が決まっていって、財務省の予定する国債売却量がさばけたところでオークションが終了する。この点はずっと変わらないが、一九九〇年代に制度の修正が行なわれた。

旧制度では落札者が自分の入札した利率で利息を受け取っていたのに対し、新制度ではすべての落札者が同一の利率で利息を受け取るものとされた。新旧の制度がどう違うのか、例を交えて詳しく見てみよう。その週、財務省が一億ドルの国債を売却したいと考えていて、それに対して以下の九種類の利率で入札があったとしよう（表10—2）。

財務省としては、利息の支払いを極力少なくすませたい。そこで先に述べたように、利率の低い入札から順番に受け入れていく。その結果、この例では三・六％以下の利率で入札した参加者すべてと、三・七二％で入札した参加者の半分が落札することになる。

旧制度では、三・一%で入札した人は三・一%の利息を受け取り、三・二五%で入札した人は三・二五%の利息を受け取る。三・七二%で入札した人は、半分が三・七二%の利率で国債を購入

利率ごとの入札額	累積金額
3.1%＝1000万ドル	1000万ドル
3.25%＝2000万ドル	3000万ドル
3.33%＝2000万ドル	5000万ドル
3.5%＝1500万ドル	6500万ドル
3.6%＝2500万ドル	9000万ドル
3.72%＝2000万ドル	1億1000万ドル
3.75%＝2500万ドル	1億3500万ドル
3.8%＝3000万ドル	1億6500万ドル
3.82%＝2500万ドル	1億9000万ドル

表10－2

し、残り半分は国債を購入できない（＊1）。新制度では、落札者はすべて、最高落札利率で利息の支払いを受ける。つまり、三・一〜三・六%で入札した人の全員と、三・七二%で入札した人の半分が三・七二%の利息を手にする。

一見すると、新制度は政府に不利（裏を返せば投資家に有利）に思えるかもしれない。すべての落札者に三・七二%の利息を支払わなければならないからだ。

入札者の行動が先の表のままであれば、そのとおりだ。しかし前の項で指摘したように、オークションのルールが変われば参加者の行動も変わる。ニュートンの第三法則にあるように、作用はすべて反作用を伴うのだ。

たとえば財務省がルール変更を打ち出し、落札者に支払われる利息をそれぞれの入札額のマイナス一%とすると決めたとしよう。三・一%で入札して落札した人は、三・一%ではなく二・一%の利息しか受け取れなくなる。これで、財務省の支払う利息の総額は減るだろうか。オークション参加者が入札する利率を変えなければ、財務省にとって確かにコスト削減になる。しかし実際には、それまで三・一%で入札していた人は四・一%で入札するようになる。みんなが一%上乗せして入札するので、落札者が受け取る利息も財務省が支払う利息も前と変わらない。ルール変更という作用の効果は、入札者の反作用によって相殺されるのだ。

財務省が一九九〇年代に実際に行なったルール変更の場合も同じだ。すべての落札者に同じ利率で利息を支払うようにしても、財務省が支払う利息の総額は変わらない。ただし、入札者にとっては手間が省ける。三・三三%以上の利率があればいいと考えている参加者は、三・六%なり三・七二%で入札したほうが得策かどうか頭を悩ませる必要がなくなった。自分の評価どおりに三・三三%で入札すればいい。落札できれば最低でも三・三三%の利息を受け取れるし、おそらくはもっと高い利息を手にできると当てにできる。財務省は損をせず、入札者は手間が省けるのだ。

実世界のゲームのなかには、よく考えるとオークション的性格をもっているものが少なくない。先取りゲームと消耗戦ゲームを紹介する。いずれのケースも、状況はオークションとよく似ている。

＊1　旧制度のもとでは、規模の小さな入札者を救済する制度があった。手ごわい大手業者と勝負するのを避けたい場合は、利率を明らかにせずに、入札の意思だけ表明することが許されていたのだ。そうすれば、国債を優先的に落札できて、落札者の平均の利率で利息を支払ってもらえた。

12. 先取りゲーム

一九九三年八月三日、アップル社は「オリジナル・ニュートン・メッセージ」という手書き入力ソフトを発売した。しかしこの新製品は、アップルの顔に泥を塗る大失敗だった。旧ソ連のプログラマーが開発したソフトは、英語をきちんと理解できないように見えた。人気アニメ『シンプソンズ』には、ニュートンが「ビートアップ・マーチン（＝マーチンをぶちのめせ）」という英語を「イートアップ・マーサ（＝マーサを食いつくせ）」と読み違えてしまうという一場面があった。新聞連載漫画の「ドゥーンズベリー」では、ニュートンの「誤読」の数々が物笑いの種にされた（図10―3）。

発売五年後の一九九八年二月二七日、ニュートンは製造打ち切りになった。一方、ニュートンが苦戦を強いられていたのを尻目に、一九九六年三月、ジェフ・ホーキンスが手書き入力システムを採用した携帯情報端末（PDA）「パーム・パ

図10-3

イロット1000」を売り出した。この新製品は、たちまち年間一〇億ドルを売り上げる大ヒット商品になった。

アップルのアイデアは素晴らしかった。しかし、まだ機が熟していなかったのだ。ここに、一つのパラドックスがある。慎重に時期を待てば、チャンスを逃しかねない。しかし早まりすぎれば、失敗する危険がある。

アメリカ初の全国規模の日刊紙USAトゥデーの創刊にも、このパラドックスがついて回った。世界のほとんどの国には、歴史豊かな全国紙がある。フランスにはルモンドとフィガロ、イギリスにはタイムズとオブザーバー、ガーディアン、日本には朝日新聞と読売新聞、中国には人民日報、ロシアにはプラウダがある。ところがアメリカには、比較的近年まで全国紙が存在しなかった。アル・ニューハースがガネット社の取締役会を説得してUSAトゥデーを創刊したのは、一九八二年のことである。

アメリカで全国紙を創刊することは、流通面を考えると悪夢に等しかった。その問題を克服するためには、一カ所の印刷所で新聞を印刷して全国に配送するのではなく、全米各地の印刷所で新聞を刷る必要があった。インターネットが普及した今日であれば、別に難しいことではないだろう。しかし一九八二年当時は、人工衛星を利用してデータをやり取りする以外に方法がなかった。とくにカラーページがあることを考えると、USAトゥデー創刊は最先端のテクノロジーを駆使したプロジェクトだった。

いまでは、アメリカの街頭のいたるところにUSAトゥデーの販売ボックスがある。しかし、あるプロジェクトが現在成功しているからといって、その計画がコストに見合うものだったとは限らない。事実、ガネット社はUSAトゥデーを黒字に乗せるまでに一二年を要した。その過程で失った金は一〇億ドルを下らない。

もしガネット社があと二、三年待っていれば、テクノロジーが進歩してもっと楽にプロジェクトを進められただろう。しかし問題は、アメリカの全国紙市場の潜在的な規模はせいぜい一紙分しかないことだった。ライバルのナイト・リッダー社に先を越されてチャンスが永遠に閉ざされることをニューハースは恐れていた。

アップルもUSAトゥデーも先取りゲームをプレーしていた。機先を制して行動して成功を収めれば、市場を支配するチャンスがある。問題は、いつ行動するかだ。早く動きすぎれば、失敗する。待ちすぎれば、相手に先を越されてしまう。

先取りゲームは、銃を用いた決闘に似ている。あなたが早く撃ちすぎて相手を仕留めそこなえば、相手は余裕をもってあなたを撃ち殺す。そうかと言ってあなたが長く待ちすぎれば、一発も撃たないうちに相手に撃ち殺されるかもしれない(*1)。こうした決闘は、オークションの一種とみなせる。ここで入札額に相当するのは、銃を撃つまでの時間だ。安い金額(=短い時間)を「入札」したほうのプレーヤーが最初に撃つチャンスを手にできる。しかし短い時間を「入札」した場合は、的をはずす確率が高い。

結論から言うと、ゲーム理論的思考に従えば、両者は同時に発射したいと考えるはずだ。二人の力量が同じであれば、これは意外でない。しかし両者の力量に差がある場合も、同じことが当てはまる。

たとえば、あなたが一〇秒後まで待つつもりだとしよう。一方、相手は八秒後まで待つつもりでいるとする。この両者の戦略は均衡の状態にない。相手は戦略を修正しなければならない。あなたが一〇秒後まで待つことを前提に考えれば、相手は九・九九秒後まで撃つのを遅らせるべきだ。そうすれば、相手はあなたに機先を制されるリスクを冒すことなしに、成功率を最大限高められる。先に撃つつもりの人間は、相手が撃つぎりぎりまで待つべきなのだ。

あなたにとって一〇秒後まで待つというのは、相手に先に撃たせてはずすのを期待することを意味する。これが適切な戦略であるためには、あなたが先に撃つ場合と同等の勝率を期待できなければならない。言い換えれば、撃つべきタイミングは、あなたが撃って成功する確率と相手が撃って失敗する確率がイコールになったときだ。それは、自分の成功率と相手の成功率の合計が一〇〇%になった瞬間である。またこの二つの数字があなたにとって合計一〇〇%になるときは、相手にとっても合計一〇〇%になるので、撃つべきタイミングは双方にとって同時ということになる。なぜ、そうなるのかを戦略トレーニングジムで確認してみよう。

[trip to the gym no.8]
戦略トレーニングジム 8

あなたと相手がそれぞれ撃つタイミングを事前に紙に書き記してあるとしよう。時間 t における成功率は、あなたは p(t)、相手は q(t)。先に撃った人の銃弾が命中すれば、そこでゲームオーバー。その弾がはずれれば、もう一方は最後まで待って確実に敵を撃ち殺す。さて、あなたはいつ撃つだろう。

ここまで論じてきた事例では、双方が相手の成功率を正確に把握していると想定してきたが、実際はそうでない場合もある。それに、自分が攻撃して失敗する場合の利得と相手に攻撃させて負ける場合の利得を同等とみなしてきたが、挑戦せずに負けるよりは挑戦して負けるほうがましだという考え方もあるだろう。

＊1　エール大学のベンジャミン・ポラック教授は、先取りゲームの仕組みをわかりやすく説明するためにおもしろいゲームを考案した。二人のプレーヤーが水浸しのスポンジを一つずつもって、お互いのほうに向かって歩いていく。片方が相手にスポンジをぶつけることに成功すれば、その人の勝ちでゲーム終了となる。あなたも誰かを誘ってやってみてはどうだろう。相手の機先を制してスポンジを投げるか、それとも命中率を重んじて近づくまで待つか。あなたはどの段階でスポンジを投げるだろうか。

13. 消耗戦ゲーム

先取りゲームの対極にあるのが消耗戦ゲームだ。ライバルとどちらが先にチャレンジするかという勝負ではなく、どちらが長く持ちこたえるかという勝負である。これもオークションの一種とみなせる。このゲームで「入札」するのは、ゲームにとどまる期間（＝ゲームを続けることにより失ってもいいと考える金額）。長い期間（＝高い金額）を「入札」したほうが勝者になるが、普通のオークションと違うのは、参加者の双方が「入札額」の支払いを求められることだ。しかも、自分の本当の評価額より高い金額で入札を行なうのが得策の場合もありうる。

一九八六年、ブリティッシュ・サテライト・ブロードキャスティング（ＢＳＢ）という企業がイギリスでテレビの衛星放送事業を行なう免許を政府から取得した。当時、二〇〇〇万の世帯があり、所得が高く、雨が多いイギリスに、ＢＢＣの二つのチャンネルとＩＴＮ、チャンネル４の四つしかテレビチャンネルの選択肢がなかった。おまけに、イギリスではケーブルテレビもほとんど普及していなかった（＊1）。この国で衛星放送事業の免許を取得すれば年間二〇億ポンドの売り上げが期待できるという見方も、あながち現実離れしているとは言えなかった。このような未開拓の巨大市場はそうそうない。

ＢＳＢの未来は、この上なく明るいように見えた。そこに突然、黒雲が垂れ込めてきたのは、一九八八年六月。メディア王ルパート・マードックがスカイＴＶを立ち上げて、イギリスの衛星放送市場に参入すると宣言したのだ。ＢＳＢとマードックは熾烈な競争を繰り広げた。その結果、このビジネスで利益を上げるという希望はぶち壊しになってしまった。ハリウッド映画のテレビ放映権の争奪戦が激化し、コンテンツ取得費用が高騰。ＣＭの獲得競争により、ＣＭ料金の相場は大幅に下落した。

一年間の戦いの末、両者のコストは合わせて一五億ポンドに達した。こうなることは目に見えていた。マードックも重々承知していたように、ＢＳＢには引き下がるつもりなどなかった。ＢＳＢの戦略は、我慢比べに持ち込んでマードックを破産させることだった。

どうして、両者はこれほど巨額のコストを負担してまでこの事業にこだわったのか。我慢比べに勝てば、巨大な市場の利益を独り占めできるからだ。すでに莫大な金を失っていようと関係ない。いま撤退したところで、その金は返ってこない。唯一の問題は、戦いに勝ったときの利益を考えた場合、これ以上のコストを負担することが理にかなうのかどうかだった。

この種の消耗戦ゲームでは、踏みとどまる期間が長いほうが勝つ。相手がもうすぐ降参しそうだと思えば、あなたはもう少し我慢したほうがいい。ではどういうときに、相手がもうすぐ降参しそうだとみなせるのか。それは、あなたがまだ踏みとどまりそうだと相手が判断しているとあなたが判断できる場合だ。

このように、あなたが取るべき戦略はすべて、相手がどう行動するかというあなたの読みによって変わる。しかし相手の行動は、その人物があなたの行動をどう読むかによって決まる。相手がどう行動するか、確かなことはわからない。推測する以外にない。しかも、双方ともに自分の持ちこたえる能力を過大評価する危険がある。強気の戦略を取りすぎれば、お互いに莫大な損失をこうむりかねない。

ここで指摘しておきたいのは、これがきわめて危険なゲームだということだ。この種のゲームで最善の行動は、相手と取引することである。マードックが実際に取ったのもそういう戦略だった。マードックは一九九〇年、BSBを吸収合併して、新会社BスカイBとして一本化した。共倒れを避けるためには、それ以外に方法がなかったのだ。新会社の株式の保有割合は、合併時点で余力の大きかったマードック側に有利な形で決められた。やはり、このメディア王を敵に回すのは得策でないようだ。

*1　イギリスのケーブルテレビ加入率は一%に満たなかった。法律により、電波を受信できない地域でしかケーブルテレビを利用できないものとされていたのだ。

14.［ケーススタディー］周波数オークション

数あるオークションのなかでも究極のオークションと呼ぶべきなのは、携帯電話事業者向けの電波周波数帯域の事業免許のオークションだ。アメリカの連邦通信委員会は一九九四〜二〇〇五年にかけて、この種のオークションで四〇〇億ドルを手にした。イギリスでは、オークションにより3G携帯電話の周波数帯域が二二五億ポンドで売れた。これは史上最高額のオークション落札額である。

この種のオークションが通常の競り上げオークションに比べて複雑なのは、オークション参加者が複数地域の免許のオークションに同時に参加できることだ。このケーススタディーでは、アメリカで行なわれた最初の周波数オークションの事例を単純化して、入札戦略を検討してみたい。

ここでは、入札する業者はAT&TとMCIの二社だけ、競売にかけられる免許はニューヨーク（NY）とロサンゼルス（LA）の二つだけだとしよう。両社とも両方の地域の免許を望んでいるが、一つの地域の免許を取得できるのは一社だけだ。

オークションの方法として考えられるやり方の一つは、二つの地域の免許を順番にオークションにかけるというものだ。まずNYのオークションを行ない、その後でLAのオークションを行なう。あるいはその逆でもいい。しかし、この方法には一つ問題がある。NYのオークションが先に行なわれるとしよう。AT&TはNYよりLAを希望しているかもしれないが、LAのオークションに勝てる保証がないのでNYのオークションにも参加せざるをえない。何も手に入らないよりは、第二希望のNYの免許でも手に入れたいからだ。しかしNYのオークションに勝ってしまうと、LAの免許を競り落とす予算がもはや残っていないかもしれない。

一部のゲーム理論家の助言により、連邦通信委員会はこの問題を解決するための素晴らしい方法を導入した。両方のオークションを同時に実施するのである。NYとLAを同時にオークションにかける。入札者はどちらのオークションに入札してもいい。たとえばAT&Tは、LAの入札額でMCIに後れを取ったとすれば、それに対抗してLAの入札額を引き上げてもいいし、NY獲得に動いてもいい。

同時オークションは、すべてのオークションについてすべての入札者が競り値の引き上げを見送った段階で終了する。実際の連邦通信委員会のオークションは、ラウンド制を採用し、それぞれのラウンドごとに参加者に入札意思を表明させる形で実施された。参加者は入札額の引き上げを見送ってもいい。

オークションの仕組みを具体例で見てみよう。ラウンド4が終わった時点で、次の表10―4のような状況だったとしよう。NYではAT&T、LAではMCIのほうが高い金額をつけている。

	NY	LA
AT&T	6	7
MCI	5	8

表10-4

次はラウンド5の入札。AT&TはLA、MCIはNYの入札額を引き上げることができる。AT&TがNYの入札額を引き上げたり、MCIがLAの入札額を引き上げたりすることには意味がない。

ラウンド5でMCIが入札額を変えず、AT&Tだけが再入札を行ない、結果は次の表10―5のようになったとしよう。

	NY	LA
AT&T	6	9
MCI	5	8

表10-5

AT&TはNYでもLAでも高値の入札者になったので、ラウンド6では入札ができない。しかし、オークションはまだ終わりでない。オークションが終わるのは、誰も入札額の引き上げを行なわないラウンドがあったときだ。もしラウンド6でMCIが入札を見送れば、オークションは終了する。MCIがたとえばNYの入札額を7に引き上げれば、オークションは続く。そうすると次のラウンド7では、AT&TはNYに再入札でき、MCIはLAに再入札できる。

以上の説明で、オークションのルールは理解してもらえただろう。では、まったくゼロの状態からあなたにこのオークションをプレーしてもらうことにする。

その前に、予備知識を一つ授けよう。AT&TとMCIはこのオークションのために、莫大な予算をかけて徹底的な調査を行なった。その結果、NYとLAのそれぞれの免許について自社とライバル社の評価額を正確に把握している。それを示したのが次の表10―6だ。

表を見てわかるように、NYについてもLAについてもAT&Tのほうが高い評価をしている。この点を前提に行動してほしい。またお互いに、ライバル社の評価額を正確に知っているものとする。AT&Tは自社の評価額とMCIの評価額を知っているだけでなく、自社の評価額がMCIに知られていることもわかっているし、MCIが自社の数字をAT&Tに知られているとわかっていることも理解している。要するに、すべての情報がオープンになっていると思ってほしい。非常に極端な例ではあるが、両社は莫大な予算をつぎ込んで調査を行なったので、きわめて正確な情報をもっていたとしよう。

	NY	LA
AT&T	10	9
MCI	9	8

表10−6

これでルールもわかったし、プレーヤーすべての評価額もわかった。では、ゲームを始めよう。私たちとあなたのオークション対決としよう。私たちは紳士なので、AT&TとMCIのどちらでもあなたに好きなほうを選ばせてあげよう。私たちは残ったほうを取る。

あなたはどちらを選んだだろうか。AT&T？ それが正解だ。NYについてもLAについてもAT&Tのほうが MCIより高い評価をしているので、このゲームでは間違いなく有利だからだ。MCIを選んでしまった？ もしご希望であれば、選び直していただいてもけっこうだ。準備はいいだろうか。

さあ、ラウンド1の入札の時間だ。私たちはもう入札をすませた。あなたも入札額を紙に書き出してみよう。

■ケース・ディスカッション

私たちの入札額を教える前に、あなたの取りそうな選択肢をいくつか検討してみよう。

NYに10、LAに9を入札しただろうか。こうすれば、あなたは確実に両方のオークションに勝てる。ただし、これでは利益はまったくない。ここに、オークションの入札における落とし穴がある。落札した場合に入札額どおりの金額を支払う形式のオークションの場合、自分の評価額どおりに入札することにはあまりメリットがない。要するに、一〇ドル紙幣を落札するために一〇ドルを入札するようなものだ。収支とんとんにしかならない。

ここでは、オークションに勝てばプラスアルファのメリットがあるという可能性は度外視してほしい。またここで言う「評価額」とは、利益を出せる最高入札額のことではなく、文字どおりの意味での評価額だ。つまり、このケーススタディーで「あなたのNYの評価額が10」と言う場合は、あなたが10で落札したときに損も得もしない。9・99で落札できればごくわずかだが利益があるが、10・01で落札するとごくわずかだが損失をこうむる。

そう考えると、あなたがNYに10、LAに9で入札するのは若干とはいえ絶対劣位の戦略だ。この戦略を取る場合、結果としてオークションに勝っても負けてもあなたの利得はゼロに決まっている。損をする危険を冒すことなしに、利得をゼロより少しでも増やせる可能性のある戦略があれば、その戦略はNY＝10とLA＝9で入札する戦略に対して若干とはいえ絶対優位の戦略ということになる。

NY＝9とLA＝8で入札した人もいたかもしれない。NY＝10とLA＝9で入札するよりは間違いなくいい。私たちが自分の評価額より高い金額で入札することはありえないので、あなたは両方のオークションで勝てる。おめでとう！

この場合、あなたは一都市につき利得1、両都市を合わせて利得2を得ることになる。問題は、もっと儲ける方法がないかだ。

たとえば、あなたがNYにもLAにも5で入札したとするとどうだろう。

ここで、私たちの入札額を披露しよう。私たちは、NY＝0（入札なし）とLA＝1で入札した。あなたはラウンド1でNYでもLAでも私たちより高い金額を入札しているので、ラウンド2であなたは入札額を引き上げる資格がない。一方、私たちは両都市で劣勢なので再入札できる。

私たちの立場から考えてみよう。私たちとしては手ぶらで会社に帰って、競り値が5のときに諦めたと社長に報告するわけにはいかない。競り値が9と8まで上昇してしまったので、それ以上支払うことが割に合わないと判断してオークションから降りたと報告できないとまずい。そこで、私たちはLAの入札額を6に引き上げる。これで、オークションは次のラウンドまで続く。あなたはどう行動するだろう。

LAの入札額を7に引き上げるだろうか。そうすれば私たちは、NYの入札額を6に引き上げる。私たちとしては、LAを8で落札するよりは、NYを6で落札するほうがいい。あなたは、次のラウンドでNYの入札額を引き上げて対抗できる。

結末がどうなるか予想がついたかもしれない。結局は、あなたが両都市を落札する。落札額は、NYが9もしくは10、LAが8もしくは9だ。しかしこれでは、最初からNY＝9とLA＝8で入札した場合に比べて利得は増えない。利得を2より増やせる戦略はないのか。

時計の針を巻き戻して、私たちがLAの入札額を6に引き上げた時点での状況を考えてみよう。このときNYでは、5を入札していたあなたのほうが上位だった。あなたはここで行動を取らずに、オークションをおしまいにできたはずだ。そうすれば、あなたはNYの免許だけしか手に入らないが、10の評価をしていたものが5で獲得できるので、5の利得を手にできる。9と8でNYとLAの両方を手に入れた場合の合計の利得2より、儲けを大幅に増やせる。

私たちとしては、評価額であなたに負けているので、NYとLAの両方で勝てるとは思っていない。利益を得られる価格で片方の免許だけでも手にできれば御の字だ。LAを6で獲得できればそれでいい。

あなたにやり直しのチャンスをあげよう。いくらでラウンド1の入札を行なうだろうか。NY＝1で、LA＝0？そうだとありがたい。私たちは、NY＝0、LA＝1で入札したからだ。あなたは、次のラウンドでLAの入札額を引き上げることもできる。あなたはどうするだろう。再入札を見送ってくれると、私たちは助かる。私たちは再入札をしなかったので、あなたが再入札しなければ、ここでオークションは終わる。そうすれば、あなたはNYの免許しか手に入らないが、9ではなく1という格安価格で獲得できる。

LAの免許を1という低価格でみすみす私たちに譲り渡すのは悔しいかもしれない。あなたはLAの免許にもっと高い価格を払ってもいいと思っているし、評価額の違いを考えれば勝てる勝負だからだ。だが、以下の説明を読めば考えが変わるだろう。

私たちは、手ぶらで帰るわけにいかない。あなたが私たちに一つも免許を落札させないという態度を取れば、私たちとしては、NY＝9とLA＝8まで競り値を引き上げ続けざるをえない。つまり、両方の免許を独り占めしようと思えば、あなたは17を支払う覚悟が必要だ。現在コスト1で一都市の免許を手中に収めていることを考えれば、二つ目の免許を獲得するためのコストは16という計算になる。これは、あなたの評価額を大幅に上回る支出だ。

要するに、あなたの選択肢は、一都市の免許をコスト1

で獲得するか、二都市の免許をコスト17で獲得するかだ。一都市の免許を手に入れることでよしとするのが得策だとわかるだろう。両方のオークションで私たちをやっつけられるからといって、そうするのが好ましいとは限らない。

いくつか疑問があるかもしれない。どうすれば、自分がNYの獲得を目指し、LAを相手に譲るべきだという判断がつくのか。実を言うと、それを事前に見わける手だてはない。ここで取り上げた事例では運がよかったにすぎない。それでも、たとえ初回の入札で双方がNYに入札したとしても、注意深く観察すればすぐに住みわけができるはずだ。

こういう行動は談合に当たるのではないかと思う人もいるかもしれない。厳密に言えば、これは談合ではない。両者とも利得を大幅に増やせる（言い換えれば売り主が大きな損をする）のは事実だが、そのために双方が合意を結ぶわけではない。双方とも自社の利益を最大限追求して行動しているにすぎない。MCIは、両方の都市の免許を落札することが不可能だと自覚しているので、どちらでも片方の免許が手に入ればよしとするつもりでいる。一方のAT&Tは、二つ目を落札しようと思えば両方の落札額をつり上げる結果を招くので、割に合わないと計算する。

こういう両社の行動は「暗黙の協調」としばしば呼ばれる。両プレーヤーは、二つの都市の免許を取得しようと思って競りを続けることのコストを理解し、一方の免許だけを安価で落札するメリットを見て取っている。この結果を避けるために売り主が取れる対策の一つは、二つの都市のオークションを一つずつ順番に実施するというものだ。たとえばNYを先にオークションにかければ、MCIはAT&TにNYを1で落札させるわけにいかない。AT&TがNYを1で落札すれば、LAを競り落とすために値をつり上げても失うものがないので、次のLAのオークションで譲るとは思えない。MCIとしては、LAで譲ってもらえないという現実を突きつけられたときには後の祭りで、もはやNYのオークションはやり直せない。そこで最初からNYで勝負に出るしかなくなる。

ここから引き出せる一般的な教訓がある。二つのゲームを一体のものとみなせる場合は、両方のゲームを視野に入れた戦略を採用するチャンスがあるということだ。日本の富士フイルムがアメリカ市場に参入したとき、コダックには二つの選択肢があった。アメリカ市場で対抗策を取るか、日本市場で対抗策を取るかだ。アメリカ市場で値引き競争に打って出れば、コダックにとって打撃が大きい。日本市場で値引き競争が激化すれば、富士フイルムは大きな打撃をこうむるが、もともと日本でのシェアが少ないコダックはそれほど打撃を受けずにすむ。このように相互に関連のある複数のゲームが同時にプレーされる場合は、一つのゲームを単独でプレーするときとは異なる方法で相手に制裁を加えたり、あからさまな談合をせずに相手と協調したりするチャンスが生まれる。いまプレーしているゲームが気に食わなければ、それをもっと大きなゲームの一部としてとらえられないか検討することをお勧めする。

オークションについては、第14章に用意したケーススタディー「もっと安全な決闘」「落札のリスク」「一ドルの値段」も参照してほしい。

第11章　交渉
――武器としての瀬戸際戦略――

新任の労働組合委員長が会社の重役室で初めて交渉のテーブルについていた。緊張にこわばりながら、彼は口走った。「われわれは時給一〇ドルくらいを要求します」

「一〇ドルくらいとはどういう意味だ？」と経営者が凄むと、委員長は答えた。「九・五ドルです」

これほど簡単に妥協する委員長はまれで、経営側はたいてい中国の脅威等を引き合いに出して駆け引きを繰り返す。交渉の駆け引きについては、以下のようなことがポイントとなってこよう。合意に達することは可能なのか。話し合いで決着がつくのか、それともストを経て初めて決着がつくのか。どちらがいつ譲るのか。各当事者がどの程度のパイを確保できるのか。

第2章では、簡単な「受けるか拒むか」型のゲームを紹介した。その際は、先読み推量戦略の法則をわかりやすく説明するために、話を単純化しすぎたかもしれない。本章では、同じ法則を用いつつ、ビジネスや政治などの交渉の細部にもっと光を当てる。

まず、労働組合と経営者の間に生じる問題を例にとって、基本的な考え方をまとめておこう。先読み推量ははっきりした終わりの時点から始めるのがよいので、夏季のみオープンするリゾートホテル会社を舞台に選ぼう。シーズンは一〇一日あり、ホテルを一日営業すると一〇〇〇ドルの利益が入る。シーズンの始めに、労働組合は賃金をめぐって経営者と労使交渉を行なう。先に組合が要求額を提示し、経営者はそれを受け入れるか、あるいは拒否して翌日逆提示を行なう。交渉が妥結して初めてホテルをオープンできる。

まず、交渉があまりにも長引いたために、交渉が妥結してもホテルはシーズン最終日の一日だけしか営業できない場合を考えてみよう。実際には交渉がこれほど長引くことはないだろうが、先読み推量の論理上、極端なところから考え始める必要がある。要求を出すのは組合なので、最終日の時点では、経営側はどんな少額の配分しか回ってこなくてもゼロよりマシなので受け入れる。組合側はほぼ一〇〇〇ドルすべてを手にできる(＊1)。

次に、最終要求日の前日の経営側の提示について考えてみよう。経営側は、組合にはその提示を拒否して妥結を翌日に持ち込み、一〇〇〇ドルを得るという手があるとわかっているので、一〇〇〇ドル未満の提示はできない。一方、組合が翌日に持ち込んでも一〇〇〇ドルを上回る利益は手にできないので、経営側はそれ以上の金額を提示する必要はない(＊2)。このことを考え合わせると、経営側のこの時点での提示は決まってくる。すなわち、二日間の営業に伴う二〇〇〇ドルの利益のうち一〇〇〇ドルを組合に提示し、自分たちも一〇〇〇ドルを取るように提案する。この場合、双方とも一日当たり五〇〇ドルを得る。

次に、もう一日前に戻って考えてみよう。同じ理屈から、組合は経営側に一〇〇〇ドルを提示し、自らは二〇〇〇ドルを得るように提案する。この場合、組合は一日当たり六六七ドル、経営側は三三三ドルを手にする。この推量の全過程を表11―1に示した。

組合側は提示を行なうとき、常に有利な立場にある。これは、最後に全額をとれる立場にあるからである。しかし、この有利さはシーズンの前半にさかのぼるほど小さくなり、一〇一日のシーズンのスタート時点では、両者の立場はほぼ互角で五〇五ドル対四九五ドルとなる。前提を少し変えて、最終の提示を行なうのが経営者側だとしても、ほぼ同じ分配比率に落ち着く。この点は、一日に一回提案を行なうとか、交互に提示を行なうというルールが存在しない場合も、同じ結果になる。

		組合の取り分		経営者の取り分	
残り営業日数	提示者	合計	1日単位	合計	1日単位
1	組合	1,000ドル	1,000ドル	0ドル	0ドル
2	経営者	1,000ドル	500ドル	1,000ドル	500ドル
3	組合	2,000ドル	667ドル	1,000ドル	333ドル
4	経営者	2,000ドル	500ドル	2,000ドル	500ドル
5	組合	3,000ドル	600ドル	2,000ドル	400ドル
…					
100	経営者	50,000ドル	500ドル	50,000ドル	500ドル
101	組合	51,000ドル	505ドル	50,000ドル	495ドル

表11－1

本来、交渉は初日に妥結するはずである。両者とも先読みを行ない同じ落ち着き先を予測すれば、妥結を先延ばしして一日当たり計一〇〇〇ドルも失う必要はないからだ。ところが実際には、すべての労使交渉がスムーズに妥結するわけではなく、交渉が決裂してストやロックアウト（経営側による事業所の閉鎖・労働者の締め出し）が起こったり、一方に大幅に有利な形で交渉が決着するケースも多い。こういう事象が起こる理由についても後ほど触れよう。

＊1　もっと現実的に、経営側が最低限の配分（たとえば一〇〇ドル）をどうしてももらい受けなければならないと仮定してもよい。しかし、それでも数字が変わるだけで、基本的な考え方は変わらない。

＊2　この場合も、双方が最低限の配分を確保するものと仮定するほうが現実的だが、ここでは説明を単純化するために、その可能性を無視して話を進める。

1．交渉でのハンディキャップ制度

パイの配分を決める重要な要素の一つは、先延ばしになることによる損失（待ちのコスト）である。しかし、両者が同じだけの利益を失う場合でも、一方が損失の一部を穴埋めできる方法を持っているケースがある。たとえば組合のメンバーは、交渉が行なわれている間、他でアルバイトすることで一日に三〇〇ドル稼げるものと仮定しよう。このとき経営側は提示の機会が来るごとに、組合が翌日に得られる金額だけでなく、当日に得られる三〇〇ドルを追加して提示しなければならない。すると両者の配分は、表11−2のように組合に有利なものとなる。ここでもやはり、ストを経ることなくシーズンの開始と同時に交渉は妥結するはずだが、その内容は組合にはるかに有利なものとなる。

この結果は、ゴルフのようにハンディキャップつきで交渉が行なわれることにより、等分の法則が修正されたものとみなせる。組合

		組合の取り分		経営者の取り分	
残り営業日数	提示者	合計	1日単位	合計	1日単位
1	組合	1,000ドル	1,000ドル	0ドル	0ドル
2	経営者	1,300ドル	650ドル	700ドル	350ドル
3	組合	2,300ドル	767ドル	700ドル	233ドル
4	経営者	2,600ドル	650ドル	1,400ドル	350ドル
5	組合	3,600ドル	720ドル	1,400ドル	280ドル
…					
100	経営者	65,000ドル	650ドル	35,000ドル	350ドル
101	組合	66,000ドル	653ドル	35,000ドル	347ドル

表11−2

はメンバーが他で稼げる金額である三〇〇ドルからスタートする。残りの七〇〇ドルが交渉の対象となり、等分の法則により三五〇ドルずつ配分されるので組合は六五〇ドル、経営は三五〇ドルを得ることになる。

逆に、経営側が優位に立てるケースもある。たとえば、組合と交渉を続けている間、臨時のアルバイトを雇ってホテルを営業できる場合だ。しかしアルバイトでは効率が悪いため、経営者の利益は一日五〇〇ドルになると仮定しよう。そして、組合員はホテル以外で収入を得る機会がないとする。こういうケースでも、実際にはストは行なわれず、すぐに妥結に至るはずだ。しかしアルバイトを使って営業できるという理由により優位に立つ経営側が、一日当たり七五〇ドルを獲得し、組合側は二五〇ドルを獲得する。

もし、組合員がホテル以外の場で三〇〇ドルの収入を得る機会があり、しかも経営者がアルバイトを使って五〇〇ドルの利益を上げられるとすれば、実質的には残りの二〇〇ドルだけが交渉の対象となり、経営者が六〇〇ドル、組合員が四〇〇ドルという配分になる。一般的にいえば、合意に至らなかった場合に他で得られる収入が多いほど、パイの配分が大きくなる。

2. パイの大きさを把握する

いかなる交渉も、出発点はパイの大きさを正確に知ることだ。前の項の最後の例で言えば、労働組合と経営者は一〇〇〇ドルをめぐって交渉しているわけではない。確かに、交渉で合意に達すれば一日につき一〇〇〇ドルをわけ合える。だが、たとえ交渉がまとまらなくても労働側は一日に三〇〇ドル、経営側は五〇〇ドルを確保できる。つまり、交渉がまとまった場合にはじめて手に入る金額は労使合わせて二〇〇ドルということになる。この交渉のパイの大きさは二〇〇ドルと考えるべきだ。パイの大きさとは、両者が合意することによって、合意しない場合より増える価値のことと言ってもいい。

交渉理論における用語では、交渉がまとまらなくても確保できるこの労働側三〇〇ドル、経営側五〇〇ドルのことを「ＢＡＴＮＡ（＝Best Alternative to a Negotiated Agreement）」と呼ぶ。『ハーバード流交渉術』で知られるロジャー・フィッシャーとウィリアム・ユーリーの造語で、

「交渉による合意に対する最善の代替案」という意味である。

BATNAは交渉しなくても手に入るので、交渉を行なう目的は、両者のBATNAの合計以上の価値を生み出すことにある。交渉におけるパイの大きさとは、交渉がまとまった場合に得られる価値の合計から両当事者のBATNAの合計を差し引いた上積み分とみなせる。この点は一見すると単純明快だが、油断すると見落としやすい。具体的な例で見てみよう。

ヒューストンにある会社とサンフランシスコにある会社がニューヨークの同じ弁護士に顧問を依頼しているとしよう。弁護士が会社を訪問するための出張旅費は、会社側が負担する。両社がスケジュールを調整すれば、弁護士はニューヨーク＝ヒューストン間とニューヨーク＝サンフランシスコ間を往復せず、ニューヨーク→ヒューストン→サンフランシスコ→ニューヨークといわば三角ルートで回り、航空料金を節約できる。

それぞれのルートの片道航空運賃は次のとおりだ。

ニューヨーク＝ヒューストン……六六六ドル
ヒューストン＝サンフランシスコ……九〇九ドル
サンフランシスコ＝ニューヨーク……一二四三ドル

弁護士が三角ルートで移動すれば、航空運賃の総額は二八一八ドル。これを両社でどう分割して負担するか交渉するとしよう。いちばん単純なのは、半分にわけて一四〇九ドルずつ負担するというやり方だ（＊1）。だが、ヒューストンの会社にとってこの案は問題ありだ。ニューヨーク＝ヒューストンの往復の航空運賃を支払っても、一三三二ドルにしかならない。これでは、かえって出費が増えてしまう。

もう一つの方法は、ヒューストンの会社がニューヨーク＝ヒューストンの運賃を、サンフランシスコの会社がサンフランシスコ＝ニューヨークの運賃を負担し、ヒューストン＝サンフランシスコの運賃を両社で折半するというもの。この場合、サンフランシスコの会社の負担は一六九七・五ドル、ヒューストンの会社の負担は一一二〇・五ドルだ。

あるいは、こんな方法もある。別々に弁護士を呼び寄せた場合の航空運賃の金額の比（片道六六六ドル対片道一二四三ドル）に応じて負担割合を決めるというものだ。この場合はサンフランシスコの会社がヒューストンの会社の約二倍の金額を負担することになる。支払う金額は、サンフランシスコの会社が一八三五ドル、ヒューストンの会社が九八三ドルだ。

このような交渉を行なうとき、ゲーム理論を知らないとおうおうにして行き当たりばったりで臨んでしまう。しかし、損得をしっかり考えて行動するべきなのは言うまでもない。そこで、BATNAから出発して、まず交渉のパイを把握することをお勧めしたい。その場合は弁護士が別々に出張するのであればどうなるのか。もし両者の交渉が決裂するので、ヒューストンの会社の負担は一三三二ドル、サンフランシスコの会社の負担は二四八六ドル。合計で三八一八ドルだ。両社の交渉がまとまって弁護士が三角ルートで移動すれば、合計の航空運賃は二八一八ドルなので、差額は一〇〇〇ドルである。交渉がまとまったときに節約できるこの一〇〇〇ドルが交渉のパイだ。

この一〇〇〇ドルの価値を生み出すことには、両社ともに同様に意義を見いだせる。そこで（交渉決裂という結果を受け入れられる度合いが両社とも同じだとすれば）両社はこのパイを半分ずつわけ合えばいい。両社が五〇〇ドルずつ節約すれば、ヒューストンの会社は八三二ドル、サンフランシスコの会社は一九八六ドルを支払うことになる。見てのとおり、この案ではヒューストンの会社の負担がほかのどの案よりも少ない。ここからわかるように、両社の分割の仕方は、ニューヨークと会社所在地の間の距離や航空運賃の金額とは関係ない。ニューヨーク＝ヒューストンの航空運賃のほうが安いからといって、ヒューストンの会社の取り分が少ないわけではない。ヒューストンの会社が合意せずに交渉が決裂すれば、一〇〇〇ドルのパイがすべて失われてしまうからだ。この分割の方法は、古くはユダヤ教の聖典タルムードにも記されている。

これまで検討してきた例では、BATNAは一定だった。交渉がまとまらなかった場合、労働側は三〇〇ドル、経営側は五〇〇ドルを手にできることが決まっているし、ニューヨーク＝ヒューストンとニューヨーク＝サンフランシスコの航空運賃は常に変わらない。しかし、BATNAが確定している場合ばかりではない。そういうときは、BATNAを増やしたり減らしたりする戦略を実践できる可能性がある。一般的に言って、交渉を有利に運ぶためには自分のBATNAを増やし、相手のBATNAを減らすのが得策だ。次は、この点について見てみよう。

＊1　弁護士としては、ヒューストンの顧客にニューヨーク＝ヒューストンの往復料金一三三二ドルを、サン

フランシスコの顧客にニューヨーク＝サンフランシスコの往復料金二四八六ドルを請求し、実際にかかった費用との差額を自分のものにしてしまえばいいのでは？——と思ったあなたは、立派なペテン師になれるだろう。

3．相対的ダメージ

自分のＢＡＴＮＡが大きいほど交渉で有利になる。この際に重要なのは、自分のＢＡＴＮＡと相手のＢＡＴＮＡの比較。したがって、自分と相手の双方のＢＡＴＮＡにダメージを与える行動でも、相手に与えるダメージのほうが大きければ交渉に有利に働く。

先ほどの例では、組合員はほかでアルバイトをすることにより一日当たり三〇〇ドルを稼げ、経営者はアルバイトを使うことにより五〇〇ドルを稼げるとき、交渉の結果は組合側四〇〇ドル、経営側六〇〇ドルに落ち着いた。ここで、組合員がピケを強化すれば、一日当たり一〇〇ドル放棄する代わりに経営者の利益を二〇〇ドル減らせるものとしよう。交渉過程では、まず組合が二〇〇ドル（三〇〇ドル－一〇〇ドル）、経営者が三〇〇ドル（五〇〇ドル－二〇〇ドル）を取り、一日の利益のうち残りの五〇〇ドルを両者が均等に分ける。すると組合は四五〇ドル、経営者五五〇ドルという配分になる。組合は両者にダメージを与える戦略を取ることにより、五〇ドル多く得られたことになる。

野球の大リーグでは、一九八〇年のオーナー・選手間の交渉で選手側がこの戦略を実践した。選手たちはオープン戦の間にストを行ない、公式戦開始とともにプレーに復帰し、五月末のメモリアル・デイの頃から再度ストの構えを見せた。これは、選手側よりオーナーに大きなダメージを与える戦略だった。オープン戦期間中、選手は無給だが、オーナーは地元のファンや観光客から若干の収入がある。また、公式戦に入ると選手は毎週一定額の給料を受け取るのに対し、オーナーが手にする入場料とテレビ放映料は、ペナントレースが盛り上がりはじめるメモリアル・デイの頃から大幅に増える。ストが行なわれた場合にオーナー側がこうむる損失が選手側の損失に比べて最も大きいのは、オープン戦の期間中とメモリアル・デイ以降ということになる。選手たちは正しい戦略をとったといえるだろう。

このときオーナー側は、メモリアル・デイ以降設定されたストを前にようやく妥協したが、オープン戦のストは決行されてしまった。先読み逆戻り推量は十分に機能しなかったのだ。なぜ、実害が発生する前に合意できないのか。なぜストは起こってしまうのか。

4. 瀬戸際戦略とスト

組合と会社は、現行の契約が切れる前に、新しい契約の交渉を始める。この期間中は、急いで妥協する必要性は少ない。業務には支障が出ていないし、早期妥協による利益もとくにない。両者とも契約切れぎりぎりまで待って、スト突入の気配が漂ってくる頃に要求を出し合えばよいようにも思える。ところが実際には、契約切れより相当前に合意に達することが多い。

実は、契約切れ前でも、合意が遅れればコストが発生する場合がある。交渉にはリスクがつきものであり、相手側の忍耐強さやBATNAを読み誤ったり、緊張を強いられたり、相手と感情的な対立になったり、相手が誠意を持って交渉を行なわないのではないかという疑念にさいなまれたりすることは常にありうる。両者が合意したいと思っていても物別れに終わる可能性はある。

両者が思い描く落ち着き先が異なる場合もある。持っている情報に差があったり、異なった見通しを持っていたりするケースがあるからだ。交渉では待ちのコストが小さいほうが有利なので、双方とも自分の待ちのコストを小さく見せたい。しかし、証拠を示さないかぎり、相手は信じてくれない。では、待ちのコストが小さいことを証明するためには、どうすればいいか。実際にコストを発生させてそれに長く耐えられるところを示すか、コストを発生させる恐れのあるリスクを取ってみせればいい。交渉の結末について両者の見通しが異なるとき、ストが起きるのである。

この状況は、瀬戸際戦略の格好の練習材料になる。ストは組合員にとっても痛手なので、交渉する時間がまだあるのにストの脅しをしても信憑性がなく、経営側も真に受けないだろう。しかしスケールの小さい脅迫なら信憑性がある。緊迫感が徐々に高まる結果、組合の意図に反して、本当に脅迫どおりのことが起きてしまうかもしれない。ストにより受けるダメージが経営側のほうが大きければ、組合にとってよい戦略である。逆に、組合側のダメージのほうが大きければ、経営側にとっては好ましい戦略と言える。

瀬戸際戦略は、交渉決裂による被害の小さいほうにとって武器となる戦略なのだ。

契約が切れてもストに入らず、従来の契約条件のまま業務を続けながら交渉を行なう場合がある。生産ロスが発生せず優れたやり方のようにも見える。しかし、雇用契約内容の改善を求めている組合にとって一方的に損になる（＊1）。賃金交渉で経営側の譲歩を引き出すのが難しくなってしまう。経営側にとっては、交渉を空回りさせておいたほうが得だからである。

ストになる可能性があるからこそ、経営側は脅威を感じる。組合はストの可能性を排除しないことにより、経営側を妥協に向かわせる環境をつくるべきである。

発生したストが続くのはどうしてなのか。そのカギを握るのは、瀬戸際戦略という戦略の性格だ。瀬戸際戦略のポイントは、本当に起こりうると思わせるために脅迫のレベルを下げることにある。経営側があと一歩で譲歩しそうなときに、組合側が二度と仕事に戻らないと脅すのは嘘のように思えるが、もう一日、あるいはもう一週間は働かないという脅迫は真実味がある。組合にとっての損失は期待できる利益に比べればはるかに小さいので、すぐに交渉に勝てると踏むのであれば待つことに価値がある。もし組合の判断が正しければ、経営側は譲歩したほうが安上がりだと判断し、事実すぐに譲歩するはずなので、組合はまったく犠牲を払わずにすむ。問題は、経営側が組合と同様の見方をしない場合だ。もし組合がすぐにでも譲歩するだろうと経営側が考えれば、一日あるいは一週間の操業を犠牲にしてでも、もっと条件のよい契約を結ぼうとするであろう。このような場合に、両者のにらみ合いが続いてストが継続される。

前に、瀬戸際戦略では、両者ともに勾配を強めてゆく滑りやすい斜面を落ちていく可能性がつきものだという説明をした。対立が長引くにつれて損失が発生する確率が確実に増加していく。この確率の増加に耐えられなくなった側が譲歩をする。ストという形の瀬戸際戦略の場合は、大きい損失が小さい確率で発生するのではなく、小さな損失が大きい確率で発生する状況をつくり出す。ストが解決されないまま続くと、ちょうど瀬戸際から危険な深淵に落下する確率が増大するように、小さい損失が膨らんでいく。強い決意を示すためには、ストによる損失が膨らんでいくのを容認する必要がある。相手のほうが強いとどちらかが理解したときに、弱いほうが譲歩する。

瀬戸際戦略は、国家間の交渉にも当てはまる。アメリカが同盟国に防衛費負担の増額を求めるときは、現行合意のもとで防衛を続けながら交渉を行なわざるを得ないため、アメリカが弱い立場に置かれる。同盟国は、交渉を長引かせたい。アメリカは瀬戸際戦略に出るべきであろうか。

頭に入れておくべきなのは、瀬戸際戦略を用いると、交渉の性格がまったく変わってしまうことだ。双方が正しく先読みを行なえば、最初の提示で合意に到達できると本章の前半で述べたが、瀬戸際戦略ではときどき実際に瀬戸際を越えてしまい、決裂やストが起きる可能性を排除できない。両者にとって不本意な状況だろうが、いったんそうなると、はずみがついて簡単には終わらない。

*1　それなのに組合がストに踏み切らないとすれば、最も効果的なストのタイミングを待っている可能性がある。宅配大手のUPSの組合にとっては、荷物の少ない真夏にストをするより、プレゼントシーズン最盛期のクリスマス直前にストを行なうほうが経営側に大きなダメージを与えられる。

5. 複数事項の同時交渉

ここまでの議論では、利益の合計を二者間でいかに配分するかという一次元的な交渉を論じてきたが、実際には、労使間の交渉事項は賃金だけでなく、健康保険、年金、労働環境等多岐に及ぶ。こうした要素は原則として金額に換算できるが、両者が認める価値の違いから換算後の金額に大きな差が生じる場合もある。

この点に着目すれば、交渉の新しい落とし所を見いだせる可能性もある。たとえば、労働者が個人で健康保険に加入すると一人二〇〇〇ドルの保険料となるが、会社がまとめて団体健康保険制度をつくれば一人当たり一〇〇〇ドルで済むとしよう。すると、組合にとっては賃金の一五〇〇ドルアップより団体健保の創設のほうが望ましく、会社側も賃金の一五〇〇ドル上昇より団体健保のほうがよい。

交渉を行なうときは、すべての交渉事項を同じ土俵に上げ、相対的な価値の差を見つけ出して、皆にとってよりよい決着を図るべきだ。このやり方を採用している例に、W

TO（世界貿易機関）の貿易自由化交渉がある。幅広い品目をテーブルにのせるWTOの通商交渉は、個別品目ごとの交渉より大きな成果を上げている。

複数の争点をまとめて議論する場合は、一つの交渉のゲームを利用して、別のゲームで相手に脅しを与えることが可能になるケースもある。たとえば、アメリカが日本との市場開放の交渉で軍事的な関係も含めて交渉を行ない、北朝鮮や中国の脅威をちらつかせれば、日本の譲歩を引き出しやすいかもしれない。もちろんアメリカは、実際に日本を脅威に晒すことを望んでいるのではなく、交渉を有利に進めたいだけのことである。もっとも日本側はそれがわかっているので、経済問題と軍事問題を別々に交渉することを主張するだろう。

6. バーチャル・ストライキ

交渉が決裂すれば、当事者以外に影響が及ぶ場合がある。宅配会社UPSのドライバーがストを行なえば、顧客に荷物が届かない。航空会社エール・フランスの手荷物担当スタッフがストを行なえば、旅行者のせっかくの休暇が台なしになる。温室効果ガスの排出規制で合意できなければ、（交渉のテーブルにつけない）未来の世代すべてに大きな損失が及ぶ。

しかし交渉当事者は、自分のBATNAの大きさをアピールし、相手から譲歩を引き出すために、しばしば交渉を打ち切ってしまう。ストにより第三者に及ぶとばっちりが労使の争っている金額を軽く上回る場合も珍しくない。二〇〇二年一〇月三日、アメリカのジョージ・W・ブッシュ大統領は一〇日間続いていた港湾労働者ストに介入した。アメリカの経済に一〇〇億ドル以上の損失が及ぶというのがその理由だった。この紛争で労使が争っていた金額は二〇〇〇万ドル。とばっちり被害は、その五〇〇倍以上に達する計算だった。

第三者に迷惑をかけずに、当事者が合意にたどり着く方法はないのか。実は、ストやロックアウトによる第三者の損失をほぼなくし、しかもストやロックアウトを行なう場合そのままの両者の交渉上の力関係をあぶり出して、同じ結果を生み出す賢明な方法が半世紀以上前から存在する。バーチャル・ストライキ（もしくはバーチャル・ロックアウト）である。普通のストと異なり、従業員はいつもどおり職場で働き、会社はいつもどおり操業し続ける。ただし、このバーチャル・ストライキの期間中は両者ともに無報酬になる。

従業員は無給で働き、会社は利益を放棄する。会社の利益の額は正確に把握しにくく、しかも実際にストが行なわれた場合に会社がこうむるダメージは目先の利益の喪失にとどまらない可能性があるので、会社側には期間中の売り上げをすべて放棄させてもいいだろう。労使の放棄する報酬は、国庫に納めてもいいし、慈善団体などに寄付してもいい。あるいは、商品やサービスを無料にしてもいい。このやり方であれば、当事者以外にとばっちりは及ばない。宅配会社の顧客のもとには、いつもどおりきちんと荷物が届く。労働組合と経営者は痛みをこうむるので合意に達したいと考えるが、政府や慈善団体や顧客は得をする。

ストやロックアウトが行なわれると、顧客がそれっきり離れてしまい、ビジネスの未来に大きな打撃が及ぶ恐れがある。北米のプロアイスホッケーリーグのNHLのオーナー側は、二〇〇四～〇五年シーズンに選手側のストの脅しに対抗してロックアウトを実施。これにより一シーズンがまるごとなくなり、王者決定戦のスタンリー・カップも行なわれなかった。このケースでは、労使紛争が解決した後も、試合会場に客足が戻るまでに非常に長い時間がかかった。

バーチャル・ストライキの有用性はすでに実証されている。古くは第二次世界大戦中に、アメリカ海軍がコネティカット州ブリッジポートのバルブ工場の労使紛争を解決するためにバーチャル・ストライキを用いている。一九六〇年には、マイアミのバス会社のスト解決のためにこの方法が利用された（このときは、バスの運賃が無料になった）。

一九九九年には、イタリアのメリディアナ航空のパイロットと客室乗務員がイタリア史上はじめてバーチャル・ストライキを実施。従業員は無給で働き、会社は売り上げを慈善事業に寄付した。フライトに支障は出なかった。この後、イタリアのほかの公共輸送機関もこのお手本に従うようになった。イタリアの運輸労働組合は二〇〇〇年、旅客機パイロット三〇〇人のバーチャル・ストライキで一億リラの給与を放棄。その金は、小児科病院に高度な医療機器を寄贈するために使われた。ファン離れを招いたNHLのロックアウトとは対照的に、バーチャル・ストライキはブランドの評判を高める役に立った。

皮肉なことに、こうしたPR効果があるせいでバーチャル・ストライキの実践がかえって難しい面もある。労働組合のスト戦術は、顧客にそっぽを向かれる危険をつくり出すことによって経営者に譲歩を迫ることを目的としている場合も少なくないからだ。そう考えると、会社がバーチャル・ストライキ期間中の利益を放棄するだけだと、従来型のストが行なわれた場合より会社の損失が少ない可能性がある。その点、この項で紹介した例ではいずれも、経営側は利益だけでなく、バーチャル・ストライキ期間中の売り上げすべてを放棄することが取り決められている。

それにしても、労働者はどうして、無給で働くことに同意するのか。その理由は、実際のストを行なう場合と変わらない。つまり、経営側に痛みを与えると同時に、自分たちにとって「待つ」コストが大きくないことをアピールするためだ。実を言うと、バーチャル・ストライキの間、労働者は普段よりいっそう一生懸命働く。その期間の売り上げが増えれば増えるほど、経営側の痛みを大きくできるからだ。

バーチャル・ストライキのメリットは、実際にストを行なう場合の交渉当事者のコストと利益を変えずに、第三者に迷惑をかけるのを避けられることにある。実際のストとバーチャル・ストライキで両当事者のBATNAが同じであれば、わざわざストを行なう理由はない。従来型のストに付随する無駄をなくせるという利点を考えれば、このアプローチを試してみる価値は十分にある。

7.［ケーススタディー］もらうよりやるほうがよい

本章の冒頭で、ホテルの経営者と組合が一シーズンの利益をいかに配分するかという交渉について検討した。ここでは設定を少し変えて、労使が交互に条件提示を行なうのではなく、経営側だけが提示を行ない、組合側はそれを受け入れるか拒むかを判断するだけだとしてみよう。

一シーズンが一〇一日で、ホテルを一日営業する毎に一〇〇〇ドルの利益が上がるのは、前回と同じ。交渉はシ

残り営業日数	提示者	合計利益	組合への提示額
1	経営者	1,000ドル	?
2	経営者	2,000ドル	?
3	経営者	3,000ドル	?
4	経営者	4,000ドル	?
5	経営者	5,000ドル	?
…			
100	経営者	100,000ドル	?
101	経営者	101,000ドル	?

表11－3

ーズン開始とともに始まり、毎日一回だけ経営側が条件提示を行ない、組合側が受け入れるか拒否するかを決める。組合が受け入れればホテルはオープンし収益が入るが、拒否すれば交渉は翌日に持ち越される。組合側が提示を受け入れるか、シーズンが終わるまで、交渉は続く。

合計の利益は、表11―3にあるように、シーズンが進むにつれて減少していく。経営者も組合も自らの利益を最大にすることのみを考えて行動するとしたら、この交渉はどのような結果になるであろうか。

■ケース・ディスカッション

五〇対五〇とは相当かけ離れた分配率になることが予測できる。この交渉で有利なのは、一方的に提示を行なう権利をもつ経営側だ。経営側は利益の大部分を獲得し、しかも初日に合意に達することができるだろう。

最終日からさかのぼりながら検討してみよう（表11―4）。最終日にはこれ以上交渉を持ち越しても意味がないので、組合はほんの少額、たとえ一ドルであっても受け入れるはずだ。最後から二日目の時点では、組合はこの日の提示を拒否すれば翌日には一ドルしか得られないとわかっているので、二ドルの提示であっても受け入れるだろう。

この繰り返しで初日までさかのぼると、経営者は初日に一〇一ドルを提示し、組合はやむを得ず受け入れることになる。

ここまでの分析は、明らかに経営側の交渉力を過大評価しすぎている。合意の先延ばしで、経営側は一日当たり九九九ドルを失い、組合側は一ドルしか失わない。組合が自分たちへの配分額だけでなく、経営側との格差を考えると、このような極端に不平等な提示は容認しがたいだろう。

残り営業日数	提示者	合計利益	組合への提示額
1	経営者	1,000ドル	1ドル
2	経営者	2,000ドル	2ドル
3	経営者	3,000ドル	3ドル
4	経営者	4,000ドル	4ドル
5	経営者	5,000ドル	5ドル
…			
100	経営者	100,000ドル	100ドル
101	経営者	101,000ドル	101ドル

表11－4

しかしだからといって、利益が等分されるわけではない。経営側が交渉上有利な立場にあることには変わりがない。経営側の取るべき行動は、組合側が給与ゼロよりはまだましとして受け入れる最低水準を見定めて、その額を提示することだ。たとえば、最後の段階で組合側が組合＝二〇〇ドル、経営＝八〇〇ドルという配分を何もないよりはましとして受け入れるのであれば、経営側はこの一対四という比率を一〇一日間にわたって固定し、全体利益の三分の二を得ればいい。

以上のようなテクニックが交渉の問題を解決するうえで有効であるのは、交渉における立場の強弱がある場合である。中間をとって半分に分ける方法は、賃金交渉においてよくとられる解決法であるが、普遍的なものではない。先読み推量をすることによって、半々でない配分がなぜ起こるかが説明できる。とくに、一方が提示を行なう場合には、提示は「もらうよりやるほうがよい」ことがわかる。

ただし、一方の当事者が相手に対して「私はあなたが思っているより強気で交渉に臨んでいる」というメッセージを伝達できれば、この繰り返し型のゲームは一回勝負のゲームと異なる性格を帯びてくる。一回勝負のゲームで一〇〇〇ドルを分割する場合、提案者としては、相手が二〇〇ドルで納得すると判断すれば、自分が八〇〇ドルを取り、相手に二〇〇ドルを渡すという提案をする。もし、相手が二〇〇ドルで納得するという判断が間違っていれば、そこでゲームは終わり。提案者はもう戦略を変更するチャンスがない。被提案者の側から言えば、「あなたの分析は間違っている」と提案者に教えて、戦略を変更させるチャンスがない。一方、一〇〇〇ドルを分割する「受けるか拒むか」型のゲームを繰り返す場合は違う。被提案者は、最初にあえて強気な態度を見せつけることを通じて、自分が先読み推量による合理的な判断をくだすわけではない（あるいは、半分ずつに分割すべきだと信じて疑わない）のだと提案者に思わせることに成功すれば、有利な提案を引き出せるかもしれない（＊1）。

では、交渉初日にあなたが八〇対二〇の分割を提案し、相手がノーと言ったときはどうすればいいのか。話を単純化するために、全部の日程が二日だけで、次回が最終ラウンドだとして話を進めよう。あなたが知りたいのは、相手が五〇対五〇以外の提案をすべてはねつけるタイプの人間なのか、それとも最終ラウンドで五〇対五〇の提案を引き出すための作戦として最初にノーと言っただけなのかだ。

相手が初回にイエスと答えた場合に受け取る金額は、初日に二〇〇ドル、二日目に二〇〇ドルで、合計四〇〇ドル。初日にノーと言えば（初日の取り分はゼロでも）最終日に一〇〇〇ドルの半分の五〇〇ドルを受け取れると思えば、誰だって当然ノーと言うだろう。しかし、相手の態度がはったりだと見抜ければ、あなたは最終ラウンドでも八〇対二〇の分割を提案して大丈夫だと確信できる。相手は提案を受け入れるはずだ。

では、あなたが最初に六七対三三の分割を提案し、相手がそれを突っぱねた場合はどうか。最初にイエスと言っておけば、相手は三三〇ドルを二回、合計で六六〇ドル受け取れる。しかし最初の提案を拒んでしまった以上、相手が受け取れるのはよくても五〇〇ドルだ（最終日に一〇〇〇ドルを五〇対五〇で分割）。相手にとっては、思惑どおりにことが運んでも、最初の提案を受け入れるより結果が悪い。ということは、相手が提案を拒んだのははったりでない可能性がある。あなたは最終ラウンドで五〇対五〇を提案したほうがいいのかもしれない。

＊1　相手プレーヤーは、自分の利得が最大になる提案であれば受け入れる可能性が高い。しかしことによると、相手が五〇対五〇の分割比率以外了承しない可能性もなくはない。実際にはそういうプレーヤーは少ないが、あなたから少しでも多くの取り分を引き出そうとして、そのふりをするケースは多い。

第12章 選挙

——どういう投票行動が得策か——

私がどうしても好きになれないのは
選挙で投票しようとしない人
——オグデン・ナッシュ
「投票日はお祝いの日」（一九三二年）より

投票によって示された人々の意思を尊重することは、民主政治の基礎だ。しかし、残念ながらこの高貴な考え方を実践するのは難しい。投票においても、他の多人数ゲームと同様に戦略的問題が発生する。投票者はしばしば、自分の本当の選好とは異なる投票行動を取りたいと考える。多数決ルールやその他どんなルールによっても、この問題は解決できない。個々人の選好を全体の選好に誤謬なく総計する方法など存在しないからだ。

単純多数決のルールは、候補者が二人ならうまく機能する。あなたがA候補よりB候補が好きなのであれば、B候補に投票すればいいだけのこと。戦略を練る必要はとくにない（＊1）。問題は、候補者が三人以上に増えたときだ。投票者としては、自分が本当に好ましいと思う候補者に投票すべきか、それとも戦略的に行動して、勝ち目のありそうな二番目、三番目に好ましい候補者に投票すべきかという問題が持ち上がる。

二〇〇〇年のアメリカ大統領選で、そのとおりのことが起きた。共和党のジョージ・W・ブッシュ（息子ブッシュ）と民主党のアル・ゴアに加えて、消費者活動家のラルフ・ネーダーが出馬したことにより、勝利はゴアの手をすり抜けてブッシュの手にわたった。もしネーダーが出馬していなければ、ゴアがフロリダ州を制し、大統領になっていただろう。フロリダでネーダーが得た票は九万七四八八票。ブッシュがゴアにつけた差はわずか五三七票。ネーダーに投票した有権者の圧倒的多数は、ブッシュとゴアの二者択一であれば、リベラル派のゴアを好んだであろうことは想像にかたくない。ゴアが敗れた理由はほかにもいろいろあるが、ネーダーの出馬が理由の一つであることは確かだ。

誤解しないでほしい。別に、ネーダー（や第三党から出馬する候補者全般）を批判するつもりはない。批判すべきなのは選挙制度だ。ネーダー支持者が票を無駄にすることなく、自分の意思を表示できるような制度をつくることが望ましい（＊2）。

第三の候補が登場すれば、常に共和党の有利に働くとは限らない。民主党のビル・クリントンが共和党のジョージ・H・W・ブッシュ（父ブッシュ）を破った一九九二年の大統領選では、保守系の第三の候補ロス・ペローの存在がクリントン圧勝の一因になった。ペローの得票率は一九％。もしペローが出馬していなければ、クリントンが制したいくつかの州（コロラド州、ジョージア州、ケンタッキー州、ニューハンプシャー州、モンタナ州）で結果が逆になっていたかもしれない。二〇〇〇年と異なり、いずれにせよクリントンが当選しただろうが、大統領選挙人の獲得数はもっと僅差になっていただろう。

二〇〇二年フランス大統領選の第一回投票の有力候補は、現職のジャック・シラク（保守派）とリオネル・ジョスパン（左派）とジャンマリー・ルペン（極右）の三人。このほかに、毛沢東主義者やトロツキー主義者など、左派系の弱小候補が数人名乗りをあげていた。大方の予測によれば、シラクとジョスパンが一位と二位になって、決選投票に進むものと考えられていた。そこで左派の多くの有権者はすっかり油断して、第一回投票ではそれぞれの好みの左派系弱小候補に投票した。しかしふたを開けてみれば、ジョスパンの得票がルペンより少なかったことがわかって、左派の有権者は愕然とすることになる。決選投票で左派の有権者は、大嫌いな保守のシラクに投票する羽目になった。もっと嫌いな極右のルペンの当選を阻止するためにはそうする以外になかったからだ。

投票する際に、戦略を優先させるべきか、それとも主義主張を優先させるべきか。その判断をくだすうえでカギを握るのは、自分の投票が結果を左右するのかどうかだ。あなたが誰に投票しようと関係なく、どっちみちブッシュなりゴアなりが当選するとわかっていれば、あなたは自分が本当に好きな候補者に投票すればいい。あなたの票が重要な意味をもつのは、あなたの票が均衡を破る決定票になる場合（および、あなたの票が均衡状態をつくり出す場合）だ。

自分の票に意味があると思う場合は、ラフル・ネーダー（やフランスの弱小左派候補）に投票すると、選挙結果を左右する機会をふいにしてしまう。ネーダー支持者は、ブッシュとゴアの均衡を破る決定票を投じるつもりで、誰に投票すべきかを決めるべきだ。自分の票に意味がない場合は本心どおりに投票し、自分の票に意味がある場合は戦略的に行動すべしとは、なんとも皮肉な話ではあるが。

投票の戦略がとくに大きな意味をもつのは、アメリカ大統領選で言えば、秋の本選挙以上に、たいてい多数の候補者が出馬する予備選だ。有権者としては、勝ち目のない候補者に貴重な票（と政治献金）を無駄にしたくない。その結果、勝ち馬に乗りたいという心理が働くので、世論調査の結果やメディアの情勢分析で有力とされた候補者に票が集まる場合がしばしばある。しかし、逆の現象が起きる場合もある。ある候補者が有力という印象が広まると、その候補者を比較的ましだと思っている有権者はわざわざ自分が票を入れるまでもないと判断し、自分の本来いちばん好きな泡沫候補に投票する可能性が出てくる。そうすると、その「まし」な候補者に票が集まらない。フランス大統領選でジョスパンが決戦投票に進めなかったのは、このメカニズムが働いたためである。

言うまでもなく、望ましいのは、人々が戦略的に振る舞う必要がなく、自分の好みに正直に投票することをうながす選挙制度だ。しかし残念ながら、経済学者のケネス・アローが明らかにしたように、そのような理想的な制度は存在しない。どういう選挙制度にも何らかの欠陥がついて回る。つまり実際の選挙では、人々は常に戦略的に振る舞う。選挙の結果は、選挙制度に大きく左右されるのである。では、さまざまな選挙制度の利点と問題点を見ていこう。

＊1　ただし、どの候補者が勝つかだけでなく、どの程度の得票差で勝つかにも関心がある場合はやや事情が異なる。たとえば、あなたがある候補者を勝たせたいと思っているが、増長させたくないので大勝させるのはまずいと思っているとしよう。その場合、事前の世論調査などにより支持候補の当選が確実だと思えば、あえて対立候補に投票することもありえる。

＊2　実は、私たちがラルフ・ネーダーに提案して、拒絶された解決策がある。アメリカ大統領選の特異な点

は、一一月の一般投票で「大統領選挙人」を選出し、その大統領選挙人の投票によって当選者を決める間接選挙の形を取っていることである。大統領選挙人候補の顔ぶれはそれぞれの大統領候補の陣営が選び、大統領選挙人は選挙人投票でその候補者に投票するので、二段階の選挙システムは形式的なものにすぎない。しかし、二〇〇〇年大統領選のような状況では、この仕組みをうまく利用する方法がある。もしネーダーが「ブッシュよりはゴアのほうがまし」と考えているのであれば、ゴアとまったく同じ顔ぶれを自分の大統領選挙人候補に選べばいいのだ。そうすれば、ネーダー支持の有権者は、ブッシュの当選を間接的に助けることなく、ネーダーへの支持を選挙で表明できる。

1．単純投票

最もよく用いられる投票の方法は、単純多数決である。しかし、この選挙制度は逆説的な結果を生むことがある。

その問題を二〇〇年以上前に初めて指摘したフランス革命の活動家マルキ・ド・コンドルセに敬意を表して、革命時代のフランスに例をとって説明しよう。革命後のフランスの新しい指導者を投票で決めるとしよう。指導者の座を争うのは、ロベスピエール、ダントン、ラファージュの三人。投票者は、左翼＝四〇票、中道＝二五票、右翼＝三五票の三つのグループにわかれている（合計一〇〇票）。それぞれのグループの候補者の好みは、次の表（表12―1）のとおりである。

	左翼	中道	右翼
票数	40	25	35
第1希望	ロベスピエール	ダントン	ラファージュ
第2希望	ダントン	ラファージュ	ロベスピエール
第3希望	ラファージュ	ロベスピエール	ダントン

表12−1

この表によれば、ロベスピエールとダントンの二人の対決であれば、七五対二五でロベスピエールが勝つ。ラファージュ対ロベスピエールであれば、六〇対四〇でラファージュが勝つ。ダントン対ラファージュであれば、六五対三五でダントンが勝つ。つまり、一対一の戦いでライバル二人の両方に勝てる候補者はいない。これでは、三すくみに陥ってしまい、民意を反映した選択がどれかを特定できない。

この問題にぶちあたったコンドルセが提案したのは、一対一の対決のなかで最も大きな票差がついた投票結果をほかに優先させるという方法だった。民意は確かに存在するはずで、それが三すくみの状態に陥ってしまうのは何らかの「ミス」のせいだと、コンドルセは考えた。だとすれば、小差の結果だった投票がミスの可能性が高い、という発想である。

コンドルセの考案した方法を当てはめると、ロベスピエールが五〇票差でダントンを破った投票結果は、ダントンが三〇票差でラファージュを破った投票結果、ラファージュが二〇票差でロベスピエールを破った投票結果に優先する。つまり、ロベスピエールが最も民意を反映した候補者であり、ロベスピエールがラファージュに敗れた投票結果は「ミス」だったと見なされる。別の言い方をすれば、一対一の投票で投じられた反対票が最も少ないので、ロベスピエールが当選者となる（ロベスピエールへの反対票は最大で六〇票。ダントンは七五票、ラファージュは六五票）。

今日のフランスでは、このコンドルセの方法を用いていない。決選投票方式を採用している。すべての候補者が参加して投票を行ない、過半数の票を得た候補者がいない場合は、得票数の上位二人で決選投票を行なって当選者を決める。

では、ロベスピエールとダントン、ラファージュの例で現代のフランスのような決選投票方式を用いた場合にどういう結果になるかを考えてみよう。一回目の投票では、ロベスピエールが四〇票、ラファージュが三五票、ダントンが二五票を得る。

この結果、ダントンが脱落。ロベスピエールとラファージュの上位二人で決選投票が行なわれる。決選投票では、ダントン支持者は次善の選択肢であるラファージュに投票するので、六〇対四〇でラファージュが当選する。

ただし、以上の議論は、投票者が戦略的に振る舞わないことを前提に考えてきた。もし事前の世論調査で結果が読めれば、ロベスピエール支持者は、決戦投票でロベスピエールがラファージュに敗れると予測がつく。ロベスピエール支持者にとって、ラファージュは最も好ましくない候補者だ。そこで戦略的に考えて、第一回投票で「まし」な候補者であるダントンに投票する。そうすると、ダントンが六五票、ラファージュが三五票、ロベスピエールが〇票となり、決選投票を行なうまでもなく、過半数の票を獲得したダントンの勝利が決まる。

2. コンドルセの方法

コンドルセの方法は、三人以上の候補者の間で争われる選挙のやり方を考えるうえで非常に参考になる。コンドルセの提案によれば、すべての候補者が一対一で対戦する総当り方式の投票を行なうことになる。二〇〇〇年アメリカ大統領選にこの方法を当てはめると、ゴア対ブッシュ、ゴア対ネーダー、ブッシュ対ネーダーの三種類の投票が行なわれる。この三度の投票を通して、反対票が最も少ない候補者が勝つ。

ゴア対ブッシュでは五一％対四九％でゴアが勝ち、ゴア対ネーダーでは八〇％対二〇％でゴアが勝ち、ブッシュ対ネーダーでは七〇％対三〇％でブッシュが勝つとしよう。反対票が最も少ないのは、ゴアの四九％。コンドルセ方式で選挙を行なえば、ゴアが勝者になる（＊1）。

おもしろいアイデアではあるが、実際に用いるのはとうてい不可能だと感じるかもしれない。なにしろ、有権者に三度も投票をさせなければならない。候補者の数が増えれば、投票の回数はさらに増える。六人の候補者がいる場合に総当り方式を採用すれば、一五回も投票しなければならない。確かに、こんな選挙制度は非現実的だ。

だが、少し修正を加えればうまくいく。投票は一度。その際に有権者は、候補者に順位をつけて投票する。あとは、コンピュータにまかせればいい。たとえば、ゴア＞ネーダー＞ブッシュという順位で投票した有権者は、ゴア対ブッシュではゴア、ゴア対ネーダーではゴア、ブッシュ対ネーダーではネーダーに投票したものと扱われる。この方法であれば、候補者が何人いようと、一度の投票ですべての組み合わせの一対一投票をすませたことになる。たとえば、二位にランクづけした候補者と五位にランクづけした候補者の選択であれば、二位の候補者に投票したものと自動的に扱われる。

投票者が一部の候補者にしか順位をつけずに投票したとしても問題ない。順位をつけてある候補者と順位をつけていない候補者の選択では、順位がつけてあるほうの候補者に投票したものとし、順位をつけていない候補者同士の選択では、棄権したものとして扱えばいい。

エール大学経営大学院では、「年間最優秀教員賞」の受賞者を決める投票でコンドルセ方式を用いている。この方法を採用するまでは、単純に最も得票の多い教員を優勝者としていた。旧制度のもとでは、仮に五〇人候補者がいるとすると、すべての候補者の得票が拮抗していれば、理屈のうえでは最低で二％あまりの得票で優勝できてしまう可能性もある。実際はそういうことはまずなく、五、六人程度の強力な候補がいて、さらに五、六人程度がそれに続くのが普通なので、二五％くらいの票を固めることに成功した候補者が優勝していた。しかし新制度では、学生は教員に順位をつけて投票し、あとはコンピュータにすべてまかせる。その結果、それまでより学生の実際の評価を反映した人物が選ばれているように見える。

このように、どういう投票方式を選ぶかが結果に大きな影響を及ぼす場合は多い。次は、刑事裁判の判決の決定プロセスを例にその点を見てみよう。

＊1　完全無欠の選挙制度は存在しない。コンドルセ方式でも、有権者が戦略的に行動する余地がないわけではない。しかし、どう振る舞うのが戦略的に有利なのかを割り出すのが非常に難しいので、選挙結果が歪曲される危険性は格段に小さい。

3. 法廷での順番

アメリカの刑事司法では、被告人はまず無罪か有罪かが判断される。量刑は、被告人が有罪を宣告された後に初めて決められる。ささいな手続上の問題だと思うかもしれない。しかし、決定の順序は、生と死、無罪と有罪をわける場合もある。被告人に死刑が求刑された場合を例に、この点を確かめてみよう。

刑事裁判の結果を決定する手続きには、三通りの方法がある。

① 現行式——最初に無罪か有罪かを決め、もし有罪であれば量刑を決める。

② ローマ式——証拠調べの後、まず死刑に値するかを検討し、もし値しないと判断されれば、次に終身刑に値するかを検討する。こうしてどんどん軽い刑に下がっていき、どの刑も科されないとき、被告人は無罪となる。

③ 罪刑決定式——初めに、罪に対する量刑を決定する。

そのうえで、被告人が有罪にされるべきかどうか判断する。

大きな違いは、何を最初に決めるかだ。話を単純化するために、死刑と終身刑と無罪の三つの可能性しかない場合を例に、その違いがどういう意味を持つのか考えてみよう（表12―2）。以下の例は、紀元一〇〇年頃、トラヤヌス帝の下で働いたローマの法律家プリニウス（甥）が直面した実際のジレンマをもとにしている。

	判事Aの選好	判事Bの選好	判事Cの選好
最善	死刑	終身刑	無罪
中位	終身刑	無罪	死刑
最悪	無罪	死刑	終身刑

表12−2

被告人の運命は、三人の判事の手中に預けられている。判決は多数決によって決まる。

一人目の判事（判事A）は、被告人が有罪であり、可能な限り重い刑に処すべきだと考えている。この判事にとっては死刑を科すのが第一の選択で、次が終身刑、最も悪い選択が無罪である。

二人目の判事（判事B）も、被告人が有罪だと判断している。しかしこの判事は死刑制度に断固反対で、終身刑を第一の選択としていた。さらに、死刑の先例を作ることを嫌い、死刑が執行されるよりは無罪にしたほうがよいと思っている。

三人目の判事（判事C）はただ一人、被告人の無罪を主張している。したがって当然、無罪を第一の選択としているが、判事Bと違って、一生を刑務所で過ごすのは死よりも重い罰であると考えている（被告人もこれと同じ意見である）。この判事にとって、無罪にならないのであれば次の選択は死刑で、終身刑を最後の選択としている。

現行式では、最初の多数決で無罪か有罪かを決める。しかし判事たちは優れた意思決定者なので、先読み推量を行ない、もし有罪になれば、二対一の多数決で死刑になると正しく予測する。つまり、最初の決定は、無罪か死刑かを決めるのと同じことなのである。この考え方に基づいて、判事Bは出方を変えて無罪を選択し、無罪が二対一で選ばれるだろう。

しかし、ローマ式を採用すれば結果は大きく変わってくる。その場合は、最も重い刑の適否を検討することから始め、次第に軽い刑に移っていく。判事たちは、まず死刑を科するかどうかを決める。もしここで死刑が選ばれなければ、終身刑か無罪かという選択になる。先読み推量を行なえば、その段階では終身刑が選ばれるとわかる。つまり、最初の決定は死刑か終身刑かの決定に等しい。したがって、判事Bは反対するものの、死刑が二対一で選ばれる。

では、罪刑決定式の場合はどうか。もし、あらかじめ定められた刑が終身刑ならば、判事AとBの賛成により被告人は有罪となるであろう。一方、もしあらかじめ定められた刑が死刑ならば、判事BとCが反対するので無罪になるであろう。つまり、量刑の選択は、終身刑か無罪かを決めるのに等しい。その結果、判事Cは反対するが、終身刑が選ばれるだろう。

この例からわかるように、投票の順序の違いによって、結果が大きく変わってくる場合もある。

4. 中間層への投票

ここまでは、候補者の取る立場は不変のものとみなしてきた。しかし実際は、必ずしもそうではない。候補者も自分の取る立場を戦略的に決めている。では、有権者がどのように候補者の立場に影響を及ぼそうとし、最終的に候補者はどういう立場を取るのか。

自分の票が大勢の中に埋没することを防ぐための一つの方法は、大勢から離れた極端な立場を取るというものである。リベラル主義に反対の人は、穏健な保守派の候補者に票を投じることもできるが、極右のラジオ・トークショーの司会者ラッシュ・リンボー（もし選挙に出馬すればの話だが）に票を入れることもできる。候補者がこぞって中道寄りの立場を取る場合、投票者は自分の本当の好みより極端な立場を取るのが得策の場合もある。しかし、このやり方には限度がある。行き過ぎると、極端な変わり者とみなされて、相手にされなくなる。理性的ななかで最も極端な位置を取るのが適当であろう。

この点をもう少し詳しく説明するために、各候補者のイデオロギー上の立場を〇から一〇〇までの数字で表わすとしよう。いちばん左側のほぼ〇のあたりに緑の党が、いちばん右側の一〇〇に近いところにラッシュ・リンボーが位置している。

投票者がこの〇から一〇〇までの数字によって自分の選好を示し、全投票の平均値の位置の候補者が選挙に勝つと仮定する。そうすると当然、候補者は有権者の平均に自分の立場を近づけるだろう。

あなたが中道派の有権者だとしよう。あなたが好むのは、五〇の位置の候補者だ。ところが、国全体の政治傾向はあなたより保守的で、あなたを除くと平均は六〇である。投票者があなたを含めて一〇〇人いると仮定して話を進めよう。

もしあなたが自分の好みをそのまま表わせば、候補者の位置は59.9（＝(60×99＋50)／100）となるだろう。これに対し、あなたが自分の好みを誇張し、〇を表示すれば平均は五九・四になる。自分の主張を誇張すれば、あなたは候補者の政治的位置に及ぼす影響を六倍に高められる。極端な位置を取ることは、政治を自分の理想に近づける効果を持つ。

もちろん、あなた以外の投票者も同様の計画をする可能性がある。六〇よりもリベラルな投票者は皆ゼロにし、保守的な投票者は皆一〇〇にするかもしれない。この場合、投票者は二極化されるが、候補者は中央に近い位置を取る。候補者の位置は、それぞれの方向に動く投票者の相対的な人数によって決まる。

平均を用いるこの方法は、好みの方向と強さの両方を反映させようとするところに問題がある。人々は方向についてては本当のことを言うが、強さについては大げさに言いたいと考える。交渉で「両者の間を取る」という解決策が取られる場合に、どちらの側も初めはふっかけて極端な立場から交渉を始めるのと同じことだ。

この問題の解決策の一つは、平均のかわりに中央値を用いるというものである。中央値とは、この場合で言えば、候補者をリベラルの方向に動かそうと思う投票者と、保守の方向に動かそうと思う投票者が同じ数だけいる位置のこと。平均と違って、中央値の位置は投票者の好みの強さに影響を受けない。好みの方向だけが問題になる。中央値の位置を見つけるためには、候補者は、左端の0から出発し、過半数の投票者が右への移動を支持する限り右へ動き続ければよい。中央値の位置まで来れば、そこを越えてさらに右に動かそうとする投票者と、逆に左に動かしたいと思う投票者の数がまったく同数になる。

候補者が中央値の位置を取っているとき、投票者には好みを歪曲する動機はなくなる。理由を考えてみよう。投票者の位置は、以下の三通りである。(1)投票者が中央値より左にいる場合、(2)投票者が中央値にいる場合、(3)投票者が中央値より右にいる場合である。(1)の場合は、好みを左側に誇張しても中央値の位置は変わらない。したがって、候補者の位置も変わらない。投票者が候補者の位置を変えられるとしたら、候補者を右側に動かすことだけである。しかし、これは投票者の望むところではない。(2)の場合は、投票者の願う理想の位置がすでに実現されているので、好みを歪曲する理由がない。(3)の場合は、(1)と同様である。右側へ動いても中央値の位置は変わらず、左側へ動いて中央値の位置を左に動かすのは自分の利益に反する。

いずれの場合も、投票者は自分の好みを正直に表わすのが得策である。このように、中央値の位置を使う方法の利点は、好みを歪曲する誘因を投票者から取り除けることにある。言い換えれば、正直に投票するのが全員にとって絶対優位の戦略となるのである。

この方法の唯一の問題は、応用範囲が狭いことだ。この方法を用いるためには、リベラル対保守というように、選択を一次元の尺度に縮小しなければならないが、常にそれが可能とは限らない。投票者の好みが一次元でなければ、中央値は決められないので、このやり方では問題を解決できない。

5．アメリカ合衆国憲法の知恵

前の項で述べたように、選択の基準を一次元に単純化できない場合は、話が格段に複雑になってくる。選択基準が一つであれば、選挙の候補者の立場は、たとえば〇～一〇〇の目盛りがついた直線上の点と見なせる。それに対して、選択基準が二つであれば候補者の立場は二次元の平面上の点、選択基準が三つになれば三次元の空間における一点とみなさなければならない。

以下では、投票者が二つの争点に関心をいだいている場合を検討する。税制と銃規制という二つの問題が選挙の争点だとして、現職と挑戦者の立場が図12―3のように表わ

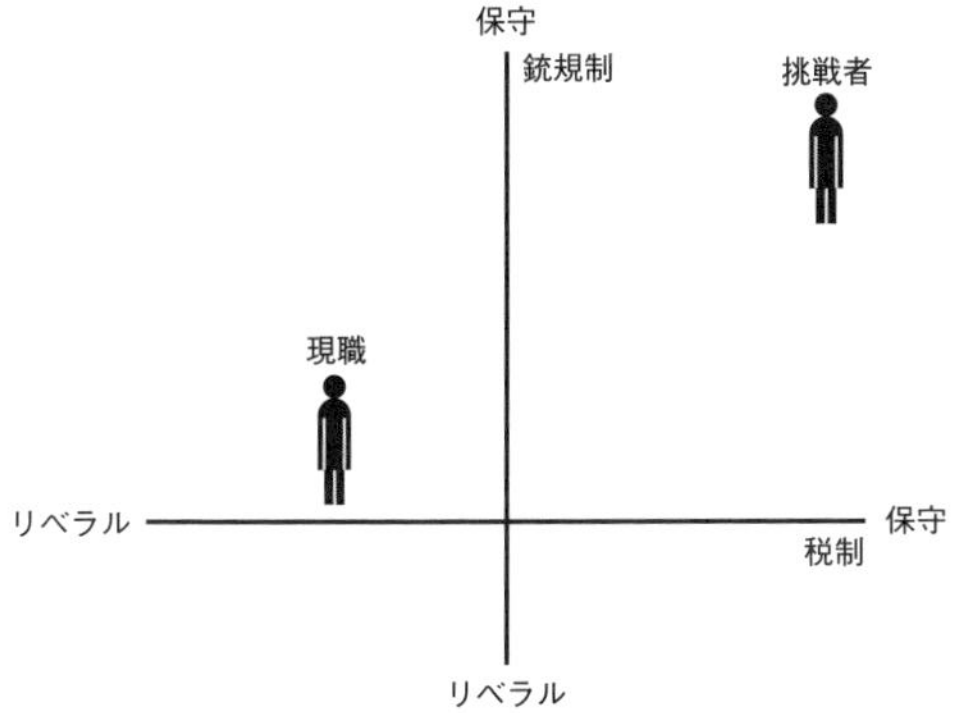

図12-3

せるとしよう。

現職は、税制に関してはややリベラル寄りの中道、銃規制に関してはやや保守寄りの中道。挑戦者は、税制と銃規制の両方できわめて保守的な立場を取っている。

有権者は、自分の立場に最も近い候補者に投票する。有権者の立場も、図の上の一点として表わせる。図12―4は、有権者が二人の候補者の間でどうわかれるかを示したものだ。斜線より左側に位置する有権者はみな現職に投票し、

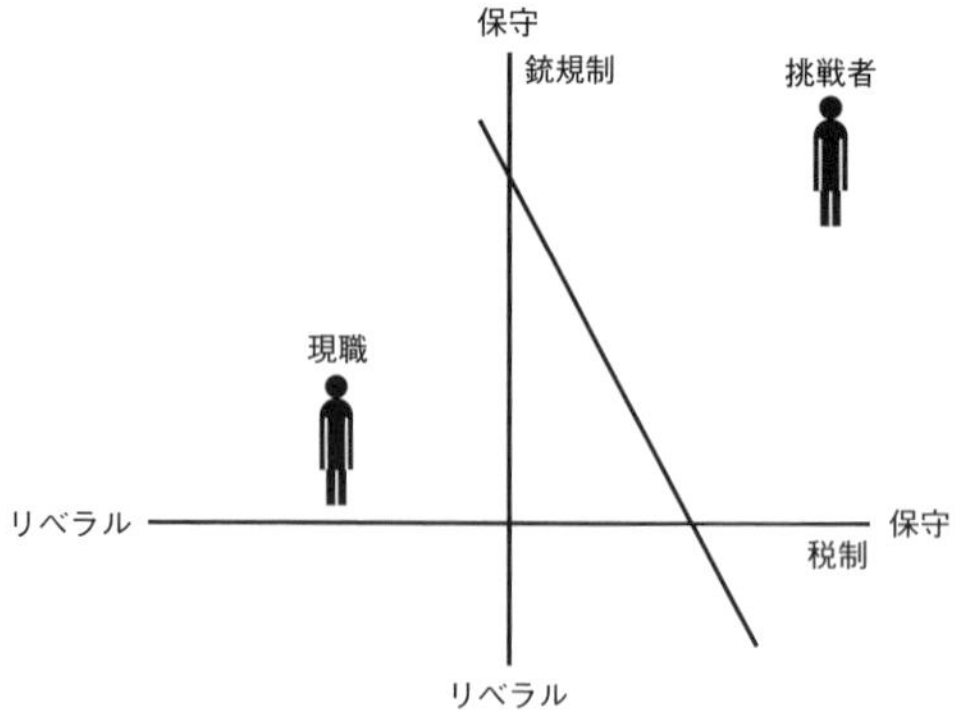

図12−4

斜線の右側の有権者はみな挑戦者に投票する。

さて、現職と挑戦者はそれぞれ図の上のどこに移動するのが得策だろうか。挑戦者は、現職の位置に接近すれば、ある程度の票を現職から奪い、しかも自分の票は失わずにすむ。図12―5のように、挑戦者がXからX′の位置に移動すれば、現職支持と挑戦者支持の有権者をわける斜線は破線の位置にずれる（A候補よりB候補の立場を支持する有権者にとっては、B候補がA候補の立場に近づいても、依

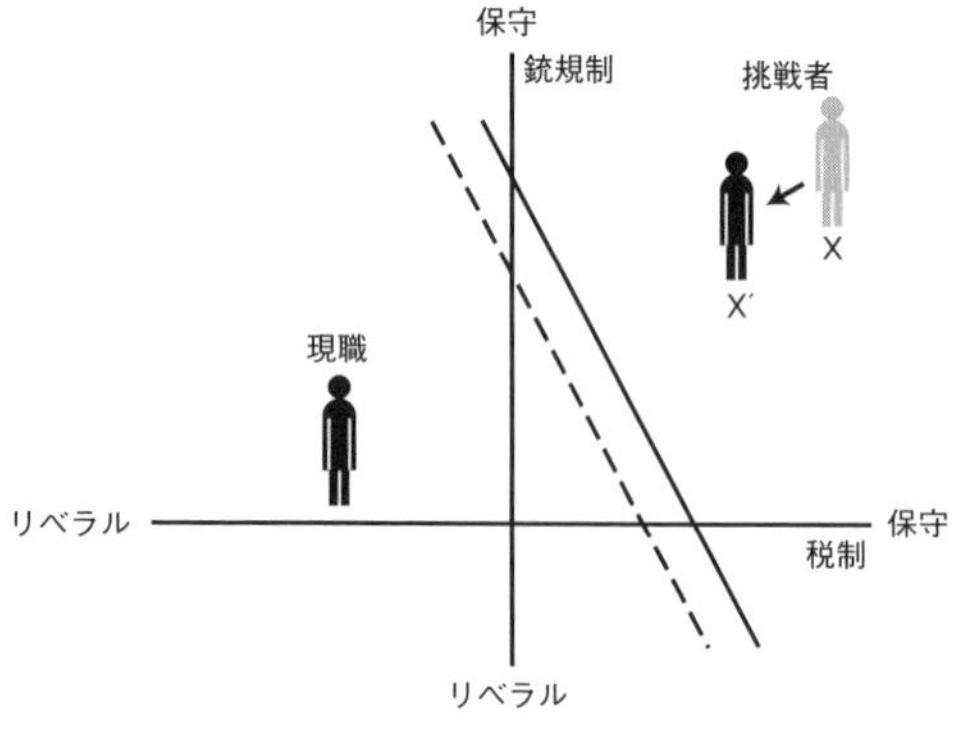

図12−5

然としてA候補よりB候補のほうが好ましい)。そう考えると、挑戦者は現職にぴったり密着した位置に移動するのが得策ということになる。図の場合で言えば、挑戦者にとっていちばんいいのは、現職の右上にくっつくことだ。

それでも現職は、賢明に自分の立場を決めることにより先手を打てる。たとえば、図12―6のように有権者の立場が円形に均等に分布しているとすれば、その円の中心に自分を位置づければいい。そうすれば、挑戦者がどういう立場を取っても、現職は少なくとも半分の有権者の支持を確保できる。図の破線は、挑戦者が現職の左上にぴったり密着した場合に、現職支持と挑戦者支持の有権者をわける線だ。挑戦者は、円の半分以上を奪えていない。

有権者が三角形に均等に分布している場合は、話が複雑になる。現職にとっては、どの地点に自分を位置づけることが得策なのか。

現職が図12―7のような立場を取るのは、戦略として賢明でない。挑戦者が図の右や左から接近してくるのであれば、この戦略でも現職は半分の有権者の票を確保できる。しかし、挑戦者が図の下から接近してくると、半分よりはるかに多くの票を奪われてしまう。現職としては、挑戦者がその戦略を取るのを封じ込めるために、もっと図の下のほうに位置したほうがいい。

現職にとっては、三角形の重心の地点に立つのが最も賢明だ。こうすれば、二次元のうちのそれぞれの次元で2／3ずつを確保し、2/3×2/3で最低でも全体の4/9の票をおさえられる。次の図(図12―8)は、三角形を九つの小さな三角形に分割したものだ。その重心(それは言い換えれば、平均的な有権者の立場を反映した位置でもある)に立てば、九つの三角形のうち少なくとも四つの三角形を確保できる。たとえば挑戦者が現職の真下にぴったり密着すれば、挑戦者は図の最下段の五つの三角形を手にするが、残り四つは現職のものになる。

では、選挙の争点を三つに増やして、この三角形を三次

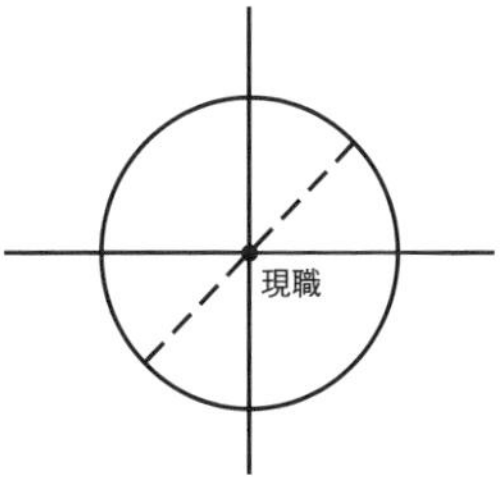

図12−6

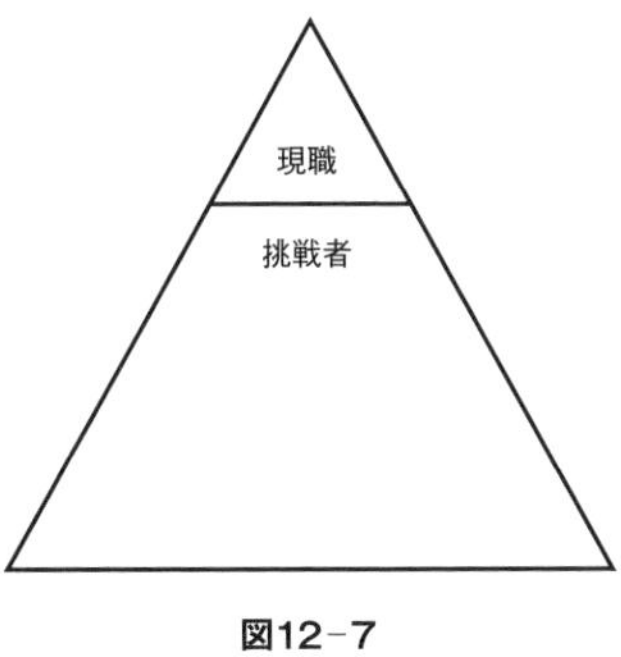

図12−7

元の三角錐に広げてみよう。この場合も、現職にとって最善の選択は、三角錐の重心の地点に立つことだ。ただし、この方法により確保できる票は、3/4×3/4×3/4＝27/64にとどまる（図12―9）。

実は、あらゆる凸集合のなかで現職に最も不利なのが三角形とその多面体だ（凸集合とは、二つの点とそれを結ぶ線が含まれる集合のこと。円や三角形は凸集合だが、T字型は凸集合ではない）。

証明は省くが、すべての凸集合において、現職がその重心の点に立てば、自然対数の底であるeを用いて1/e＝1/2.71828、すなわち最低でも三六％あまりの票を確保できることだ。これは、有権者が凸集合の中に均等に分布している場合（そんなことはほとんどない）だけでなく、もっと普通に、たとえば釣鐘型曲線を描くように分布している場合にも当てはまる。だとすると、現職を失職させるために必要とされる票が全体の六四％と定められているときは、すべての有権者の平均的な立場に立てば現職は議席を守り通せる。挑戦者がどういう立場を取ろうと、最低でも三六％の票を確保できるからだ。有権者の分布があまりに極端に偏っているとこの戦略を取れないが、ほとんどの場合は、一部に極端な人がいても、中間層に十分な数の人がいるであろう。

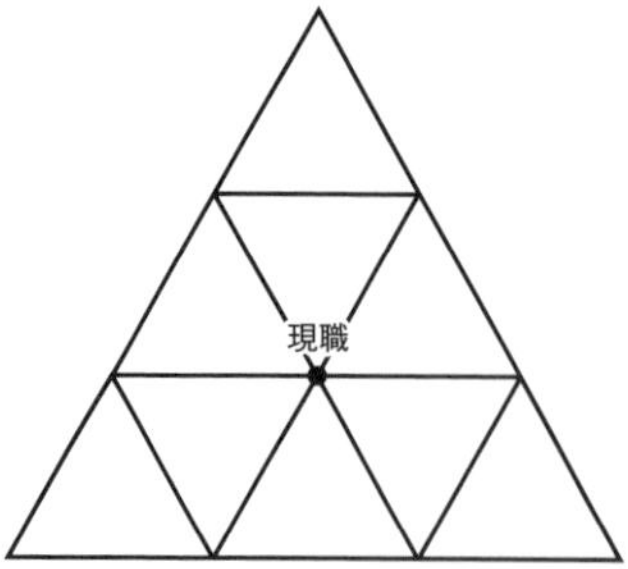

図12―8

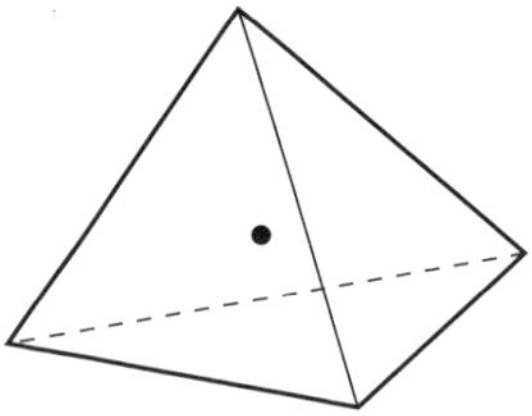
図12―9

ここまでは、現職の候補者と挑戦者が争う場合を考えてきたが、政治家同士の争いでなく、新旧の政策や慣習の選択でも同じことが言える。アメリカ合衆国憲法が安定して機能し続けている理由もここにある。もし有権者の単純過半数の賛成で憲法改正が可能だとすると、改正が頻繁に繰り返されて収拾がつかなくなるだろう。しかし実際には、投票数の三分の二以上、つまり約六七％以上の賛成がなければ憲法の規定を変更できないものとされているので、有権者の平均的な考え方と一致する規定（有権者の分布の重心に位置する規定）は揺るがない。

憲法改正の手続きとして理想的なのは、人々の考え方の変化を反映できる柔軟性を確保しつつ、柔軟すぎて不安定にならない制度だ。この点、単純過半数ルールは、柔軟なのはいいが、不安定になりすぎる危険がある。一方、全会一致ルールは、不安定になる危険は排除できるが、現状を変更することが限りなく不可能になる。それに対して、三分の二ルールであれば、目的を達せるように見える。憲法改正に投票数の三分の二以上の賛成を要求するアメリカ合衆国憲法の規定は、きわめて適切なものと言っていい。この項の記述は、アンドルー・キャプリンがバリー・ネイルバフと共同で行なった研究をもとにしている。

6. 偉人たちの肖像

ニューヨーク州クーパーズタウンの野球殿堂に入ることは、ホワイトハウスの主になることに次ぐ国民的名誉と言ってもいいかもしれない。野球殿堂入りは投票によって決まる。一〇年プレーした選手が引退後五年経てば候補者資格が生まれる(*1)。投票者は野球記者協会の会員で、一人が最大で一〇人の候補者に投票できる。総投票数の七五%を上回る票を集めた候補者はすべて当選となる。

この方法の問題点は、投票者が自分の本当の好みどおりに投票しようとしない可能性があることだ。投票できる人数に限りがあるので、投票者は候補者の功績だけでなく候補者の当選可能性も考えてしまう。記者はある候補者が殿堂入りにふさわしいと思うかもしれないが、同時にその候補者が選ばれそうになければ票を入れるのをためらうだろう。この現象はアメリカ大統領選挙の予備選挙でも見られるもので、投票者が投じる票の数に限りがある選挙では必ず起きる。

そこで、ゲーム理論家のスティーブン・ブラムスとピーター・フィッシュバーンは別の方法を提案している。その「賛成型投票」と呼ばれる方法を採用すれば、投票者は候補者の当選可能性にかかわりなく自分の本当の選好に従って投票できる。投票者は気に入っている候補者全員に投票でき、投票できる候補者数は限られていない。勝ち目のなさそうな候補者に投票しても票の無駄遣いになる心配はない。当選者の決定方法としては、当選のために必要な得票率をあらかじめ決めておいてもよいだろう。あるいは当選者数をあらかじめ決めておき、得票の多い順から席を埋めていくものとしてもいい。

賛成型選挙は、職業的な団体や組織の選挙ですでに採用されている。この方法を野球殿堂の選挙に使うとどういう結果になるだろうか。議会がどの事業に予算をつけるかを決める際に、賛成型選挙を用いると結果はどう変わるだろうか。

野球殿堂の選挙に、所定の得票率以上を得た候補者がすべて当選者となる賛成型選挙を採用したとしよう。一見すると、投票者が自分の本当の好みどおりに投票しない理由はないように思える。たとえば、マーク・マグワイヤが選ばれるべきだと考える人は、自分で賛成票を保留にして投じないのでなければ、彼の選ばれるチャンスを減らすことはない。マグワイヤが殿堂入りにふさわしくないと考える人も、自分の意思に反して賛成票を投じない限り、マグワイヤの選ばれる可能性を高めることはない。

しかし、投票者の内心では、選挙ルールとは無関係に候補者は競いあっているものだ。選ばれるべきメンバーの構成や人数について投票者が選好を持っているために、こういうことが起きる。野球殿堂の選挙に、候補としてマーク・マグワイヤとサミー・ソーサがいる状況を仮定しよう。個人的にはマグワイヤのほうが良いバッターだと思うが、ソーサにも殿堂入りする資格が十分あると認めている。しかし、同じ年に二人以上のバッターが選ばれないことを何より重要視しているとすると、次のようなことが起こる可能性がある。他の投票者がソーサのほうを高く評価していて、自分が賛成票を投じなくても、ソーサの当選は固いと予想できるとする。一方、マグワイヤの当選は非常に微妙な状況で、自分が一票を投じれば、それが当選を決める一票になるかもしれないと考えているとしよう。正直に投票するならマグワイヤに票を入れたいところだが、そうすると二人選ばれる可能性がある。そこで、マグワイヤに投票することをあえて控える。

投票者の心のうちで、二人の候補者が対になっている場合もある。たとえばクリケットの殿堂にジェフ・ボイコットもスニル・ガバスカルもどちらも選ばれなくていいと思っているとする。しかし、どちらか一人だけが選ばれて、もう片方が選ばれないのは不公平だと感じているとしよう。もし自分が投票しなくてもボイコットは当選確実という状況にあり、ガバスカルは選ばれるかどうか微妙で、自分の一票に大きな重みがある場合、自分の選好を変えてガバスカルに投票しようと考える。

一方、選ばれる人数に上限が設けられている場合は、候補者同士が競争することになる。新たに野球の殿堂入りできるのは毎年二人だけだとしよう。投票者はそれぞれ二票を持ち、二人の候補者に一票ずつ投じても、一人に二票を投じてもよいことにする。合計得票数の上位二人が当選する。ジョー・ディマジオ、マーブ・スロンベリー、ボブ・ウェッカーの三人の候補がいるとしよう(＊2)。誰もがディマジオを一番に推し、他の二人の間では票が割れている。ディマジオは選ばれるに決まっているので、マーブ・スロンベリーのファンは二票ともスロンベリーに入れる。他の誰もが同じように考えると、スロンベリーとウェッカーが選ばれ、全員が一番に推していたはずのディマジオが落選してしまう。

政府の総予算額には上限があるので、政府のそれぞれの支出項目は互いに競争関係にある。政府の支出項目の中でどれがディマジオにあたり、どれがスロンベリーやウェッカーにあたるかを考えると興味深いだろう。

＊1 候補者名簿に載ってから一五年経っても選ばれなかった選手は、当選資格を失う。しかし、委員会は特例も検討し、ときに年に一人か二人を殿堂入りさせている。

＊2 マーブ・スロンベリーは一九六二年のメッツの一塁手だった。この年のメッツは大リーグ史上最低のチームと言われても仕方がない状態だったが、スロンベリーの責任もきわめて大きかった。ボブ・ウェッカーは野球のグラウンドよりもビールのコマーシャルでの活躍のほうがよく知られている。

7. 汝の敵を愛せよ

自分の選好を歪曲して表現することが得策になる場面は他にもある。たとえば、自分が先に行動すれば、他人の行動を左右できる場合がそうだ。二つの慈善財団があり、それぞれ二五万ドルの予算を持っているとする。この二つの財団に三つの団体から助成の要請が寄せられた。一つはホームレスを支援する団体、一つはミシガン大学、一つはエール大学である。ホームレス支援団体が合計で二〇万ドルの寄付を受けられるようにするのが最優先課題だという点で、両財団の考えは一致していた。しかし、残りの二つの団体への寄付については、最初の財団はミシガン大学へ多く寄付することを好み、二番目の財団はエール大学へ多く寄付することを好んでいた。ここで二番目の財団が先手を取り、予算額の二五万ドルをエール大学へ贈ってしまったとしよう。すると、一番目の財団は二〇万ドルをホームレス支援団体に贈り、ミシガン大学には残った五万ドルを贈るしかない。もし二つの財団がホームレス支援団体への寄付を等分すれば、ミシガン大学とエール大学はともに一五万ドルの寄付を受けるはずであった。二番目の財団はホームレス支援団体を介してミシガン大学からエール大学へ一〇万ドルの移転をうながしたことになる。

二番目の財団はその最優先課題には何もせず、選好を歪曲した行動を取った。しかし、その行動は戦略的なものであり、財団の目標を達する役に立っている。現実の世界でも、助成金をめぐるこのような駆け引きは行なわれている(＊1)。最初に行動することにより、次順位のところにまで寄付金がまわせることがおうおうにしてある。規模の小さな財団がこの戦略をとると、規模の大きな財団や政府が最も優先順位の高い団体や事業に助成金を拠出する役回りを押しつけられる。

このように優先順位を戦略的に変更する作戦は、投票の際にも見られる。一九七四年の予算法が成立する以前、アメリカ議会は同じような仕掛けをよく使った。あまり重要でない支出項目をまず承認する。その後に緊急の支出項目が現われると、きわめて重要なものなのでやはり認めざるを得ない。現在はまず予算総額を決めてからそれぞれの支出項目に割り振るので、このような問題はなくなった。

この項で述べてきたことを一般化して言えば、他人が後で助けてくれそうなときは、自分の本来の優先順位どおりに行動しないほうが得策の場合がある。自分の望んでいるものを危険な状態に置いても誰かがコストを払って救い出してくれるときは、あえて危険を取るのがいいのかもしれない。

＊1　マーシャル奨学金とローズ奨学金の関係はその一例だ。マーシャル奨学金は、イギリスで勉強するための奨学金の受給者を増やすことを目的としている。もし、誰かがマーシャル奨学金とローズ奨学金の両方に選ばれる可能性があれば、マーシャル奨学金としては、その人物にローズ奨学金を受給してほしい。そうすればマーシャル奨学金は、お金を出さずにその人物をイギリスに留学させられるうえに、もう一人別の人物を選べる。だから、マーシャル奨学金はローズ奨学金の受給者が決まるまで待って、自分の

基金の受給者を最終的に決めるのである。

8.［ケーススタディー］同数の投票

最近のアメリカ大統領選挙では、副大統領候補の人選がきわめて重視されている。副大統領は、大統領に万一のことがあった場合にはその後を引き継ぐ要職のはずだが、大統領を目指す政治家の大半は、副大統領候補ではどうかという誘いをにべもなくはねのけ、また副大統領の大部分はその地位を楽しんでいないようである（＊1）。

アメリカ合衆国憲法が副大統領の職務について具体的に記している規定は一つしかない。「合衆国副大統領は上院議長の職に就くが、採決が同数の場合を除いて投票権を持たない」という一条三項の四の規定である。上院議長職は儀礼的なものであり、副大統領はおおむねほかの上院議員にその仕事を代行させている。では、同数投票のときの投票権も儀礼的なものなのか、それともこの権限には実際的な意義があるのか。

■ケース・ディスカッション

一見すると、儀礼説が有力に思える。論理的に考えても現実の状況に照らしても、副大統領の投票に重要性があるようには見えない。投票の結果が同数になる可能性は少ない（そもそも、投票した議員の数が偶数でなければ、そのような状況は生まれない）。投票が同数になる確率は、およそ一二回に一回である（＊2）。

最も決選投票に活躍した副大統領は、初代のジョン・アダムズであった。八年の任期中に二九回も決戦票を投じている。当時は上院議員の数が二〇人しかおらず、一〇〇人の上院議員がいる今日に比べて投票が同数になる確率が約三倍高かったのだ。建国以来二一八年間で副大統領が投票を行なったのは二四三回だけ。近年ではアイゼンハワー政権のリチャード・ニクソンが最も出番が多かった副大統領で、一九五三年から六一年の間に上院が行なった一二九九回の採決のうち、八回も決戦票を投じた。決選投票の機会が少なくなっている背景には、二大政党の力が強まり、政党の枠を超えて議員が票を投じるケースが減っているためでもある。

しかし、このように副大統領の投票を儀礼的なものとみなすのは正しくないのかもしれない。副大統領が何回投票したかより、その投票の重みのほうが重要であろう。副大統領の投じる票は、他の上院議員の票と同等の重要性を持つ。

その理由の一つは、副大統領が決選投票を投じるのは、意見の割れている重要な問題である場合がほとんどだということだ。たとえばジョージ・H・W・ブッシュ（父ブッシュ）はレーガン政権の副大統領時代、決戦票によりMXミサイル計画を救い、結果としてソ連の崩壊を加速させた。このようにきわめて大きな影響をもつ場合があるので、副大統領の決戦票がどういうときに意味をもつのか、もう少し詳しく検討しておこう。

そもそも、投票には二種類の機能の仕方がありうる。一つは結果を左右する場合で、もう一つは結果には影響がなく、賛成や反対に一層の厚みを加える場合である。上院のような意思決定機関においては、最初の場合のほうが大きな意味を持つ。そこで、以下ではこの第一の側面について見ていく。

副大統領の決戦票の意義を理解するために、副大統領がほかの上院議員と同じ投票権を持っていると仮定してみよう。その場合、どういう違いが生まれるだろうか。ここでは議題が非常に重大なもので、上院議員一〇〇人全員が投票を行なうものとして話を進める（＊3）。もしほかの議員の票が五一対四九、もしくはもっと大きな票差で片方に偏っているときは、副大統領がどちらに投票しようと結果は変わらない。副大統領の票が結果を左右するのは、ほかの議員の票が五〇対五〇に分かれているときに限られる。これは、副大統領が同数投票の際に決戦票の投票権を持つ現在の状況とまったく同じである。

ここまでの説明には、話を単純化しすぎている部分がある。実際には、副大統領の力はもっと強い面もあるし、もっと弱い面もある。上院議員にとって政治力の源泉として重要なのは委員会だが、委員会の審議に副大統領は参加しない。しかしその半面、副大統領は大統領の拒否権行使に影響を及ぼせる。

副大統領の決戦票についての考察を一般化して言うと、誰かの一票が結果に影響を与えるのは、その票により、賛否が同数となるか同数が破られるときだけである。いろいろな状況で、自分の一票がどのくらい結果に影響するか考えてみよう。大統領選挙のときはどうだろうか。市長選挙のときや、クラブの書記の選挙のときはどうだろうか。

投票に関するケーススタディーとしては、第14章に「ポイズンピル」を用意しておいた。

＊1　もっと悲惨なのがイギリスのチャールズ皇太子の境遇だ。

＊2　各人の投票が無作為であれば、上院議員一〇〇人のうちのある特定の五〇人が賛成し、残りの五〇人が反対する確率は、$(1/2)^{50} \times (1/2)^{50}$である。この数字に、一〇〇人の中から五〇人の賛成者を選び出す方法の個数をかけると、結果はおよそ一二分の一となる。

＊3　あるいは、賛成と反対の議員が同数ずつ欠席すると仮定してもいい。

第13章 誘因（インセンティブ）

仕事の動機づけ戦略――

どうして、社会主義経済は惨めな失敗に終わったのか。スターリンとその後継者たちによる経済五ヵ年計画が思いどおりにいかなかったのは、労働者に十分な誘因（インセンティブ）がなかったからである。このシステムの最大の欠陥は、良い仕事をしてもそれに見合った報酬を受け取れる制度がないことだ。人々は革新的なことをする気が起こらないばかりか、手を抜けるところはなるべく抜こうという気になり、たとえば量的ノルマだけを果たして、質をおろそかにする。

市場経済には、もっと優れた自然のインセンティブ制度がある。利益追求という動機づけである。コストダウンや新製品の投入に成功した企業は大きな利益を挙げられるが、後れをとれば損をする。しかし、このインセンティブが常にうまく機能するとは限らない。会社の労働者は、市場の荒波に晒されているわけではない。そこで、経営者は会社内に動機づけの仕組みを設け、誰もがある程度の努力をするように工夫しなければならない。また、二つの会社が共同でプロジェクトを行なう場合は、両社にインセンティブが働くような契約を結ぶ必要がある。本章では、そうしたインセンティブ制度について考えていこう。

1．努力に対する報酬制度

本を執筆するプロセスで著者にとって最もやっかいなのは、原稿の校正だ。印刷所からあがってくる校正刷りを丹念に読んで、誤字や脱字をチェックする。この段階は、文章のまずい箇所や論理に破綻がある箇所を手直しできる最後のチャンスでもある。非常に神経を使う作業だ。しかし、この段階までに著者はすでに数え切れないほど同じ原稿を読んでいるので、校正刷りを読んでも集中力を欠いてミスを見落とす危険がある。そこで、誰かを雇って校正をしてもらうのがいい。私たちの場合は、大学の学生に頼むケースが多い。優秀な学生は誤植を拾うだけでなく、文章や論理のおかしいところを洗い出してくれる。

ただし、この方法にも問題はある。著者には少しでもミスの少ない本にしたいというインセンティブがあるのに対し、学生にはそこまでの強いインセンティブがない。そこで、学生に適切なインセンティブを与える必要が出てくる。たいていは、校正係としての働きぶりに応じて金を支払うのがいいだろう。

著者としては誤植をすべて見つけてほしいが、学生が見落としなく誤植を洗い出したかどうかチェックするためには、著者自身が完璧なチェックをしなければならない。しかしそんなことをするのであれば、わざわざ学生を雇う意味がない。学生は校正刷りを家にもって帰って作業するので、学生がどの程度努力しているかも著者は観察できない。おまけに、学生の仕事の成果はすぐに判断できない（出版後何年もたってから読者に指摘されて誤植が判明することも珍しくない）。

この状況では、学生は怠けたいという誘惑に駆られる。校正刷りをしばらく家のどこかに放り出しておいて、間違いは一つもなかったと報告すればいいのではないか。学生にその手を使わせないためには、仕事の質に関係なく一定の金額を支払う方法を取るわけにいかない。しかし、見つけた誤植の数に応じて支払うというやり方もよくない。もし誤植がまったくなければ、学生は一週間ほど時間を費やして校正刷りとにらめっこした挙げ句、報酬がまったくもらえない可能性がある。これでは、校正アルバイトの引き受け手がいなくなりかねない。

これは、情報の非対称性の問題だ。教授が情報量で不利な立場にある。ただし、教授が知らない情報は学生の「意図」であって、学生の「資質」ではないので、厳密に言えば第8章で検討した逆選択の問題とは性格が異なる（*1）。この状況は、保険に加入している人のほうがそうでない人より家の戸締りをおろそかにしがちだという問題と似ている。保険業界はこの問題を「モラルハザード」と呼んで忌み嫌うが、経済学者とゲーム理論家に言わせれば、提示されたインセンティブに対して最も得をするように対応するのは人間の性質として当然のこと。仕事を怠けても許されるのであれば、サボるのが人情だ。では、合理的に判断する人間にサボらせないためにはどうすればいいのか。まじめに仕事をするよう後押しするインセンティブ制度をつくるしかない。

モラルハザードは逆選択とは別の問題だが、対処法には共通点がある。選別のメカニズムを築く際に「誘因両立制約」と「参加制約」を守らなければならないのと同じように、モラルハザード対策のインセンティブ制度をつくる際もこの二つの制約を守る必要がある。学生の校正アルバイトに一定の金額の報酬を支払う方法は誘因両立制約に反するし、見つけた誤植の数に完全に準拠して支払う方法は参加制約に反する。適切な支払い方法はこの中間だ。つまり、定額支払いと出来高払いの二本立てにするのである。この方法であれば、学生はある程度の金額の支払いが約束されるので安心して仕事を引き受けられるし、まじめに校正刷りに目を通そうと考えるだけのインセンティブもつくり出せる。

著者の一人（ディキシット）は最近、六〇〇ページの著書の校正をある学生に依頼した。提示した条件は、固定報酬が六〇〇ドル（一ページ＝一ドルの計算）と、誤植一つにつき一ドルの出来高報酬というものだった。学生は誤植を二七四箇所見つけたので、固定報酬と合わせて八七四ドルを手にした。学生がこの仕事に要した時間はおよそ七〇時間だったので、時給に換算すると約一二・四九ドル。学部学生のアルバイトとしては、悪くない金額だ。このやり方が最適だと言うつもりもないし、教授にとっていちばん有利だと言うつもりもない。学生の仕事の質は非常に高かったが、完璧だったわけではない。出版後これまでに、学生が見落とした誤植が三〇ほど見つかっている（＊2）。それでも、固定報酬と出来高報酬を組み合わせることの利点は理解してもらえただろう（＊3）。

このやり方は、さまざまな仕事や契約で実際に採用されている。ソフトウェアのエンジニアやコピーライターにどうやって報酬を支払えばいいのか。作業に費やした時間数を基準に支払うのは難しい。仕事時間におしゃべりをしたり、インターネットを見たりしているかもしれない。創造的な仕事にはそういう時間が不可欠と言われればそれまでだが、ただサボっているだけの場合もあるだろう。エンジニアやコピーライターがどのくらい真剣に努力したかは、費やした時間以上に測定しづらい。そこで、報酬の一部をプロジェクトの成果や会社の業績に連動させる方法が用いられる場合がある。会社の株式やストックオプション（自社株購入権）の支給形を取ってもいいだろう。企業の経営幹部の報酬決定にもこの方法が用いられている。どのような仕組みにも悪用される可能性はもちろんあるが、インセンティブ制度が有用なものであることは間違いない。この章では、その応用例を見ていくことにする。

＊1　これとは別に、本来の意味での逆選択の問題も起こりうる。教授が支払う報酬がほかのアルバイトに比べて低ければ、ほかで雇ってもらえないようなスキルの低い学生を引き寄せてしまう危険がある。もっとも教授には、有能な学生を選び出す手立てがほかにある。大学の成績をチェックしてもいいし、ほかの教授に推薦してもらってもいいだろう。

＊2　そんなに誤植が多いのかと驚いた？　そういう人には、ご自分でも複雑な内容の長大な本を一度書いてみることをお勧めする。

＊3　誤植を一つ発見するごとに二ドルの報酬を支払い、誤植を一つ見落とすごとに一〇ドルを罰金として報酬から差し引くというやり方も、理屈のうえではありうる。この方法を用いる場合、誤植の見落としは後にならないとわからないので、報酬の一部をすぐに支払わずに預かっておく必要がある。しかし、いつの時点までお金を預かっておくべきなのか。誤植の見落としによる罰金徴収額に上限を設けなくてもいいのか。こうしたややこしい問題が持ち上がることを考えると、この方法を採用するのは得策でない。インセンティブ制度を成功させるためには、誘因両立制約と参加制約を守ることに加えて、制度を単純なものにすることも不可欠だ。働き手にとって理解しやすい仕組みでなければ、インセンティブ制度は効果を十分に発揮しない。

2. インセンティブ契約のつくり方

モラルハザードの本質は、報酬を支払う側が働き手の努力の程度を測定できないことにある。そこで、仕事の成果や会社の業績など、数字で評価できる要素を基準に支払うしかない。働き手の「目に見えない努力」と「目に見える成果」との間に完全な一対一の対応関係があれば、この方法で働き手の努力を正確に評価して、報酬に反映できる。

しかし、実際はそう単純でない。プロジェクトの成果や会社の業績はさまざまな偶然の要因に左右される。たとえば損害保険会社の利益は、営業スタッフや査定スタッフの努力だけでなく、保険料の設定の仕方や自然界の要素によって決まる。自然災害の多い年は、社員がどんなに頑張っても保険会社の利益は少ない。保険金申請が増えて、むしろ社員は普通の年以上に頑張って働かなくてはならないかもしれない。

要するに、目に見える成果は、目に見えない努力を測るうえで完璧な基準ではない。両者の間にはある程度の関連性があるので、成果を基準にしたインセンティブ制度に努力をうながす効果があることは確かだが、成果を基準に報酬を決めると、運がいい人が得をして、運が悪い人が損をすることも事実だ。運に左右される面があまりに大きいと、努力と報酬の関連性が弱くなり、インセンティブの効果が小さくなってしまう。そういう場合は、強力なインセンティブ制度の導入に慎重であるべきだ。一方、偶然の要素が小さい場合は、強力なインセンティブ制度が効果を発揮する。この二つのケースの違いは、以下で取り上げる事例でもたびたび問題になる。

3．成果比例型でないインセンティブ制度

見つけた誤植の数に応じて校正者に支払ったり、売り上げの一定割合を営業部員に支払ったりといった制度に共通する性格は、成果に純粋に比例して報酬が決まることだ。一方、これとは性格の異なるインセンティブ制度もしばしば用いられている。典型的なのは、成果が一定の基準を突破した場合にボーナスを支払うというものだ。成果比例型のインセンティブに比べて、この非成果比例型インセンティブにはどのような利点があるのか。

営業部員に非成果比例型のボーナス制度を適用する場合を考えてみよう。一年間を通して営業部員が基準を突破できなければ低額の固定報酬だけが支払われて、基準を突破できればそれより高額の一定額の報酬が支払われる。まず、ボーナス支払いの基準を無理のないレベルに設定すればどうなるか。これであれば、まじめに働けば基準を突破できる可能性が高いので、営業部員はセールスに励む。一方、

基準をきわめて厳しく設定すればどうか。超人的な努力をしても基準を達成することが難しければ、営業部員は努力することをやめてしまう。

年の途中で状況が変わる可能性もある。最初は基準が達成可能に思えたのに、しばらくしてとうてい達成不能に思えてくる場合もある。たとえば、ボーナスの支払い基準はけっして無茶な要求ではなかったが、上半期に不運に見舞われて、半年を残した時点で早くも年間目標の達成が難しいと明らかになったとしよう。そうすると、営業部員はボーナス獲得をあきらめて、残り半年を楽して過ごそうと考える。会社としては、この事態はどうしても避けたい。逆に、上半期に幸運に恵まれて、早々と目標を達成してしまえば、下半期にこれ以上頑張っても報酬は増えないので、営業部員は手を抜きたいと思うにちがいない。ズル賢い営業部員であれば、親しい顧客と共謀して、下半期の注文を翌年に先延ばししてもらうかもしれない。これも会社としては避けたい。

このように、非成果比例型のインセンティブ制度にはしばしば落とし穴がある。一方、成果比例型のインセンティブ制度は、状況の変化に柔軟に対応できるし、悪用されにくいという利点がある半面、重要な節目に到達しても特別に評価してやれないという欠点がある。

実際には、成果比例型と非成果比例型を組み合わせて用いる場合も多い。営業部員には、売り上げの一定割合の報酬を支払い、そのうえで一定の基準を突破した場合に追加のボーナスも支払う方式を採用するのが一般的だ。成果の達成目標を複数段階設けて、二段階目の基準を達成した場合にさらにボーナスを支払うケースも多い（二段階目のボーナスの金額は最初の基準を達成した場合の一・五倍なり二倍なりに設定してもいいだろう）。このように二つの方法を組み合わせて用いれば、非比例型の弊害をなくしつつ、比例型の利点を取り入れられる。

[trip to the gym no.9]
戦略トレーニングジム 9

アメリカの不動産仲介業者の受け取る報酬は、一般的に売買金額の六%。つまり、報酬の額は売買金額に純粋に比例して決まる。あなたが住宅を売ろうと考えているとして、不動産仲介業者に少しでも高く売らせるようにインセンティブを与えるためには、どのような報酬決定制度に改めればいいのか。たとえば、家を二万ドル高く売った場合に、いくら報酬が増えるような仕組みをつくればいいのだろう。

4. アメとムチ

インセンティブ制度をつくるうえで常に念頭におくべき要素が二つある。一つは、その制度のもとで働き手が得る報酬の平均的な水準。もう一つは、成果の良し悪しによる報酬のばらつきの幅だ。成果による報酬の幅が大きいほど、働き手の努力を促すインセンティブは強くなるが、報酬の平均的な水準が低すぎると、働き手が仕事を引き受けようとしなくなる恐れがある。

アメとムチという意味で言えば、報酬の幅が同じ場合、報酬の平均が低い制度は、成績の悪い人を罰するいわばムチ型の制度と言っていいだろう。非常に高い成果をあげてもたいして報われないが、非常に悪い成果しかあげられないと大きな痛手をこうむる。一方、報酬の平均が高い制度は、成績のいい人にご褒美を与えるアメ型の制度だ。ほとんどの働き手がある程度の報酬を受け取れるが、高い成果をあげられればさらに報酬が増える。

報酬の平均をどの程度に設定すべきかは、参加制約によって決まる。言い換えれば、その人がほかの仕事をした場合にいくら儲けられるかが基準になる。雇い主としては働き手への支払いをなるべく少なくして、自分の取り分を多くしたいので、ほかに有利な選択肢のない人を雇おうとする。しかし、そういう人は技能が低い可能性がある。逆選択の問題が頭をもたげてくるのだ。

雇い主が意図的に働き手の選択肢を減らす戦略を実践する場合もある。旧ソ連でスターリンがやろうとしたことは、まさにそれだ。ソ連政府は、労働者が高い成果をあげてもあまり給料を増やしてやらず、成果が乏しいとシベリアの収容所に送った。それでも国民は国外に脱出する自由がなかったので、ほかの場所で働く選択肢をもっていなかった。この旧ソ連モデルには、コストが少なくてすむうえに、強力なインセンティブが働くという利点があるはずだった。しかし実際は、うまく機能しなかった。労働者のサボリを探知するメカニズムが恣意的で、不正が入り込む余地があったからだ。これでは、一生懸命働いても手を抜いても処罰を受ける危険性はたいして変わらず、労働者はまじめに働こうという意欲がわかなかったのである。幸い、民間企業や現代の民主主義国家は、旧ソ連のような強権的な方法で労働者の選択肢をなくすことはできない。

旧ソ連の労働者と対照的なのがアメリカの企業経営者だ。アメリカの大企業の経営者はたいてい、会社の業績がよければ巨額の報酬を受け取り、まずまずであってもそれほど報酬の金額は減らず、業績が本当に悪ければやはり莫大な「離職手当て」を受け取って会社を去る。経営者に支払われる平均的な報酬は、この種の職に就くために最低限納得できるレベルをはるかに越えている。

なぜ、こんな状況が生まれているのか。それは、企業間で人材の争奪戦が起きているからだ。年俸一〇〇〇万ドルの支払いを約束する会社がほかにあれば、それより安い報酬を提示しても優秀な人材を採用できない恐れがある。有能な人材に経営を任せたい企業は、高い報酬を提示せざるをえない。

5. インセンティブ制度のさまざまな側面

ここまでは、本の校正なり商品の販売なりの単一の仕事を行なうという単純なケースを念頭に考えてきた。しかし実際には、多数の仕事と多数の働き手が関わり、結果が完全にわかるまでに多くの時間がかかるのが普通だ。インセンティブ制度を設計するうえでは、関連するあらゆる要素を念頭に入れなければならない。考慮すべき要素をいくつか見てみよう。

(1) 将来のキャリア

ある仕事が長期間継続する場合、その初期段階であれば、働き手は当座の金銭的報酬だけでなく、将来の昇進と昇給を期待して仕事に精を出すケースもあるだろう。そのような心理は、その会社で働く未来が長い人ほど強く作用する。引退を間近に控えている人はそういう考え方をあまりしないかもしれない。将来の昇進がインセンティブとして最も強く機能するのは、中・下級レベルのポストに就いている若い人たちだ。たとえば、大学の講師は講師のままで目先の昇給を望んでいるというより、准教授、教授へと昇進し、終身在職権を手にしたいと思うからこそ、熱心に研究や教育に取り組む。

教授の本の校正をする学生も、教授との先々の関係を考慮に入れて行動する可能性がある。学生としては、教授に自分の研究を指導してもらうわけだし、就職活動で教授の推薦状が必要になるかもしれない。学生は目先の報酬より、こうした将来の暗黙の報酬のためにまじめに校正をする。このような将来の報酬については、教授がはっきり約束するまでもない。その世界で生きている人間は誰でも、もっと大きな長期のゲームが存在することを知っている。

(2) 関係の継続性

長期の雇用関係では、同じ働き手が同じような仕事を繰り返し行なうケースもある。成果が運に左右される可能性はその都度あるが、同種の仕事を何度も繰り返す場合は、全体を平均して考えれば偶然の要素の影響が弱まり、結果が努力の程度を反映しやすくなる。その結果、成果を基準にしたインセンティブ制度の効力も強まる。一回や二回であれば運が悪くてうまくいかなかったという言い訳も通用するかもしれないが、毎回毎回不運に見舞われたと言っても信じてもらえないことは働き手もわかっているからだ。

(3) 効率賃金

ある会社がある職種に新入社員を採用したいと考えているとしよう。その仕事をこなすには高度な集中力が必要で、社員がいい仕事をすれば会社にとって年間六万ドルの価値がある。しかし働く側としては、神経を張り詰めずにできる仕事のほうが楽だ。過酷な仕事をすることによる精神的・肉体的コストは、年間八〇〇〇ドル程度と見なされているとする。

この会社にとって必要なことの一つは、欲しい人材に就職を決意させるために十分な金額の給料を支払うこと。とりたてて神経を使わずにできる仕事をして年四万ドルもらえる職場が別にあるとすれば、それを上回る給料を支払わなければ、少なくとも優秀な人材は入社してくれない。

もう一つ必要なのは、入社後に社員が集中力を振るって仕事をするよううながす給料の支払い方法を決めることだ。そのために、どういう仕組みを設ければいいのか。問題は、社員が集中して仕事をしたかどうか、会社側が見てもわからないことだ。それでも、社員が集中力を欠くと、会社側にもすぐにわかるような問題が発生するケースはありうる。その確率が二五％だとしよう。この場合、適切なインセンティブ制度とはどういうものだろうか。

会社側は次のように提案すればいい。「よその会社よりいくらか多く給料をお支払いします。ただし、仕事をサボったことが明るみに出れば、上乗せ分は支払いません。しかも、即刻解雇し、あなたの取った行動をほかの会社すべてに知らせます。そうすれば、あなたに年間四万ドル以上の給料を支払う会社はもうないでしょう」

では、いくら給料を支払えば、社員は職を失わないためにまじめに働くのだろう。少なくとも四万八〇〇〇ドル以上でなければならないことは明らかだ。そうでないと、サボるつもりのない人間は入社してこない。問題は、そこにどれだけ上乗せするかだ。その上乗せ金額をXドルと呼ぶことにしよう。働き手がほかの会社に勤めるより多く受け取れる金額は、実質的にこのXドルだ。

社員がある年にサボると仮定しよう。この年は精神的・肉体的な負担をまったく負わないので、八〇〇〇ドルの得になる。しかしサボったことがバレれば、この年とそれ以降毎年、Xドルずつ失うリスクが二五％ある。一回限りの八〇〇〇ドルの利益は、その後毎年、X×0.25ドルの損失をこうむってでも手にする価値があるのか。

現在の利益と将来の利益を比較するために金利の概念が必要だ。金利が一〇％だと仮定して話を進めよう。この場合、毎年Xドル上乗せして給料を受け取れる状況は、額面10Xドルを受け取れる債券（10Xドルの一〇％がXドルなので、利息として年間Xドルに相当）を所有しているのと同じこと。そうなると問題は、いま八〇〇〇ドルを受け取るのと、10Xドルを二五％の確率で失うのとどちらが得かということになる。もし、8000ドル＜0.25×10Xドルの関係が成り立つのであれば、社員はサボらないほうが得策だと判断する。この数式を解くと、X＞3200ドルとなる。

つまり、社員がサボらない限り四万八〇〇〇ドルに三二〇〇ドルを上乗せして五万一二〇〇ドルを支払うと会社が約束すれば、社員はサボらない。いまサボって実質八〇〇〇ドルの得をするのと引き換えに、将来にわたって三二〇〇ドルを失うリスクを背負うのは割に合わない。一方、社員がまじめに仕事をすれば年に六万ドルの価値があるので、五万一二〇〇ドルの給料を支払っても会社は損をしない。この考え方は、経済学の世界で「効率賃金仮説」と呼ばれている。

効率賃金仮説の考え方は、日常生活のさまざまな場面で活用できる。同じ自動車整備工場に定期的にマイカーの点検・整備を依頼しているのであれば、相場に少し上乗せして料金を支払うと約束すればいい。上乗せ料金が定期的に入ってくるとわかれば、整備工場が大々的なズルをすることは防げる（＊1）。

＊1　たとえば、実際には車に故障がないのに、整備士が修理料金一〇〇〇ドルの故障をでっち上げたと仮定

しよう。故障をでっち上げて一〇〇〇ドル受け取れば、金利が一〇％だとすると、年間一〇〇ドルの儲けが入ってくることになる。しかし整備士にとっては、インチキがバレて関係を打ち切られる危険が二五％ある。その点を考えると、あなたとの関係を続けることにより毎年四〇〇ドル以上の利益が入ってくると期待できれば、整備士は損得の観点からも正直に仕事をするはずだ。

（4）複数の業務の関係

一般に、会社の社員は複数の業務を行なっている。そういうときは、それぞれの業務のインセンティブが相互に影響を及ぼし合うケースがある。この点を考えるうえで重要なのは、複数の業務が排他的関係（ある業務に割くエネルギーを増やすと、別の業務の生産性が下がる関係）なのか、それとも補完的関係（ある業務に割くエネルギーを増やすと、別の業務の生産性も上がる関係）なのかだ。農場でトウモロコシ畑の農作業と乳牛の世話の両方を担当している作業員がいるとしよう。この場合、トウモロコシ畑で一生懸命働けば、疲れてしまって乳牛の世話がおろそかになる。一方、リンゴ園でリンゴの世話とミツバチの世話を両方担当している作業員の場合は、ミツバチの世話にいっそう精を出せば、リンゴの世話にもプラスになる。

複数の業務が排他的関係にある場合は、一方の業務について強力なインセンティブを設ければ、もう一方の業務の足を引っ張る。それぞれの業務に関するインセンティブは、個々の業務だけを担当する場合より弱いものにしなければならない。それに対し、複数の業務が補完的関係にある場合は、一方の業務に関して強力なインセンティブを設ければ、もう一方の業務の成果も後押しできる。両方の業務について強力なインセンティブを導入することにより、相乗効果が期待でき、しかも弊害を生み出す心配はない。

この点は、会社の組織設計のあり方にも関わってくる。一人の社員や部署に複数の業務をまかせる場合は、なるべく互いに補完的関係にある業務を担当させるべきだ。排他的関係にある業務は、別々の社員や部署に担当させることが望ましい。

この定石に従わないとどういう結果を招くかは、ロンドンのヒースロー空港を利用したことがある人なら誰でも知っている。空港の機能は、出発便の乗客をターミナルから旅客機まで送り届けることと、到着便の乗客を旅客機から陸上交通手段まで送り届けること。このそれぞれのプロセスに関わる活動は、搭乗手続き、セキュリティ、ショッピング施設などすべて、補完的関係にある。一方、一つの都市にある複数の空港は互いに排他的関係にある（ただし、完全に排他的関係にあるわけではない。乗り入れている航空路線の種類も違うし、接続している陸上交通手段の種類も違うからだ）。補完的業務をまとめて一つの組織にまかせ、排他的業務を切り離して別々の組織に担当させるべしという定石に従えば、一つの空港内の業務は一つの組織に担当させ、空港同士を競わせるのが正しい選択だ。

イギリス政府はその正反対のことをやってしまった。ロンドンにあるヒースロー、ガトウィック、スタンテッドの三つの空港は、イギリス空港公社（ＢＡＡ）という一つの民間企業が所有・経営している。しかし、それぞれの空港内のさまざまな業務を担当するのは別々の組織である。ショッピング施設を所有しテナントと契約するのは、ＢＡＡだ。セキュリティに責任を負うのは警察だが、実際の搭乗手続きはＢＡＡが担当する。航空会社の空港利用料をいくらに設定するかは、監督官庁が決めている。こんな状況では、インセンティブがうまく機能するわけがない。ＢＡＡはテナントから受け取る賃料が儲けになるので、ショッピング施設の面積を増やそうとして、セキュリティ・チェックのためのスペースを減らしてしまう。規制当局は利用客の利益を考えて空港利用料を低く設定したがるが、その結果、都心に近いヒースロー空港に多くの航空路線が集中して空港が混雑する。

もちろん、これはイギリスだけの問題ではない。９・11テロを受けてアメリカで新たに設置された国土安全保障省は、それまでさまざまな省庁にわかれていた国境警備・緊急対応などの機能を統合した機関だが、この省が担当しているさまざまな業務は互いに排他的関係にあるのか、補完的関係にあるのか。それによって、国土安全保障省という一つの省にそうした機能をまとめたことが正しい判断だったのかどうかが決まる。私たちはこの問いに答えられる立場にないが、アメリカ政府の指導者たちがこの点を真剣に検討すべきなのは間違いない。

（５）働き手同士の競争

多くの組織では、大勢の人間が同時並行で似たような仕事、あるいはまったく同じ仕事をしている。工場では時間帯ごとに別々のチームが同じ生産ラインで働き、投資ファンドのマネジャーは同じ市場環境で資金を運用する。仕事の成果は各自の努力とスキル、運で決まるが、仕事の内容と環境がほぼ同じなので、運の要素はおおむね全員に共通しているとみなせる。つまり、ある人が幸運に恵まれれば、ほかの全員も幸運に恵まれた可能性が高い。そのため、成果の違いを見れば、その人がほかの人たちと比べてどの程度努力したか、そしてどの程度のスキルをもっているかがわかりやすい。「運が悪くて、思うような成果を残せなかったんです」と社員が言い訳をすれば、上司はこう切り返せる。「じゃあ、どうしてほかの連中はもっといい成果を残せたんだ？」。このようなケースでは、ほかの働き手との成果の違いを基準にしたインセンティブ制度が効果的だ。実際、一般的にファンドマネジャーの評価は、ほかのファンドマネジャーの運用成績との比較で判断されている。

この発想に基づけば、大学教授が学生に校正刷りをチェックさせる場合は、二人の学生を選んで半分ずつ校正をさせてもいい。重要なのは、一部のページを両方にチェックさせること。重複ページで少ししか誤植を見つけなかった学生は、たくさん発見した学生に比べて手を抜いたとみなせる。そこで、強力なインセンティブを機能させるために、報酬は重複ページの仕事ぶりの優劣を基準に決定すると言い渡せばいい。ただし教授は、もう一人の学生が誰かを学生に教えてはいけない（そんなことをすれば、二人が共謀してズルをしかねない）。どのページが重複ページかも教えてはいけない（そんなことをすれば、学生はそのページだけ念入りにチェックするだろう）。

同じページを二人に重複してチェックさせるのは無駄と言えば無駄だが、強いインセンティブが働いて本全体の校正の質が向上することを考えれば十分すぎるくらい割に合う。この点は、複数の納入業者や下請け業者に仕事を発注することの利点の一つだ。業者が競い合うことによって、品質の基準が上がるのである。

ちなみにこの本の校正の際に、著者の一人（ネイルバフ）はエール大学のゲーム理論のコースの受講生に校正刷りを配布して、誤植を見つけるよう指示した。報酬は誤植一つ当たり二ドル。ただし、最初にその誤植を見つけた学生にしか支払わないものとした。学生たちは頑張ってたくさん誤植を見つけてくれたのだが、報酬をいちばんたくさん手にしたのはネイルバフのアシスタントをしているキャサリーン・ピコッタだった。キャサリーンは特別たくさんの誤植を見つけたわけではない。頭を働かせて、本の後ろからチェックを始めたのだ。

(6) モチベーション

ここまでは、給料や将来のキャリアに直接影響がない限り、働き手はまじめに仕事に打ち込む動機をもたないと仮定してきた。しかし実際には、仕事自体に情熱を燃やしたり、会社や組織の成功を望んで仕事に取り組んだりする社員もいる。非営利団体や医療機関、教育機関、ある種の公共機関などでは、とくにその傾向が見られる。創造性や創意工夫が要求される職に就いている人もそういう側面が大きい。「いいことをしている」と感じられる活動や、主体的に仕事をしていると感じられる活動をしているとき、人々はその活動自体にやる気をかき立てられることがある。

学生の校正アルバイトに話を戻すと、もっと割りのいいアルバイトがほかにあるのにアカデミックなアルバイトをやりたがる学生は、アカデミックなテーマそのものに関心があるのかもしれない。そういう学生は、ほかにモチベーションの源を与えなくても質の高い校正をしてくれる(この種の学生はアカデミズムの世界に進みたいという希望をもっている場合が多いので、将来のキャリアを意識して校正のアルバイトに精力的に取り組むという面もある)。

やる気をかき立てるような仕事や世のため人のためになる仕事の場合は、物質的なインセンティブが比較的弱くても働き手がまじめに働く。というより、この種の仕事では、金銭的なインセンティブを強めると、むしろやる気をそぎかねないことが心理学の研究によりわかっている。善行や達成感のためではなく、金のためにその仕事をしているような気持ちになってしまうからだ。失敗した場合に解雇や減俸などの制裁を課すことも、逆効果になりかねない。挑戦しがいのある仕事や意義のある仕事に取り組むことの喜びが損なわれる恐れがある。

心理学者のユーリ・グニージーとアルド・ラスティチーニは、こんな実験を行なった。被験者を四つのグループにわけて、IQテストを五〇問解かせる。第一のグループは報酬なし。第二のグループは正解一問ごとに三セント、第三のグループは正解一問ごとに三〇セント、第四のグループは正解一問ごとに九〇セントの報酬を支払うものとした。やはりと言うべきか、第三のグループと第四のグループは、第一のグループより好成績を残した(第三と第四のグループの平均正解数は三四問、第一のグループの平均正解数は二八問)。意外だったのは、正解一問につき三セントの報酬を提示された第二のグループの成績が第一のグループより悪かったことだ(平均正解数は二三問)。金がからんでくると、金がモチベーションの最大の要因になってしまうので、三セント（一ドルの一〇〇分の三）という少額ではモチベーションが高まらないのだ。加えて、あまりに金額が少ないと、その仕事がたいして重要でないという印象を与えてしまう。ある程度の額の金銭的報酬を提示するか、そうでなければ金銭的報酬はまったく提示しないかのどちらかにすべきだと、グニージーとラスティチーニは結論づけた。少しばかりの金額を提示すると逆効果であることは、肝に銘じておいたほうがいい。

（7）ピラミッド型の組織

大小を問わずほとんどの組織は、内部に複数の階層をもつピラミッド型の構造になっている。最下層のメンバーを別にすれば、誰もが自分より下の層を監督する立場にあり、部下にしかるべきインセンティブを与える役割を担っている。このとき監督者は、自分の下の層でどういうゲームがプレーされる可能性があるかを理解しておく必要がある。

ある社員に対するインセンティブ制度において、直属の上司が仕事の質を査定するものとしているとしよう。この場合、上司は自分自身の目標を達成してボーナスを受け取りたいと考えて、部下の仕事の質が悪くても合格にしてしまう可能性がある。自分が不利益をこうむる覚悟がなければ、上司は部下を厳しく査定できない。上層部がこの問題を緩和するために制度を改めようと思えば、たいていインセンティブの効力を弱めるしかない。そうしないかぎり、インチキをすることにより得られる利益を減らすことが難しいからだ。

（8）複数の「ボス」

すべての組織がピラミッド型の構造をもっているわけではない。なかには、一人の働き手や一つの部署・組織が複数の「ボス」の監督を受ける逆ピラミッド型の形態もある。とくに公的機関は、行政府、議会、裁判所、メディア、ロビー団体など、さまざまな「ボス」の言うことを聞かなくてはならない場合が多い。

問題は、複数の「ボス」の利害が一致しない場合や、真っ向から対立する場合が少なくないことだ。そういうとき、それぞれの「ボス」はほかの「ボス」のインセンティブ制度の効力を弱めようとする可能性がある。ある官庁が行政府の一部をなしているが、予算は議会に握られている場合、議会は予算カットをちらつかせて、その官庁が行政府の意向に沿いすぎないよう牽制するかもしれない。このように「ボス」同士がお互いのインセンティブを打ち消し合えば、全体としてその組織なり個人なりの努力をうながすインセンティブが弱まってしまう。

子供に対して、両親の片方が「テストでいい点数を取ったらご褒美をあげよう」と言い、もう片方の親が「スポーツでいい結果をあげたらご褒美をあげよう」と言ったとする。この両方の要求に応えられればそれにこしたことはないが、文武両道は難しい。勉強に精を出せばスポーツの練習時間が減るし、スポーツに夢中になれば勉強がおろそかになる。親二人が示したインセンティブは相乗効果を発揮することなく、互いの効果を打ち消し合う可能性が高い。たとえば、一時間多く勉強して学校の成績が上がれば一ドル分のご褒美が手に入るかもしれないが、子供にとってこの一ドルがまるまる利得になるわけではない。勉強に時間を割く代償として、スポーツでいい結果を残した場合のご褒美を受け取りそこねるからだ（もっとも、この二つのインセンティブが完全に相互に排他的な関係にあるわけではない。睡眠や食事の時間を減らせば、勉強とスポーツの両方に時間を割ける）。

ここでは細かい計算式は割愛するが、数学的モデルを用いて計算すると、このようなケースでの全体的なインセンティブ効果は「ボス」の数に反比例することがわかる。国連やＷＴＯ（世界貿易機関）のような国際機関で意思決定が難しい理由もこれで説明がつく。国際交渉の当事者である主権国家は、その一つひとつが「ボス」だからだ。

複数の「ボス」の利害が全面的に対立する場合は、全体として見るとまったくインセンティブが働かない可能性もある。「誰も、二人の主人に仕えることはできない……あなたがたは、神と富とに仕えることはできない」という一節が聖書にある（『新共同訳聖書』マタイによる福音書６章24節）。要するに、神と富の邪神の利害は全面的に対立するというわけだ。このようなケースでは、片方が提供するインセンティブの効力は、もう一方が提供するインセンティブの効力を完全に打ち消してしまう。

６．ソフトウェアエンジニアの報酬

ここまで論じてきたことをもう少し複雑な事例を通じて再確認してみよう。

カリフォルニアのあるハイテク企業のオーナーが「ウィザード１・０」というチェスのコンピュータゲームを開

発・発売しようとしているとしよう。事業が成功すれば二〇万ドルの収入を得られるが、失敗すると収入はゼロである。成功するか失敗するかは、プログラマーの仕事の結果いかんにかかっている。プログラマーが懸命の努力をすれば八〇%の確率で成功するが、中程度の努力であれば成功の確率は六〇%になる。

プログラマーは五万ドルで雇えるが、この報酬では中程度の努力しかしない。懸命にやってもらうには、七万ドルを払わなければならない。さて、オーナーはどうすべきか。

中程度の努力の場合、二〇万ドルを六〇%の確率で得られるので、平均一二万ドルの収入となる。五万ドルの報酬を引くと、平均利益は七万ドルになる。一方、懸命の努力の場合は、二〇万ドルの八〇%マイナス七万ドルで、平均利益は九万ドルとなる。ゆえに、高い報酬を払ってでも懸命の努力をしてもらったほうがよい（表13―1）。

しかし、ここで問題が生じる。プログラマーの仕事ぶりを見ても、その人が懸命の努力をしているか中程度の努力をしているか見分けることは難しい。創造の過程は、本人以外にはうかがい知れない。プログラマーが紙に書いているものは、「ウィザード1・0」を確実に成功に導くカギかもしれないし、昼寝の続きの悪戯書きかもしれない。この状況でプログラマーは、七万ドルを受け取っておいて中程度の努力でお茶を濁したくなる。懸命の努力をしても二〇%の確率で失敗するので、いい逃れはいつでもできる。

	成功確率	平均収入	報酬	平均利益＝平均収入ー報酬
中程度の努力	60%	120,000ドル	50,000ドル	70,000ドル
懸命の努力	80%	160,000ドル	70,000ドル	90,000ドル

表13−1

オーナーのとりうる方法は、プログラマーにインセンティブを与える報酬制度を作ることである。この例では、懸命の努力をすれば成功の確率が高まるという意味で、努力と成功には相関がある。努力のレベルは直接観察できなくても、努力と結果の間の相関を利用してインセンティブ制度を作ることは可能だ。

具体的には、プログラマーの報酬が結果に応じて変わるようにするとよい。成功すれば報酬が増え、失敗すれば少なくなるようにする。成功時の報酬と失敗時の報酬の差額（成功時のボーナスと呼んでもいいだろう）は、懸命に努力することがプログラマー自身の得になるようなものでなければならない。このケースでは、懸命に努力したときにプログラマーの期待報酬が二万ドル（懸命に努力する場合の七万ドルと中程度の努力をする場合の五万ドルの差額）上昇するようにする必要がある。そうすると、ボーナスの額は一〇万ドルとなる。なぜなら、懸命に努力すると成功確率が二〇％増すので、X×0.2＝20,000で、X＝100,000となるからだ。

　では、実際にはいくら払えばよいのか。これには少し計算がいる。答えを先にいうと、成功した場合は九万ドルを払い、失敗した場合は一万ドルを罰として科すのがよい。この場合、プログラマーのボーナスは一〇万ドルとなり、平均報酬は七万ドル（九万ドルの確率が八〇％で、マイナス一万ドルの確率が二〇％）となる。オーナーの平均利益は九万ドル（二〇万ドルの確率が八〇％で、そこから平均報酬七万ドルを差し引く）である。この平均利益の額は、プログラマーの努力のレベルを直接観察できる場合に得られる金額とまったく同じである。努力を観察できなくてもプログラマーに懸命の努力をうながせるという点で、この支払制度ではインセンティブ機能が完全に機能すると言える。

　実質的に、このインセンティブ制度は、プログラマーから一万ドルと労働力をもらう代わりに会社の権利五〇％を与える契約となんら変わりない（＊1）。そのような契約でも、プログラマーの利益は九万ドルか、マイナス一万ドルとなり、事業の成否による利益の差がこれだけ大きければ、懸命の努力をしたほうが自分にとっても得になる。この契約と罰金・報酬システムは名前が違うだけで、実質は同じである。このように、同じインセンティブ効果をもたらす方法は複数ある。

　しかし、この方法を実際にとるには困難が予想される。労働者に罰金を払わせるのはおそらく違法だし、労働者が一万ドルもの大金を払うのは難しいかもしれない。では、どうすべきか。罰金・報酬システムないし株式共有契約になるべく近い方法を用いるしかない。罰金・報酬システムの形式を用いる場合、ボーナスは最低一〇万ドル以上でなくてはならないので、プログラマーの報酬は成功時に一〇万ドル、失敗時にゼロとすればよい。プログラマーの平均受取額は八万ドルになり、オーナーの平均利益は八万ドルに減少する。株式共有契約の形式を採用する場合は、プログラマーが資本をもっていなくても、懸命の努力をしてもらうために株の五〇％を与えざるを得ない。プログラマーに罰金を払わすことができなかったり、一万ドルを投資させることができなかったりすると、オーナーにとっては一万ドルの損失となる。この場合には、プログラマーの努力の度合いを観察できないことにより、オーナーに不利益が発生する。

罰金・報酬システムや株式共有契約のもう一つの問題点は、プログラマーにとって一〇万ドルのギャンブルをすることと同等のリスクが伴うことである。プログラマーとしては、平均七万ドルの報酬では割が合わないと思うかもしれない。プログラマーは、リスクをとることに対する報酬をもらわなければならない。リスクが大きくなるほど、報酬も大きくする必要がある。この追加分の報酬もまた、会社が労働者の努力を観察できないことに伴うコストである。インセンティブを理想の状態より弱める代わりにリスクも減らすしかないのかもしれない。ただし、インセンティブが弱まれば、当然、期待できる努力のレベルも低下する。

場合によっては、努力のレベルを測定する方法があり、インセンティブ制度を設計するのに利用できるケースがある。代表的なのは、同様のプロジェクトが複数存在する場合だ。結果は努力のレベルを示す不完全な指標にすぎないとしても、観察する機会が増えれば指標の正確性は増す。

これには、二通りのパターンがある。同じプログラマーが複数のプロジェクトを担当する場合は、成果の記録を残しておくとよい。何度も失敗するようであれば、偶然の結果でなく努力不足であると推測できる。こうして努力の度合いを推測する正確性が高まれば、インセンティブ制度を改良する役に立つだろう。もう一つのパターンは、何人かのプログラマーが同様のプロジェクトを担当する場合だ。もし多くのプログラマーが成功しているときに、あるプログラマーが失敗すれば、その人は不運なのではなく手抜きをしていたとわかるだろう。こういう場合は、ライバルとの出来栄えの差を基準に報酬を決めるシステムを用いることによって、適切なインセンティブ効果を生み出せる。

＊1　このビジネスが成功した場合、会社の収入が二〇万ドルで、プログラマーのボーナスが一〇万ドルなので、プログラマーにとってはこのビジネスの所有権の半分を手にするのと実質的に変わらない。

7.［ケーススタディー］出版社と著者の攻防戦

書籍の著者に対する報酬の支払い方式としては、印税形式が一般的だ。アメリカでは普通、売り上げ一冊につき、ハードカバーであれば定価の一五%、ペーパーバックであれば定価の一〇%が支払われる。

前払い印税が支払われる場合も多い。文字どおり将来発生する印税の前払いなのだが、本の実際の売り上げがどんなに少なくても著者は前払い金を返金しなくていい。逆に本の売れ行きがよく、売り上げ金額に印税率を掛け合わせた金額が前払い金額を上回れば、著者はその分の支払いを受けられる。つまり前払い印税は、本の売り上げに関係なく著者に支払われる報酬の最低保障という意味をもつ。前払い印税はたいてい、出版の約束を交わした際と、著者が原稿を出版社に提出した際と、本が刊行された際という具合に、いくつかの段階にわけて支払われる。

このシステムにはどのような特質があるのか。適切なインセンティブを生み出すという観点で見た場合、どういうメリットがあるのか。著者と出版社はどのような点で対立する可能性があるのか。

■ケース・ディスカッション

現在一般的な支払い方式によって解決される問題もあるが、逆にこの方式を用いることにより生み出される問題もある。

前払い印税方式のメリットは、これを数回にわけて支払うことにより、著者にインセンティブを与えられることだ。出版の約束を交わした時点で前払い印税を全額もらえなければ、著者は締め切りまでに原稿を仕上げようという気になるだろう。

前払い印税は実際の本の売れ行きと関係なく支払われるので、リスクを出版社に移転する機能もある。その意味で、出版社が支払う前払い印税の金額は、その本に出版社がどの程度期待しているかを示す明確な尺度と言っていい。出版社はどの本についても「大いに期待しています」と口では言うが、たくさん売れる見通しのない本の著者に多額の前払い印税を支払うことはしない。

著者と出版社の主張が対立する可能性がある点の一つは、本の定価をいくらにするかだ。著者は一冊あたり(ハードカバーであれば)定価の一五%を受け取るので、定価を高くしたがるはず? 話はそう単純でない。一冊あたりの報酬ではなく、著者が受け取る報酬の総額を考えてみよう。著者に支払われる総額は、売り上げ金額(定価×売り上げ部数)の一五%(前払い印税で受け取る金額がこれより多いか少ないかはまた別の話)なので、著者としては売り上げ金額を多くしたい。著者が望むのは、売り上げ金額が最も多くなるように定価が設定されることだ。

一方、出版社は利益を少しでも増やしたい。利益とは言うまでもなく、売り上げからコストを差し引いた金額だ。そう考えると、出版社にとっては、売り上げ金額が最大になる価格より高く定価を設定したほうが得になる。定価を少し高めに設定すれば、売り上げ部数は多少減るだろうが、売り上げ金額はほとんど変わらない。部数が減ればコストが減るので、出版社の利益は増える。

もちろん、ゲーム理論の専門家である私たちはこの問題が持ち上がることを予期していたので、出版社と事前に交渉して定価を決めて、契約書にしっかり記載しておいた。

読者のみなさん、どうもありがとう。本を買ってくれたことに、いや、ここまで読んでくれたことに感謝したい。

次の第14章にも、インセンティブに関するケーススタディーを二つ用意しておいた（「ベイ・ブリッジII」「祖国のために捧げる命」）。

> **[trip to the gym no.10]**
> **戦略トレーニングジム 10**
>
> 出版社にとって最善の定価と著者にとって最善の定価との間に、いくらの開きがあるのか。

第14章　ケーススタディー

1. となりの芝生は青い

賭けで勝つ人がいれば、負ける人が必ずいる。だから賭けに乗る前に、相手の立場からもその勝負を分析してみることが大事だ。相手が賭けをしたがっているのは、自分が勝てる、つまりこちらが負けると思っているからである。両者のどちらかは見込み違いをしているはずだ。これから検討する事例は、一見すると両方が得をする賭けのように思える。しかし、そんなことはあり得ない。どこに落とし穴があるのだろうか。

ここに、二通の封筒がある。この中にはお金が入っていて、中身は五ドル、一〇ドル、二〇ドル、四〇ドル、八〇ドル、一六〇ドルのいずれかで、片方の封筒には、もう片方の二倍の金額が入っている。封筒をアリとババに一通ずつ渡す。二人がそれぞれ中身を確認した後で二人とも望めば（ただし中の金額は本人にしか教えない）、封筒の交換を認める。

ババが封筒を開けたら二〇ドル入っていたとしよう。ババは次のように考えるだろう。アリの封筒は五〇％ずつの確率で一〇ドルか四〇ドルなので、もし交換すれば期待値は平均二五ドルで二〇ドルより大きい。このような少額の賭けでは失うものが少ないので、交換したほうが得である。

アリも同様の考え方をすれば、中身が一〇ドルであろうと（ババは五ドルか二〇ドルだから平均一二・五ドル）、四〇ドルであろうと（ババは二〇ドルか八〇ドルだから平均五〇ドル）交換を望むはずである。

さて、この考えには間違ったところがないだろうか。交換しても封筒内のお金の合計金額に変化はないのだから、交換によって二人とも得をするというのはおかしい。どこに論理の誤りがあるのだろうか。アリとババは交換をすべきだろうか。

■ケース・ディスカッション

アリとババがともに合理的行動をとるなら交換は起こりえない。相手が封筒交換を望んでいるという事実は重要な情報を伝えているが、交換するのが得策だという発想は、その点を見逃している。

この問題を解くに当たっては、それぞれの側から相手の思考過程を分析してみる必要がある。まずアリの立場からババがどう考えるかを推量する。次にこれをもとにして、ババの立場からアリがババの考えをどう推量するかを想像する。最後にアリの立場に戻って、ババはアリがババの考えをどう推量したと想像するかを考察する。こう書くといかにも複雑に聞こえるが、実際やってみるとそれほど複雑でもない。

アリの封筒に一六〇ドル入っていたとしよう。その場合は、自分のほうが大きい金額に決まっているので交換を望まない。一方、ババは自分が八〇ドルのとき交換すべきでない。アリは一六〇ドルなら交換しないのだから、もしアリが交換を望むなら、アリは四〇ドルに違いないからである。ババが八〇ドルのとき交換しないとすれば、アリは自分が四〇ドルのとき交換しないほうがよい。ババが交換に応じるとすれば、ババは二〇ドルのはずだからだ。

この辺で全容が見えてきただろう。アリは四〇ドルのとき交換を望まないのだから、ババとしては、自分が二〇ドルのときアリが交換を望めば、アリが一〇ドルだと断定できる。つまり、封筒の交換を望むのは、自分が五ドルの場合のみである。その場合、相手は交換に応じても何の得にもならない。

2. 野外ライブのベストポジション

私たちのある同僚がジャクソン・ブラウンの野外ライブに出かけた。どこに座るかは、早い者勝ちで選べる。真っ先に会場に到着した同僚はあたりを見回し、いちばんいい場所はどこかと考えた。このところ雨続きで、ステージのすぐ前は泥んこだった。そこで同僚は、地面がぬかるんでいないなかで、いちばんステージに近い場所を選んだ。しかし結果的に、この選択は大失敗だった。なぜか。

■ケース・ディスカッション

ジャクソン・ブラウンのライブに行こうと思ったこと自体は間違いでない。一九七二年のヒット曲「ドクター・マイ・アイズ」は、いまや古典的な名曲と言っていい。同僚の失敗は、しっかり先読みをしなかったことだ。時間がたってだんだん会場が埋まってくると、遅く来た観客はほかに場所がないので、やむをえず泥だらけの場所に陣取る。けれど、そんな場所に腰を下ろすのはごめんなので、みんな立ったままライブを見た。おかげで、同僚の視界はすっかりさえぎられてしまい、そのうえ泥だらけの連中が大勢行き来したせいで、地面に敷いておいたシートも真っ黒になってしまった。

同僚が先読み推量を実践していれば、結果は違っただろう。ほかの人たちの行動を考慮せずに、自分の座る場所を選んではいけない。遅れて来た人たちがどう行動するか予測したうえで、どこが最善の場所かを考える必要がある。アイスホッケーの元スーパースター、ウェイン・グレツキーが言ったように、ホッケーのパックがいまある場所に向けて突進するのではなく、パックが来そうな場所に先回りするべきなのだ。

3．赤と黒

アメリカズ・カップの船長になるチャンスはなくても、同じような立場に立たされたことが私たちの一人にもあった。バリーがケンブリッジ大学の学期末のダンスパーティに参加したときのことだ。催しにはカジノもあり、全員が二〇ポンド相当のチップを渡されてルーレットで勝負し、最後にいちばん勝った人が翌年のパーティの無料券をもらえることになっていた。ルーレットの勝負も最後の一回を残すのみとなり、幸運にもバリーが七〇〇ポンドでトップに立っていて、二位はイギリス女性の三〇〇ポンドであった。勝負はほぼこの二人にしぼられていた。最後の賭けが行なわれる直前に、その女性が翌年のパーティ券を二人で分けようと言ってきたが、バリーは断わった。自分のほうが大幅にリードしているのだから、半々に分ける道理はなかった。

ここからの戦略的行動をよりよく理解するために、ちょっと寄り道をしてルーレットのルールを説明しておこう。ルーレットは、ルーレット盤の回転が終わったときに玉がどこに止まるかを賭ける。通常は盤に0から36までの数があり、プレーヤーは1~36の間の数字に賭ける。0に止まれば主催者側の勝ちになる。最も無難なのは偶数または奇数（それぞれ黒と赤で表わされている）の数字すべてに賭ける方法である。勝つ確率は三七分の一八で、勝てば賭け金と同額だけ儲かる。つまり一ポンド賭けて勝てば、合わせて二ポンドが戻る。これでは三〇〇ポンド全額を賭けてもバリーの七〇〇ポンドを上回れないので、彼女は思いきった勝負に出るしかなかった。そこで、全額を3の倍数に賭けた。勝つ確率は三七分の一二に下がるが、勝てば賭け金の二倍が戻ってくる。つまり三〇〇ポンドを賭けて勝てば九〇〇ポンドになる。彼女は賭け金をテーブルに置いた。もう取り消すことはできない。さて、バリーはここでどうすべきだったか。

■ケース・ディスカッション

バリーは、相手の賭け方をまねして三〇〇ポンドを3の倍数に賭けるべきだった。そうすれば、常に相手を四〇〇ポンド上回り、勝負に勝てる。二人ともはずれれば四〇〇ポンド対〇ポンドでバリーが上になるし、二人とも当たれば一三〇〇ポンド対九〇〇ポンドでバリーが上回る。彼女はどうすることもできない。賭けをしなければ勝てるはずはないし、賭けをすればバリーも同じ所に賭けてくるのでやはり勝てない（＊1）。

彼女にとって唯一勝ち目があるのは、バリーが先に賭ける場合である。もしバリーが先に黒に二〇〇ポンドを賭けたら、彼女はどうすればよいか。赤に三〇〇ポンドを賭ければよい。黒に賭けて両者が当たれば、彼女が六〇〇ポンドでバリーが合計九〇〇ポンドになるので、彼女は勝てない。バリーが負けたときに勝つ可能性に賭ける必要があるので、赤に賭けるしかない。

第1章で紹介したマルチン・ルターやシャルル・ド・ゴールの例とは逆に、先に行動したほうが損をするのである。女性は先に賭けることにより、必ず勝てる戦略をバリーに与えてしまった。もしバリーが先に賭ければ、女性は勝つチャンスが五分五分の戦略を選ぶことができた。

ここから得られる教訓は、ゲームによっては先手を取って行動することが常に得になるとは限らないということだ。こちらの作戦が明らかになると、相手に付けこまれてしまう場合もある。そういうときは後に行動するほうが、戦略上強い立場に立てる。

＊1　しかし、そのときはもう朝の三時になっていたし、シャンパンをかなり飲んでいたので頭がよく働いていなかった。バリーは二〇〇ポンドを偶数に賭け、自分がはずれて相手が当たる場合、つまり約六分の一の確率でトップを逃すという状況となった。結局、その六分の一の確率が現実となり、バリーは勝利を逃した。

4. ポイズンピル

企業は、乗っ取りに対抗するため、「ポイズンピル」と呼ばれるさまざまな手法を採用してきた。ここでは、私たちが考案した新種のポイズンピルの攻略法を検討してみよう。この方法の道義性の問題は度外視して考えてほしい。

ターゲット企業はピックルド・ペッパー社である。現在は株式を公開しているが、家族経営の名残りで、五人の取締役はいずれも創業者の孫にあたる。まず、ポイズンピルの一つめとして、創業者は孫同士の対立や外部の脅威から会社を守るために、取締役の改選時期をずらす規則を作った。たとえ誰かが株の一〇〇％を取得しても取締役全員を一度に替えることはできず、任期が切れた者を替えられるにすぎない。五人の取締役はそれぞれ五年の任期があるが、改選の時期は一年ずつずれている。だから外部の者は、せいぜい一年間に取締役の椅子を一つしか手に入れられない。順調にいっても、取締役の過半を得てこの会社を支配するには三年を要するように見える。

次に、創業者は、敵対的買収を行なった者が改選手続きを変更することを心配して、ポイズンピルの二番目の規則として、改選手続きの変更は取締役会での採決によってのみなされるとした。取締役は誰でも単独で提案を行なえる。採決は、提案者が自らの提案に賛成票を投じるところから始まる。取締役会の丸テーブルで時計回りに一人ずつ投票を行なう。提案が通るには、取締役の過半数の賛成が必要である（欠席者は反対と見なされる）。取締役は五人しかいないので、最低で三人が賛成しなければならない。

問題は、次の条項だ。取締役のメンバーや改選手続きを変えようという提案を行なって採決に破れると、その人は取締役の地位と持ち株を剥奪されて、その持ち株は残りの取締役に均等に配られる。採決に破れた提案に賛成した人も地位と持ち株を失う。

しばらくの間、これらの規則のおかげで敵対的買収から逃れることができた。しかし、シーシェル女史が敵対的買収に乗り出し五一%の株を取得。シーシェルは、最初に任期が切れた取締役を交替させて、自らが取締役の一人に納まった。しかしそれでも取締役の勢力は一対四なので、一族による支配が今すぐに崩壊するようにはみえなかった。

最初の取締役会でシーシェルは、取締役メンバーを入れ替える急進的な提案を行なった。その結果、意外にもシーシェルの提案が全会一致で通ってしまった。シーシェルは早速メンバーを総入れ替えし、旧取締役たちは一定の退職金を与えられて会社を去っていった。

さて、シーシェルはどのような提案を行なったのか。この時点でシーシェル以外の取締役はそれぞれ一二・二五%の株をもっているものとする。

正解にたどり着くためには、逆戻り推量を行なう必要がある。シーシェルとしては、自分以外の二人に賛成票を投じるインセンティブを与える必要がある。そういう仕組みを考案できれば、シーシェルが最初に投じる賛成票とあわせて提案は成立する。全会一致になった理由はその後で考えればいい。

■ケース・ディスカッション

目的を達する方法はいくつもあるが、ここで紹介するのはその一つである。シーシェルの提案は次のようなものであった。

①もし提案が全会一致で採択されれば、シーシェルが取締役の総入れ替えを行なう。各取締役には、少額の退職金が支払われる。

②もし提案が四対一で採択されれば、反対した一人は取締役の地位を失い、退職金の支払いもない。

③もし提案が三対二で採択されれば、シーシェルはペッパー社株の持分五一%すべてを賛成票を投じた二人に均等に与える。反対票を投じた二人は退職金なしで地位を失う。

逆戻り推量をしてみよう。最後の人が投票するときに、票が二対二でわかれているとしよう。もし彼が賛成すれば提案は成立し、彼は株の二五・五％を取得する。もし賛成しなければ提案が不成立となり、シーシェルと提案に賛成したもう一人の取締役の持ち株は、残った三人の取締役の間で均等に分けられるので、五一％プラス一二・二五％の三分の一で彼は株の二一・一％を取得することになる。そう考えれば、彼は賛成票を投じるであろう。

逆戻り推量を行なえば、二対二になったら最後はシーシェルが勝つと誰もが予測できる。次に四番目に投票する人の立場に立って考えてみよう。その人が投票する段階では、賛成票が一票の場合（シーシェルの投票）、二票の場合、三票の場合のいずれかである。

賛成票が三票であれば、提案はすでに成立している。四番目の人は何も得られない（ケース3）よりは、多少とも得る（ケース1、2）ほうがよいので賛成票を投じるだろう。賛成票が二票であれば、彼はたとえ自分が反対票を入れても最後の人が賛成に回ると予測できる。どっちみち提案の成立を阻止できないのであれば、勝つ側についたほうが得なので、賛成票を投じる。賛成票が一票しかない場合、彼はすすんで得票を二対二に持ち込むであろう。そうなれば最後の人が賛成に回り、自分とその人物の二人が大きく得をすると確実に予測できる。

最初の二人の取締役は難しい局面に置かれる。しかし彼らはたとえ自分たちが反対票を入れても、残りの二人が賛成に回り、提案は成立すると予測できる。どうせ提案成立を阻止できないのであれば、賛成側について少しでも利得にあずかるほうがよいと考える。こうして、提案は全会一致で採択される。

5．乗っ取り屋の価格オファー

カナダの不動産王ロバート・キャンポーは、アメリカの有力百貨店ブルーミングデールズを傘下に収めるフェデレーテッド・ストアズ社に最初の買収提案を行なった際、二段階オファーの作戦を用いた。

二段階オファーとは、買収企業がターゲット企業の株式の買収提示価格を時期により別々に設定する方法である。通常、第二段階の価格は第一段階の提示価格より劣る。ここでは、数字を簡単にするために、買収提案前のフェデレーテッド・ストアズの株価は一株一〇〇ドルであるとしよう。キャンポーの提案によれば第一段階の価格は一〇五ドルで、この価格で発行済株式の五〇%まで買収する。第二段階では、残りの五〇%の株式に対して九〇ドルしか払わない。第一段階の応募者が五〇%を越えた場合は、買収株式数を一〇五ドル相当の株式数と九〇ドル相当の株式数で加重平均した価格を第一段階の価格とする。第一段階の提示に応じなかった株主に適用される買取価格は、買収が成立すれば九〇ドルになる。買収が成立しなければ、持ち株の価値はもちろん一〇〇ドルのままである。第一段階で応募した株主への平均買取額は簡単な数式で表現できる。もし応募が五〇%を下回った場合には、応募者全員が一株当たり一〇五ドルを得る。もし応募が五〇%以上（X%と呼ぶことにしよう）であれば、加重平均された買取価格は、

$$105\left(\frac{50}{x}\right)+90\left(\frac{x-50}{x}\right)=90+15\left(\frac{50}{x}\right)$$（ドル）になる。

注意すべきなのは、二段階オファーでは、買取りが無条件であることだ。すなわち、買収が成立しなくても、第一段階で応募した株は第一段階の価格で買い取られる。もう一つ注意すべきなのは、このケースでは、もし全員がオファーに応じると、一株当たりの平均価格が九七・五ドルとなり、買収提案前の株価を下回ってしまうことだ。この価格は買収が失敗したときよりも低いので、株主たちは、買収が失敗するか、ほかに買収に乗り出す会社が現われることを期待する。

実際、このケースでは百貨店大手のメーシーズ社が舞台に現われた。メーシーズは条件つきの提案を行ない、株式の過半数を得た場合に限って一〇二ドルで買い取るという提案を行なったとしよう。株主としては、どちらの提案に応募するのがよいだろうか。株式が広く分散しているとして、どちらの買収提案が成功するだろうか。

■ケース・ディスカッション

結論から言うと、二段階オファーに応募することが絶対優位の戦略である。このことを確認するために、起こりうる三通りの状況について考察してみよう。

- 二段階オファーへの応募が五〇%未満で、キャンポーの買収が失敗に終わる場合
- 二段階オファーへの応募が五〇%を越え、キャンポーの買収が成功する場合
- 二段階オファーへの応募がちょうど五〇%で、自分が応募すればキャンポーの買収が成功、応募しなければ失敗という場合

最初の状況では、メーシーズも失敗すれば株価は一〇〇ドル、メーシーズが成功すれば一〇二ドルが買い取り価格になる。しかし、二段階オファーに応募すれば一〇五ドルを得られるので、どちらにせよそうしたほうが得策である。二番目の状況では、応募しなければ九〇ドルしか得られないが、応募すれば少なくとも九七・五ドル得られるので、応募するほうがよい。三番目の状況では、買収が成立すれば迷惑する株主も出るが、自分は応募して一〇五ドルを手にしたほうがいい。

応募することが絶対優位の戦略なので、全株主が応募すると予測できる。全員が応募した場合、加重平均価格は買収提案前の株価を下回る。つまり、二段階オファーを行なえば、乗っ取り屋は会社の本当の価値以下で買収ができる。株主に絶対優位の戦略があるからといって、株主が儲かるとは限らないのだ。第二段階オファーの金額を低く設定することにより、乗っ取り屋は不当な利益を得ている。通常は二段階目の金額を現在の株価より高く設定するので、二段階オファーの持つこのような性格は見えにくくなっている。それでも、もしその会社が買収成立後に一一〇ドルの価値があるなら、乗っ取り屋は第二段階のオファーを一〇〇ドル以上一一〇ドル未満にすることにより、不当な利益を上げられる。法律家は二段階オファーを応募の強要であると批判している。このケースでは、キャンポーが二段階オファーから穏当な提案に切り換え、最終的に買収に成功した。

このケースにより、条件つきの提案では無条件二段階オファーに対抗できないことがわかった。メーシーズの提案が無条件のものであれば、もっと効果的だったはずだ。無条件の提案であれば、キャンポーの二段階オファーが成功するという均衡を崩せる。二段階オファーが必ず成功するとすべての株主が考える場合、期待できる買収価格は九七・五ドルであり、メーシーズの買取価格である一〇二ドルを下回る。そこで、株主は二段階オファーが失敗すると予測し、買取りに応募しなくなる（＊1）。

一九八九年後半、キャンポーの事業は過度の負債により破綻し、フェデレーテッド・ストアズは連邦破産法一一条の適用を受けた。キャンポーの戦略が成功したというのはあくまで買収に関して目的を達したということにすぎず、会社経営の成功はまた別の問題である。

＊1　ただし、メーシーズの無条件の提案も均衡点ではな

い。このケースでは、キャンポーの二段階オファーが引き寄せる株は五〇%未満なので、一株当たりの価格はメーシーズの提案より高くなるだろう。このケースには、均衡点が存在しない。この状況で正しい戦略を見いだすためには、第5章で説明するミックス戦略が必要となる。

6. もっと安全な決闘

拳銃の精度が向上すれば、拳銃を使った決闘の危険性は変わるのだろうか。

■ケース・ディスカッション

一見すると、答えは明らかにイエスのように思える。しかし、そうではない。ゲームのプレーヤーは、状況の変化に応じて戦略を変化させるからだ。問いをひっくり返して考えるとわかりやすい。拳銃の精度を下げれば、決闘は安全になるのか。考えればすぐわかるように、この場合は、双方とも以前より相手に接近するまで発射しなくなる。

第10章で取り上げた先取りゲームを思い出してほしい。この種のゲームのプレーヤーは、自分が撃って成功する確率と相手が撃って失敗する確率がイコールになったときに撃とうとする。この判断に、拳銃の精度は関係してこない。問題はあくまでも成功率だ。

議論を単純にするために、お互いの力量が同等だと仮定して話を進めよう。双方にとって最善の戦略は、じりじり相手に接近していって、自分の成功率が五〇%に達した時点で発射するというものだ。このとき、撃たれた側が死なずにすむ確率は、拳銃の精度に関係なく五〇%。つまり、拳銃の精度が変わってもゲームの結果は変わらない。このケースではゲームのルールが変わっても、プレーヤーはそれに対応して戦略を変更するので、ルール変更の影響は相殺されるのだ。

7. 三者決闘

ラリー、モー、カーリーが三者決闘に臨むことになった。勝負は二ラウンド制で行なわれる。第一ラウンドではラリー、モー、カーリーの順に一発だけ撃てる。第一ラウンド終了後、生き残った者は二発目を撃てるが、再びラリー、モー、カーリーの順に撃つ。

それぞれのガンマンにとって最善の結果は、一人だけ生き残ることである。次によいのは、二人が生き残り、そのうちの一人となることだ。三番目によいのは、皆が生き残ることである。最悪なのは、自分が殺されることだ。

ラリーは下手なガンマンで、三〇%の確率でしか命中しない。モーの命中率は八〇%で、カーリーは一〇〇%である。第一ラウンドでラリーはどういう戦略をとるべきか。最も生き残る確率が高い者は誰か。

■ケース・ディスカッション

この問題を解く手堅い方法は逆戻り推量を行なうことだが、ここではその逆の思考プロセスを用いることにより手間を省ける。最初に撃つラリーの選択肢を検討するのだ。ラリーにとっては、モーを狙うのとカーリーを狙うのと、どちらが得策なのか。

もしラリーがモーを狙って命中させたら、次はラリー自身がやられてしまう。カーリーは、ラリーを確実に撃ち殺し、最善の結果を手にするはずだ。したがってラリーにとって、モーを狙うのはいい選択肢でない。

もしラリーがカーリーを狙って命中させたら、次はモーの番となり、モーはラリーを狙うだろう。そうなると、ラリーの生き残れる確率は二〇%未満となる。これもあまり魅力のある選択肢ではない。

ラリーにとって正解は、空に向けて撃つことだ。この場合に、次にモーはカーリーを狙う。もしモーが失敗しても、カーリーがモーを撃ち殺す。第二ラウンドに入り、再びラリーの番となる。今度は、モーかカーリーの生き残ったほうを狙えば、三〇%(ラリーが命中させる確率)以上の確率で、ラリーは最後まで生き残れる。

このケーススタディーからわかるように、小物がスターになるには、最初のチャンスを見送ったほうがよい場合もある。アメリカ大統領選の予備選挙はその例だ。ライバルが多数いると、トップを走っている者は二番手以降から集中攻撃を受け、潰されることがある。こういうときは、実力者が互いに潰し合うまで後方に控えておくほうが得である。

生き残れるかどうかは、自分自身の能力だけでなく、誰を攻撃するかによっても左右される。弱者であっても、誰のことも攻撃しなければ強者同士が互いに潰し合うのを待つことにより最後まで生き残れる可能性がある。カーリーは最も強いガンマンであるが、生き残れるチャンスは一四％しかない。弱肉強食の論理は当てはまらないのだ。モーの生存確率は五六％で、ラリーは最適の戦略を取ることにより四一・二％の確率で生き残れる。

8. 落札のリスク

ヴィックレー方式の封印オークションでは、落札者はオークションが完全に終わるまで自分がいくら支払うことになるのかわからない。ヴィックレー・オークションの落札者は、自分の次に高い金額を入札した人物の額を支払う。対照的に、落札者が自らの入札額を支払う標準的な封印オークションでは不確実性がない。自分の入札額は全員知っているので、落札したときにいくら支払えばよいかはみんながわかっている。

ヴィックレー・オークションの参加者にとって、落札した場合にいくら支払えばよいかわからないというリスクに対応するために、自分の本当の評価額より低い額を入札することは、合理的といえるだろうか。

■ケース・ディスカッション

落札したときにいくら支払えばよいかはっきりしないことが参加者にとって好ましくないことは確かである。しかしそれでも、参加者は自分の本当の評価額どおりに入札するのがよい。それが絶対優位の戦略だからである。参加者としては、自分の評価額より安く買えるのであれば、その品物を購入したいはずだ。価格が自分の評価額より安いときに必ず落札できる唯一の方法は、自分の評価額どおりに入札することである。

ヴィックレー・オークションで自分の評価額どおりに入札しても、それ以上払わされる心配はない。ヴィックレー・オークションのリスクは限られている。落札者が支払う金額には不確実性があるが、その不確実性はどの程度得であるかというものにすぎない。得をする程度が一定していなくても、得をするときは必ず落札できるように行動するのが最善の戦略である。自分の評価額どおりに入札すれば、自分の評価額より安く買えたはずなのに買いそこねる心配はないし、勝ったときに自分の評価額より多く支払わされる危険もない。

9．祖国のために捧げる命

軍隊の司令官にとって重要なのは、国のために命を投げ出す覚悟を兵士たちにいだかせること。もし戦場で一人ひとりの兵士が命を危険に晒すことの損得を理性的に計算しはじめれば、その軍隊にはまず勝ち目がない。では、兵士に命を投げ出させるために司令官が活用できる方法としては、どのようなものがあるだろう。

■ケース・ディスカッション

司令官はまず、兵士たちに理性的な判断をさせなくしようとする。すべては新兵訓練から始まる。軍隊の最初の訓練は不快きわまる。新兵は手荒く扱われ、辱めを受け、強烈な肉体的、精神的緊張の下に置かれる。数週間で人格が変わる。この過程を通じて、命令には疑問を持たず、自動的に従う行動パターンが植えつけられる。なぜ、靴下をたたんだり、ベッドメーキングをするやり方まで指図されなければならないのか。上官がそう命令したという以外に理由などない。このように些細なことで上官の命令に服従し続けるうちに、もっと重要な命令を下された場合にも同じように服従するようになるという計算がある。命令に疑問を持たないように訓練すれば、兵士は戦闘マシンになる。

このように一人ひとりの兵士に非合理的な行動を取らせることが、軍隊全体にとっては合理的な戦略なのである。シェークスピアはこのことをよくわかっていた。シェークスピアの戯曲『ヘンリー五世』の中で、アジャンクールの戦いの前夜にヘンリー五世は神に祈った。

「おお戦いの神よ
私の兵士から心を奪いたまえ。
彼らから恐れを失わせたまえ。
今すぐに取り払いたまえ、
彼らから考える力を」

ヘンリー五世は戦いの直前、一見すると自分の目的に反するような行動を取った。無理やり兵士たちの背中を押して戦いに臨ませるのではなく、こう言ったのだ。

「この戦いに気の進まぬ者よ。

汝を帰そう。
旅券を用意し、帰国のための王貨を
汝の財布に入れよう。
われらは、われらとともに死ぬのを恐れる者を仲間として
ともに死すことはない」

もちろん、この申し出を公然と受けるには恥の意識が邪魔をした。この申し出を断わることは、兵士たちにとって心理的に退路を断つことを意味した。兵士たちは暗黙のうちに、死を躊躇しないという契約をお互いに交わしたのである（＊1）。

兵士たちには、戦いに向かうためのインセンティブも与えられる。昔は、勝った軍隊の兵士には、敵の財産を略奪することが許されていた。戦場で命を落とした場合に家族に手厚い年金を支払うと約束することも、一つのインセンティブとみなしていい。しかし多くの場合、戦いのインセンティブは物質的なものではなく、目に見えないものだ。戦場で勇敢に戦った兵士は、生きて帰っても戦死しても栄光と名誉が与えられる。運よく生還した兵士は、鼻高々で武勇伝を語って残りの生涯を送れる。ヘンリー五世は、こう兵士たちに呼びかけた。
「われら限られた者、われら幸運な限られた者は
兄弟の絆に結ばれる。
今日、予とともに血を流すものは
予の兄弟にならん。
英国の男で、今、惰眠を貪る者
彼らは、今、ここにいないことを呪うであろう。
聖クリスピンの日のわれらの戦いが語られるとき
彼らの男ぶりは、地に堕ちるであろう」

王の兄弟になれるとは、なんという強力なインセンティブだろう！　と言いたいところだが、よくよく考えてみれば、「王の兄弟になる」とはどういう意味なのか。戦争に勝って祖国に帰還したとき、王が「やあ、兄弟。一緒に宮殿で暮らそう」と言ってくれるのか。そんなことはない。兵士たちは以前と同じ貧しい暮らしに戻るだけだ。その意味で、このインセンティブにはまったく中身がない。しかし、効果はある。その理由は、ゲーム理論の科学によっては説明がつかない。ヘンリー五世は、ゲーム理論の職人技を極めていたと言うべきだろう。

ヘンリー五世が見事だった点がもう一つある。戦いの前

の晩、ヘンリー五世は兵士たちの本音を探るために、一兵卒に変装して野営地に潜り込んだ。その結果わかったのは、兵士たちが死を恐れていること、そして王が殺されることは決してないと思っていることだった。たとえ敵が王の身柄を捕らえても、殺すことはしない。人質に取って身代金を要求したほうが得だからだ。王としては、兵士の忠誠心と団結心を維持するためにこうした疑念を払拭しなければならない。しかし、翌朝に演説をして「私が命を危険にさらしていないと思っている者がいるようだが、そんなことはない。信じてほしい」と言っても無駄だ。こんなことを言えば、兵士たちの不信感をかえって強めてしまう。

では、ヘンリー五世はどうしたか。「諸君は、私と一緒に命を賭けて戦ってくれるのか」と、逆に兵士たちに問いかけることにより、自分が兵士とともに命を賭けるのを当然のことと思っているという印象をつくり出した。「予とともに血を流す」「われらとともに死ぬ」といった演説の言葉には、そういう意味が込められていると解釈すべきだ。実に見事な戦略である。

もちろん、これは史実ではない。シェークスピアの創作だ。しかし、こと人間の感情を深く理解するという点では、心理学者や、ましてや経済学者は偉大な文学者にかなわない。シェークスピアから学ぶ価値は十分にある。

＊1　この方法を用いたもう一人の人物が探検家のロアルド・アムンゼンだ。人類史上初の南極点到達を目指して探検に出発したときのこと。アムンゼンは、南極に比べれば安全な北極探検に向かうという触れ込みで探検隊のメンバーを募集した。本当の目的地をメンバーに告げたのは、引き返せるぎりぎりの場所まで来てからだった。探検旅行を続けたくない人はここで帰ってかまわないと言い、祖国への帰国旅費も支払うと申し出た。隊を離れたメンバーは一人もいなかった。もっとも、その後メンバーの間でこんな言葉がひそひそ声で交わされることになるのだが。「おまえ、どうしてノーって言わなかったんだよ。おまえが帰ると言えば、オレも帰ると言ったのに」(Roland Huntford, *The Last Place on Earth* [New York: Modern Library, 1999], 289)。アムンゼンが見事に成功を収めて史上初の南極点到達を成し遂げたことは知ってのとおりだ。

10. 必勝法があるのは誰だ

第2章で、プレーヤーが交互に行動し、有限回数の行動を繰り返して必ず終了するゲームについて検討した。この種のゲームの場合、理論的には、すべての選択肢を検討すれば必勝法を見つけ出せる。実際には、チック・タック・トーのようなゲームでは比較的容易に必勝法を見つけられるが、チェスでは（現在のところ）不可能である。以下に紹介するゲームでは、必勝法は解明されていない。しかし少なくとも、もし必勝法が存在するとすれば、それは先手を取ることだというのは間違いない。

ゼック（ZECK）は、二人で交互に点を消していって、最後の点を消したほうが負けというゲームである。点は長方形に並べられる。たとえば7×4型であれば、図14―1のようになる。

図14−1

各手番でプレーヤーは一点を消す。その点の右上側にある点は、すべて同時に消される。もし最初のプレーヤーが第二列の四番目の点を消せば、図14―2のような状態になる。

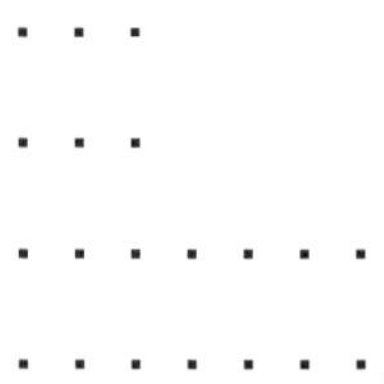
図14−2

各手番で少なくとも一点は消さなくてはならない。最後の一点を消すプレーヤーが負けになる。

二つ以上の点で構成される長方形であれば、どのような形であっても最初のプレーヤーには必勝法があるはずだ。しかし、その必勝法は現在のところ解明されていない。もちろんすべての可能性を検討し、特定の長方形用（たとえば7×4型）の必勝法を見つけることはできる。しかし、どのような長方形に対しても当てはまるような必勝法はわかっていない。それなのに必勝法をもつのが先手側だと断定できるのは、なぜか。

■ケース・ディスカッション

もし後手のプレーヤーに必勝法があるとすれば、先手の

図14−3

第一手がどのようなものであっても、後手を勝利に導く次の一手があるはずである。では、先手が第一列右端の点を消したらどうなるだろうか（図14—3）。

これに対して後手がどのような手で対応しようとも、その結果生まれる状況は、その気になれば先手が第一手でつくり出せたものである。もしこれが本当に必勝形なのであれば、先手は第一手でその手をとることによって必ず勝てる。このゲームでは、第一手で先手が作れない形を後手が作ることは不可能なのだ。

11. 本当の価格を隠すベール

レンタカー会社は、たとえば一日の料金が一九・九五ドルというふうに宣伝をするが、そこには法外なガソリン使用料が含まれていない（返却時にガソリンが満タンでないと、レンタカー会社にガソリン料金を請求される。しかも、その金額はガソリンスタンドの二倍する場合もある）。ホテルの宿泊料には、電話の通話料が含まれていない。携帯電話会社は、一定の料金で毎月一定の通話時間まで利用できるサービスを前面に押し出すが、一カ月の実際の通話時間がその上限まで達しなくても翌月以降への繰り越しや返金は認められないし、所定の時間数より多く利用すれば通話料が一気にはね上がるのが普通だ。月額四〇ドルで八〇〇分までと広告でうたわれていても、一カ月が終わったときに、請求された料金を利用時間で割って、一分間当たりの利用料を計算すると、まず五セントではすまない。これでは、実際のコストがあまりにわかりにくい。なぜ、このような慣習が続いているのか。

■ケース・ディスカッション

あるレンタカー会社が「すべて込み」の料金を提示したとしよう。この業者は、ガソリン代を上乗せして、ライバル各社より高い料金を示すことになる。利用者にとって悪い話ではない。一日の料金が仮に二ドル高くなっても、空港に急いでいるときにあわててガソリンスタンドを探さずにすめば、夫婦喧嘩の種も減るし、飛行機に乗り遅れる危険も少なくなる。問題は、この業者が競争で不利になることだ。消費者がよほど丹念に検討しないと、この業者の料金が他社より高く見えてしまう。第9章で取り上げたキーボードの文字配列の例と同じように、ここには悪しき均衡が成立しているのである。

もちろん、好ましい状況ではない。なにしろ、実態を反映した料金を提示する業者が馬鹿を見る。それに、それぞれの業者の実質的な料金がはっきりしないので、消費者は実際にいくら支払うことになるかがわからない。携帯電話の例で言えば、月額四〇ドルで八〇〇分利用できて、それを超過した時間は一分につき三五セントの料金が発生する料金体系の業者と、一分当たり一律八セントの業者では、どちらが安いのか。

企業は料金全体のごく一部しか宣伝せず、宣伝していない部分で高い料金を手にしている。といっても、企業がボロ儲けしているわけではない。見えないところで利益をあげることを前提に、企業は見えやすい部分の価格を引き下げて、消費者を取り込もうと競い合う。通話料で儲ける携帯電話会社が携帯電話の端末を格安価格で提供し、トナーカートリッジで儲けるメーカーがプリンターを低価格で販売するのはその一例だ。こうして、業者は消費者を獲得するための競争に将来の儲けをことごとくつぎ込むが、消費者がブランドをころころ変えるだけで誰も儲からないという結果を招く。

この状況を改めようと思えば、ホテルやレンタカー業者、携帯電話会社などに対して、平均的な利用客が支払う「すべて込み」の料金を提示するよう義務づければいい。

12. ソロモン王の裁き・再び

第8章で取り上げた「ソロモン王の裁き」の事例を再度考えてみよう。ソロモン王は、二人の女性——アンナとベスと呼ぶことにしよう——のどちらが子供の本当の母親か見極めるために情報を手に入れたい。「本当のことを言いなさい」と二人の女性に命じるだけでは、真実は引き出せない。女性たちが戦略的に振る舞えば、自分の利益のために情報を操作するだろう。それを防ぐために必要なのは、女性たちに金やそのほかの何か大事なものをかけさせること。具体的には、王はどうすればいいのか。

■ケース・ディスカッション

有効な方法はいくつかあるが、いちばん簡単なものを紹介しよう。ソロモン王は、以下のようなゲームを設定すればいい。

ステップ1　ソロモン王が罰金の金額を決める。

ステップ2　アンナが主張を取り下げるか、主張を続けるかを選択。主張を取り下げる場合は、ベスが本当の母親と認定されてゲームは終わり。主張を続ける場合は、次のステップへ。

ステップ3　ベスが主張を取り下げるか、主張を続けるかを選択。主張を取り下げる場合は、アンナが本当の母親と認定されてゲームは終わり。主張を続ける場合は、ベスがいわば「子供の代金」としていくら支払う意思があるかを表明し、アンナは所定の罰金を王に支払う。そして、次のステップへ。

ステップ4　アンナの選択肢は二つ。ベス以上の金額の「代金」の支払いを表明すれば、アンナが子供の母親として認定されて、表明した金額を王に支払い、ベスは所定の罰金を王に支払う。一方、アンナがベス以上の「代金」の支払いを拒めば、ベスが子供の母親として認定されて、ステップ3で表明した金額を王に支払う。

これをゲーム樹形図の形で示すと、次のとおりになる（図14―4）。

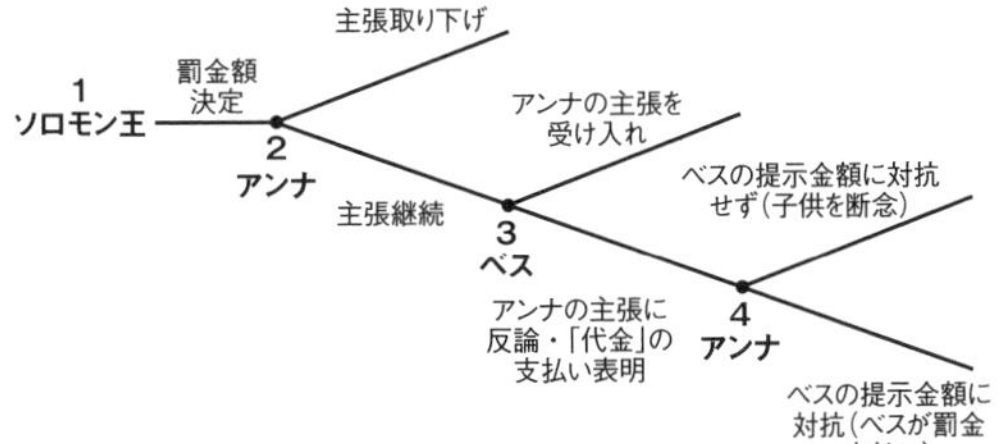

図14－4

本当の母親が偽の母親より子供に高い価値を認めているとすれば、この方法で、本当の母親が誰かを見抜ける。なぜ、この方法により本物の母親を割り出せるのか。理屈はきわめて簡単だ。

まず、アンナが本当の母親だと仮定してみよう。偽の母親であるベスはステップ3でこう考える――ここで主張を継続しても、自分がその子に認めている価値以上の「代金」の支払いを表明しなければ、次のステップでアンナがその挑戦を受けて立ち、自分は罰金を支払うだけで、子供を手に入れられない。そこで、ベスはステップ3で引き下がる。アンナはそれがわかっているので、ステップ2で主張を取り下げることなく、子供の本当の母親と認定される。

では、ベスが本当の母親の場合はどうか。アンナとしてはステップ2でこう考える――ステップ3でベスが表明する金額は、ステップ4で自分が対抗できる金額より高いはずなので勝ち目はない。だとすれば、子供を手に入れられずに罰金だけ支払う事態は避けたいので、アンナはステップ2で勝負を降りる。

なんでもかんでも金で決める発想はけしからん？　そんなことはない。決着がつけば、金の支払いを免除してやればいい。「代金」と罰金を支払わせると最初に言い渡す目的はあくまでも、女性たちに嘘をつかせないために脅しをかけること。その意味では、子供を二つに切り裂くという脅しと同じことだ。むしろ、子供を切り裂くと脅すほうがよっぽど残酷に思える。

ただし、障害が一つある。この方法が機能するためには、本当の母親が偽の母親と少なくとも同等の金額を支払えるだけの資金力をもっていなくてはならない。もし、本当の母親がわが子への愛情を裏づけるための十分な資金をもっていなければ、どうなるのか（聖書のエピソードでは、二人の女性は同じ家に暮らしていて、二人とも売春婦だとされているので、ソロモン王は二人の財力をほぼ同等とみなせたはずだ）。この問題を解決するためには、二人の負担能力が同程度であれば、現金以外の負担を脅しとして用いればいい。たとえば、道路や公園の掃除をさせることにしてもいいだろう。

13. ベイ・ブリッジⅡ

オークランドとサンフランシスコを結ぶベイ・ブリッジは、七時半から一一時まで毎朝混雑する。その時間帯は車が新たに一台加わるごとに、後から来る車は橋を渡る時間が少し長くかかる。この状況は、混雑が解消する一一時まで続く。一台が加わることによるコストの正確な値は、それによって遅れる車の追加待ち時間を合計したものである。では、九時に橋を渡る車が一台加わることによる追加待ち時間の合計はいくらか。

情報量が少な過ぎる？　いや、この情報だけで問題は解ける。橋のたもとの料金所に並んでいる車の数や、九時以降に来る車の分布状況を知る必要はない。渋滞の長さが一定であろうと変化しようと答えは同じである。

■ケース・ディスカッション

ここで重要なことは追加待ち時間の合計であり、誰がどれだけ待つかは問題でない。追加待ち時間の合計を求める最も簡単な方法は、各車の追加待ち時間を全部一台の負担に移し変えて考えることだ。九時に、新たに加わる車が橋を渡る代わりに橋のたもとの道路わきで待機し、他の車を先に行かせる場合を想像してみよう。その車が順番を譲ることで、他の車には追加待ち時間が発生しなくなる。もちろんその車は、混雑が解消するまで二時間待たねばならない。この二時間は、その車が脇で待機せずに橋を渡ろうとしたときに他の車に与える追加待ち時間の合計とまったく同じである。そして、追加待ち時間の合計は、待ち時間の分布状態には関係なく一定の値になる。したがって、新たな車が追加待ち時間をすべて引き受けると考えるのが最も簡便な方法である。

14. 一ドルの値段

エール大学のマーチン・シュービック教授は次のようなゲームを考えた。オークション主催者が一ドル紙幣をせりにかける。せり値は五セント単位で上がっていく。最も高値をつけた者が一ドルを得て、最高値の人と二番目の高値の人が自分のつけた値をオークション主催者に払う。

教授はまだ疑い深くない学部学生を相手に授業でこのゲームを行ない、職員食堂の食事代くらいは浮かしているという。たとえば、現在の最高値が六〇セントで、自分は五五セントで二位につけているとしよう。このままでは、最高値をつけた人は四〇セント儲かるが、自分は五五セント損をしてしまう。せり値を六五セントに上げれば、立場は逆転する。最高値が三・六〇ドルで自分が二位で三・五五ドルの場合も状況はまったく同じだ。せり値をさらに上げない限り、最高値をつけたものが二・六ドルの損失にとどまるのに対し、自分は三・五五ドルを失う。

このゲームには、どのような戦略で挑むべきだろうか。

■ケース・ディスカッション

これはあり地獄のような状況だ。いったんはまってしまうと抜け出すのは難しい。結果が見通せない限り、初めから参加しないほうがよい。

このゲームの均衡点は一つしかない。それは、最初の付け値が一ドルで、それ以上誰も値をつけない状態である。しかし、付け値が一ドル以下からスタートしてしまった場合はどうなるだろうか。ゲームは再現なく続き、最後には財布の中の全財産を失う。だから、「ルール1　先を読んで、合理的に今を推量せよ」を実践する必要がある。

シュービック教授の一ドルオークションにエリとジョンという二人の学生が参加しているとする。二人とも財布には二・五ドル持っていて、互いの財布の中身を知っていると仮定しよう。簡単にするために、競り値は一〇セント単位で上がっていくものとする。

先読み推量により最後から考え始めると、もしエリが二・五ドルをつければ、エリは一ドルオークションに勝つ（しかし差し引き一・五ドル失う）。エリが二・四ドルのときにジョンが勝つためには、二・五ドルをつけるしかない。しかし、ジョンの現在の付け値が一・五ドル以下であれば、エリは二・四ドルの付け値で勝てる。ジョンにしてみれば、さらに一ドルを払って一ドルを得ても何のメリットもないからだ。

エリの付け値が二・三ドルのときも同じ議論ができる。この場合、ジョンは二・四ドルをつけられない。エリが二・五ドルをつけて対抗してくるはずだからだ。ジョンが勝つためには、二・五ドルをつけるしかない。そう考えると、エリが二・三ドルをつければ、ジョンが一・五ドル以下であれば勝てる。同じことが二・二ドル、二・一ドル、さらには一・六ドルのときにも言える。エリが一・六ドルをつけた時点で、ジョンは、相手側は付け値が二・五ドルに行き着くまであきらめないと予測できる。エリにとっては、一・六ドルはすでに失ったものと考えて、一ドルを得るために九〇セント競り値を上げるのが合理的な行動だからである。

要するに、最初に一・六ドルをつけた側がオークションに勝つ。それにより、二・五ドルまで値を引き上げる準備があるという実行の確約をしたことになるからだ。

そう考えると、このゲームは、二・五ドルではなく、一・六ドルが終着点のゲームと読み換えられる。だとすると、これまでと同様の考え方により、七〇セントの値をつければ、相手が六〇セント以下であれば勝てる。七〇セントをつけた側にとっては、一・六ドルまで吊り上げて確実に勝つことが合理的だからだ。この実行確約がなされれば、その段階で六〇セント以下を提示していた人がそれ以上ゲームを続ける利点はない。

ジョンとエリがどちらも合理的に判断すれば、両者のどちらかが七〇セントをつけた時点でオークションは終わるはずだ。この考え方は参加者が三人以上いる場合にも当てはまるし、両者の財布の中の金額が違っても、相手の金額がわかっていれば先読み推量により答えを導き出せる。相手の金額がわからない場合は、ミックス戦略に頼るしかない。

実は、学生にとってこれよりはるかに単純で得な方法は、結束することだ。全員が共謀して代表者が一〇セントの値をつけ、誰もそれ以上値を吊り上げなければ、クラス全体として九〇セントの儲けを得られる。

エール大学の学生はなんと愚かなのかと思うかもしれないが、超大国の核競争も似たようなものだ。何兆ドルという軍事費をつぎ込むより、平和的共存という名の共謀のほうがはるかに得策である。

15. リア王の悩み

娘たちよ、予は今、権力も領土も政治もすべて捨てようと考えている。そこで聞かせてほしい。おまえたちの中で予をいちばん愛しているのは誰だ。その者に予の最大の贈り物を与えようと思う。

——シェークスピアの戯曲『リア王』より

リア王は老後に子供たちが孝行してくれるか不安だったので、娘たちに孝行を約束させたうえで領土を譲った。ところが、領土を譲り受けた二人の娘は、王との約束をあっさり破ってしまった。リア王は後悔したが、もはや後の祭りだった。

子供たちが孝行するか否かは、親に対する愛情や尊敬に加えて、遺産相続の可能性によっても左右される。ここでは、どういう相続ルールを言い渡せば子供たちが孝行して親を訪問するようになるか考えてみよう。

週一回の訪問と週二回の電話を義務づけ、この回数を守らなかった子供には遺産相続を認めない、というルールを作ったとしよう。義務を果たした子供は、均等に財産の配分を受ける。ところが、子供たちが気づいているように、両親は相続人がゼロになることは望んでいない。そこで、子供たちは結託して、訪問の回数を減らしてしまう。

両親のアドバイザーとして相続のルールを書き直すとすれば、どうすればよいか。誰も相続しないという状況は避けるものとする。

■ケース・ディスカッション

以前と同様、基準の回数を満たさなかった子供には相続させない。問題は、全員が基準以下のときどうするかだ。結論を言うと、その場合は、最も多く訪問した子供に全財産を与えるものと決めればいい。これによって、子供たちは多人数版囚人のジレンマの状態になり、訪問を減らす結託策は維持できなくなる。結託違反の回数が少しでも多い者が最も得をする。ほかのきょうだいより一回でも多く訪問すれば、均等相続から一〇〇%相続に取り分が一気に増える。そうなると、子供たちは親の希望に従うようになる(もちろんこの方法は、子供が一人の場合には使えない。申しわけないが、一人っ子の両親にはうまい解決法がないようだ)。

16. アメリカ政府対アルコア

業界で圧倒的な力を持つ企業は、市場への新規参入を防ぐことによって利益を得ることがある。新規参入を防げば、価格を独占状態のレベルに引き上げられるからだ。しかし、独占は社会に害を及ぼすので、独占禁止当局は、新規参入を防げる戦略をとる会社を見つけて訴追しようとする。

一九四五年、アメリカアルミニウム会社(アルコア)が有罪判決を受けた。裁判所が問題にしたのは、アルコアが需要を上回るアルミ精錬設備を常に設置していることだった。ラーンド・ハンド判事の意見は次のとおりである。

「アルコア社が常にアルミ需要の増加を見込んで供給体制を整えていることは、やむを得ないとはいえない。供給能力を何倍にもしておく必要性はないはずだ。他社の参入を妨害する意図はないと同社はしているが、業界の大企業がすでに過剰な設備を有していることを見せつけることほど有効な参入障壁はないと、本裁判所は考える」

この裁判例は、独占禁止法の専門家や経済学者によって詳細に議論されている。ここでは、裁判所の主張の大前提について考えてみたい。どうして、過剰な設備を持つことが参入妨害となるのだろう。

■ケース・ディスカッション

すでに市場にいる企業は、新規参入を検討している企業に、この業界に参入しても利益が上がらないと思わせたい。たとえ参入しても、コストをカバーできないほど低価格でしか売れないと信じさせる必要がある。問題は、容赦なく価格競争に突入すると脅しの言葉を伝えても、参入企業が額面どおりに受け取らない可能性があることだ。価格競争は既存企業にとってもコストのかかることだからである。

しかし、現在の生産量に必要とされる以上の設備を設ければ、既存企業の脅迫に信憑性が出てくる。このような設備がいったん設けられれば、生産量を迅速に、しかも小さいコストで拡大できる。設備投資はすでに済んでいるから、後は設備に人を配し、原材料を仕入れるだけでいい。それゆえ、価格戦争に持ち込むという脅しの信憑性が高まる。したがって、過剰な設備を設けることは、参入障壁の一種となりうる。

17. 拳銃よさらば

アメリカでは、家に自衛のための拳銃を持っている人が多い。イギリスでは、拳銃を持っている人はほとんどいない。文化的な違いと言ってしまえばそれまでだが、この違いは戦略活用行動によっても説明できる。

どちらの国でも、大部分の住人は銃のない社会を望んでいる。しかし、強盗が銃を持っている恐れがあるなら、自分たちも銃を持たざるを得ないと考える。一方、強盗は商売道具として銃を持ちたがる。

表14―5は、起こりうるシナリオごとに、それぞれの利得を1～4の間で点数化したものである。数字が小さいほうが好ましい。

戦略活用行動がまったくないのであれば、このゲームは同時進行ゲームとみなせるので、第3章のテクニックを活用できる。つまり、まず絶対優位の戦略を探す。強盗にとっては、上の段の場合も下の段の場合も、右の列のほうが左の列より好ましいので、住人の選択に関係なく銃を持つことが絶対優位の戦略である。

住人には、絶対優位の戦略はない。住人は、強盗が銃を所持すれば自分も所持し、強盗が銃を持たないのであれば自分も自衛のための銃は必要ない。

		強盗	
		銃なし	銃所持
住人	銃なし	2 1	1 4
	銃所持	4 2	3 3

表14−5

結果はどうなるだろうか。ルール2に従えば、絶対優位の戦略があるほうはそれを使い、ないほうは敵の絶対優位の戦略に対して最善の対応策をとる。つまり、強盗は絶対優位の戦略により銃を持ち、住人は最善の対応としてやはり銃を持つ。両者が銃を持つ結果、均衡は表の「3、3」の状態になる。

両者の利益は相反するが、意見が一致することが一つだけある。それは、両者とも銃を持つ状態（3、3）になるよりは、両者とも銃を持たない状態（1、2）になるほうが双方にとって好ましいことである。どのような戦略活用行動を取れば、この結果を実現できるだろうか。

■ケース・ディスカッション

強盗が先に行動して、戦略活用行動を取れるとしよう。その場合、強盗は銃を所持しないと確約すればいい。そうすればこのゲームは交互行動ゲームとなり、銃を持っていないことを前提に、住人はそれに対する最善の対応策、すなわち、銃を持たないことを選択する。結果は「1、2」となり、両者にとって「3、3」より好ましい状況になった。

実行の確約をすることは、強盗側の得になるばかりでなく、住人にとっても得になるのである（＊1）。このような結果が生まれるのは、双方とも自分の選択より相手の選択を重んじて行動するからだ。強盗に先に意思決定を行なわせれば、住人は、強盗の選択を変えさせられる（＊2）。

しかし現実には、強盗は一つの組織にまとまっているわけではない。強盗全体としては自ら銃を放棄したほうが得策だが、一人ひとりの強盗はこの方針を破ったほうが大きな利益をあげられる。このように囚人のジレンマが存在するので、銃を持たないという強盗たちの選択は信頼性を失ってしまう。強盗は、何らかの形で共同の確約を行なう必要がある。

拳銃規制の厳しい国では、拳銃はなかなか手に入らない。したがって、住人は強盗が銃を持っていないものと推測できる。イギリスの厳しい銃規制は、強盗が銃なしで仕事をすると確約したのと同様の効果がある。強盗には銃を持つという選択肢がないので、この確約は信頼性がある。一方、アメリカではすでに拳銃が出回っているので、銃を所持しないという確約は信頼性がない。その結果、多くの住人は自衛のために銃を持ち、両者にとって好ましくない状態が生まれている。

しかし、この議論は話を単純化しすぎている。この論理で行くと、強盗も銃規制強化を支持すべきだとなってしまう。それに、銃不所持の確約は、イギリスでも信頼性を保つのが難しくなっている。長引くアイルランド紛争により、拳銃入手の機会が増えてきたからだ。

このケーススタディーで注目すべきなのは、ゲームが同時進行から交互行動に移行したときに、強盗が絶対優位の戦略の選択をやめたことだ。同時進行ゲームでは拳銃を持つことが絶対優位の戦略だったのに、交互行動ゲームになるや、所持しないことを選択するようになった。このようなことが起きるのは、交互行動ゲームでは自分の選択が相手の選択に影響を与えるからである。

＊1　強盗側がもっと好ましい結果を得ることは可能なのか。答えはノーである。強盗にとって最善の結果が生じる場合とは、住人にとって最悪の結果が生じる場合だ。住人は銃を所持すれば、悪くとも3は確保できるので、どのような戦略活用行動を取っても住人を4に追い込むことはできない。だからこそ銃を持たないという確約が強盗にとって最善の戦略となる。

＊2　もし、住人が先に行動するとしたらどうなるだろうか。住人がどんな選択をしても、強盗は銃の所持を選ぶほうが得策だ。そこで住人は銃所持を選ぶので、同時進行ゲームと結果は変わらない。

18. ラスベガスのスロットマシン

よく知られているように、ラスベガスのカジノのスロットマシンの倍率は、プレーヤーに不利になっている。このような認識が広まって客が減ると困るので、あるカジノは、マシンの払い戻し比率（一ドルを賭けた場合の平均の払い戻し額）がなんと一〇〇％以上のマシンをいくつか設置したと発表した。この種のマシンは、平均すると客側が儲かる。

プレーヤーとしては、そういうマシンを見つけたい。しかし言うまでもなく、カジノはどのマシンがその種のマシンかは明らかにしない。平均払い戻し率が九〇％で、中には一二〇％のマシンもあるとカジノが宣伝するのであれば、一二〇％のマシン以外のものは九〇％以下の払い戻し率だと推察できる。カジノは客に簡単に儲けさせるわけにいかないので、一二〇％のマシンが毎日同じ場所に設置されているとは限らない。つまり、今日の「出る」マシンは、明日の「出ない」マシンかもしれないのだ。さて、どのマシンが「出る」マシンか推測するにはどうすればよいだろうか。

■ケース・ディスカッション

いよいよ最後のケーススタディーだが、実はこのケースには正解がない（もし正解があったとしても、せっかくの儲け話を赤の他人に教えるつもりはないが）。それでも戦略的思考を行なえば、ある程度の推測はできる。カジノのオーナーの立場に立って考えてみよう。オーナーとしては、少なくとも「出る」マシンと同じだけ「出ない」マシンが利用されるようにしないと儲からない。

どうすれば、払い戻し率の高いマシンを隠せるのか。プレーヤーがほかの人たちのプレイぶりを観察すれば、最も払い戻し率がいいマシンを見つけてしまうのではないか。そうとは限らない。払い戻し率の高いマシンは、ジャックポット（大当たり）によって大部分を払い戻すようにセットすればいい。一回のプレイに二五セントかかるスロットマシンを例に考えると、四万回に一回の確率で一万ドルのジャックポットが出るとすれば、払い戻し率は一〇〇％である。ジャックポットの確率が三万回に一回に引き上げられると、払い戻し率は一三三％になる。しかし、このマシンでプレイしている人をほかのプレーヤーが観察しても、二五セント硬貨が次から次になくなっていくだけ。これは「出ない」マシンだと、カジノのプレーヤーたちは判断するだろう。

反対に、最も出ないマシンは、少額を高い確率で払い戻すようにセットすればよい。払い戻し率が八〇％のマシンを考えてみよう。五回に一回の確率で一ドルを払い戻せば、そのマシンは頻繁に音を立て、皆の注目とさらにはお金を引き寄せるであろう。

経験豊富なスロットマシンのプレーヤーは、おそらくこのことを見通しているはずだ。しかしその場合も、カジノは裏をかくことが可能だ。カジノは常に、どういうマシンが最も多くプレイされたかを日々観測して、最も多くプレイされるタイプのマシンを低い払い戻し率にセットすればいい。

ラスベガスのカジノは、慈善事業ではない。よく「出る」マシンを探そうとしても、たいていの人は見つけられない。もし見つけられるのであれば、カジノは払い戻し率の高いマシンを設けることをやめてしまうだろう。少なくとも言えるのは、最も人気があるマシンが、最も「出る」マシンではないということだ。ラスベガスで、行列のできているスロットマシンに並ぶのはやめたほうがいい。

戦略トレーニングジム解答篇

【解答篇1】（設問六二ページ）

勝つためには、旗が一本だけ残った状態で相手に順番を回せばいい。相手はその一本を取らざるをえないからだ。ということは、旗が二本、三本、あるいは四本の状態で自分に順番が回ってくるようにしなければならない。旗が五本残った状態で自分の番になれば、負けだ。どうやっても、二本、三本、四本のいずれかの数の旗を残してしまうからだ。もう一段階先まで考えると、旗が残り九本の状態で順番が回ってくれば負けとなる。この論理を押し進めると、二一本の旗が立っている状態でスタートする先攻のプレーヤーは勝てないことになる（あくまでも相手が最後まで正しい戦略に沿って行動すれば、の話だが）。

見方を変えれば、このゲームは最後から二本目の旗を取ったプレーヤーが勝つゲームと言ってもいい。一本だけ旗が残れば、相手はそれを取らざるをえないからだ。これは、全部で旗が二〇本あって、最後の旗を取ったほうが勝ちというのと同じこと。相手がゲームの本質を理解していれば、先攻のプレーヤーに勝ち目はない。あらゆるケースで先攻が有利とは限らないのである。

【解答篇2】（設問一一五ページ）

REの売り上げ数は、次の式で求められる。

RE の売り上げ数＝2800－（100×REの販売価格）＋（80×BBの販売価格）

BBの売り上げ数も同様の式で計算できる。

両社の利益は、シャツ一着あたりのコストが二〇ドルなので、次の式になる。

利益＝（販売価格－20）×売り上げ数

エクセルのワークシートのいちばん左のAの列に、REの販売価格を順番に入力していく。A2のセルには42、A3のセルには41……という具合だ。ここで私たちが論じている五つの価格の選択肢をすべて入力すると、A2～A6のセルが埋まる。いちばん上の1の行には、BBの販売価格を入力する。B1～F1のセルが埋まる。そのうえで、B2のセルに、以下の数式を入力する。＝MAX（2800－

100*$A2＋80*B$1,0)。これで、REの売り上げ数の表ができた。

ドル記号（$）の入力を忘れないよう注意すること。エクセルでは、ドル記号を入力することにより、ほかのセルに数式をコピー・アンド・ペーストした場合も、常に同じセルを参照させることができる。またこの数式を用いれば、両社の価格が極端に異なる場合に、高い価格を設定したほうの会社の売り上げ数がゼロ未満にならないようにできる。

次に、売り上げ数ごとのREの利益を計算しよう。ワークシートの余白に（ここではJ2のセルを用いた）、REのコスト、つまり20を入力する。続いて、同じワークシートの売り上げ数の表の下に、たとえばA8～A12のセルに（読みやすいように7の列は空白にした）、A2～A6の金額をコピーする。そのうえで、B8のセルに次の数式を入力する。＝B2*($A8－$J$2)

これで、REが四二ドル、BBが四二ドルに価格を設定した場合のREの利益をはじき出せた。この数式をほかのセルにもコピーして、REの利益の表を完成させる。

BBの売り上げ数と利益の数式は、それぞれB14～B18、B20～24のセルに入力する。BBの売り上げの数式は、＝MAX(2800－100*B$1＋80*$A14,0)。利益の数式は、＝B14*(B$1－$J$3)である。

ここまでの作業が終わったとき、次のような表が完成しているはずだ。

販売数とコストが異なる場合の表を作成したければ、それぞれの数字を変更すればいい。

	A	B	C	D	E	F	G	H	I	J
1		42	41	40	39	38			コスト	
2	42	1,960	1,880	1,800	1,720	1,640			RE	20
3	41	2,060	1,980	1,900	1,820	1,740	REの		BB	20
4	40	2,160	2,080	2,000	1,920	1,840	売り上げ数			
5	39	2,260	2,180	2,100	2,020	1,940				
6	38	2,360	2,280	2,200	2,120	2,040				
7										
8	42	43,120	41,360	39,600	37,840	36,080				
9	41	43,260	41,580	39,900	38,220	36,540	REの			
10	40	43,200	41,600	40,000	38,400	36,800	利益			
11	39	42,940	41,420	39,900	38,380	36,860				
12	38	42,480	41,040	39,600	38,160	36,720				
13										
14	42	1,960	2,060	2,160	2,260	2,360				
15	41	1,880	1,980	2,080	2,180	2,280	BBの			
16	40	1,800	1,900	2,000	2,100	2,200	売り上げ数			
17	39	1,720	1,820	1,920	2,020	2,120				
18	38	1,640	1,740	1,840	1,940	2,040				
19										
20	42	43,120	43,260	43,200	42,940	42,480				
21	41	41,360	41,580	41,600	41,420	41,040	BBの			
22	40	39,600	39,900	40,000	39,900	39,600	利益			
23	39	37,840	38,220	38,400	38,380	38,160				
24	38	36,080	36,540	36,800	36,860	36,720				

【解答篇3】（設問一一七ページ）

エクセルのワークシートを修正するのは難しくない。J2のセルに入力してあるREのコストの数字を20から11・60に変更すればいい。スペースの都合上、四二ドルから三三ドルまで検討したものの一部を記載した。

	A	B	C	D	E	F	G	H	I	J
1		40	39	38	37	36			コスト	
2	37	2,300	2,220	2,140	2,060	1,980			RE	11.60
3	36	2,400	2,320	2,240	2,160	2,080	REの		BB	20
4	35	2,500	2,420	2,340	2,260	2,180	売り上げ数			
5	34	2,600	2,520	2,440	2,360	2,280				
6	33	2,700	2,620	2,540	2,460	2,380				
7										
8	37	58,420	56,388	54,356	52,324	50,292				
9	36	58,560	56,608	54,656	52,704	50,752	REの			
10	35	58,500	56,628	54,756	52,884	51,012	利益			
11	34	58,240	56,448	54,656	52,864	51,072				
12	33	57,780	56,068	54,356	52,644	50,932				
13										
14	37	1,760	1,860	1,960	2,060	2,160				
15	36	1,680	1,780	1,880	1,980	2,080	BBの			
16	35	1,600	1,700	1,800	1,900	2,000	売り上げ数			
17	34	1,520	1,620	1,720	1,820	1,920				
18	33	1,440	1,540	1,640	1,740	1,840				
19										
20	37	35,200	35,340	35,280	35,020	34,560				
21	36	33,600	33,820	33,840	33,660	33,280	BBの			
22	35	32,000	32,300	32,400	32,300	32,000	利益			
23	34	30,400	30,780	30,960	30,940	30,720				
24	33	28,800	29,260	29,520	29,580	29,440				

こうして算出された利益の数字を利得表に書き込む。

B・B・リーンの価格

レインボーズエンドの価格	40	39	38	37	36
37	35,200 58,420	***35,340*** 56,388	35,280 54,356	35,020 52,324	34,560 50,292
36	33,600 ***58,560***	33,820 56,608	***33,840*** 54,656	33,660 52,704	33,280 50,752
35	32,000 58,500	32,300 ***56,628***	***32,400*** ***54,756***	32,300 ***52,884***	32,000 51,012
34	30,400 58,240	30,780 56,448	***30,960*** 54,656	30,940 52,864	30,720 ***51,072***
33	28,800 57,780	29,260 56,068	29,520 54,356	***29,580*** 52,644	29,440 50,932

注目すべきは、両社ともコストが二〇ドルだった場合に比べて、表の価格帯が全体として安くなっていることだ。実際、このケースでのナッシュ均衡は、BBが三八ドル、REが三五ドルに価格を設定する場合だ。このシナリオでREは、コストが安くなるうえに、値下げによりBBの顧客を一部奪えるという二重の恩恵に浴せる。その結果、BBの利益が四万ドルから三万二四〇〇ドルに減少するのに対し、REの利益は四万ドルから五万四七五六ドルに増加する。REのコスト面での優位は四二%に過ぎないのに（一一・六〇ドルは二〇ドルの五八%）、利益の面での優位は六九%に達する（五万四七五六ドルは三万二四〇〇ドルの一六九%）。企業が少額のコスト削減に血道をあげ、しばしば生産コストの安い国に工場を移す理由がよくわかるだろう。

【解答篇4】（設問一八三ページ）

アメリカの戦略活用行動がなければ、ゲーム樹形図は次のとおりだ。

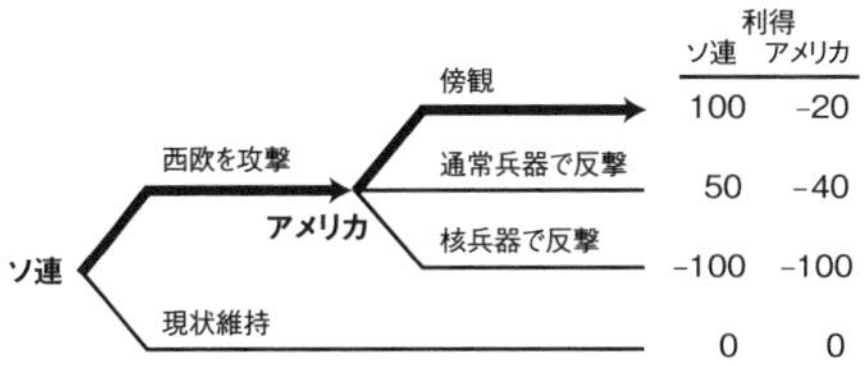

ソ連が西欧諸国を攻撃し、アメリカがそれに対して行動を起こさず現状を追認すれば、アメリカはメンツを失うだろう。だが通常兵器で対抗しようとすれば、アメリカ軍に損害が生じる。ソ連軍のほうがはるかに規模が大きく、しかもアメリカに比べてはるかにむこうみずな戦い方をするので、アメリカは戦いに敗れてもっとメンツを失う可能性もある。アメリカが核兵器で対抗すれば、ソ連も核兵器で反撃するので、アメリカの損害はさらに大きくなる。こう考えると、ソ連が西欧を攻撃した場合、アメリカにとっていちばんましな対応は、西欧の同盟国を見捨てることだ。ありそうにないシナリオだと思うかもしれないが、西欧諸国はその危険が十分にあると考え、アメリカが核兵器による反撃を確約することを望んだ。「貴国が西欧諸国を攻撃すれば、われわれは核兵器で反撃する」とアメリカが脅せば、アメリカの行動の選択肢が一つに絞られるので、ゲーム樹形図は次のように変わる。

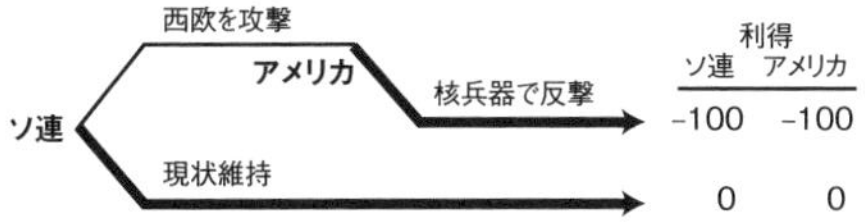

ソ連としては、西欧諸国を攻撃した場合のマイナス100点に比べれば0点のほうがましなので、現状維持を選択する。問題はアメリカの脅しにどうやって信憑性をもたせるかだが、この点は第6章と第7章で論じる。

【解答篇5】(設問二五五ページ)

ファーストクラスの料金二一五ドルは、ビジネス客の支払い意思の上限三〇〇ドルを軽く下回るので、ビジネス客の参加制約は問題ない。一般旅行客はエコノミークラスに乗った場合、消費者余剰はゼロだが、ファーストクラスに乗れば消費者余剰はマイナス四〇。したがって、一般旅行客はファーストクラスに転向しようと思わないので、一般旅行客の誘因両立制約も問題ない。

【解答篇6】(設問二八九ページ)

ヴィックレー・オークションでは、自分の評価額どおりに入札することが絶対優位の戦略だ。ほかの参加者の入札金額がわかったところで、入札額を変更することに意味はない。ただし、あなたがオークションにかけられる品物に共通価値を認めている場合は事情が違う。ほかの参加者の行動がわかれば、自分の入札額を修正したくなるかもしれない。しかしこれは、あなたの評価額そのものを変更しているのであって、オークションで落札するための戦略上の理由で入札額を変更するのとは意味が違う。

【解答篇7】(設問三〇〇ページ)

議論の出発点として、まずヴィックレー・オークションについて考えてみよう。ある品物に六〇ドルの評価をしているのであれば、その評価どおり六〇ドルで入札するのが絶対優位の戦略だ。落札できた場合に支払う金額は、自分の次に高い値をつけた参加者の入札価格なので、六〇ドルより安いことは間違いない。六〇ドル未満であればどの金額も同程度の可能性があるので、支払う金額は平均三〇ドルとみなせる。ということは、落札した際に、自分の次に高い値をつけた参加者の入札価格を支払うのではなく、三〇ドルを支払うものとするという選択肢を提案されれば、その提案を受け入れることに問題はない。一般化して言うと、ヴィックレー・オークションであなたがある品物の価値をXドルと評価している場合、落札した際に支払う金額は、自分の次に高い値をつけた参加者の入札価格の平均なのでX／2ドルと予測できる。だとすれば、端的に「Xドルで入札して落札した場合は、X／2ドルを支払う」とルールを変えても異論はないはずだ。

では、この新しいルールを適用することにしよう。この場合、落札したときあなたが支払う金額は平均すれば旧ルールと変わらないので、入札額を変更する必要はない。その点ではほかの参加者も同じなので、入札額は誰も変わらない。

この時点で、封印入札方式のオークションときわめて近い状況が生まれていることにお気づきだろう。全員が入札額を記し、いちばん金額が高い人が落札する。封印入札方式との唯一の違いは、落札者が自分の入札額を支払うのではなく、その半額を支払うことだ。

ここでもう一度ルールを変えて、落札者が自分の入札額どおりの金額を支払うものとすればどうなるか。参加者は入札額を半分に減らして、これに対応する。

落札者が自分の入札額どおりの金額を支払う状況は、封印入札方式によるオークションと同じだ。つまり、このトレーニングジムで取り上げているゲームにおける戦略の均衡点は、双方のプレーヤーが自分の評価額の半分の金額で入札することだとみなせる。

この点を別の角度から確認してみよう。相手が本人の評価額の半額で入札すると仮定した場合、あなたはそれにどう対処するだろうか。あなたがXドルで入札して勝てるのは、相手の入札額がXドル未満の場合。言い換えれば、相手の評価額が2Xドル未満の場合である。相手の評価額が2Xドル未満である確率は、2X/100。だとすると、あなたがVドルの評価をしている品物にXドルで入札する場合の利得は、以下の数式で表せる。

$$\left(\frac{2X}{100}\right)(V\text{-}X)$$

この値は、$X=\frac{V}{2}$のとき最大となる。つまり、相手が評価額の半額で入札する場合は、あなたも自分の評価額の半額で入札するのが好ましい。一方、あなたが評価額の半額で入札するのであれば、相手にとっても自分の評価額の半額で入札するのが望ましい。したがってこの状態がナッシュ均衡である。

【解答篇8】（設問三〇五ページ）

相手が$t=10$の時点で行動するとわかっているとしよう。その場合、あなたは$t=9.99$の時点まで待って相手より先に行動するか、相手に行動させて失敗するのを期待するかのいずれかだ。もし$t=9.99$の時点であなたが撃てば、成功率はほぼ$p(10)$に近い。一方、相手に撃たせる場合のあなたの成功率は、相手の失敗率に等しいので、$1-q(10)$。つまり、$p(10)>1-q(10)$の場合は、あなたが先に撃つべきだ。

当然、相手も同じような計算をする。相手としては、あなたが$t=9.99$の時点において撃つと予測するならば、$q(9.98)>1-p(9.98)$の場合には$t=9.98$の時点で撃とうと考える。

双方ともに自分が先に撃とうと考えないのは、以下の二つの数式が成立する場合だ。

$$p(t)\leq 1-q(t)$$

$$q(t)\leq 1-p(t)$$

この二つの数式は、両方とも次のように書き換えられる。

$$p(t)+q(t)\leq 1$$

つまり、あなたも相手も、$p(t)+q(t)=1$になるまで撃つのを待とうとする。

【解答篇9】（設問三五七ページ）

二五万ドルで家が売れれば、不動産仲介業者の報酬はその六%で一万五〇〇〇ドル。普通はそれを買い手側の仲介業者と折半する。この仕組みでは、仲介業者は頑張ろうという意欲があまりわかない。努力してあなたの家を二万ドル高く売ったとしても、二万ドルの六%に当たる一二〇〇ドルのさらに半分の六〇〇ドルしか報酬が増えない。これでは頑張っても割が合わない。仲介業者には、ねばって家を高く売るのではなく、手を抜いてさっさと契約をまとめてしまおうというインセンティブが働く。

この問題を解決するには、非成果比例型の制度に変更すればいい。最初の二〇万ドルまでは売買金額の二・五%、それ以上は二〇%を仲介業者の報酬とすればどうか。もし家が二五万ドルで売れれば、仲介業者の報酬は旧制度と同じく一万五〇〇〇ドル。しかし二七万ドルで家を売ることに成功すれば、報酬は買い手側の仲介業者と折半しても二〇〇〇ドル増える。仲介業者は家を高く売ろうという意欲をいだくだろう。

問題は、仲介業者が受け取る報酬の割合を引き上げる基準点をいくらに設定するかだ。家の売主であるあなたは、その基準点を少しでも高く設定したいだろうが、仲介業者はそれを低く設定したほうが有利になる。この点は、あなたと仲介業者の間で深刻な対立点になるだろう。

【解答篇10】（設問三七二ページ）

この問いを考えるためには、少し計算が必要だ。一般的に、出版社は定価の五〇％の価格で本を書店に卸す。ハードカバーの本の印刷と輸送コストは平均で三ドル程度。そこで、定価をpドルとし、そのときの売り上げ部数をq(p)とした場合、出版社の利益は次の計算式で求められる。

$$(0.5p-0.15p-3)\times q(p)=0.35\times(p-8.6)\times q(p)$$

出版社が手にする金は定価の半分に過ぎず、しかもそこから一五％を著者に支払わなければならない。おまけに、印刷・輸送コストもかかる。出版社は、取り分が全体の三五％なのに、三ドルの印刷・輸送コストをすべて支払うので、実質的に八・六ドルの印刷・輸送コストを負担しているに等しい。

話を単純にするために、q(p)＝40－p（単位・一〇〇〇部）の関係が常に成立すると仮定すると、著者にとって最も好ましいケース（＝売り上げ金額が最大となるケース）は定価が二〇ドルの場合。一方、出版社にとって最も好ましいケース（＝自分たちの利益が最大になるケース）は定価が二四・三ドルの場合である。

訳者あとがき

ディキシット教授とネイルバフ教授によるゲーム理論の入門書『戦略的思考とは何か（*Thinking Strategically*）』が一九九一年日米ほぼ同時に出版されてから二〇年近くが経過した。この間、ゲーム理論自体が大きく発展したことはもちろん、ゲーム理論研究者に二度にわたりノーベル賞が贈られたり、ゲーム理論家ジョン・ナッシュを主人公とする映画『ビューティフル・マインド』がアカデミー賞を受賞するなど社会的な認知度も高まった。本書は『戦略的思考とは何か』のコンセプト即ち、身近な事例を用いてわかりやすく説明するという基本姿勢を維持しつつ、この二〇年間にゲーム理論に起こった事象を組み入れてかなりの部分を新たに加筆したものである。米国で本書は、原タイトルを“*The Art of Strategy*”と付け新しい視点による新しい本として出版されており、日本でも同様の扱いとした。著者によれば、本書は前書に比して、「協調の重要性に力点を置くなど大人の賢い視点をより充実させた」ということであり、後から生まれたにも拘わらず姉のテイストを持つ姉妹版とも言える。

ゲーム理論とは、複数の当事者（個人・企業・国家など）の行動が互いに影響を及ぼし合う状況において、それぞれの効用に基づいて各人の行動を予測し、意思決定を導くプロセスを分析する学問分野である。ゲーム理論を知ることによって、他者がある行動を取ったときに、自分にとって最良の行動は何かということが分かってくる。この理論は、自分の行動が相手の行動や効用に変化を与える状況に一般に適用できる。したがって、チェスや囲碁からビジネスや政治の世界に至るまで、意思決定を伴うさまざまな事象をゲーム理論のフレームワークで扱うことができる。

ゲーム理論は、ハンガリー生まれの数学者フォン・ノイマンが一九二〇年代にゼロサム二人ゲームの基本定理を証明したことに始まる若い学問分野である。お互いに相手に影響を及ぼし合う場で自分の利益を追求する行動（戦略）は、本質的に室内ゲームと同じであるという認識から「ゲーム理論」と呼ばれるようになった。

数学の一分野として発展してきたゲーム理論は、社会科学の分野に多大な影響を与えている。たとえば、伝統的な経済学では各企業のマーケット全体に与える影響は小さいという前提のもとで理論が構築されているが、実際のマーケットは多かれ少なかれ寡占状態にある。こうした状態にあるマーケットを正しく分析するためには、マーケット内の主要企業の相互作用を予測する必要があり、そのためにはゲーム理論的な思考法が必要だと考えられるようになってきた。さらに最近では、数式だけでは割り切れない人間の行動を科学的に分析するために、心理学や生物学分野との共同研究も進んでいる。こうした分野の「実験」では、特定の状況に被験者をおいて、実際にどのような行動をとるかを観察すると共に本人たちにとっての合理性を確認する。このようにゲーム理論はより多面的に人間行動を明らかにする方向に進んでいる。

ネイルバフ教授とはエール大学ビジネススクールで師事して以来二〇年以上の交流である。ユニークな視点からの「意思決定とゲーム理論」の講義は学生にたいへん人気があり、また、研究室は学生が頻繁に訪れてはフランクに議論をする自由な空気に溢れている。ネイルバフ教授の著作は、『戦略的思考とは何か』、『ゲーム理論で勝つ経営』、『エール大学式4つの思考道具箱』に次いで四作目となる。いずれもフィールドの異なる恩師あるいは同僚との共著の形をとっており、これも議論しながら論理を組み立てるネイルバフ式の表れかもしれない。

最後になるが、阪急コミュニケーションズの石川宏氏には、原稿が遅れ気味になる中、一貫して励ましを頂いた。改めて感謝申し上げたい。

嶋津祐一
池村千秋

[索　引]

ヴィックレー・オークション (Vickrey auction)　287
「受けるか拒むか」型ゲーム (ultimatum games)　65
脅し (threats)　180
価格交渉 (bargaining)　315
確言 (assurances)　184
確約 (commitment)　177
カルテル (cartels)　259
逆選択 (adverse selection)　235
逆戻り推量 (backward reasoning)　63
共有地の悲劇 (tragedy of the commons)　105
警告 (warnings)　184
ゲーム樹形図 (game trees)　52
交互行動ゲーム (sequential- move games)　49
交渉合意に対する最善の代償
(BATNA, Best Alternative to a Negotiated Agreement)　318
交渉代理人 (mandated negotiating agents)　201
行動ゲーム理論 (behavioral game theory)　65
最小最大の定理 (minimax theorem)　153
サラミ戦術 (salami tactics)　188
参加制約 (participation constraint)　255
しっぺい返し (反復行動) の戦略 (tit-for-tat)　87
囚人のジレンマ (prisoners' dilemma)　78
勝者の呪い (winner's curse)　42
信号 (signaling)　237
絶対優位の戦略 (dominant strategy)　84
絶対劣位の戦略 (dominated strategy)　132
瀬戸際戦略 (brinkmanship)　191
ゼロサムゲーム (zero-sum games)　41
選別 (screening)　237
戦略活用行動 (strategic moves)　173
チキンゲーム (chicken game)　127
中央値投票者 (median voter)　340
同時進行ゲーム (simultaneous- move games)　81
投票 (voting)　331
ナッシュ均衡 (Nash equilibrium)　113
入札 (auctions)　284
バンドワゴン効果 (bandwagon effect)　264
夫婦の闘い (battle of the sexes)　125
ベイズ・ルール (Bayes' Rule)　250
ミックス戦略 (mixed strategy)　146
約束 (promises)　180
誘因 (インセンティブ、incentives)　352
誘因両立制約 (incentive compatibility constraint)　254
利他主義 (altruism)　70

■著者

アビナッシュ・ディキシット（Avinash Dixit）

プリンストン大学教授。ケンブリッジ大学で学士号を、マサチューセッツ工科大学（MIT）で博士号を取得。カリフォルニア大学助教授、MIT客員教授等を経て現職。不確実性に支配される状況での投資、産業組織、国際貿易、経済関係等を研究。著書に、"*The Theory of Equilibrium Growth*"（Oxford University Press, 1976）, "*Thinking Strategically*"（W.W. Norton, 1991, 邦題『戦略的思考とは何か』阪急コミュニケーションズ）、"*The Making of Economic Policy*"（MIT Press, 1996, 邦題『経済政策の政治経済学』日本経済新聞社）, "*Games of Strategy*"（W.W. Norton, 1999）, "*Lawlessness and Economics*"（Princeton University Press, 2004）など。

バリー・ネイルバフ（Barry Nalebuff）

エール大学教授。MIT卒業後、オックスフォード大学で博士号取得。プリンストン大学助教授、コロンビア大学客員教授等を経て現職。投資理論、インセンティブ、不完全条件での競争、集団による選択行動等を研究。著書に、"*Thinking Strategically*"（W.W. Norton, 1991, 邦題『戦略的思考とは何か』阪急コミュニケーションズ）、"*Co-opetition*"（Broadway Business, 1997, 邦題『ゲーム理論で勝つ経営』日本経済新聞社）、"*Why Not ?*"（Harvard Business School Press, 2003, 邦題『エール大学式4つの思考道具箱』阪急コミュニケーションズ）、"*Right Game*"（Harvard Business School Press, 2009）など。

■訳者

嶋津祐一（しまづ・ゆういち）

日本政策投資銀行勤務。著書に『ゲーム理論の思考法』（日本実業出版社）、『MBAマネジメントブック』（ダイヤモンド社、共著）など。訳書に『ゲーム理論で勝つ経営』（日本経済新聞社、共訳）、『戦略的思考とは何か』『エール大学式4つの思考道具箱』（いずれも阪急コミュニケーションズ、共訳）など。

池村千秋（いけむら・ちあき）

翻訳者。訳書に『46年目の光』（NTT出版）、『MBAが会社を滅ぼす』（日経BP社）、『フリーエージェント社会の到来』（ダイヤモンド社）など。

戦略的思考《せんりゃくてきしこう》をどう実践《じっせん》するか
——エール大学式《だいがくしき》「ゲーム理論《りろん》」の活用法《かつようほう》

2010年8月14日　初版発行

著　　者　アビナッシュ・ディキシット／バリー・ネイルバフ
訳　　者　嶋津祐一／池村千秋
発 行 者　五百井健至
発 行 所　株式会社阪急コミュニケーションズ
〒153－8541　東京都目黒区目黒1丁目24番12号
電話　販売（03）5436－5721
編集（03）5436－5735
振替　00110－4－131334

印刷・製本　図書印刷株式会社

ISBN978-4-484-10108-8
Printed in Japan